W0061924

Donald Spoto
Jackie O.

EUROPA
VERLAG

Aus dem Amerikanischen
von Ilse Utz

DONALD SPOTO

Jackie O.

DAS LEBEN DER JACQUELINE BOUVIER KENNEDY ONASSIS

Europa Verlag
Hamburg · Wien

Die Deutsche Bibliothek – CIP-Einheitsaufnahme

Ein Titeldatensatz für diese Publikation ist bei
Der Deutschen Bibliothek erhältlich

Originalausgabe
»Jacqueline Bouvier Kennedy Onassis – A Life«
Dieses Werk wurde im Auftrage von St. Marin's Press, L.L.C durch die
Literarische Agentur Thomas Schlück GmbH, 30827 Garbsen, vermittelt

Deutsche Erstausgabe
© Europa Verlag GmbH Hamburg/Wien, November 2000
Lektorat: Ingrid Klein
Umschlaggestaltung: Kathrin Steigerwald, Hamburg
Foto: © JFK Library/CORBIS Sygma
Innengestaltung: H & G Herstellung, Hamburg
Druck und Bindung: Wiener Verlag, Himberg bei Wien
ISBN 3-203-82045-5

Informationen über unser Programm erhalten Sie beim
Europa Verlag, Neuer Wall 10, 20357 Hamburg
oder unter www.europaverlag.de

Inhalt

Danksagung   7

Erster Teil   Miss Bouvier

1929	31
1930 – 1936	49
1937 – 1943	69
1944 – 1949	88
1950 – 1952	109

Zweiter Teil   Mrs. Kennedy

1953 – 1955	139
1956 – 1960	167
1961	205
1962 – 1963	245
1964 – 1968	278

Dritter Teil   Mrs. Onassis

1969 – 1975	315
1976 – 1979	338
1980 – 1992	359
1993 – 1994	381

Anmerkungen	393
Bibliographie	407
Personenverzeichnis	411

Für Lewis Falb und Gerald Pinciss,
in Bewunderung, Zuneigung und Dankbarkeit
für eine zwanzigjährige Freundschaft

True happiness
Consists not in the multitude of friends,
But in the worth and choice.

Ben Jonson, *Cynthia's Revels (1600)*

Danksagung

Bleibende Verdienste um dieses Buch haben sich aufgeschlossene Menschen erworben, die mir unentbehrliche Unterstützung haben zuteil werden lassen.

In der East Hampton Library besorgte mir Dorothy King wichtige Artikel aus örtlichen Zeitungen und Archiven über die junge Jacqueline Bouvier und ihre Familie in den zwanziger und dreißiger Jahren.

Sandra Chewnick, die Leiterin der Chapin School, und Eleanor Southworth, die Archivarin von Chapin's, machten mir bedeutsame Dokumente über die frühe schulische Ausbildung meiner Hauptfigur zugänglich.

In der Holton-Arms School stellte mir die für Öffentlichkeitsarbeit verantwortliche Trish Meyers relevante Unterlagen über Jacquelines Zeit in dieser Schule zur Verfügung.

In Miss Porter's School verschaffte mir die Archivarin Shirley Langhauser ebenfalls Einblick in wichtige Unterlagen.

In den Archiven der George Washington University wies mich Dagne Yemam auf einschlägige Schriftstücke und Dokumente hin.

Die meisten Unterlagen über die Amtszeit des Präsidenten befinden sich selbstverständlich in der John F. Kennedy Library am Columbia Point in Boston. Hier findet man auch erstaunlich viele Informationen über Jacqueline Bouvier Kennedy, von 1961 bis 1963 die First Lady. Daß ich mich bei meinen Besuchen dort in den zahlreichen Akten zurechtfand, habe ich der hilfreichen Anleitung durch June Payne, Rosie Atheron und Maura Porter zu verdanken.

Wie freundlich und hilfsbereit die Angestellten der Library of

Congress, der New York Public Library, der Beverly Hills Public Library und Los Angeles und Santa Monica Libraries sind, weiß jeder, der diese Bibliotheken besucht oder dort recherchiert. Ich drücke allen meinen Dank aus.

Eine zwei Jahre dauernde Renovierung des Weißen Hauses fand unter der persönlichen Leitung von Jacqueline Kennedy statt. Es war für mich folglich notwendig, das Weiße Haus zu besuchen; dies ermöglichte mir Jeremy Bernard. Sean Maloney, Sekretär und Assistent des Präsidenten der Vereinigten Staaten, begrüßte mich und führte mich durch das Haus.

Gregory Dietrich unterstützte mich bei meinen Recherchen in New York; wie schon bei anderen Gelegenheiten waren seine Kenntnisse, seine Ausdauer und seine Pünktlichkeit von unschätzbarem Wert.

Kyra Larkin, langjährige Redakteurin der Zeitschrift *Quest*, stellte mir freundlicherweise eine Kopie eines wichtigen Essays aus einer früheren Nummer der Zeitschrift zur Verfügung.

Für ihre Unterstützung danke ich auch John Darretta, Angela Lutomski, Peter McQuillan, Irene Mahoney, Ruth Prigozy und Kirtley Thiesmeyer.

Besonderen Dank schulde ich William C. Eller, der mein Haus vollständig umgestaltete, während ich an diesem Buch arbeitete. Ich danke Bill nicht nur für seine hervorragende Arbeit als Künstler und Handwerker, sondern auch dafür, daß er mir ein sehr wertvoller Freund ist.

Dieses Buch hätte nicht ohne das freundliche Entgegenkommen derjenigen zustande kommen können, die bereit waren, mir ein Interview zu geben, denn ihre Erinnerungen sind besonders aufschlußreich. Mein Dank gilt den Bemühungen von:

Letitia Baldrige, Betty Beale Graeber, DeVallon Bolles, Ben Bradlee, John H. Davis, Grant Dilman, Muriel Dobbin, James Fitzgerald, John Kenneth Galbraith, Gwen Gibson, Edwin Guthman, Eugene C. Kennedy, Wiliam La Riche, Scott Moyers, Edna O'Brian, Stephen Rubin, Pierre Salinger, Arthur M. Schlesinger jr., Paul Sidey, Alvin Spivak, Helen Thomas, Bruce Tracy,

Marianne Velmans, Gunilla von Post, Tillie Weitzner, Arthur Wilde und Harris Wofford.

In den letzten zwanzig Jahren hatte ich in Elaine Markson eine kluge und umsichtige Agentin – und eine wertvolle Freundin, worüber ich sehr froh bin. Was immer ich sagen kann, um meinen Dank für ihre engagierte Arbeit und ihre Beratung auszudrücken, ist wesentlich weniger, als sie verdient.

In den Büroräumen von Elaine Markson Literary Agency werde ich in jeder Hinsicht von aufmerksamen und begabten Leuten unterstützt, die meine Interessen wahrnehmen: Geri Thoma, Sally Wofford Girand, Elizabeth Sheinkman, Elizabeth Clementson, Sara De Nobrega und Gary Johnson.

Das Manuskript dieses Buches wurde sachkundig von Ruth Coughlin lektoriert, der meine dankbare Bewunderung gilt. In den Büroräumen von St. Martin's Press hat die Lektoratsassistentin Patricia Fernandez die unterschiedlichsten Aufgaben mit Geschick und Geduld erledigt.

Dieses Buch ist zwei Freunden gewidmet, deren unverbrüchlicher Freundschaft und Zuneigung ich mich seit zwanzig Jahren erfreue. Lewis Falb und Gerald Pinciss sind wahrhaftige Menschen, die es so sehr selten gibt: erfolgreich als Professoren, Schriftsteller und Verwaltungsfachleute im akademischen Bereich, sind sie auch (was wichtiger ist) lebenskluge Männer mit einem scharfen Verstand und einem hervorragenden Urteilsvermögen. Gerry und Lewis haben mich in guten und in schlechten Zeiten begleitet, und sie haben immer zu mir und meiner Arbeit gestanden. Sie verkörpern die verbindliche Freundlichkeit und Empathie, die Jackie am meisten schätzte. Ich weiß, daß sie meine tiefe Zuneigung und Wertschätzung ihnen gegenüber geteilt hätte.

D.S.   Los Angeles, August 1999

Im Alter von fünf Jahren im Sommer 1943 mit ihren Eltern Janet und John (»Black Jack«) Bouvier im Reit- und Jagdclub von Southampton, Long Island. *(Corbis/Bettman-UPS)*

Das »Inquiring Camera
Girl« in Washington,
1951.
(Globe Photos)

Mit Senator John F.
Kennedy in Hyannis-
port, Sommer 1953.
(NBC/Globe Photos)

Ihr neuer Schwiegervater flüstert ihr etwas zu: Hochzeitstag in Newport,
12. September 1953.   (Corbis/Bettman-UPI)

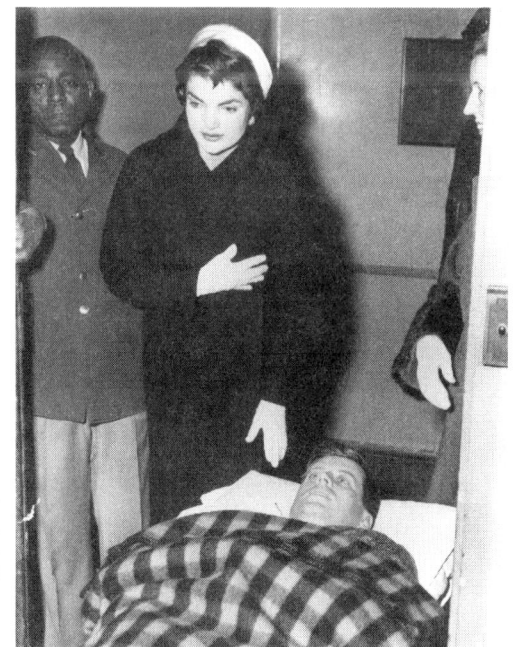

Mit JFK im Hospital
for Special Surgery,
1954.
(Globe Photos)

In ihrem Haus in Georgetown, 1955.   *(Globe Photos)*

Mit JFK und Caroline in Hyannisport, 1959.   *(J. Murphy/Globe Photos)*

Bei der Bürgermeisterkonferenz
in Miami, 1960.
(Globe Photos)

Mit JFK auf Wahlkampftournee, 1960.   *(Globe Photos)*

Bobby, Joe, Rose, Jackie, JFK und Eunice, 1960.   *(Globe Photos)*

Trotz
Schwangerschaft
im Wahlkampf in
New York, 1960.
(Globe Photos)

Mit John F. Kennedy jr. und Caroline, 1961.   *(Globe Photos)*

In Paris, 1961.   *(Globe Photos)*

In der Rotunde des Kapitols vor dem Sarg von JFK, 24. November 1963.
(Corbis/Bettman – UPI)

Beim Einkaufen in Griechenland,
1973.   *(Globe Photos)*

(Globe Photos)

Mit Aristoteles Onassis.   *(Elio Sorci/Globe Photos)*

Mit Lee Bouvier Radziwill
in New York, 1974.
*(Paul Schmulbach/
Globe Photos)*

Mit Michail Baryschnikow. *(Globe Photos)*

Mit John Carl Warnecke.
(Art Zelin/Globe Photos)

Bei einem Empfang in der
französischen Botschaft, der
ihr zu Ehren gegeben wurde,
New York 1977.   *(Globe Photos)*

Mit Caroline.   *(Globe Photos)*

Die berufstätige Mutter in
New York, 1977.
(Barrett/Globe Photos)

Mit Maurice Tempelsman, 1992.   *(Globe Photos)*

(Corbis/Reuters)

I had three chairs in my house:
one for solitude, two for friendship, three for society.

Henry David Thoreau, *Walden*

Erster Teil

Miss Bouvier
1929 – 1952

1929

Um dem feucht-heißen Sommer von New York City zu entfliehen, ziehen sich die Privilegierten in bestimmte Vororte oder aufs Land zurück. Die frische Küste von New Jersey, die kühlen Hügel von Pennsylvania, die felsige Küste von Maine, die Dünen von Cape Cod sowie eine Insel vor der Küste Connecticuts gehören zu den beliebtesten und begehrtesten Refugien für eine Woche, einen Monat oder länger. Doch Long Island hat es den New Yorkern wegen seiner Nähe schon immer besonders angetan. Etwa 150 Kilometer östlich der Stadt befindet sich eine Ansammlung verschlafener kleiner Dörfer, eine ruhige, ländliche Idylle – außer von Ende Mai bis Anfang September.

Hier lebten einst die Ureinwohner Amerikas, und einige Dörfer im östlichen Teil von Long Island tragen noch die Namen dieser vergangenen Kultur: Quogue, Cutchogue, Shinnecock, Sagaponack, Amagansett, Montauk. Mit der Ankunft der Engländer im siebzehnten Jahrhundert kamen handfeste englische Namen hinzu: der Bezirk hieß jetzt Suffolk, und bald gab es auch Calverton, Jamesport, Water Mill, North Haven. Die Städte, die sich über einen Radius von fünfundvierzig Kilometern erstreckten, wurden als die Hamptons bezeichnet – Westhampton, Westhampton Beach, Hampton Bays, Bridgehampton, Southhampton und – mit stolzem Beharren auf der Trennung der beiden Worte – East Hampton.

Am Ende des neunzehnten Jahrhunderts war East Hampton als Zufluchtsort für einige wenige betuchte Bürger bekannt. Einem damaligen Journalisten zufolge sorgte das Dorf dafür, daß »die vulgären Emporkömmlinge ausgeschlossen wurden, die einem das Leben an diesem eingeführten Sommerurlaubsort vergällen«[1]

– vielleicht wurde »der Pöbel ferngehalten«, weil sich die nächste Bahnstation über sieben Kilometer entfernt in Bridgehampton befand. Die »Sommerfrischler«, wie die jährlichen Besucher genannt wurden, mieteten sich zuerst bei der einheimischen Bevölkerung ein; erst in den nächsten Jahrzehnten gingen sie dazu über, ihre eigenen weitläufigen Landsitze zu bauen. »Es kommen nur solche Leute hierher, die sich nach behaglicher Ruhe sehnen«,[2] schrieb ein Reporter 1894 für eine Zeitung in New York City über East Hampton. »Es ist ein Dorf mit kleinen Häusern. Kein Hotel, keine Tanzkapelle, keine Lustbarkeiten, kein Jahrmarkt der Eitelkeiten ... Die Einwohner von East Hampton wohnen im Sommer auf dem hinteren Teil ihrer Grundstücke. Ihre Häuser sind fast ausnahmslos an wohlhabende Leute aus der Stadt vermietet, die sehr stattliche Preise bezahlen, um in den Sommermonaten in diesen seltsamen alten Häusern zu wohnen, von denen etliche über hundert, manche sogar mehr als zweihundert Jahre alt sind.«

Laut einer vornehmen Dame war das Dorf denjenigen »fast völlig unbekannt«,[3] die nicht das Wagnis einer Fahrt mit der Eisenbahn von New York aus auf sich nahmen. »Wie mußten wir leiden, um dorthin zu gelangen!« vertraute sie ihrem Tagebuch an. »Vier qualvolle Stunden lang in Rauchwolken und Staub, so daß man fast erstickte, unerträgliche Hitze in den überhitzten Waggons, und an jeder Kreuzung wurde ruckartig angehalten. Erst wenn die erste Brise vom Meer uns wieder zum Leben erweckte, hörten wir auf, uns darüber zu beklagen, daß wir diese schreckliche Reise auf uns genommen hatten.« Sobald sie angekommen war, vergaß sie diese Unbilden anscheinend, denn sie fuhr häufig dorthin.

Im Sommer 1929 tanzte Amerikas Wirtschaft auf einem Vulkan, aber die Sommerfrischler in East Hampton tanzten auf ausgelassenen Wochenendpartys begeistert Charleston und Black Bottom. Am 28. Juli, einem drückenden, feucht-heißen Sonntag, wurde Janet Lee Bouvier in das nächste Krankenhaus im 24 Kilometer entfernten Southhampton gebracht. Eine Stunde später diktierte ihr Ehemann John Vernou (Jack) Bouvier III. Telegramme, in denen er die Geburt einer Tochter bekannt gab, die sogleich Jacqueline Lee genannt wurde, zwei Namen, die ihn und seinen Vater sowie die Großmutter des Neugeborenen mütterlicherseits ehren sollten. Das Baby war nach den Berechnungen des Arztes einen Monat zu spät auf die Welt gekommen, doch die Geburt war leicht gewesen, und das Kind war gesund und freundlich. Die acht Pfund schwere Jaqueline Lee Bouvier hatte dichtes braunes Haar, eine seidige elfenbeinfarbene Haut und – darin war man sich schnell einig – samtbraune Augen.

Die einundzwanzigjährige Janet Bouvier war eine ernsthafte, hübsche und ehrgeizige junge Frau, die zu den oberen Zehntausend gehörte. Ihr Urgroßvater war während der Hungersnot in Irland im neunzehnten Jahrhundert nach New York gekommen. Sein Sohn wurde Lehrer, übte eine Tätigkeit in der Schulverwaltung aus und heiratete die hübsche Krankenschwester Mary Norton, ebenfalls ein zähes irisches Gewächs. Ihr gemeinsamer Sohn, James Thomas Lee, Janets Vater, wurde am 2. Oktober 1877 in New York geboren. Er besuchte das City College von New York, wo er 1896 sein Ingenieursdiplom erhielt; drei Jahre später machte er sein Juraexamen an der Columbia University.

Die Lebensgeschichte von James T. Lee war die erste richtige Erfolgsgeschichte der Familie in der Neuen Welt. Dieser kleine, stämmige Mann mit vorspringender Nase, ausdrucksvollem Mund und eindringlichen dunklen Augen kaute an seinen Zigarren, konnte keine Dummköpfe ausstehen und unterbrach seine Arbeit um drei Uhr nachmittags, um eine halbe Stunde Boxunterricht zu nehmen. 1903 heiratete er die sanfte, freundliche Irin Margaret Merritt, die ihm drei Töchter gebar – Marion, Janet (am 3. Dezember 1907 geboren) und Winifred. Von Margaret lernten die Mädchen Haushaltsführung, von James Entschlossenheit und die hohe Kunst, sich in der feinen Gesellschaft beliebt zu machen.

Im Boxring wie im Geschäftsleben setzte James Lee alles daran zu siegen, und das gelang ihm gewöhnlich auch. Nachdem er seine Sechs-Dollar-Arbeit als Angestellter in einer Anwaltskanzlei aufgegeben hatte, eröffnete er seine eigene Kanzlei, von der aus er die ersten Arbeiten an dem Projekt sehen konnte, das später die Seventh-Avenue-U-Bahn werden sollte. Sofort kaufte er Grund-

stücke entlang der geplanten Strecke, deren Wert sich vervierfach-
te, als sich die Geschäftswelt von Manhattan mehr auf das Gebiet
nördlich der Fourteenth Street verlagerte.

1920 war Lee vorwiegend im Immobilien- und Bankgeschäft
tätig und hängte die Juristerei schließlich völlig an den Nagel. Er
baute einige der herrschaftlichsten Wohnhäuser der Stadt, darunter das prächtige Gebäude in der Fifth Avenue 998, das Appartements mit je dreiundzwanzig Räumen enthielt. Für die Zwölf-
und Vierzehn-Zimmer-Appartements, die er in der Park Avenue
740 baute, verlangte er in seinen Anzeigen die horrende Mietsum-
me von 2000 Dollar monatlich. Freunde und Kollegen sagten
ihm, er sei verrückt, aber Lee ließ sich nicht beirren. »Besser heute
eine schlechte Entscheidung als drei Wochen später eine gute«,[4]
antwortete er schroff. Diese alte Weisheit bewahrheitete sich binnen sechs Wochen, als er bekannt geben konnte, daß alle Einhei-
ten in der Park Avenue 740 vermietet waren. Andere erfolgreiche
Investitionen folgten. Schließlich erhielt Lee den Posten des Präsidenten der Chase National Bank und dann den des Präsidenten
und Vorsitzenden der New York Central Savings Bank. 1922 hatte
sein Immobilienbesitz einen Wert von 35 Millionen Dollar.

Der konservative Republikaner James T. Lee[5] hatte nicht gerade gute gesellschaftliche Umgangsformen. Sein Mangel an Höflichkeit und seine irisch-katholische Herkunft galten sowohl in
der Stadt als auch auf dem Land als Minuspunkte, was Lee allerdings nicht daran hinderte, an dem weiteren gesellschaftlichen
Aufstieg seiner Familie zu arbeiten. Da er unbedingt wollte, daß
seine Töchter in den richtigen Kreisen akzeptiert wurden und in
die sogenannten guten Familien einheirateten, verbrachten die
Lees schon ab 1920 den Sommer in der Nähe der »alten reichen«
Familien in East Hampton. In der Lily Pond Lane ließ er ein
prächtiges Haus mit dem Namen Avery Place bauen, in das sich
die Lees und ihre drei Töchter in Begleitung von Margarets Mutter, einer einfachen Frau, begaben, die für alle kochte, nähte und
die Wäsche machte. Die alte Mrs. Merritt bekam dafür lediglich
Kost und Logis; ansonsten behandelten die Familienmitglieder
die Großmutter wie eine Bedienstete und schlossen sie von allen
Ereignissen aus, bei denen Gästen zugegen waren, da sie Angst

hatten, ihr breiter irischer Akzent könnte ihre großen gesellschaftlichen Ambitionen gefährden.

Janet besuchte ein privates Mädchenpensionat, danach das Sweet
Briar College und das Barnard College; mit achtzehn Jahren wurde sie von ihren Eltern bei einem Tanztee in die Gesellschaft eingeführt. Sie war schlank, hübsch, intelligent und energisch, hatte
ein gewandtes Auftreten und interessierte sich lebhaft für alles,
was sich in der Gesellschaft tat, so daß sie bei jedem gesellschaftlichen Ereignis ein gerngesehener Gast war. Auf Drängen ihres Vaters eignete sie sich schnell die erforderlichen Umgangsformen
an. Schon im Teenageralter spielte sie hervorragend Bridge,
sprach ein gutes Französisch und tat sich fast in jeder Sportart
hervor, besonders im Reiten, für das sie eine große Leidenschaft
hatte. Ihr zierlicher Körperbau, ihr kleiner Busen und ihre athleti-
schen Beine gereichten ihr weder im Jagdclub noch auf der Tanzfläche zum Nachteil: War sie auch keine besonders gute Tänzerin,
so war sie eine umso bessere Reiterin, die bei Reitturnieren in der
Stadt und auf dem Land ein blaues Band nach dem anderen gewann.

   Die selbstbewußte und sehr durchsetzungsfähige Janet war in
ihrem Denken unabhängig; sonderlich warmherzig oder gefühls-
betont war sie wohl nicht, aber Gefühle haben selten bei jemandem Platz, der fest entschlossen ist, sich einen sicheren Platz in
der Gesellschaft zu erobern. Jedenfalls verstand sie es, dem männlichen Ego zu schmeicheln, und obwohl Dutzende junger Damen
hübscher und viele ebenso reich waren, fiel es Janet nicht schwer,
auf die Kavaliere in Manhattan oder East Hampton anziehend zu
wirken. Von ihren vielen Talenten war keines so hochentwickelt
wie ihre Fähigkeit, das Richtige zu sagen, um im richtigen Moment Eindruck zu machen.

   Sie konnte sich in der Gesellschaft so gut bewegen, daß sie niemals Anstoß erregte – auch nicht, wenn sie behauptete, ihre Familie sei mit »den Lees aus Maryland« verwandt. Sie meinte wahrscheinlich »die aus Virginia«, denn in Maryland gab es keine Lees.
Doch anscheinend bemerkten nur wenige Leute diesen Schnitzer.
Ganz die Tochter ihres Vaters, hatte Janet es auf eine Heirat mit

einem reichen Erben einer alteingesessenen Familie abgesehen. Sie würde nicht werden wie ihre Großmutter, die sie (genau wie ihr Vater) praktisch ignorierte. Mrs. Merritt existierte einfach nicht außerhalb von Avery Place, und »die Lees aus Maryland« setzten ihren Siegeszug fort. Dieser Oberschicht-Snobismus war nicht nur für Janet Lee typisch. Schließlich war dies eine Zeit, die F. Scott Fitzgerald glänzend in der einnehmenden Figur des Emporkömmlings Jay Gatsby, geborener James Gatz, eingefangen hat.

Der 1891 geborene John Vernou Bouvier III. war sechzehn Jahre älter als Janet und kam genau aus der Schicht, die die Lees am meisten bewunderten. Sein Ururgroßvater Michel Bouvier – der Nachname bedeutet »Kuhhirte« beziehungsweise »Viehtreiber« – emigrierte aus Südfrankreich und ließ sich in Philadelphia nieder, wo er es als Möbelschreiner und Designer von erstklassigen Möbeln zu Wohlstand brachte. Als er den Osten der Vereinigten Staaten bereiste, stellte sich schnell heraus, daß dieser begabte Handwerker auch ein begnadeter Spekulant war: Sein Erfolg ermöglichte es ihm, 153 000 Hektar kohlehaltigen Landes in West Virginia zu kaufen und Grundbesitz an der Haupteisenbahnlinie zu erwerben.

Nach dem Tod seiner ersten Frau heiratete Michel Bouvier Louise Vernon, die Tochter eines Tabakwarenhändlers; von seinen neun Kindern überlebten nur zwei Söhne. Er träumte davon, daß seine Kinder in eine vornehme Familie einheiraten würden – etwa in die der Drexels, Ewings oder Pattersons. Um seinem Erfolg die Krone aufzusetzen, kaufte er zwei Sitze an der New Yorker Börse und baute sich einen Renaissance-Palast mit dreißig Räumen in der North Broad Street – ein prächtiges Gebäude mit zwei Empfangsräumen und einem großen Speisesaal, einem Wintergarten, einer Bibliothek, einem Spielsaal, einer Kapelle, kunstvoll angelegten Gärten und üppigen Springbrunnen, für die er seinen feinsten importierten Marmor aufbewahrt hatte. Michel Bouvier starb 1874 im Alter von zweiundachtzig Jahren.

Seine beiden Söhne Michel und John Vernou Bouvier (der erste dieses Namens) investierten so geschickt, daß das Familienvermögen um weitere Millionen wuchs: 1914 hatten die Bouviers nach späteren Schätzungen 40 Millionen Dollar angehäuft. Und ihr Reichtum nahm in den zwanziger Jahren dank ihres Immobilienbesitzes in den Staaten New York, New Jersey und Pennsylvania und riesigen Investionen in mehreren erfolgreichen Unternehmen weiter zu. 1929 war das Gesamtvermögen so groß, daß den Bouviers der nächsten Generationen, so die zuversichtliche Annahme, ein herrschaftlicher Lebensstil garantiert sein würde.

Doch am wichtigsten für alle Bouviers war, daß ihr Name aufgrund ihres Reichtums und der Einheirat in hochangesehene amerikanische Familien 1899 ins New Yorker *Social Register* (das Who's Who der reichsten und vornehmsten Mitglieder der amerikanischen Gesellschaft, d. Übers.) aufgenommen wurde – was für Katholiken in der damaligen Zeit alles andere als leicht war – und daß er dort sechzig Jahre lang, bis zum Tod von Jacquelines Vater, blieb. Der Name Bouvier ist als Stifter-Name auch in einen Altar der St.Patrick's Cathedral eingraviert. John Vernou Bouvier heiratete Caroline Ewing, eine der großen Schönheiten der New Yorker Gesellschaft, die den Ruf einer hervorragenden Gastgeberin genoß und ihr Haus in der East Twenty-sixth Street in der Belle Epoque dieser Stadt zu einem glanzvollen Salon machte.

Bis zum Tod Bouviers behielt sein Sohn, der ebenfalls John Vernou hieß, den Zusatz »jr.«. Er wurde 1864 geboren und schloß sein Jurastudium an der Columbia University mit Auszeichnung ab, wurde Prozeßanwalt und war so erfolgreich, daß er seine eigene Kanzlei eröffnete. John Vernou Bouvier jr., Jacquelines Großvater, hatte bei keinem Geringeren als dem einflußreichen Mitglied des Obersten Gerichtshofes, Benjamin Cardozo, ein so hohes Ansehen, daß er im Ersten Weltkrieg zum Vorsitzenden Kriegsgerichtsrat (»major judge advocate«) ernannt wurde. Von da an genoß er es, mit Major Bouvier angeredet zu werden. Der größte Teil seines Reichtums stammte jedoch aus der gemeinsamen Firma mit seinem Onkel M. C. Bouvier, einem Wall Street-Tycoon, für den er seinen Beruf als Rechtsanwalt aufgab und mit dem er zu ihrem beiderseitigen finanziellen Vorteil zusammenarbeitete.

So wichtig der Reichtum und der militärische Titel für den

Major auch waren, beide befriedigten nicht seinen ehrgeizigen Wunsch, seine gesellschaftliche Stellung zu verbessern. Daher wurde er Mitglied im Union Club and im Racquet Club in Manhattan sowie im Maidstone Club und im Piping Rock Club auf Long Island. Sein Name stand auch auf der Mitgliederliste vornehmer Clubs in Washington, D.C., Florida und auf Kuba. 1890 heiratete er Maude Sargeant, die hübsche, aus England stammende Tochter eines reichen Papierfabrikanten. Sie hatten fünf Kinder – den 1891 geborenen dunkelhaarigen John Vernon Bouvier III.; den 1893 geborenen hellhaarigen William Sergeant Bouvier, Bud genannt; die honigblonde Edith, Edie genannt (1894) und die Zwillinge Maude und Michelle (1905), deren rote Haare zu einem Bubikopf geschnitten waren.

Die Kinder wurden auf dem Landsitz Woodcroft in Nutley, New Jersey, geboren. Später wohnte die Familie in vornehmen Häusern in der Fifth Avenue und ließ sich schließlich auf Dauer in einem prächtigen Vierundzwanzig-Zimmer-Appartement in der Park Avenue 765 nieder, das unter anderem verschwenderisch mit italienischem Marmor und französischen Hölzern ausgestattet war. Die erste Sommerresidenz der Bouviers in East Hampton war ein mit Schindeln gedecktes Haus mit dem Namen Wildmoor in der Appaquogue Road, das der Major um 1910 kaufte; 1925 erwarb er einen weiteren Landsitz in der Further Lane mit dem Namen Lasata (»Platz des Friedens« in der Sprache der amerikanischen Ureinwohner). Wenn im Sommer die ersten Kuckucksrufe zu hören waren, begab sich die Familie nach Long Island, wo sie bis zur Kürbisernte im Herbst ein luxuriöses Leben führte.

Der Major war der Inbegriff eines viktorianischen Gentleman. Sein Haar wurde zweimal wöchentlich geschnitten, und er trug noch Halbgamaschen, englischen Tweed und hohe gestärkte Kragen, als diese schon längst aus der Mode gekommen waren. Sein Schnurrbart wurde mehrere Male am Tag mit Wachs in perfekte Form gebracht, und selbst im Sommer trug er ein Jackett im edwardianischen Stil.

Doch es gab eine noch bemerkenswertere Absonderlichkeit. Da John Vernou Bouvier jr. ganz offensichtlich mit dem Familien-

Donald Spoto

stammbaum unzufrieden war, veröffentlichte er – der sonst alles peinlich genau nahm – ein kleines Buch mit dem Titel *Our Forebears* (Unsere Vorfahren), in dem er schamlos die unerhörtesten Geschichten über adlige Vorfahren erfand. Diese Geschichten gab er jahrelang mit ungebrochener Begeisterung zum besten.

Die Bouviers – das behauptete Jacks Vater, ohne dafür den geringsten Beweis zu liefern – entstammten dem aristokratischen Haus Fontaine und zählten berühmte französische Patrioten sowie Adlige, die an Königshöfen gedient hatten, zu ihren Vorfahren. Mit einem Federstrich verwandelte er eine provenzalische Durchschnittsfamilie in eine Familie von Baronen und Marquisen. Jedes Kind und Enkelkind der Bouviers mußte Teile der pompösen Familiensaga des Großvaters kennen, die selbstverständlich für wahr gehalten wurde.

John Davis, Jackies Vetter ersten Grades, der später mit penibler Genauigkeit die Geschichte der Familie Bouvier erforschte, meinte, Jacks Vater sei kein Scharlatan gewesen, der die Menschen bewußt getäuscht habe. »Ich glaube, es war für ihn einfach unvorstellbar, daß Menschen, die in den palastartigen Häusern seines Großvaters, seines Onkels und seiner Tanten wohnten, nicht von adliger Herkunft waren.«[6] Der stolze amerikanische Republikaner und Hurrapatriot John Vernou Bouvier jr. begriff nie die Ironie seiner falschen Behauptung, blaues Blut zu haben.

Kein Wunder also, daß seine Kinder und Enkelkinder einen unglückseligen Größenwahnsinn entwickelten und allen Ernstes glaubten, die Bouviers seien völlig abgehoben von anderen Menschen: Sie hatten überragende Vorfahren und sie selbst waren dazu bestimmt, eine privilegierte Stellung in der Gesellschaft einzunehmen. Allein die Begegnung mit ihnen sollte für einen normalen Sterblichen in diesem Leben der Ehre genug sein.

Doch Familien sind äußerst vielschichtige Gebilde. Der Hochmut der Bouviers wurde dadurch gemildert, daß sich Großpapa auf den Grundsatz *noblesse oblige* besann: Er liebte es, bei jeder Gelegenheit französische Wendungen in das Gespräch einfließen zu lassen, so abgedroschen sie auch waren. Da die Nachfahren tadellose Manieren hatten und Wert darauf legten, daß sich jeder in ihrer Gegenwart wohl fühlte, waren sie nicht nur sehr höflich, sondern strahlten echte Wärme aus, die den Lees völlig abging. Diese Eigenschaft war besonders bei Maude Sargeant Bouvier, Jackies Großmutter väterlicherseits ausgeprägt. Sie war eine sehr kultivierte Frau, deren Liebe zur Natur ihr zahlreiche Preise für Gartengestaltung einbrachte. In Lasata führte Großmutter Bouvier Jackie häufig in den Gärten herum, zeigte ihr Blumen und Pflanzen und würzte die Unterweisung mit allerlei Legenden und Sagen.

In religiöser Hinsicht ähnelten die Bouviers den Lees – äußerlich römisch-katholisch, doch nicht wirklich gläubig. Sie waren glühende Verteidiger ihres Glaubens, wenn dieser angegriffen wurde, verrichteten ihren »Gottesdienst« jedoch vorwiegend an den Altären von Geld, Stellung und Einfluß.

John Vernou (Jack) Bouvier III., Janets Ehemann und Jacquelines Vater, machte 1924 ein Examen ohne Auszeichnung an der Yale University und diente im Krieg in der Fernmeldetruppe. Durch den Einfluß seines Vaters erhielt er eine Anstellung in der Maklerfirma Henry Henty & Co. an der Wall Street und einen Platz an der New Yorker Börse. Fortan war Jack Börsenmakler.

Aber seine eigentliche Karriere war die eines Playboys und Lebemannes. Charmant und selbstsicher gab er sich seinen Vergnügungen hin, hatte keinen Sinn für Kunst und Kultur und keinerlei Interesse an geistigen Dingen. Doch Jacqueline sollte später sagen, daß er mit seinem Aussehen eines Filmstars »einen umwerfenden Eindruck machte«:[7] ausdrucksvoller Mund, hohe Stirn, eindringliche, sinnliche Augen, dünner Schnäuzer und dunkle pomadisierte Haare. All dies wurde in seiner Wirkung noch durch eine ständige dunkle Bräune gesteigert, so daß »Black Jack«, wie er schon in der Schule genannt wurde, einen unwiderstehlichen Zauber auf Frauen ausübte. Nachdem er eine vorbereitende Privatschule verlassen mußte und die zweite mit Ach und Krach überstanden hatte, machte er ein Jahr später sein Examen in Yale. Zwar war er ein durchaus respektabler Börsenmakler, doch am meisten tat er sich im Spiel, mit Frauengeschichten und einem exzessiven Alkoholkonsum hervor. Im Gegensatz zu seinem Bruder Bud, der sich nirgends besonders hervortat, hatte Jack seine Alkoholsucht halbwegs im Griff.

Donald Spoto

Vor seiner Heirat hatte Jack der einen oder anderen Frau auf Zechtouren, bei denen schwarz gebrannter Whisky getrunken wurde – zum Teufel mit der Prohibition! – einen Heiratsantrag gemacht. Am 7. April 1920 berichtete die *New York Times* beispielsweise von Jacks Verlobung mit Miss Eleanor Carter, »einer Cousine ersten Grades von Lady Acheson in England«. Es kam nie zur Eheschließung, da Miss Carters Eltern rechtzeitig eingriffen, sie nach Hause zurückholten und eine Heirat mit einem Magnaten aus Baltimore arrangierten.

Der Hinweis auf Lady Acheson war auf Drängen von Jacks Vater in die Nachrichten der *Times* aufgenommen worden, die dies sehr bereitwillig getan hatte. So hatte sich eine der führenden Zeitungen Amerikas die Sache der Yankee-Oberschicht zu eigen gemacht, die viele Züge des englischen Landadels nachahmte: Reiten in genau vorgeschriebener Kleidung; Tee- oder Cocktailzeit; täglich mehrmaliges Wechseln der Garderobe; die Namen der Landsitze wie Avery Place bei den Lees, Woodcroft und Lasata bei den Bouviers; die Inanspruchnahme von Bediensteten für jede erdenkliche Aufgabe. Es gab auch einen Stundenplan für den vornehmen Zeitvertreib: Erledigung der Korrespondenz im Damenzimmer; Mittagsmahlzeit mit Blick auf den Pool; Spiele im Club; Kartenspiele und Billard nach der Abendmahlzeit. Der östlichste Teil von Long Island glich zwei Fingern, die in Richtung Mutter England zeigten, wo Höflichkeit, gute Umgangsformen und Werte Tugenden waren, die Amerika dankbar zu übernehmen hatte.

Der reiche, rücksichtslose Jack sammelte in den zwanziger Jahren ein stattliches Vermögen an. Doch er führte ein unverantwortlich kostspieliges Leben und gab Riesensummen für Kleider, Spiel, Whisky, Autos und Frauen aus. Am Ende eines jeden Jahres hatte er gewöhnlich kaum etwas übrig. Einige Familienmitglieder behaupteten, er habe in diesen zehn Jahren über 7 Millionen Dollar verdient und ausgegeben, und häufig mußten ihn sein Vater und sein noch reicherer Onkel vor Gläubigern retten – bis die sich verschlechternde wirtschaftliche Lage 1929 den Major zwang, ein besonders wachsames Auge auf sein Vermögen zu haben.

1927 hatte die zwanzig Jahre alte Janet Lee die Bouvier-Zwillinge Maude und Michelle so häufig getroffen und so sehr für sich eingenommen, daß sie häufig auf Sommerpartys in Lasata eingeladen wurde. Dort begegnete sie natürlich Jack, für den sie anfangs nur eine Zerstreuung unter anderen war. Was Janet betraf, so war sie sofort von dem schneidigen, höflichen und anscheinend reichen John Vernou Bouvier, dem dritten seines Namens, hingerissen.

Im folgenden Winter trafen sich Janet und Jack oft in Manhattan, gingen tanzen und besuchten Partys im Waldorf und Jazzveranstaltungen in Flüsterkneipen. Bis zum Frühjahr 1929 hatte ihre Beharrlichkeit, gelegentlich geschickt als Gleichgültigkeit kaschiert, Jacks Interesse geweckt. Der bekannte Playboy, der nicht den allerbesten Ruf genoß, wurde schließlich von einer jungen Dame gezähmt, die sechzehn Jahre jünger war als er. Ihre Verlobung wurde an Ostern bekanntgegeben.

Wie sich herausstellen sollte, hatte dieses Paar vor allem ein Interesse: den Erwerb von Geld und den Genuß seiner Erträge. Jacks Eltern mußten zugeben, daß die beiden gut zueinander paßten, denn Janet war ein ernsthaftes Mädchen, an dem in gesellschaftlicher Hinsicht nichts zu beanstanden war und das einen guten Ruf genoß. Die Lees waren natürlich hocherfreut über eine weitere Verbindung zum Reichtum, der für sie eben doch noch wichtiger war als die Abstammung. »Die feine Gesellschaft von Long Island definiert sich mehr durch Reichtum als durch Herkunft«,[8] schrieb die respekteinflößende Doyenne Mrs. John King Van Rensselaer in *The Social Ladder* im Jahre 1924. »Reichtum und Wert einer Person sind austauschbare Begriffe«.

Jack war ein warmherziger und großzügiger Mensch, während Janet, wie selbst ihre Eltern zugaben, ein bißchen steif, zu reserviert und ein klein wenig durchtrieben war. Jacks Alkoholkonsum, der in der Öffentlichkeit häufig exzessive Formen annahm, wurde von Janets Familie als unbekümmerter Leichtsinn abgetan – eine für die damalige Zeit typische Reaktion. Der arme Alkoholiker Bud wurde in verschiedene Kliniken und Anstalten in Connecticut, New Jersey und sogar Kalifornien geschickt; er starb im Alter von sechsunddreißig Jahren, zwei Monate nach Jacquelines Geburt, an seiner Alkoholsucht.

Donald Spoto

Die Hochzeit fand am Samstag, dem 7. Juli 1928, in der St. Phi-
lomena's Church in East Hampton statt. Die kleine Holzkirche in
der Buell Lane, reich geschmückt mit weißen Bändern und Blumen, konnte kaum die fünfhundert Gäste fassen. Nach der Trauung gaben die Lees einen Empfang in Avery Place, wo ein Orchester beliebte Lieder, Ragtime und Tangos spielte. Am nächsten
Morgen fuhren die Frischvermählten mit der *Aquitania* nach Europa. Als sie Ende August zurückkehrten und Jacks Junggesellen-
wohnung bezogen, stand eine weitere Hochzeit an, nämlich die
seiner Schwester Maude.

Gegen Ende des Jahres, als die Partysaison in Manhattan ihrem
Höhepunkt zustrebte, war für Janet und viele ihrer Bekannten
und Freunde nicht mehr zu übersehen, daß ihr Ehemann exzessiv
trank und keinen Hehl aus seinen vielen Liebschaften machte. In
dieser Hinsicht wurde sein Verhalten immer peinlicher – obwohl
sich die kühle und höfliche Janet nichts anmerken ließ. Sie machte ihre Ausritte, ging einkaufen, lud zum Tee ein und gab Abend-
gesellschaften; sie kam ihren gesellschaftlichen Pflichten perfekt
nach. Ihr Mann ging ins Büro, fuhr mit seinem schwarzen Cabrio
in der Stadt und auf dem Land herum, verschwand für einen
Abend oder eine Nacht, bezauberte Frauen, beeindruckte Männer. Doch als er beim traditionellen Neujahrsfest fast bis zur Be-
sinnungslosigkeit trank, fingen die Lees an, sich Sorgen um die
Zukunft ihrer Tochter zu machen.

Da die Bouviers eine mögliche frühzeitige Auflösung der Ehe befürchteten, konsultierten sie ihre Rechtsanwälte und Finanzberater. Kein Grund zur Sorge, meinten diese: Alles sei in Ordnung,
wie immer die Sache zwischen Jack und Janet ausgehen würde.
Aber dann trat etwas ein, was jeden Gedanken an Scheidung zu-
nichte machte: Janet war schwanger.

Mit ihrem Optimismus eiferten die Anwälte und Finanzberater keinem Geringeren als dem Mann nach, der das Land regierte. »Wir haben ein Land mit Millionen glücklicher Familien, die
mit Wohlstand gesegnet sind und denen alle Wege offenstehen«,
erklärte Präsident Herbert Clark Hoover in seiner Anstritts-
rede dem amerikanischen Volk am 4. März 1929. »Mir ist wegen

der Zukunft nicht bange. Sie ist vielversprechend und strahlend!«

Doch an jenem sonnigen, kalten Tag in Washington strahlten vor allem der Himmel und die Gesichter der siegreichen Republikaner, nachdem ihr Kandidat seinen Gegner, den demokratischen Gouverneur von New York, Alfred E. Smith, deutlich geschlagen hatte. Mit der zweifelhaften Botschaft, der Wohlstand der zwanziger Jahre würde ewig währen, hatte Hoover erfolgreich die Unterstützung der Magnaten mobilisiert.

Die Lebensumstände der Durchschnittsbevölkerung straften jedoch jede nationale Euphorie Lügen. In den zwanziger Jahren kam ein immer größerer Teil des Einkommens einer immer kleineren Zahl von immens reichen Leuten zugute, darunter den Lees und den Bouviers. Doch während die Geschäfte so gut gingen wie nie zuvor, entsprachen die Löhne der Arbeiter immer weniger dem, was sie für die Reichen produzierten. Von 1923 bis 1929 stieg beispielsweise die Produktivität pro Arbeitsstunde um 32 Prozent, während die Löhne der Arbeiter nur um 8 Prozent stiegen. Obendrein sorgte die Steuergesetzgebung von 1926 dafür, daß die Steuern derjenigen, die mehr als eine Million Dollar verdienten, um fast 70 Prozent reduziert wurden. Die Gewinne der Unternehmen stiegen im gleichen Zeitraum um 65 Prozent, mit dem Ergebnis, daß die Reichen immer reicher wurden und die Armen nahezu verelendeten: Jede der amerikanischen Familien aus dem obersten einen Prozent, hatte ein Einkommen, das dem der gesamten unteren 42 Prozent entsprach.

Die Gründe für dieses Mißverhältnis sind rückblickend leicht erkennbar. Nach dem Ende des Ersten Weltkriegs, in den sogenannten Roaring Twenties, wurde das Land von einem kurzsichtigen, nationalistischen Individualismus ergriffen. Internationale und soziale Belange wurden von den Politikern und Experten klein geschrieben, während neuer Reichtum, neuer Spaß, neue Moden und eine neue Sorglosigkeit vielen höchst erstrebenswert erschienen. Mit modernen Produktionstechniken wurden Unmengen von Gütern erzeugt, und überall in den Geschäften war eine beispiellose Auswahl von neuen Radios, Automobilen und Haushaltsgeräten zu sehen.

Donald Spoto

Aber die Nachfrage mußte mit dem Angebot Schritt halten, so daß die neuentstandene Werbeindustrie neue, sehr wirksame und mitunter geradezu einschüchternde Verkaufsstrategien ersann. »Der Schlüssel zu wirtschaftlichem Wohlstand ist die organisierte Schaffung von Unzufriedenheit«. So lautete 1929 die schamlose Aussage eines Vorstandsmitglieds von General Motors, als er den Geist dieses Jahrzehnts zusammenfaßte. Beängstigend schnell waren die Menschen davon überzeugt worden, daß sie immer mehr Anschaffungen, immer mehr Luxus brauchten. Daß die Kaufanreize ihre Wirkung nicht verfehlten, lag an einer weiteren schlauen Einrichtung: dem Kredit, der nur eine euphemistische Umschreibung für Schulden ist. »Jetzt kaufen, später bezahlen«, mit diesem Motto wurden bei all denjenigen die letzten Hemmungen beseitigt, die von der Werbung schon überzeugt worden waren, daß erstens alle ihre Bedürfnisse befriedigt werden konnten; daß zweitens alle ihre Bedürfnisse durch materielle Güter befriedigt werden konnten; und daß drittens alle ihre Bedürfnisse *sofort* durch materielle Güter befriedigt werden konnten. »Warum warten? Seien Sie der erste in Ihrer Nachbarschaft...«

Auch wenn das Vorstandsmitglied von General Motors an einer Ein-Dollar-Zigarre schnupperte und sie vielleicht auch anzündete, seine Angestellten häuften so viele Schulden an, daß sie nicht mehr jeden neuen attraktiven Artikel kaufen konnten, der in den Schaufenstern und in den Versandhauskatalogen erschien; noch viel weniger konnten sie an den Kauf eines neuen Autos denken.

Im Spätwinter 1929 betrug das durchschnittliche Bruttoeinkommen eines Angestellten in New York City 33,50 Dollar für eine Vierundfünfzig-Stunden-Woche (nicht viel mehr als zehn Jahre zuvor), doch die vom Arbeitgeber einbehaltene Steuer verschlang davon mehr als die Hälfte. Die Kredite wurden bis zur äußersten Grenze ausgeschöpft, und nur wenige Menschen hatten nennenswerte Ersparnisse. Demnächst mußte die Katastrophe über das Land hereinbrechen – angefangen bei den findigen Großunternehmen, die auf die Kauflust der Durchschnittsbevölkerung setzten. Während Hoover in jenem März unter stürmischem Applaus seine Antrittsrede beendete, sank der Wert der Unternehmensaktien überall langsam, aber stetig.

Die Situation verschlimmerte sich im Juli, doch die reichsten Einwohner von New York City, wo der größte Teil des Reichtums des Landes konzentriert war, glaubten in ihrer Mehrzahl, schlaue Köpfe in Washington würden jede Krise meistern können. Jedenfalls konnte einen erfolgreichen Geschäftsmann nichts daran hindern, als erster die aufregenden neuen Möglichkeiten zu nutzen, die allerdings ihren Preis hatten. Am 7. Juli wies Jack Janet auf eine Anzeige hin: Die Gesellschaft Transcontinental Air Transport führte die ersten Überlandflüge durch. Für 351,94 Dollar (nur Hinreise) konnten die Passagiere am Montag an der Pennsylvania Station in New York abfahren, nachts mit Zügen, tagsüber mit Flugzeugen weiterreisen und Mittwochabend auf dem Glendale Airport von Los Angeles ankommen. Jack meinte, dies sei eine gute Abwechslung für den Sommer. Wegen der bevorstehenden Geburt von Jacqueline wurde daraus jedoch nichts.

Nach der Geburt des Kindes kehrte die Familie zu Großvater Bouviers Lasata[9] zurück, wo sie den Sommer verbrachte und wo Verwandte und Scharen von Dienstboten sich darin überboten, Mutter und Kind zu verwöhnen. Janet sprach den Namen ihres Babys gerne »Jack-leen« aus, doch ihrem Mann war das zu affektiert: seine Tochter war »Jackie«, und so wurde sie ihr Leben lang von der Familie und von Freunden genannt. Bald wurde ein Kindermädchen mit dem Namen Bertha Newey eingestellt, und nach echt britischer Art wurde ihr die Betreuung des kleinen Mädchens und schließlich einer zweiten Tochter übertragen.

Abseits von der Further Lane und über eine lange, gewundene Auffahrt zu erreichen, war Lasata ein herrschaftliches Anwesen, dessen 5,7 Hektar Land dicht mit Ahornbäumen, Linden, Weiden und Obstbäumen bepflanzt waren. Dazu gehörten außerdem ein Kornfeld und eine Apfelplantage, eine Koppel mit einem Springplatz, ein Tennisplatz, Gartenanlagen, die peinlich genau gepflegt wurden, Marmorstatuen, ein Fischteich und Brunnen und überall leuchteten Blumen.

War diese Umgebung schon herrlich, so war das Haus selbst, eine Mischung aus englischem Landhausstil und Long Island-Kolonialstil, geradezu prächtig. Mit seinem Efeu, der an den

Donald Spoto

Stuckwänden fast bis zu dem Schindeldach rankte, seinen üppigen grünen Rasenflächen und den alten schattenspendenden Ulmen wirkte Lasata wie ein mittelalterliches Schloß. Nur hier war es möglich, die Hektik Manhattans zu vergessen und an Großvaters phantastische Geschichten von adliger Größe zu glauben.

Das 1916 gebaute Haus mit seinen fünfzehn Räumen hatte sieben Schlafzimmer, von denen jedes mit auserlesenem Geschmack eingerichtet war: englischer Chintz in einem Zimmer, chinesische Motive in einem anderen, ein drittes ganz in sandfarbenen Pastelltönen gehalten. Im Erdgeschoß dirigierte der Major an einem Eßtisch aus der Ära Jakob I., der mit goldenen Bestecken und Limoges-Geschirr gedeckt war, die höfliche Konversation der Familie und ihrer Gäste. Die Männer trugen weiße Hemden, Jackett und Krawatte, die Frauen langärmelige Kleider, Strümpfe und hochhackige Schuhe. Wie bei allen Gelegenheiten zeigten sich die Gentlemen auch bei den Mahlzeiten mit pomadisiertem Haar, während die Damen ihr Haar mit Hilfe von Brennscheren in modische Wellen legten. Man sprach gemessen, die Manieren waren perfekt, niemand hob die Stimme oder unterbrach den anderen. Nichts war unstimmig, alles war *comme il faut*, verlief nach den komplizierten Ritualen einer feinziselierten Vornehmheit. Aber dies war keine Heuchelei: Man war überzeugt davon, daß gute Umgangsformen Respekt vor der Würde des Menschen zum Ausdruck brachten.

Das weiträumige Wohnzimmer, eine Mischung aus französischem, englischem, viktorianischem und »early American« Stil (Ende des 17. und Anfang des 18. Jahrhunderts in den USA vorherrschend, d. Übers.), enthielt viele Dinge, die sich im Laufe von zwei Jahrhunderten in den Residenzen der Bouviers angesammelt hatten: rote Damastwandbehänge und seidene Möbelbezüge, goldgerahmte Louis-XV.-Spiegel, Veloursvorhänge und Schachtische, Marmorbüsten, ein Flügel, eine Bücherwand, eine Empire-Uhr und Chippendale-Sessel, die, so wurde behauptet, von Jakkies Ururgroßvater nach seiner Einwanderung aus Frankreich hergestellt worden waren.

Woanders in East Hampton war alles schlichter, aber nicht weniger behaglich: kleine Häuschen, alte Windmühlen, ein schöner

Dorfanger, Teiche, nahegelegene Kartoffelfelder, Pfade und Feldwege, die von Holzzäunen gesäumt wurden, an denen wilde Rosen und Geißblatt rankten. Nur wenige andere Anwesen ließen sich mit Lasata vergleichen, doch die vorherrschende Lebensart machte deutlich, daß die Reichen Komfort und Kultiviertheit gleichsam in den Rang einer Religion erhoben, während die anderen Bewohner aus eleganter Schlichtheit einen Kult machten. »East Hampton«, so Mrs. Van Rensselaer im Jahre 1924, »hält an der konservativen Lebensweise und den Umgangsformen vergangener Zeiten fest«.[10] Während einige Bewohner noch in Pferdekutschen fuhren und in kleinen Häuschen nahe der zweispurigen Hauptverkehrsstraße wohnten, hatten sie, genau wie ihre reicheren Nachbarn, höfliche Manieren und verabscheuten Lärm und ungebührliches Verhalten.

In diesem von einem anmutigen und gepflegten Dorf umrahmten Luxus blieben Janet, Jack und ihre Tochter bis zum Spätherbst 1929 – und dorthin kehrten sie in den nächsten zehn Jahren zurück, und zwar nicht nur im Sommer, sondern häufig auch außerhalb der Saison. In Lasata und dem prächtigen Appartement in der Park Avenue lebte Jackie bis zu ihrer Jugendzeit, dann sollte noch größerer Luxus sie umgeben.

1930 – 1936

$\mathcal{D}$ie Sommer in Jackies Kindheit, die von Mai bis Oktober dauerten, lassen sich mit einem Wort beschreiben: weiß. Überall konnte man Menschen in weißen Anzügen, weißer Polokleidung, weißer Tenniskleidung, weißer Segelkleidung, mit weißen Schuhen und weißen Hüten sehen. Die Frauen trugen weiße Perlen, die Männer weiße Sträußchen im Knopfloch. Die Kleidung wurde häufig gewechselt, denn in jenen Sommern, in denen es noch keine Klimaanlagen gab, hielt die Frische nicht lange an, so daß die Dienstboten ständig mit Waschen, Bügeln und Fleckentfernen beschäftigt waren.

Diese Aufgaben konnten auch vom Personal des Maidstone Clubs erledigt werden, der sich zwar strikt an die Prohibition hielt, wo Jack aber trotzdem immer einen Vorrat von einer oder mehreren Flaschen hatte, Freunde und Geschäftskollegen bewirtete und mit seiner jeweiligen Geliebten speiste. Dennoch war der Maidstone Club allem Anschein nach ein Tempel der Respektabilität, was nach Überzeugung der Mitglieder viel damit zu tun hatte, daß Juden, Schwarze und Schauspieler (wenn diese nicht zu einer Familie gehörten oder in eine Familie eingeheiratet hatten, die Clubmitglied war) nicht zugelassen waren. Mit diesem Konzept hatte der Club jahrzehntelang Erfolg. Solange nichts Ungebührliches oder Anstößiges vorzukommen *schien*, konnte ein Lebemann wie Jack kalkulierte Risiken eingehen. In ihrem sommerlichen Weiß boten er und seine Geliebten einen schönen, gepflegten und erfrischenden Anblick. Diese Äußerlichkeiten waren für die Verwalter von Maidstone sehr wichtig. Außerdem nahm Janet häufig den Tee zusammen mit Jack und Freunden ein. Sie war als gute Reiterin bekannt und wurde bei den Parforcejagden in Suffolk mehr als einmal Juniorenmeisterin.

Aber nicht das ganze Leben war so wohlgeordnet. Trotz seiner Vaterschaft mäßigte Jack weder sein Trinken noch gab er seine Liebschaften auf. Es kam nicht selten vor, daß die Polizei gerufen wurde, wenn Jack betrunken mit dem Auto von der Straße abgekommen oder in dem flachen Teich im Zentrum von East Hampton gelandet war. Was seine sexuellen Abenteuer betraf, so zeigt ein Foto von den Bouviers bei einem Reitturnier, wie Janet hingerissen – wahrscheinlich auf das Pferd und seinen Reiter – schaut, während zwischen ihr und Jack eine hübsche Frau steht, die verstohlen und zärtlich Jacks Hand hält. Normalerweise waren er und seine Geliebten vorsichtiger.

Solche Zeichen von Zuneigung gab es zwischen den Eheleuten so gut wie nie, so daß Jackie bei denjenigen, die angeblich durch Liebe verbunden waren, wenig davon sah. Auch war ihre Mutter keine Frau, die Gefühle zeigte; eine Umarmung und einen Kuß bekam Jackie eher von Jack und von den Großeltern.

Durch eine merkwürdige Verkettung von Umständen änderte sich am aristokratischen Lebensstil der Bouviers durch die Weltwirtschaftskrise nicht viel, die im Oktober 1929, als Jackie drei Monate alt war, mit dem Zusammenbruch des Aktienmarktes begann. Als in jenem Winter die Verluste errechnet wurden, besaß ihr Großvater, von dem ihr Vater finanziell abhängig war, immer noch 4 Millionen Dollar; nur einige Wochen zuvor war sein Vermögen doppelt so groß gewesen. Der Major, der noch über zahlreiche Kommunalobligationen und Unternehmensanleihen verfügte, geriet in die seltsame Situation, Instruktionen von seinem Onkel (M. C. Bouvier) als seinem Arbeitgeber entgegennehmen zu müssen. Dieser respekteinflößende Magnat kam zu dem Schluß, in allen Familienangelegenheiten seien die Zügel fest anzuziehen.

Dies bedeutete die Einstellung jeglicher Unterstützung für Jack, der keine Ersparnisse hatte und aufgrund des gewaltig gesunkenen Geschäftsvolumens sofort einen starken Rückgang seiner Aufträge als Börsenmakler erlebte. Nur noch Janets Vater konnte ihm mit einem Darlehen unter die Arme greifen und ihm seinen aufwendigen Lebensstil finanzieren. Doch da Jack jetzt nicht nur untreu und dem Alkohol verfallen, sondern auch mittel-

Donald Spoto

los war, wurde er für James Lee allmählich zu einem Ärgernis. Allein die Sorge um das Wohlergehen seiner Tochter und Enkeltochter veranlaßte ihn, seinem Schwiegersohn zu helfen, jedoch nicht mit Geld, sondern mit einer Immobilie. Anstatt des stattlichen Darlehens, das Jack von ihm haben wollte, bot ihm Lee ein Elf-Zimmer-Appartement in der Park Avenue 740 an, wo Jack, Janet und Jackie mietfrei in feudaler Pracht wohnen konnten.

Als Zeichen für seine Bereitschaft, hart zu arbeiten und sein leichtsinniges Leben aufzugeben, mußte Jack aus allen Clubs, mit Ausnahme von Maidstone, austreten, und Lee machte ihm unmißverständlich klar, daß er ihn fortan im Auge behalten würde. Dies hatte allerdings nicht die gewünschte Wirkung; im Gegenteil, die Ehe der Bouviers verschlechterte sich weiter, weil sich jetzt auch noch Mißtrauen und Verachtung breitmachten.

Am 22. Dezember 1929 wurde die fünf Monate alte Jacqueline Lee Bouvier in der Kirche St. Ignatius Loyola in der Park Avenue getauft, wo sie später auch gefirmt werden sollte.

Zu Beginn des neuen Jahres mußte Janet das Auseinanderbrechen einer weiteren Ehe erleben, nämlich der ihrer eigenen Eltern. James und Margaret Lee hatten schon seit Jahren getrennt gelebt, und obwohl sie sich nie offiziell scheiden ließen, hatten sie nach 1930 nur noch wenig Kontakt miteinander.

Als Jackie im folgenden Sommer ihren zweiten Geburtstag in East Hampton feierte, ging noch eine Ehe in die Brüche. Edith, die Schwester ihres Vaters, wurde von ihrem Mann, Phelan Beale, verlassen. Edie, eine temperamentvolle und intelligente Frau, hatte immer lieber verführerische Tangos als die steifen Kotillons getanzt. Sie hatte auch eine Karriere als Sängerin, Tänzerin und Schauspielerin geplant, doch ihre Eltern hatten andere Pläne mit ihr und zwangen sie zu einer respektablen, aber lieblosen Ehe. Nach der Trennung von ihrem Mann war die fünfunddreißigjährige Edie Beale mit ihren drei Kindern völlig auf ihre Familie angewiesen, die ihr ein Haus in Strandnähe zur Verfügung stellte. Tante Edie ließ sich ihren Schwung und ihre Lebensfreude nicht nehmen, und bei Familienfeiern und Jackies Geburtstagspartys brauchte sie keine Ermunterung, um ein Lied anzustimmen. Sang

Edie Lieder von Sigmund Romberg, Irving Berlin oder George Gershwin, dann stieg bei jedem Fest die Stimmung.

Jackie bekam also schon sehr früh mit, daß Ehen häufig nicht dauerhaft waren, daß Eheleute nicht zusammenlebten und daß Menschen nichts dabei fanden, ihre eigenen Wege zu gehen und nach ihren eigenen Vorstellungen zu leben. Ihr Vater flüchtete sich in Alkohol und Liebesaffären, während ihre Mutter jagte und ritt und versessen auf Reichtum und Ansehen war. Die Bouviers und die Lees waren Familien, die Äußerlichkeiten sehr ernst nahmen. Doch hinter der respektablen, höflichen Fassade verbargen sich ängstliche Menschen, die wenig Beziehung zur Realität hatten. Sie liebten Pferde, Hunde und jede Art von Lebewesen, aber sie konnten schlecht mit den Problemen von Erwachsenen umgehen in einer Gesellschaft, für die das bloße Repräsentieren den höchsten Wert darstellte.

Eine Folge davon war, daß die Geburtstagspartys bei wohlerzogenen Kindern erstaunlich förmlich waren, denn sie sollten eine gute Reklame für die Eltern sein. So wurde für Jackie an ihrem zweiten Geburtstag eine fast bühnenreife Gartenparty ausgerichtet. Im Sommer 1931 mieteten Jack und Janet ein Haus, das wesentlich bescheidener war als Lasata – es war ein ehemals etwas anrüchiges Wirtshaus, in dem viel Gin getrunken und gepokert worden war. Nachdem das zutreffend »Rowdy Hall« genannte Gebäude mehrere Male versetzt worden war, wurde es schließlich an der Ecke David's Lane und Egypt Lane in East Hampton neu errichtet. In seiner verjüngten und verschönerten Form bot es am 28. Juli den Rahmen für ein Ereignis, das im *East Hampton Star* unter der Überschrift bekanntgegeben wurde: Zukünftige Debütantin gibt eine Party zu ihrem zweiten Geburtstag.

> Die entzückende kleine Jackie Bouvier, Tochter von Jack Bouvier und Janet, geb. Lee, wird sich erst in etwa 16 Jahren der Gesellschaft vorstellen, doch sie war eine charmante Gastgeberin bei ihrer zweiten Geburtstagsparty, die im Haus ihrer Eltern, in Rowdy Hall in der Egypt Lane, stattfand. Die Kinder machten Spiele und ritten auf Ponys, es gab Jack Horner Pie und eine Geburtstagstorte.[1]

Donald Spoto

Die kleine Gastgeberin konnte dank der hartnäckigen Bemühungen ihrer Mutter schon erstaunlich gut auf einem Pferd reiten, und in jenem Sommer tat sie zur Belustigung der Gäste den ersten offiziellen Schritt in die Welt des Dressurreitens, denn sie ritt nicht nur auf einem Pony: Sie ließ das Tier einige hübsche Gangarten machen. Das Dressurreiten setzte sie noch jahrelang fort.

»Mutter und Tochter, die bei diesen Veranstaltungen nebeneinander ritten, boten einen bezaubernden Eindruck«,[2] erinnerte sich Jackies Cousin John Davis. »Hier die perfekt gekleidete, schneidige Janet mit ihrem hohen schwarzen Homburg, ihrer breiten Krawatte, ihrem Jackett mit einem kontrastfarbenen Kragen, zu dem Kragen passenden Reithosen und hohen Lederstiefeln, daneben die Miniaturausgabe ihrer selbst, die selbstbewußte kleine Jacqueline. Ich erinnere mich daran, daß alle Cousins, die auf den Zuschauerrängen saßen, Jacquelines Sicherheit auf einem Pferderücken bewunderten.« Von früher Kindheit an lernte Jackie durch ihre Verbundenheit mit Pferden, Haltung zu wahren, vorsichtig zu manövrieren, die richtige Mischung aus Sanftheit und Strenge zu finden und zum richtigen Zeitpunkt etwas zu fordern oder eine Belohnung zu geben. Diese Fähigkeiten lernte sie von ihrer Mutter und perfektionierte sie durch häufige Wiederholung; sie entwickelten sich zu Talenten, die für ihren Umgang mit Menschen nicht unerheblich waren.

Im folgenden Monat wurde Jackie von Janet ermutigt, Hootchie, ihren zotteligen Scotchterrier auf einer Hundeschau zu zeigen. Wieder war die Presse zur Stelle, um über Jackies neuerliches Auftreten in der Gesellschaft zu berichten, denn ihre Mutter hatte Reporter und Fotografen aus Büros, Clubs und von ihren Strandmatten herbeigetrommelt. »Die kleine zweijährige Jacqueline Bouvier marschierte zur Bühne und präsentierte mit großem Stolz einen kleinen Scotch, der etwa genau so groß war wie sie selbst«,[3] so die regionale Tageszeitung.

Ein Foto von Jackie an jenem Tag zeigt schon die auffallenden Merkmale der Frau, die sie einmal werden sollte: der direkte freundliche Blick aus weit auseinanderstehenden Augen; die dunklen Haare und die hohen Backenknochen; die ungewöhnlich graziöse Haltung. Sie hatte, mit anderen Worten, die Züge ihres

Vaters und den Schliff ihrer Mutter, und sie war weder unterwürfig noch anmaßend.

Es muß ihre Mutter frustriert haben, daß nicht sie in dem Artikel erwähnt wurde, sondern Jack: »Mr. Bouvier ist von der Sonne East Hamptons so gebräunt, daß er stark einigen der gutaussehenden Ägyptern ähnelt, die in ihrem Rolls Royce in Kairo, im Land am Nil, herumfahren!«

Die Ehe ihrer Eltern war zweifellos gestört, und ihre Zukunft ungewiß, als die Streitereien und Beschimpfungen, an die sich Jahre später die Cousins erinnerten, einen kritischen Punkt erreichten. Doch die Pfade des Ehelebens sind verschlungen: Im Frühherbst 1932 teilten Janet und Jack ihren Eltern mit, daß sie ein zweites Kind erwarteten. Am 13. März 1933 wurde Caroline Lee Bouvier, so genannt nach ihrer Urgroßmutter väterlicherseits und den Vorfahren ihrer Mutter, im Doctors Hospital in Manhattan geboren. Jackie gefiel die Vorstellung, ein Schwesterchen zu haben, und sie wollte die Aufsicht über das Kind sofort mit Miss Newey teilen. Das Neugeborene wurde von Anfang an Lee genannt.

Am Tag nach Lees Geburt legte Franklin D. Roosevelt seinen Amtseid als Präsident ab und richtete eine Ansprache an das von Arbeitslosigkeit gebeutelte Land, die Entschlossenheit und Hoffnung vermitteln sollte: 13 Millionen Menschen waren ohne Arbeit, jeder vierte Haushaltsvorstand. Zahlreiche Banken waren bankrott gegangen, Fabriken wurden geschlossen, Farmer vertrieben. Im nahegelegenen Central Park sahen Jackie und ihr Kindermädchen, das Lees Kinderwagen schob, Hunderte von Familien, die in Hütten aus Teerpappe lebten und die Abfalleimer nach Eßbarem durchsuchten. Auf den Bürgersteigen verkauften ehemals gepflegte Geschäftsleute, die jetzt fast in Lumpen gekleidet waren, Äpfel.

Aber von den Schlangen vor den Armenküchen und den Selbstmorden in der Zeit der Weltwirtschaftskrise bekam Jackie nichts mit. Bei manchen Wall Street-Propheten stellte sich sogar wieder Zuversicht ein. Jack Bouvier, nie ein Kind von Traurigkeit, beschloß, seine Frau mit einer aufwendigen Gartenparty für zwei-

Donald Spoto

hundert Gäste zu erfreuen: gefeiert werden sollten ihr fünfter Hochzeitstag, Jackies vierter Geburtstag und Lees Taufe.

An einem Herbsttag ging Bertha Newey mit den Mädchen in den Central Park, wie sie es oft tat. Jackie machte sich selbständig und verlor Kindermädchen und Schwester aus den Augen. Eine Stunde später klingelte das Telefon in der Park Avenue 740.

»Ist dort Rhinelander 4-6167?«,[4] fragte ein Mann. Janet bestätigte dies. »Wir haben hier ein kleines Mädchen«, sagte er und fügte hinzu, er sei ein Polizeibeamter, der vom Polizeirevier des Stadtteils aus anrufe. »Sie gab uns diese Telefonnummer, sagte aber nicht ihren Namen. Könnte sie Ihre Tochter sein?« Janet eilte sofort zum Polizeirevier, wo sie eine völlig entspannte Jackie vorfand, die die Tätigkeiten der Polizisten beobachtete und im zarten Alter von vier Jahren von ihrem hohen Kindersitz herunter Fragen stellte. Sie war sofort der Liebling des Reviers geworden. Der diensthabende Beamte erzählte, was sich ereignet hatte. Jackie, die allein im Park umherlief, ging auf einen Wachmann zu und erklärte ganz ruhig: »Mein Kindermädchen und meine Schwester haben sich verlaufen.«

Daß das Kind immer seine Ruhe bewahrte und die Dinge nie dramatisierte, brachte ihre Mutter häufig in eine unangenehme Lage. So zum Beispiel ein paar Jahre später, als Janet und ihre Töchter eines Nachmittags in ihre Wohnung zurückkehrten. Der uniformierte Liftboy hatte einen dichten roten widerspenstigen Haarkamm. »Hallo Ernest«,[5] sagte Lee höflich. »Sie sehen heute gut aus«. Gerade als Ernest sich räusperte, um dem Kind zu danken, wandte sich die achtjährige Jackie an ihre Schwester: »Wie kannst du so etwas sagen, Lee? Das ist gar nicht wahr! Wir alle wissen genau, daß Ernest wie ein Hahn aussieht!« Janet, die vor Verlegenheit keinen Ton rausbrachte, brachte die Mädchen schnell in die Wohnung; über Ernests Reaktion ist nichts bekannt.

Janet achtete sehr auf die Ausdrucksweise, Garderobe und Umgangsformen der Kinder, so daß Jackie und Lee eine bewundernswerte Aussprache entwickelten, die für bestimmte Familien aus dem Nordosten charakteristisch war. *Literature* wurde »lit'ratyoo-ah«, *Mayonnaise* »my-oh-nez« ausgesprochen, die Vokale wurden weich gedehnt. Das hatte wenig von New York, dafür umso mehr von dem, was später der Bryn Mawr-Akzent genannt wurde.

Mit der richtigen Aussprache kam natürlich auch das Lesen. Als Jackie fünf Jahre alt war, also ein Jahr vor ihrer Einschulung, konnte sie bereits lesen. Schon im Sommer 1934 zitierte sie auswendig kurze Passagen aus L. Frank Baums *The Wonderful Wizard of Oz*, aus A. A. Milnes *Winnie-the-Pooh* und aus Frances Hodgson Burnetts *Little Lord Fauntleroy*. Unter den Büchern ihrer Mutter fand sie einen Band Tschechow und stöberte darin lange genug, um zu fragen: »Was ist eine Hebamme?«[6]

Janet hatte auch Bücher über Kunstgeschichte und Ballett und ging mit ihren Töchtern gelegentlich in Museen und zu Tanzveranstaltungen. Keines der Kinder nahm Ballettstunden, aber beide besuchten später leidenschaftlich gern Ballettaufführungen. Was die Kunst betrifft, so zeigte sich bei Jackie frühzeitig eine bemerkenswerte Fähigkeit, schnell Skizzen anzufertigen: Zeit ihres Lebens glitt ihr Bleistift über Blätter, Schreibblöcke oder Kanzleipapier, und ihre Zeichnungen von Menschen, Ereignissen und Reisen erfreuten Familie und Freunde.

Jede der Skizzen ließ nicht nur ein eindrucksvolles Interpretationsvermögen erkennen, sondern häufig auch einen beißenden Witz. Eine ihrer ersten Karikaturen zeigte die Wall Street All Stars, das Baseballteam, das ihr Vater im Sommer 1943 in East Hampton aufstellte. Jackie zeichnete urkomische Figuren, deren Besonderheiten genau getroffen waren: ein gereizter Fänger, ein benommen wirkender Werfer, ein übereifriger Malspieler. Die Körper waren nur angedeutet, die Gesichter aber sehr individuell gezeichnet.

Ihr Kunstinteresse wurde im Frühjahr 1935 weiter angefacht, als Großvater Bouvier mit Jackie ihren Großonkel M. C. Bouvier besuchte, von dessen Reichtum praktisch das gesamte Bouvier-Vermögen abhing. Zu jenem Zeitpunkt war er schon recht gebrechlich und verließ sein prächtiges Sandsteingebäude in der West Forty-sixth Street nicht mehr. Jede Antiquität wurde Jackie beschrieben, jedes Nippesstück, jeder Gobelin, jeder Kronleuchter und jede Uhr, und man zeigte ihr eine erstaunliche Gemäldesammlung – darunter ein Corot und ein Millet. Als sie wieder zu

Hause war, schilderte sie ihrem erstaunten Vater fast das gesamte Inventar.

Kurz danach fand ein wichtiges Ereignis statt. Am 29. Juli 1935, einen Tag nach Jackies sechstem Geburtstag, starb der alte Onkel Michel im Alter von achtundachtzig Jahren. Da er immer Junggeselle geblieben war, hatte er keine direkten Erben, was dazu führte, daß jeder entfernte Verwandte der Bouviers zur Testamentseröffnung nach New York kam. Nach Abzug der Steuern wurde der Besitz auf 3,25 Millionen Dollar geschätzt, von denen Jack nur 5000 erhielt. Aber er erbte über seinen Vater M. C.s Geschäft. Jack eröffnete seine eigene Maklerfirma mit dem Namen Bouvier, Bishop & Co. In jenem Jahr machte er einen Gewinn von mehr als 35 000 Dollar, doch sein verschwenderischer Lebensstil kostete über 40 000 Dollar. Janet war von den 35 000 Dollar keineswegs erbaut, denn sie war zur sprichwörtlichen Fischersfrau geworden: Alles zu haben, war nicht genug. Im Haus der Bouviers wurde viel gestritten. Das häusliche Leben der Familie war eine seltsame Mischung aus höflichem Umgang mit Außenstehenden und emotionalen Turbulenzen im persönlichen Bereich.

Doch als Jackie in jenem Herbst eingeschult wurde, kamen Ordnung, Disziplin, neue Freunde und eine gewisse Berechenbarkeit in ihr Leben. Welche Fragen das Kind wegen der Streitereien ihrer Eltern auch stellte, ihre Mutter wich immer geschickt aus. Daher hatte Jackie schon mit sechs Jahren gelernt, daß sie die Verwirrung und Angst, die das Privatleben der Familie in ihr auslöste, für sich behalten mußte. Gespräche über unangenehme persönliche Dinge fanden einfach nicht statt.

Janet Bouvier hatte Miss Chapins Mädchenpensionat besucht, und genau dieses suchte sie jetzt für ihre Tochter aus; an einem kalten, klaren Oktobertag 1935 brachte sie Jackie dorthin. Es war eine altehrwürdige Einrichtung, die sowohl den Idealen der feinen Gesellschaft als auch denen einer erstklassigen Schule verpflichtet war. Zum Beginn des Schuljahres waren dreihundert Mädchen angemeldet, die auf zwölf Klassen und einen einjährigen Vorbereitungskurs für das College verteilt waren. Ein Lehrkörper von dreißig Personen stand dazu in einem eindrucksvollen Verhältnis. Von allen Schülerinnen wurde erwartet, daß sie jeden Morgen um 8 Uhr 45 zum Unterricht erschienen; die Schulglokke, die den Unterricht beendete, klingelte für die Klassen 1–4 um 12 Uhr und für die Klassen 5–12 um 1 Uhr 15. Die Mädchen waren also nicht von einem langen Schultag überfordert. Doch in diesen wenigen Stunden wurde viel geleistet, denn Unfug wurde nicht geduldet.

In der Chapin School war Jackie von der ersten bis zur sechsten Klasse, also vom sechsten bis zum zwölften Lebensjahr. Großpapa Bouvier bezahlte zur großen Erleichterung ihres Vaters das jährliche Schulgeld in Höhe von 575 Dollar (in dem auch die Mahlzeiten, Bücher, Tennisstunden und das Busgeld enthalten waren). Diese Summe überstieg das jährliche Einkommen von Millionen amerikanischer Familien während der Weltwirtschaftskrise.

Die Chapin-Mädchen trugen alle eine blaue Uniform – ein Jahrzehnte zuvor eingeführter Brauch, dessen Zweck darin bestand, die augenfälligen Unterschiede zwischen den elegant gekleideten reichen und den ärmlicher gekleideten weniger wohlhabenden Schülerinnen mit einem Stipendium einzuebnen. Eine Hausangestellte in schwarzer Uniform begrüßte Besucher der Schülerinnen.

Keine Geringere als Virginia Gildersleeve, die Leiterin des Barnard Colleges, die den Wert und die Lehrpläne von Bildungseinrichtungen streng beurteilte, stellte 1928 fest, Miss Chapins Schule sei »eine der Säulen der Ausbildung von Frauen in New York City«.[7] Von ihrer Gründung im Jahre 1901 an war sie eine vornehme Einrichtung, die sowohl in bezug auf ihre gesellschaftlichen Ideale als auch in der Wahl ihrer Schülerinnen »dem *Social Register* strengstens verpflichtet«[8] war, wie eine unparteiische Person Jahre später schrieb, wenngleich sie hoffte, die Schule würde »schließlich eine breiter gefächerte Klientel anziehen«.

Für die damalige Zeit war die Schule in mehrfacher Hinsicht einzigartig. Maria Bowden Chapin, die 1863 geborene Gründerin, kam aus einer Familie, die plötzlich verarmte, so daß sie ab dem Alter von zehn Jahren keine Schulausbildung mehr bekam. Von

Donald Spoto

der Zeit an wurde sie zu einer Autodidaktin, die sich mühelos Sprachen, Kunst und Geschichte aneignete. Im Alter von achtunddreißig eröffnete Miss Chapin – eine ernste Frau von strenger Schönheit, deren Haare frühzeitig weiß geworden waren – zusammen mit ihrer Freundin Mary Cecelia Fairfax das Mädchenpensionat in der West Forty-sixth Street 12. 1928 wurde ein neues Gebäude in der East End Avenue fertiggestellt.

Gleichzeitig kam es in der Schule zu einer dramatischen Veränderung der Ausbildungsziele. Im ersten Viertel des Jahrhunderts waren die Schulen für wohlhabende junge Damen größtenteils kaum mehr als Einrichtungen, die die jungen Damen auf ihre Rolle als Hausfrau oder Gastgeberin vorbereiteten. Aber Miss Chapin, eine glühende Frauenrechtlerin, stellte ein Programm auf, das nicht nur Unterweisung in Haushaltsführung – etwas hochtönend Haushaltswirtschaft genannt – enthielt, sondern auch Kenntnisse in akademischen Fächern vermittelte. Im Mitteilungsblatt der Schule hieß es:

Ein Mädchen sollte es nicht für selbstverständlich halten, daß es, wenn es die Schule mit so wenig im Kopf wie möglich verlässt und nach einem angenehm verbrachten Jahr einen netten jungen Mann geheiratet hat, aller Sorgen ledig ist. Die letzte Wirtschaftskrise hat uns gezeigt, daß nahezu alles passieren kann und daß die Ehefrau vielleicht einmal die Familie ernähren muß

Kühne Worte für eine Eliteschule für Mädchen – auch während der Weltwirtschaftskrise. Miss Chapin war eine couragierte Person.

Sie selbst unterrichtete in jeder der höheren Klassen Geschichte, Lyrik und Latein; die unteren Klassen besuchte sie jede Woche, um sich ein Bild sowohl von den Lehrerinnen als auch von den Schülerinnen zu machen. Außerdem führte sie ihre berühmten »Charakterberichte« ein, in denen zur großen Freude der Eltern die Entwicklung eines jeden Mädchens detailliert geschildert wurde. Nur die besten Lehrerinnen wurden eingestellt, alle hatten das College absolviert und besaßen nicht nur einen Fähigkeitsnachweis. Was noch bemerkenswerter war, Miss Chapin zögerte nie, die Weiterbildung von Lehrerinnen, die sich einen Sommer-kurs in Europa nicht leisten konnten, aus eigener Tasche zu be-zahlen.

Eine dieser Lehrerinnen war Miss Ethel Grey Stringfellow, die von Miss Chapin ins Ausland geschickt wurde, um sich mit der sogenannten fortschrittlichen Pädagogik bekannt zu machen. Miss Stringfellow kehrte voller Begeisterung für die pädagogi-schen Grundsätze von Maria Montessori zurück, und kurz darauf besuchten Chapin und Stringfellow Madame Montessoris Vor-lesungen in New York.

1933 wurde von den Schülerinnen verlangt, im Sommer, wenn sie sich nicht am Strand tummelten oder mit ihren Familien in die Ber-ge gingen, selbständig ein Programm zu erarbeiten. Jeden Tag wur-de ein bestimmter Gegenstand oder ein Projekt behandelt, und im Oktober wurden ernsthafte Ergebnisse erwartet. Eine einwandfreie Orthographie war, wie Jackie schon in der ersten Klasse lernte, eine geheiligte Tradition: »Sie konnte durch den Buchumschlag hin-durch ein falsch geschriebenes Wort erkennen«,[9] sagte eine Schüle-rin über Miss Chapin. Aus gesundheitlichen Gründen trat die Gründerin 1932 zurück und übergab die Leitung der Schule Miss Fairfax und Miss Stringfellow. Fairfax und Chapin starben 1933 be-ziehungsweise 1934, und der Schulvorstand wählte Stringfellow einstimmig zur Schulleiterin. Der Name des Internats wurde gemäß dem Wunsch der Gründerin in Chapin School umbenannt.

Als Jackie eingeschult wurde, wurden die Schülerinnen der Unterstufe in Lesen, Schreiben, Geographie, Arithmetik und Sport unterrichtet, und Jackie zeichnete sich in allen Fächern aus. Die sehr kulturbeflissene Miss Stringfellow organisierte auch den Besuch bekannter Künstler: Beispielsweise lasen Pearl Buck und Robert Frost aus ihren Werken, und Musiker des Symphonie-orchesters spielten und beantworteten Fragen. Es gab auch gele-gentlich »Roundtables«, mit Experten für Politik und Außenpoli-tik, denn Miss Stringfellow bestand genau wie ihre Vorgängerin darauf, daß die Mädchen sich nicht mit Geschichte oder Staats-bürgerkunde befassen sollten, ohne die aktuellen Ereignissen zu kennen. 1939 wurde jede Absolventin der Chapin School vom College ihrer Wahl angenommen.

Dies war eine eindrucksvolle Anerkennung, und die Schule betrachtete sich mit gewissem Recht als avantgardistisch. Doch in den dreißiger Jahren wurden den Schülerinnen die gleichen steifen, mit komischem Eifer nachgeahmten englischen Umgangsformen eingeimpft, die in der Oberschicht von Long Island gepflegt wurden. Dieselbe Gildersleeve, die Chapin eine unerreichte akademische Seriosität bescheinigt hatte, fügte hinzu, daß die vornehmsten Jungenschulen Amerikas – sie erwähnte St. Paul's, St. Mark's, Groton und Exeter – die geheiligten Hallen von Eton, Harrow und Rugby zum Vorbild hätten. »Ist nicht zu hoffen«, schloß Gildersleeve, »daß, so wie jene britischen Jungenschulen die auserwählte Jugend Englands in Geist, Charakter und Visionen geformt haben, damit aus ihr die Führer eines großen Reiches hervorgehen konnten, die Chapin School Frauen ausbildet, die die wahre Führungsaristokratie dieser großen, faszinierenden Stadt sein werden?«

Nach dem Unterrichtsende im Mai begaben sich Jack, Janet und die Mädchen im Sommer 1936 nach East Hampton, wo sie in Wildmoor in der Appaquogue Road wohnten – in einem Haus mit sechs Schlafzimmern, das Großvater Bouvier vor Lasata hatte bauen lassen. Wildmoor lag auf etwa vier Hektar Wiesen und Feldern, und dem äußeren Anschein nach hatte Black Jack das schlimmste Jahr der Weltwirtschaftskrise unbeschadet überstanden. In der Auffahrt standen zwei elegante Autos; Janet und Jakkie ritten noch immer auf preisgekrönten Pferden aus (darunter »Stepaside«, »Pas d'Or« und »Danseuse«), und auf dem Anwesen tollten reinrassige Hunde herum.

Der zur Schau gestellte Reichtum überdeckte freilich nur den finanziellen Druck, der in jenem Sommer zunehmend auf Jack und Janet lastete. Wie immer waren seine Ausgaben höher als seine Provisionen (die den größten Teil seines Einkommens ausmachten), und er konnte seiner Frau nicht mehr den Luxus bieten, auf den sie ihrer Ansicht nach ein Recht hatte – Scharen von Dienstboten etwa, und ein üppiges Haushaltsgeld. Jacks Vater, dessen Vermögen wegen der enorm hohen Erbschaftssteuern auf den Besitz von Onkel M. C. dahinschmolz, glaubte nicht daran, daß sein Sohn seine beträchtlichen Schulden jemals würde zurückzahlen können. Was James Lee betraf, so war er der Meinung, er habe mehr als genug getan, als er seiner Tochter und seinem Schwiegersohn ein mietfreies Appartement zur Verfügung gestellt hatte.

Black Jack war und blieb ein Bruder Leichtfuß: gut aufgelegt, höflich, großzügig im Umgang mit Zeit und Geld, immer für einen Spaß zu haben, und – das mußte man ihm lassen – ein fürsorglicher und hingebungsvoller Vater. Aber in jenem Jahr wurde er fünfundvierzig Jahre alt, und allmählich zeigten sich physisch und emotional die Spuren eines gedankenlosen Genußlebens. Die Heiterkeit bekam etwas Verzweifeltes; hinter der Höflichkeit war die Absicht der Verführung spürbar, und die jugendliche Unbekümmertheit war schrecklich hohl. Doch all dies war ihm nicht bewußt. »Jackie«, sagte er in dem Sommer zu seiner Tochter, »du mußt nie Angst haben, daß du es mit den Jones nicht aufnehmen kannst, denn wir sind die Jones. Jeder muß es mit uns aufnehmen können!«[10] Doch nur wenige Menschen konnten es ihm in puncto Schuldenmachen gleich tun: Sein Steuerbescheid betrug 64 000 Dollar, und er hatte betächtliche Schulden bei seinem Vater und gegenüber den Erben seines verstorbenen Großonkels.

Für Janet ging es allerdings darum, die sprichwörtlichen Jones zu übertrumpfen. Sie war immer charmant und aufgeschlossen für die Bedürfnisse ihrer Kinder, soweit sie sie wahrnahm. Aber sie war auch maniert, ihr Charme war kühl und oberflächlich. Sie ermöglichte ihren Mädchen gesellschaftlich zwar alles, gab ihnen aber, allem Hörensagen nach, keine zärtliche Zuwendung. Da sie in materiellen Dingen pragmatisch und ausgemacht realistisch war, sah sie, bezüglich Jacks finanzieller Zukunft, das Menetekel an der Wand.

Was war mit dieser Ehe geschehen, die so vielversprechend begonnen hatte? Was würde aus ihrer vermeintlich unerschütterlichen Stellung im Leben werden? Würden ihre Namen auch weiterhin im *Social Register* erscheinen? Was würde aus Janet und ihren Kindern werden, wenn sie ihren Lebensstandard herunterschrauben müßten? Sie forderte keine Pelze und Diamanten, aber sie hatte sich an Dienstboten, an das Frühstück im Bett, gebügelte Bettlaken und französisches Parfum gewöhnt. Jetzt war alles in

Gefahr. Hinzu kam Jacks ständige Untreue, die keineswegs im gleichen Maße abnahm wie sein Bankkonto. Sie wurde ihr immer peinlicher, und Janet war nicht länger bereit, diese Schande um der Töchter oder des äußeren Scheins willen noch länger hinzunehmen.

Im Spätsommer 1936 stritten Jack und Janet heftiger als je zuvor, und die Wände von Wildmoor hallten von den gegenseitigen Beschuldigungen und den auf dem Fußboden zerschellenden Whiskygläsern wider. Bei solchen Auseinandersetzungen nahm Jackie ein Buch, brachte Lee in ein Zimmer am anderen Ende des Hauses und las ihrer Schwester – wenn nötig, laut – etwas vor.

Schließlich zogen Janet und Jack am 1. Oktober einen Schlußstrich unter ihre Streitereien. In der von ihren Anwälten ausgearbeiteten Vereinbarung hieß es: »Die Parteien einigten sich darauf, für einen Zeitraum von sechs Monaten getrennt zu leben.« Jack mußte Janet für den Unterhalt ihrer Töchter, für die Janet das Sorgerecht erhielt, monatlich 1065 Dollar zahlen, zuzüglich der Ausgaben für medizinische Versorgung und Schulbildung. Jack durfte seine Kinder »zu allen vernünftigen Zeiten und an allen akzeptablen Orten sowie samstagnachmittags und sonntagmorgens in seiner Wohnung oder an einem Ort seiner Wahl besuchen.« Aber seine Frau bestand darauf, daß er die Park Avenue 740 verließ. Jack bewohnte nur ein Zimmer im Westbury Hotel in der Madison Avenue. Die Wunden, die seinem Ego und seinem Bankkonto zugefügt wurden, waren tiefer denn je zuvor. Für einen Mann, der Trost im Trinken suchte, war dies eine verheerende Situation.

Diese Lebensumstände waren natürlich auch für Jackie traumatisch. Die dreijährige Lee verstand wenig und bekam kaum etwas von den Schwierigkeiten mit; außerdem wurde sie sehr von ihrer älteren Schwester abgeschirmt, die ihr sagte, Daddy sei geschäftlich unterwegs und könne sie nur am Wochenende sehen. Wenn er mit seinen Töchtern zusammen war, ging er mit ihnen in den Zoo, ins Museum und ins Kino, aß mit ihnen irgendwo und ließ sie im Rockefeller Center rollschuhlaufen. Er nahm sie auch einen Nachmittag in die Börse mit, wo sie die Herren durch ihr gutes Benehmen beeindruckten.

Doch für eine Siebenjährige war die plötzliche Abwesenheit

des Vaters aufgrund elterlicher Unstimmigkeiten zutiefst verstörend. Jackie spürte, daß beide Elternteile an ihr zerrten, und entwickelte Verhaltensweisen, die zwar vorhersehbar waren, aber im Laufe der Jahre nur schwer korrigiert werden konnten.

Janet legte allergrößten Wert darauf, daß Jackie und Lee gute gesellschaftliche Umgangsformen hatten und immer angemessen gekleidet waren; vor allem sollten sich die Mädchen in damenhafter Zurückhaltung und Beherrschtheit üben. Gefühle oder Stimmungen durften auf keinen Fall öffentlich gezeigt werden: Es gab immer eine richtige Art und Weise zu gehen, zu sprechen und sich zu verhalten. Miss Stringfellow und ihre Kollegen verstärkten dies noch durch die Regeln und Vorschriften ihrer Schule, deren Sinn und Zweck darin bestand, die ideale kultivierte, gewandte, untadelige junge Dame hervorzubringen.

Bei den Besuchen und Ausflügen mit Jack ging es ganz anders zu. Er führte die Mädchen in den Kleidern aus, die sie zum Spielen anhatten, ließ sie im Central Park herumtollen und erlaubte ihnen – o Graus! – auf der Fifth Avenue Eis zu schlecken. Er verlangte nicht, daß sie weiße Handschuhe trugen und wurde auch nicht fast hysterisch, wenn etwas Erdbeereis auf eine weiße Bluse tropfte. Berthe Kimmerle, der Nachfolgerin von Miss Newey, zufolge, weinten Jackie und Lee häufig, wenn sie nach einem ausgelassenen Tag oder Wochenende mit Jack zu Janet zurück mußten. Denn ihre Mutter zeigte ihnen weder Gefühle, noch verwöhnte sie sie mit kleinen Extras.

Es gab jedoch nicht nur unterschiedliche Vorstellungen in bezug auf Stil und Verhaltensweisen, sondern auch schwerwiegendere Konflikte. Wenn Jackie bei Festen und in den Ferien bei Großvater Bouvier und seiner Familie in der Park Avenue war, war sie mit ihren Cousins allein, da ihre Mutter sie nicht begleitete. Um dem Einfluß und den Anschauungen der Bouviers entgegenzuwirken, brachte Janet ihre Töchter häufiger zu *ihrer* Familie. Aber auch dies war problematisch, denn Janets Eltern lebten getrennt, ihre Großmutter wurde nie erwähnt, und die alte Mrs. Merritt wurde noch immer wie eine Dienstbotin behandelt. Jackie fühlte sich mehr zu den Bouviers hingezogen, was ihre Mutter, wie nicht anders zu erwarten, enttäuschte, kränkte und in Wut versetzte. In dieser Situation entwickelte Jackie unbewußt eine Fähigkeit, die häufig bei Kindern aus zerrütteten Elternhäusern zu beobachten ist: Sie lernte es, ihre Eltern zu ihrem eigenen Vorteil gegeneinander auszuspielen. Ihrem Cousin John Davis zufolge »war sie darin bewundernswert gut, vor allem bei ihrem Vater. Sie lernte etwas für ihr ganzes Leben: daß sie mit etwas Charme und Geschick von einem Mann fast alles bekommen konnte.«[11]

Dieser Charme und dieses Geschick hatten in der Schule allerdings wenig Wirkung, und diese war, wie es bei solchen Kindern oft der Fall ist, Jackies Schwachpunkt. Sie war zwar intelligent, aufgeweckt und aufmerksam, aber auch reizbar und schwierig im Umgang, denn hier hatte sie Gelegenheit, Janet in Gestalt der Lehrerinnen die Stirn zu bieten. Jackie war eine widerspenstige und aufmüpfige Schülerin, die sich mit ihren Klassenkameradinnen stritt und den Lehrerinnen mitunter regelrechte Streiche spielte. Von ihrer Mutter kritisiert und korrigiert, von ihrem Vater verwöhnt und gelobt, hatte sie kein inneres Gleichgewicht. Kinder reagieren darauf normalerweise – und verständlicherweise – mit Aufsässigkeit.

Ihr Verhalten führte dazu, daß sie häufig in Miss Stringfellows Büro erscheinen mußte, was die Schulleiterin ihrer Mutter vorerst jedoch nicht mitteilte. Aber eines Tages wurde dies Janet gegenüber beiläufig von einer Klassenkameradin erwähnt.

»Ich habe erfahren, daß du sehr oft zu Miss Stringfellow gerufen wirst«, sagte Janet zu ihrer Tochter, als sie allein waren. »Was geschieht, wenn du bei Miss Stringfellow bist?«[12]

»Also«, begann Jackie zögernd, »ich gehe in ihr Büro, und Miss Stringfellow sagt ›Jaqueline setz dich hin. Ich habe so einiges über dich gehört‹. Ich setze mich hin. Miss Stringfellow sagt dann viele Dinge, aber ich höre nicht zu.«

In jenem Schuljahr überlegten Janet und die Schulleiterin gemeinsam, wie man auf Jackie einwirken könne. »Ich weiß, daß du Pferde liebst und daß du selbst viel von einem reinrassigen Pferd hast«, sagte Miss Stringfellow bei Jackies nächstem Besuch in ihrem Büro. »Du kannst laufen und hast Durchhaltevermögen. Du bist gut gebaut und intelligent. Aber wenn du nicht gut trainiert bist, taugst du zu nichts. Stell dir vor, du hättest das schönste Pferd der Welt. Wozu wäre es gut, wenn es nicht so trainiert wäre, daß es auf seiner Bahn bleibt, sich beim Start ruhig verhält und Befehlen gehorcht? Es wäre für dich nutzlos, und du würdest es weggeben.«

Es dauerte ziemlich lange, fand Miss Stringfellow, bis dieses Argument wirkte. Wie eine von Jackies Lehrerinnen sagte, war das Kind »sehr intelligent und künstlerisch begabt, aber ein Teufelsbraten.« In der dritten Klasse war sie laut ihrer Schulleiterin »die wißbegierigste Schülerin, die die Schule in den vergangen fünfunddreißig Jahren hatte – sonst hätten wir sie wahrscheinlich nicht behalten.«[13]

Jedenfalls entstand in der Chapin School eine lebenslange Freundschaft. »Sie war sehr witzig und hatte eine lebhafte Phantasie«, sagte Nancy Tuckerman.

Sie konnte zwar eigenwillig und stur sein, aber sie war immer fair und kompromißbereit. Außerdem hatte Jackie den Ruf, das ungezogenste Mädchen der Klasse zu sein, und dies in einer Zeit, als gute Manieren und ein schickliches Benehmen die wichtigsten Elemente unserer Erziehung waren. Wir hatten großen Respekt vor ihren Eskapaden – die immer damit endeten, daß Jackie zu Miss Stringfellow zitiert wurde … um die strenge Ermahnung zu hören, sich ›anständig zu benehmen, sonst‹…Was immer sie tat – wie ungezogen sie auch war – sie war nie gemein. Nur voller Phantasie, Energie und Humor.[14]

Doch langsam und fast unmerklich veränderte sich Jackie. Während sich an ihrer Beliebtheit bei ihren Klassenkameradinnen nichts änderte, legte sie in den nächsten Jahren häufig ein reserviertes und introvertiertes Verhalten an den Tag, war schüchtern, ja fast verlegen.

Das ist nicht schwer zu verstehen. Sie wollte weder ihren Eltern mißfallen noch im Sommer den Verlust ihrer geliebten Pferde riskieren, was Miss Stringfellow angedroht hatte. Aber es gab noch tiefersitzende Ängste. Da Janet ständig befürchtete, sie alle würden im Armenhaus landen – womit sie die Streichung aus dem

Social Register meinte –, hatte sich Jackie die Ängste ihrer Mutter in bezug auf Geld und Besitz zu eigen gemacht. Die Freude an den Privilegien ging mit der Angst einher, sie zu verlieren; und das Verlangen nach Anerkennung und Zustimmung führte dazu, daß sie sich äußerlich gut benahm und jede spontane, emotionale Reaktion unterdrückte. Wie ihre Mutter ihr immer wieder einschärfte, hing der Eindruck einer wirklichen Dame von ihrem vornehmen Auftreten, ihrem kultivierten Stil und ihren einwandfreien Manieren ab. Damit konnte es ein Mädchen weit bringen.

Gleichzeitig geriet Jackie immer mehr unter den Einfluß der Bouviers. Da Großvater Bouvier ihre Zurückhaltung und ihr Ausweichen spürte, überschüttete er sie Weihnachten 1936 und bei vielen anderen Gelegenheiten nicht nur mit Aufmerksamkeit, Zuneigung und Bildung, sondern erklärte ihr auch die wichtigsten Punkte von *Our Forebears*, jener bombastischen Familiengeschichte, die die Bouviers, die Vernous und ihre Nachkommen in eine Reihe adliger Vorfahren stellte. Von den kunstvollen Gärten, den sanft plätschernden Brunnen und dem Sommernebel auf Lasata bis hin zur Familienlegende wuchs Jacqueline Bouvier in einer Welt von Mythen auf, die eines Mallory oder Tennyson würdig gewesen wären. Ihr Leben, ihre Geschichte, ihre Vorfahren – alles hätte den Stichen eines Gustave Doré entspringen können, der die Geschichte von Lancelot und Guinevra so romantisch illustriert hatte. Jackie schaute sich oft und gerne Stiche in den Kunstbüchern an, die Großvater und Janet für sie kauften.

In dieser Phase fertigte sie zahlreiche Zeichnungen an – vom Meer, wenn sie in East Hampton war, Szenen aus Märchen, aus Geschichten, aus dem Leben in einem feinen Stadtteil. Alles sah sie durch das Prisma ihrer lebhaften Phantasie.

Die Hauptwirkung dieser frühzeitigen Vorliebe für alles Ästhetische und Romantisch-Mythologische, die ihr sowohl von Großvater Bouvier als auch durch Bücher vermittelt wurde, bestand nicht nur in der Entwicklung eines Kunstsinns und eines starken Vorstellungsvermögens; Jackie konnte so auch in eine Sphäre flüchten, die nichts mit ihrem traurigen und verwirrenden Familienleben zu tun hatte. Ihre wahre Geschichte war eine sehr herausgehobene: das hatte man ihr beigebracht und davon war sie überzeugt. Daher war ihr wahres Ich aus dem Stoff eines Märchens und nicht einer Seifenoper gemacht. Doch dann meldete sich die Realität in Gestalt der nächsten familiären Auseinandersetzung und der unvermeidlichen Einsamkeit eines Mädchens zurück, dessen angebeteter Vater die meiste Zeit abwesend war.

Das Leben war real, das Leben war ernst. Aber irgendwo in der Vergangenheit oder vielleicht in der Zukunft lag die tiefere Wahrheit, die jedes Kind, und sei es noch so unbewußt, wie einen Schatz hütet – die Vorstellung, etwas Einmaliges zu sein, die vor allem dann bestechend ist, wenn die häuslichen Verhältnisse unharmonisch sind. Sie sagte zu ihrer Mutter, eines Tages wolle sie nach Frankreich fahren, um etwas über ihre aristokratische Vergangenheit zu erfahren. Janet, der ihre eigene Herkunft peinlich war, konnte Jackie wohl kaum vorschlagen, einen Umweg über Irland zu machen, um den Vorfahren der Lees nachzuspüren.

1937 – 1943

$\mathcal{D}$ie vorübergehende Trennung von Jack und Janet Bouvier endete am 31. März 1937, als er sie überredete, einem neuerlichen Zusammenleben zuzustimmen. Für kurze Zeit bemühten sie sich um Harmonie. Jackie erinnerte sich Jahre später:

> Ich werde nie den Abend vergessen, als meine Mutter und mein Vater fein angezogen in mein Schlafzimmer kamen, denn sie wollten ausgehen. Ich kann immer noch das Parfüm meiner Mutter riechen und ihren weichen Pelzmantel fühlen, als sie sich über mich beugte, um mir einen Gutenachtkuß zu geben. Mit aufgeregter Stimme sagte sie, Liebling, dein Vater und ich gehen im Central Park Casino tanzen, dort singt Eddy Duchin. Ich weiß nicht, warum mir dieser Augenblick alle diese Jahre hindurch im Gedächtnis geblieben ist. Vielleicht, weil es eine der wenigen Gelegenheiten war, bei denen ich meine Eltern zusammen gesehen habe. Es war so romantisch. So hoffnungsvoll.[1]

Aber leider nur von kurzer Dauer. In jenem auf Long Island verbrachten Sommer hatten die Eheleute wenig Kontakt miteinander. Zu Janets größtem Bedauern war Jack gezwungen, ein Haus zu mieten, das noch bescheidener als Wildmoor war. »Das Verhältnis zwischen den Eheleuten war gespannt und gereizt«, so das Kindermädchen Kimmerle, das hinzufügte, daß Janet »im allgemeinen damit beschäftigt war, zu tun, was sie wollte und häufig nicht zu Hause war. Die Kinder, die meistens ohne ihre Mutter auskommen mußten, waren immer mit mir zusammen.«[2] Wie sich herausstellte, gab es für Janets häufige Abwesenheit keine Erklärung, die auf etwas Anstößiges hingedeutet hätte. Sie suchte einfach Zerstreuung. Es gab keine Gerüchte über Affären

– obwohl schon bald klar wurde, daß sie nach jemandem oder etwas suchte, das ihre Lebensumstände würde verbessern können.

Aber Jack war in jenem Sommer seinen Töchtern gegenüber unverändert aufmerksam. »Beide Töchter hingen sehr an ihm«, so Miss Kimmerle,

und beide suchten seine Gesellschaft so oft wie möglich. Das war besonders der Fall, wenn Mrs. Bouvier ihn tagelang im Haus allein ließ. Ihm schien die Anwesenheit der Kinder große Freude zu bereiten, und es war klar, daß auch sie große Freude daran hatten, mit ihm zu spielen, zu reden und herumzutollen. Mir fiel auf, daß die Kinder in Gegenwart ihrer Mutter immer etwas reserviert waren, was sie bei ihrem Vater nie waren... Dies galt besonders für Jacqueline, die ein ungewöhnlich intelligentes Kind mit einer leidenschaftlichen Liebe zu Pferden war. Die kleine Lee war ein liebenswertes Mäuschen, nicht so reizbar und aufgeweckt wie ihre Schwester, aber willensstark, niedlich und zutraulich.

Es gab zumindest ein freudiges Ereignis. Die Eltern feierten Jakkies Leistung, als sie mit acht Jahren bei der Pferdeschau von Southampton die beste Reiterin der unter neun Jahre alten Kinder wurde.

Ansonsten gab es viele Spannungen, und als sich die zweite Trennung näherte, war die Atmosphäre von Enttäuschung und Mißtrauen geprägt. Janet forderte Jack auf, einen Rechtsanwalt einzuschalten, um das Scheidungsverfahren in die Wege zu leiten, doch Jack unternahm nichts. Am Sonntag, dem 26. September, lud sie ihren Vater ein, damit dieser Jack zur Rede stellte. Die drei Erwachsenen stritten laut, und Jackie lief weinend zu Miss Kimmerle, um sich trösten zu lassen. »Sehen Sie, was sie meinem Daddy antun!« rief sie. Nach diesem Gefühlsausbruch verfiel Jackie tagelang in ein finsteres Schweigen. Sie ritt schweigend, sie ging schweigend. Nur Lees Bedürfnis nach Gesellschaft riß Jackie aus dieser Stimmung heraus; sie war für ihre vierjährige Schwester häufig ein Mutterersatz.

Als Jackie zu Beginn des neuen Schuljahres wieder in New York war, verfolgte sie den Beginn des Scheidungsverfahrens, das sich gemäß dem damals geltenden Gesetz lange hinzog. Und Janet machte sich auf die Suche nach einem neuen Ehemann – ein Unterfangen, das ihrer Einschätzung nach Zeit, Geduld und äußerste Vorsicht verlangte. Im Herbst und Winter 1937–38 verbrachte sie das Wochenende häufig mit diesem oder jenem Herrn, ohne einem von ihnen ihre Töchter vorzustellen. Jack empfing in seinem Zimmer im Westbury Hotel zahlreiche Damen, doch die Wochenenden waren immer für Jackie und Lee reserviert – Reiten im Central Park, Mittagessen in der Polo Lounge des Westbury Hotels oder in Großvater Bouviers Appartement.

Jeder bemühte sich, die Weihnachtsferien so schön wie möglich zu gestalten; der letzte Abend des Jahres 1937 war allerdings gar nicht lustig. Nachmittags überließ Janet die Mädchen Miss Kimmerle und verbrachte Silvester und den Neujahrstag mit einem gutaussehenden, reichen, älteren Herrn in Tuxedo Park, nördlich der Stadt gelegen. »Wenn Lee in meiner Abwesenheit weint und nach ihrem Vater ruft, geben Sie ihr eine Ohrfeige«, riet Janet Miss Kimmerle. Lee weinte tatsächlich, aber das Kindermädchen verzichtete auf körperliche Züchtigung.[3]

Das Jahr 1938 begann, wie das alte aufgehört hatte, denn Janet war ständig mit verschiedenen Bewerbern um ihre schlanke, entgegenkommende Hand unterwegs: Sie gingen essen, spielten Karten, besuchten Modeschauen und feierten bis tief in die Nacht. Jackie gehörte unterdessen zu den besten Schülerinnen ihrer Klasse, und daran sollte sich nichts ändern.

Im Sommer 1938 mietete Janet ein bescheidenes kleines Häuschen für sich und ihre Töchter in Bellport, westlich der Hamptons. Dieses Dorf gehörte zwar zu den weniger mondänen Ferienorten des County Nassau, lag aber an der Great South Bay, gegenüber von Fire Island, wo einer von Janets Verehrern wohnte. Jackie wurde im Juli neun Jahre alt, und wieder fiel ihr Geburtstag mit der Erringung des blauen Bands für gute Leistung im Reiten zusammen. In dieser Zeit hatte sie bereits das Aussehen, das bis zu ihrem Tod charakteristisch für sie sein würde: dichte dunkle

Haare, ein schlanker, hochgewachsener Körper, muskulöse Beine und eindringliche Augen.

In den nächsten Jahren pflegte Jackie nicht nur ihre Liebe zu Pferden und Hunden, sondern las auch sehr viel, und zwar Bücher, die nichts mit den Schulaufgaben zu tun hatten. Zu ihren Lieblingsgestalten gehörten Margaret Mitchells Scarlett O'Hara, und die namenlose verfolgte Heldin, die in Daphne du Mauriers romantischem Roman Rebeccas Nachfolgerin ist. Sie interessierte sich nicht für Puppen oder Ausschneidefiguren, sondern für Filme mit Irene Dunne, Katherine Hepburn und Greer Garson.

Wenn Jackie über irgend etwas wirklich belustigt war, wurde ein Raum durch ihr Lächeln heller, und sie konnte Menschen zum Lachen bringen – wenn sie sich beispielsweise über das affektierte Gehabe von Klassenkameradinnen oder die manchmal in der Chapin School herrschende Hochnäsigkeit lustig machte. Meistens war Jackie jedoch ein ernstes, etwas unglückliches und immer verschlossenes Mädchen, das sich wegen seiner Familie schämte und obendrein noch Schuldgefühle hatte.

Doch im Herbst kam es zu einer Veränderung. Auf James Lees Drängen hin verließ Janet mit ihren Töchtern die Park Avenue und zog in eine kleinere, aber sehr feine Wohnung am Gracie Square 1, weiter nordöstlich gelegen, in der Nähe des Hauses des Majors und der Chapin School. Während Lee in den Kindergarten und Jackie in die Chapin School ging, pflegte Janet ihr intensives Privatleben, blieb oft bis zu den frühen Morgenstunden aus und schlief bis mittags; außerdem trank sie viel – laut ihrer Hausangestellten Bernice Anderson – und nahm regelmäßig Schlaftabletten.

»Sie war einmal eine gute Mutter«, meint John Davis, »aber sie wurde immer unausstehlicher – anders kann man es nicht nennen.«[4]

Janets unverantwortliches und unkontrolliertes Verhalten beunruhigte ihren Vater so sehr, daß er jede Woche mehrere Male kam, um mit ihr unter anderem über ihre Gesundheit und den Fortgang des Scheidungsverfahrens zu sprechen. Irgendwann brachte Janet genug Vernunft und Mut auf, um diese gefährlichen Gewohnheiten aufzugeben, aber 1938 und 1939 war sie nur noch ein Schatten ihrer selbst und wenig für ihre Töchter da.

Donald Spoto

Wie Bernice Anderson berichtete, die keinen Grund hatte, beim Scheidungsprozeß um die Dinge herumzureden, vertraute Jackie ihr und ihrem Vater an, »daß sie ihre Mutter hasse«. Diese Aussage und die häufigen wütenden Auseinandersetzungen zwischen Jakkie und Janet sind in einem bestimmten emotionalen Entwicklungsstadium junger Mädchen nichts Ungewöhnliches. Doch in diesem Fall hielt der kalte Krieg mehrere Jahre an, wobei es nur sehr selten Tauwetter gab. Der Grund dafür war Janets beharrliches Bemühen, ihre Töchter von ihrem Vater fernzuhalten. Für Jackie war diese Strategie nicht hinnehmbar, so daß sich die Entfremdung zwischen ihr und ihrer Mutter immer mehr vertiefte.

Trost fand sie, wie so häufig, im Sommer 1939 an der Küste. In diesem ungewöhnlich regenreichen Sommer saß Jackie oft mit einem Buch in einer Ecke. Lesen, zeichnen, kurze Gedichte schreiben, dabei erholte sie sich von dem Zwist in der Familie. In jenem Winter zeigte Jackie ihrem Vater ein Blatt, auf das sie eine Strandszene gezeichnet und ein kleines Gedicht geschrieben hatte. Umgeben von einem Kranz von Weinreben und Seesternen steht ein Mädchen am Strand, dessen Haar vom Wind zerzaust wird und das auf die krächzenden Möwen blickt. Mit der klaren Handschrift, die sich in den kommenden Jahrzehnten nicht verändern sollte, hatte sie geschrieben, ihr einziger Wunsch sei es, für den Rest ihres Lebens »am brausenden blauen Meer« zu leben. Das kleine Gedicht war unterschrieben »Ich – 1939«.

Als Jackie ins Pubertätsalter kam, war das Alleinsein für sie weder deprimierend noch bedeutete es Einsamkeit. Sie schien Stunden und mitunter auch Tage zu brauchen, in denen sie sich von der Welt zurückzog. Sie nahm mit ihrer Schwester, ihrer Mutter oder ihrem Vater die Mahlzeiten ein, nahm an Familienfesten teil, arbeitete mit Klassenkameradinnen an irgendwelchen Projekten, trieb Sport und ritt mit einigen Freunden aus. Aber sie konnte nie darauf verzichten, eine Zeitlang alleine zu sein.

Grundsätzlich hatte Janet gegen die Neigung ihrer Tochter zum Alleinsein, zum Dichten und zum Zeichnen nichts einzuwenden, aber diese Beschäftigungen förderten nicht gerade ihre Einführung in die Gesellschaft. Daher wurde Jackie zu Tanz-

und Ballettstunden im Colony Club in der Park Avenue geschickt. Jungen gegenüber war Jackie oftmals herablassend. Sie war weitaus reifer (um nicht zu sagen intelligenter) als die meisten von ihnen, und deren Unbeholfenheit war ihr ein Greuel. Was das Ballett betraf, so war sie für einen Partner zu groß und hatte zu muskulöse Beine. Doch im Frühjahr 1939 hatte sie einen kurzen Soloauftritt nach der beschwingten Musik von Debussys »Golliwogs Cakewalk«. Golliwog, so erfuhr sie, war eine exotische Lumpenpuppe aus der Karibik oder Westafrika, und Jackies Darbietung beeindruckte Eltern und Lehrer gleichermaßen.

Anfang 1949 reichte Janet offiziell die Scheidungsklage wegen Ehebruchs ein. Fotos von dem Paar und ihren Töchtern erschienen in verschiedenen Zeitungen des Landes unter der Überschrift »Scheidungsklage gegen Börsenmakler aus der High Society«.

> Aus einer Zeile im *Social Register* werden zwei, wenn Mrs. Janet Lee Bouvier, Gracie Square 1, mit ihrer Klage durchkommt. Mrs. Bouvier verlangt Unterhaltsgeld und das Sorgerecht für zwei Kinder, Jacqueline und Caroline. Mrs. Bouvier behauptet, der Börsenmakler sei in seinem Sommerhaus in East Hampton zu nett zu Marjorie Berrien, einem Mitglied der gehobenen Gesellschaft, sowie zu anderen nicht genannten Damen gewesen.[5]

Janet hätte die Presse nicht vor ihrem Gang zum Gericht mit diesen Einzelheiten versorgen sollen, denn sie und ihre Anwälte konnten – welch eine Ironie – den Ehebruch nicht beweisen: Jack hatte seine Liebschaften geschickt verborgen. Doch jetzt war der Schaden da und wirkte sich unerfreulich auf Jacks Leben und auf das seiner Kinder aus. 1940 hatte ein Sexskandal nicht das Verrucht-Faszinierende, das er später hatte, und die Kinder solcher Familien wurden bemitleidet, verspottet und manchmal auch gemieden. Manche Mädchen in der Schule kicherten oft in Jackies Gegenwart und flüsterten einander tatsächliche oder eingebildete Details zu. Kein Wunder, daß Jackie noch vorsichtiger und zurückhaltender wurde.

Was ihren Vater betraf, so wollte er die Scheidung schnell über die Bühne bringen – daher war er einverstanden, nach dem Scheidungsrecht des Staates Nevada zu verfahren, damals die einzige Möglichkeit für wohlhabende Leute, ein langwieriges Verfahren zu vermeiden. Er wurde verpflichtet, monatlich eine Summe von 1000 Dollar für den Unterhalt der Kinder zu zahlen, zuzüglich der Ausgaben für medizinische Versorgung und Schulbildung. Seine Besuchsrechte wurden eingeschränkt: jedes zweite Wochenende, ein Tag pro Woche, die Hälfte der Schulferien und sechs Wochen jeden Sommer.

Jackie und Lee verbrachten den Sommer 1949 mit ihrem Vater in East Hampton, während Janet bei ihren Eltern war. Zu diesem Zeitpunkt genoß Jackie weithin den Ruf einer guten Reiterin. Sie hatte mit ihrem Lieblingspferd »Danseuse« sehr gute Leistungen gezeigt, und in jener Saison errang sie einen Doppelsieg: Sie gewann den Alfred Maclay-Preis für Reitkunst und den Good Hands-Wettbewerb. Dies war »eine seltene Auszeichnung«, schrieb die *Times,* weil ein junger Reiter selten beide Wettbewerbe gewinnt.«

Aus einem Grund, der den Kindern nicht klar war, lud Janet Jackie, ihre Schwester und die Hausangestellte zu einer Reise in die Hauptstadt des Landes ein – deren Kosten Großvater Lee freudig übernahm. Während der Osterwoche 1941 durchstreiften sie zusammen mit anderen Touristen die Stadt, bewunderten die blühenden Kirschbäume und fotografierten sich gegenseitig vor den großen Denkmälern. Nach einem Besuch im Weißen Haus war Jackie, so sagte sie Jahre später, »seltsam enttäuscht. Es wirkte kalt; da war keine Broschüre, die man hätte mitnehmen können, nichts belehrte einen über dieses berühmte Haus und die Präsidenten, die hier gelebt hatten.«[6] Es fehlte ihm, mit anderen Worten, an einem elementaren Geschichtsbewußtsein. Ihre damalige Reaktion war vielleicht nicht so gut durchdacht wie ihre spätere Analyse, aber es steht außer Zweifel, daß das junge Mädchen nicht sonderlich beeindruckt war.

Eine völlig andere Erfahrung stellte die National Gallery dar. »Dort wurde meine Liebe zur Kunst geboren«, sagte sie.

Wir aßen mit dem Chefkurator zu Mittag und sahen uns dann zusammen mit ihm Gemälde und Skulpturen an. Bei dieser Gelegenheit entdeckte ich zum ersten Mal, was mich am meisten beglücken konnte – die tiefe Freude, die ich beim Betrachten von Meisterwerken der Malerei und Bildhauerei empfand. Ein Kind jeden Alters empfängt seine eigene Botschaft, hat seine eigene wichtige gefühlsmäßige Reaktion, wenn es ein Kunstwerk betrachtet.[7]

Es machte Jackie auch großen Spaß, als man bei einem Rundgang durch das FBI ihre Fingerabdrücke nahm.

In jenem Frühjahr 1941 war Tourismus nicht Janets einziges Interesse. Abends ließ sie ihre Töchter und die Angestellte im Hotel und traf sich mit ihrem neuen Verehrer, der ihr im vorausgegangenen Winter in Manhattan kurz vorgestellt worden war. Hugh D. Auchincloss jr. war Rechtsanwalt und Investment-Banker mit einem ebenso eindrucksvollen Stammbuch wie Vermögen. Er hatte bereits drei Kinder aus zwei Ehen, lebte jetzt allein, war zu haben und war weitaus reicher als irgendein Bouvier; er war zehn Jahre älter als Janet.

Er war am 28. August 1897 als Sprößling einer alten schottischen Familie auf der Hammersmith Farm zur Welt gekommen, dem Landsitz der Familie oberhalb der Narragansett Bay in Newport auf Rhode Island. Im Ersten Weltkrieg hatte er in der Marine gedient, danach in Yale und in England studiert und sein Juraexamen an der Columbia University gemacht. Den Grundstock zum Familienvermögen hatte sein Großvater gelegt, der an der Gründung von Standard Oil beteiligt gewesen war. Und der Reichtum wuchs noch beträchtlich, als die Auchincloss in die reichsten amerikanischen Familien einheirateten.

»Hughdie«, wie Hugh D. liebevoll genannt wurde, war Sonderbeauftragter des Wirtschaftsministeriums gewesen, bevor er 1927 als Luftfahrt-Spezialist für das Außenministerium tätig wurde. Vier Jahre später schied er aus dem Staatsdienst aus und gründete mit einem Teil seines riesigen Erbes von seiner Mutter in Washington die Maklerfirma Auchincloss, Parker & Redpath. Da er es in diesem Beruf weit brachte, konnte er selbst zur Vermehrung

des geerbten Reichtums beitragen. Die zweite Frau von Hugh Auchincloss war Nina Gore Vidal, Tochter eines Senators von Okla-
homa, gewesen. Von ihrem ersten Ehemann hatte sie einen Sohn,
Gore Vidal, der später ein bekannter Schriftsteller wurde. Entgegen einem weitverbreiteten Mißverständnis war Jacqueline
Bouvier mit Gore Vidal also nicht einmal entfernt verwandt. Sie
kannten sich allerdings viele Jahre lang.

Der ruhige, nüchterne Multimillionär Auchincloss genoß seinen Reichtum, ohne damit zu protzen. Außer der Hammersmith
Farm besaß er einen prächtigen, weitläufigen Landsitz mit dem
Namen Merrywood in McLean in Virginia, ein idyllisch gelegenes Anwesen mit Blick auf den Potomac und mit Pferden, die er
und seine Freunde ritten. Auf Merrywood und auf der Hammersmith Farm, zwei der größten Landsitze Amerikas, beschäftigte
Auchincloss zahlreiche Dienstboten. Solange alles perfekt lief,
waren die Kosten unerheblich.

Über finanzielle Fragen wurde in der Familie nicht gesprochen.
Sie hätten dieses Thema für unfein gehalten. Wie der Politiker
Everett McKinley Dirksen sagte: »Hier eine Milliarde, dort eine
Milliarde, und dann redet man über richtiges Geld.« Im New Yor-
ker *Social Register* gab es zwei ganze Seiten und siebenundvierzig
Einträge unter dem Namen Auchincloss, im Vergleich zu zwei-
undvierzig über die Rockefellers, acht über die Vanderbilts und
gerade einmal zwei über die Astors und Bouviers.

Hughdies herausragende gesellschaftliche Stellung und sein
immenser Reichtum machten für Janet seine humorlose, langweilige und phantasielose Art mehr als wett. Sie sah in ihm einen respektablen und nüchternen Menschen, der so ganz anders war als
der Aufschneider und Trinker Black Jack, für Janet jetzt nur noch
ein abstoßendes Überbleibsel der wilden zwanziger Jahre. »Ich
muß leider sagen«, erinnerte sich John Davis, »daß Janets Unaus-
stehlichkeit ihren Gipfel erreichte, als sie Auchincloss traf. Jetzt
wurde sie endgültig zum Snob, und ich glaube, daß Jackie ihre
Mutter aus diesem Grund nicht mochte.« Über diese Zeit sagte
Janet später lediglich, Jackie hätte »eine starke Individualität und
Sensibilität und eine erstaunliche Selbstbeherrschung gehabt, die
wohl innere Spannungen verdeckte«.[8]

Janet steuerte sofort auf das Ziel zu, Auchincloss zu heiraten, auch wenn die katholische Kirche eine neue Ehe verbot. Die Werbung kam nur langsam in Gang, und die Presse erfuhr nichts von der Freundschaft zwischen Mrs. Bouvier und Mr. Auchincloss. Gleich nach dem Ende des Schuljahres unternahm Janet mit ihren Mädchen erneut eine Reise – diesmal auf eine Ranch außerhalb von Reno, wo sie nach sechswöchigem Aufenthalt geschieden wurde; diese Nachricht erschien in den Gesellschaftsspalten zahlreicher Zeitungen.

An Weihnachten, als Amerika in den Zweiten Weltkrieg eintrat, trafen die Mädchen mit Hughdie zusammen, der sie und ihre Mutter in dem von nervöser Hektik geprägten Washington zum Essen ausführte. Janet schlug ihren Töchtern vor, Auchincloss »Onkel Hugh« oder »Onkel Hughdie« zu nennen, was sie von da an auch taten. Mit der Zeit entwickelten sie sogar eine echte Zuneigung zu ihm: Er behandelte sie wie seine eigenen Kinder, versuchte aber nie, ihnen den Vater zu ersetzen.

Während die Erwachsenen bei diesem ersten Treffen über wichtige Dinge sprachen, begleitete Hughdies Sohn Hugh – von seiner russischstämmigen Mutter Yusha genannt – die Mädchen zum Nationalfriedhof in Arlington. »Reihe für Reihe sah sie sich die Gräber der Generäle an«, erinnerte sich Yusha und fügte hinzu, besonders beeindruckt hätten Jackie »die Wachen am Grab des Unbekannten Soldaten und ihre abgezirkelten Bewegungen. Dann standen wir auf dem Hügel unterhalb des Custis-Lee-Hauses. Sie konnte zum ersten Mal über ganz Washington blicken. Wie sehr war sie von diesem umwerfenden Anblick beeindruckt!«[9]

Als Jack Bouvier wieder in Manhattan war, versank er in einer tiefen Depression. Er wohnte jetzt in einem Vier-Zimmer-Appartement in der East Seventy-fourth Street 125, seine Töchter waren zum ersten Mal an Weihnachten nicht da, seine Geschäftsaussichten waren nicht sonderlich gut, und der neunundvierzigjährige Jack hatte das Gefühl, sein Leben würde dahinschwinden. Abends hatte er gelegentlich ein Rendezvous, aber es gab weder irgendwelche ernsthaften Beziehungen noch dachte er an Wiederheirat. Vor allem befürchtete er, er könnte Jackie und Lee an

Donald Spoto

Janet und Hughdie verlieren, von deren Beziehung er sofort durch seine Töchter erfahren hatte. Bei ihm mischte sich Stolz mit Schuldbewußtsein, liebevolle Zuwendung mit Sorge, Gutmütigkeit mit angstvoller Alkohol-Abhängigkeit, was natürlich zu nichts anderem führte als zu einem ewigen Kreislauf von Verzweiflung und Gewissensbissen.

Dabei hätte er sich um die Loyalität seiner Töchter gar keine Sorgen machen müssen. Diese wuchsen heran und waren psychologisch – wenn auch nicht emotional – von ihm ebenso weit entfernt wie von Janet. Sie lebten jedoch bei Janet, und wie immer ihre bewußten oder unterdrückten Gefühle ihr gegenüber waren, so bestimmte sie ihr Leben, und sie waren von ihrem Wohlwollen abhängig. Für einen Mann wie Jack, der so sehr auf die Bewunderung und anhängliche Liebe seiner Töchter angewiesen war, war deren Heranwachsen etwas, mit dem er sich nie auseinandersetzte. Daher sah er in der Anwesenheit von Auchincloss einen Verrat, eine Situation, der seine Töchter ausgeliefert waren; und er nahm Ablehnung wahr, wo es sich nur um die natürliche Entwicklung empfindsamer Mädchen handelte. Mit anderen Worten, Jackie und Lee waren nicht mehr seine kleinen Prinzessinnen – und zwar nicht, weil sie ihn oder er sie vernachlässigte, sondern, weil sie nie ein harmonisches Elternhaus gehabt hatten und jetzt den normalen Übergang ins Erwachsenenleben vollzogen.

Die Mädchen waren zwar von ihren Eltern abhängig, weil diese für ihren Unterhalt sorgten, aber sie lernten, daß nur wenig im Leben von Dauer ist – weder die materiellen Lebensumstände noch der Zusammenhalt der Familie. In den vergangenen zwei Jahren war der luxuriöse Lebensstil häufig eingeschränkt worden; die Ehe ihrer Eltern war in die Brüche gegangen; Männer und Frauen waren im Leben ihrer Eltern aufgetaucht und wieder verschwunden. Das Leben war ein Abenteuer und nie langweilig; es war unberechenbar, und nirgends gab es beständige Liebe und noch weniger eine feste Bindung. Die Bouvier-Mädchen hatten Annehmlichkeiten und Privilegien gehabt, die nur wenigen Kindern vergönnt sind. Aber *Dinge* waren kein Ersatz für die Befriedigung tieferer Bedürfnisse.

Am 21. Juni 1942 heirateten Janet und Hughdie in Washington. Alle Kinder kamen zum Empfang auf Merrywood: Jackie und Lee, Hughdies Kinder Yusha, Nina und Tommy. Der Familienbaum wuchs 1945 und 1947, als Janet Hughdie ein Mädchen gebar, das nach ihr genannt wurde, und dann einen Jungen mit dem Namen Jamie.

Jackies Hauptwohnsitz wurde für fast zehn Jahre das im georgianischen Stil gebaute Merrywood. Es lag auf 18,6 Hektar welligen, dicht bewaldeten Landes und hatte jeden erdenklichen Komfort: einen riesigen Swimmingpool, Tennisplätze, Ställe, Reitbahnen und üppige Gärten. Kronleuchter glitzerten, Aubusson-Gobelins und Teppiche dämpften jedes Geräusch, weißbehandschuhte Diener kamen und verschwanden, in Leder gebundene Klassiker füllten die Bibliothek. »Es war ein friedliches, glückliches Leben, ein bißchen an Henry James erinnernd, eine Welt beschaulicher Ruhe, fernab von dem aufgeregten zwanzigsten Jahrhundert.«[10] So lautete die Beschreibung von Gore Vidal, der dort gelebt hatte, als seine Mutter mit Auchincloss verheiratet gewesen war. »Es war ein Leben, das einem völlige Sicherheit gab, das einen aber nicht auf die reale Welt vorbereitete. Die meisten von uns brachen aus ihm aus. Jackie lehnte es ab, die Tradition der großen Dame fortzusetzen. Doch wir alle [d.h. die Bewohner von Merrywood] haben auf die eine oder andere Weise versucht, in unseren eigenen Häusern wieder die wunderbare Atmosphäre von Merrywood erstehen zu lassen.«

Lasata war feudal und die Wohnung in der Park Avenue 740 prächtig gewesen. Aber Merrywood schien etwas Beständigeres zu sein; das Leben dort war förmlicher und stärker von einer leisen Eleganz geprägt.

Vor allem jedoch bot Merrywood Jackie die Möglichkeit, die unglückliche Vergangenheit hinter sich zu lassen. Natürlich hatte sie an der Küste von Long Island viel Spaß gehabt. Durch das Reiten und das Rennen mit ihren Hunden war sie in einer Weise mit der Natur in Berührung gekommen, wie es in der Stadt gar nicht möglich ist. Doch auf Merrywood war für das Reiten noch mehr Platz, und sie konnte ausgedehnte Waldspaziergänge machen. Sie hatte ihr eigenes Zimmer und konnte die kultivierte Ruhe und

Donald Spoto

Stille genießen, die ihrem Naturell so sehr entsprachen. Hier konnte sie lesen, schreiben, nachdenken; und gerade, weil sie jetzt eins von fünf Kindern war, hatte sie nun paradoxerweise die Rückzugsmöglichkeiten, die ihr das Leben angenehm machten.

East Hampton und alles, was damit verbunden war, begann zu verblassen wie eines von Jackies zarten Aquarellen, wenn es dem Tageslicht ausgesetzt ist.

Da es Sommer war, hielt es die Karawane der Auchinclosses nicht lange auf Merrywood, sondern sie brach zur Hammersmith Farm auf.[11] Auf einem hohen, saftig-grünen Hügel mit einem weiten Blick über die Narragansett Bay gelegen, umfaßte der Landsitz 31,6 Hektar Land, eine Remise, Ställe, einen Tierfriedhof und weitläufige Gärten, die von Frederick Law Olmsted gestaltet worden waren, der zusammen mit Calvert Vaux den Central Park in New York geschaffen hatte. Das Haus mit achtundzwanzig Zimmern, zehn Schlafzimmern, einem Dutzend Bädern, mehr als einem Dutzend Kaminen und vielen Giebeln, Kuppeln, Balkonen und Loggias war ein viktorianischer Mischmasch, der am Ende des neunzehnten Jahrhunderts ganz groß in Mode war.

Die Inneneinrichtung bestand aus dunklen, schweren viktorianischen Möbeln, an den Wänden hingen ausgestopfte Elchköpfe, und auf dem Boden lagen Bärenfelle. Jackie strich ihr im dritten Stock gelegenes Schlafzimmer in Gelb und Weiß, passend zum Blumenmuster der Zierleisten und den Rohrmöbeln.

Sie war in jenem Sommer nicht untätig, denn es war Krieg, und die Zahl der Dienstboten war von sechzehn auf einen reduziert worden. Unter Janets Anleitung lernte Jackie zu kochen, das Haus in Ordnung zu halten und das Telefon zu bedienen, denn wegen des Krieges hatten sie nur einen Apparat. Da auch die Gefahr bestand, daß die Gärten verwilderten, brachte die neue Hausherrin ihren Töchtern bei, Bäume zu beschneiden, Hecken zu stutzen, zu gießen und zu mähen. Zusammen mit den Außenalleen und den fünf Treibhäusern war dies eine Aufgabe, die Muskeln, Kraft und Geduld erforderte, aber Jackie und Lee erfüllten sie mit Begeisterung; zwei von den drei Auchincloss-Kindern waren zu klein, und der Älteste war im Ausbildungslager. Umsichtig wie Janet nun einmal war, beschloß sie, den Umfang der Gärten zu verringern, und bald wühlten Pflüge und Traktoren die Erde auf.

Die Hammersmith Farm war wirklich die letzte Farm in Newport, die noch in Betrieb war, und sie versorgte während des ganzen Krieges den Marinestützpunkt mit Geflügel, Gemüse und Milchprodukten. Von 1942 bis 1945 fütterte Jackie auch Hühner, pflegte Kälber, sammelte Eier ein, melkte Kühe und pflückte Äpfel.

Wie Yusha berichtete, las Jackie viel über den Krieg und die Geschichte Deutschlands und Japans. In ihrem jugendlichen Idealismus verliebte sie sich in die Idee der französischen Résistance und machte die großen amerikanischen und europäischen Generäle zu ihren Idolen.

Wenn sie nicht mit der Hausarbeit beschäftigt war, ging Jackie gerne in die Bucht und sah zu, wie Kriegsschiffe, Zerstörer und Flugzeugträger den Stützpunkt anfuhren und verließen. Sie und Yusha erfuhren, daß die Matrosen häufig ein Rotlicht-Etablissement in der Stadt besuchten, und ein- oder zweimal stahlen sie sich davon, um sich die Sache aus der Nähe anzusehen. Neugierig auf die sexuellen Abenteuer der Matrosen, verwickelte Jackie sie mit ihrer tiefen, koketten Stimme in ein Gespräch.

Doch meistens verbrachte sie ihre freie Zeit ruhiger und kontemplativer, denn Jackie war gerne allein und beschäftigte sich mit ihrem Zeichenblock und ihrem Notizbuch.

Einige Jungen im Teenageralter waren von Jackie hingerissen, die schnell wuchs und Formen annahm. Sie begegnete ihnen zwar höflich, war aber sehr zurückhaltend in ihren Meinungsäußerungen und zeigte vor allem nicht ihr Wissen. Jahre später erinnerte sich Janet, daß Jackie befürchtete, für streberhaft gehalten zu werden, so daß sie in Gegenwart anderer ihr Licht unter den Scheffel stellte. »Oh, ich bin in Mathe auch wahnsinnig schlecht«, sagte sie zu einem niedergeschlagenen Jungen, der ihr anvertraut hatte, daß er eine Arbeit verpatzt hatte und nicht wußte, daß Jackie in dem Fach besonders gut war, wie sie überhaupt in allem gut war, was von ihr verlangt wurde. Während Lee als die hübschere von beiden galt, war Jackie zweifellos intelligenter und künstlerisch

Donald Spoto

begabter, womit sie nie angab; auch versuchte sie nicht, mit ihrer Schwester zu konkurrieren.

Im September waren alle wieder in Merrywood, von wo aus Jackie jeden Tag in die Holton-Arms School in der S Street in Washington ging, die als besonders vornehm galt. Diese von Jessie Moon Holton und Carolyn Hough Arms gegründete Einrichtung bot Unterricht für die Klassen 1–12 sowie zwei Jahre im Junior College an. Zum damaligen Zeitpunkt hatte sie über vierhundert Schülerinnen, von denen achtzig Internatsschülerinnen waren. Wie Jackie später sagte, verbrachte sie hier »zwei glückliche und lohnende Jahre«.[12]

Sie war nicht nur gut in Französisch, Spanisch und Kunstgeschichte, sondern entwickelte auch die Fähigkeit, andere Leute nachzuahmen. Dies brachte sie in der achten und neunten Klasse – zwischen 1942 und 1944 – ab und zu in Schwierigkeiten. Als sie einmal gerade dabei war, eine der Lehrerinnen nachzuahmen, betrat diese Frau, ohne von Jackie bemerkt zu werden, den Raum; Jackie machte unbekümmert weiter, während ihr Publikum vor Schreck den Atem anhielt. Es machte ihr auch großen Spaß, ausgiebigen Gebrauch von einem etwas groben spanischen Wort zu machen, und Großvater Bouvier reagierte auf diese neue Vorliebe ganz souverän:

> *Caramba* klingt dem Ohr angenehm, und wenn ich mich nicht irre, bedeutet es nicht mehr als ein harmloses ›verdammt‹. Aber wenn es jemand ausspricht, der gleichzeitig ungeduldig mit dem Fuß stampft, eine kleine Drehung macht, die Arme hochwirft und den Busen vorstreckt, dann macht das Ganze einen imposanten Eindruck und verleiht dem Wort, das sonst praktisch bedeutungslos wäre, eine gewisse Bedeutung und Würde. Doch ich finde den Gebrauch von *caramba* nicht sonderlich empfehlenswert, und wenn es noch so hübsch verpackt wird.

Das Wort, ein harmloser kleiner Fluch, der auch eine alte Jungfer der viktorianischen Zeit wohl nicht schockiert hätte, blieb mehrere Jahre lang in ihrem Vokabular; mit ihrer kultivierten, ruhigen Stimme gesprochen, klang er komisch unpassend (was sie sicherlich wußte), und das besonders in der Schule.

Zu ihren Lehrerinnen gehörten Mildred Brown und Sally Evans Lurton, zwei ungewöhnlich schöne und gebildete Frauen. Miss Brown, die zu Recht den Spitznamen »Queenie« hatte, vermittelte Jackie eine lebenslange Leidenschaft für Kunstgeschichte, während sie in Miss Lurtons Englisch-Unterricht nicht nur Grammatik, sondern auch Lyrik, Drama und Prosa im richtigen Verhältnis beigebracht bekam. Laura Crease Bunch, eine ernste Frau, war für die Außenkontakte zuständig und organisierte für die Schülerinnen Besuche beim Kongreß, beim Obersten Gerichtshof, Konzerte, Theateraufführungen und Kunstausstellungen. Jackie ließ sich ein solches Ereignis nie entgehen.

Zu ihrer großen Überraschung mochte Jackie Latein sehr gerne, obwohl sie das damals nicht zugab. Helen Shearman, die sehr auf Genauigkeit und stilistische Eleganz achtete, »erwartete und duldete nur eine gute Arbeit«,[13] wie sich eine Schülerin erinnerte. »Waren wir faul oder schlecht vorbereitet, strafte sie uns mit Mißbilligung, scharfem Tadel oder mit einem Schwamm, der gezielt gegen unsere Köpfe oder gegen unsere in marineblauen Jacken steckenden Schultern geworfen wurde.« Trotzdem war Miss Shearman keine unsympathische Lehrerin, und die Schülerinnen brachten ihr nicht nur Bewunderung, sondern auch Zuneigung entgegen.

Aber das Leben in der Holton-Arms-School war keine Idylle, wie auf den süß duftenden Seiten von *The Secret Garden* dargestellt. Zwei Umstände waren alles andere als erheiternd.

Es hatte in der Geschichte dieser Schule ein tragisches Ereignis gegeben, und gerade, weil die Einzelheiten nicht bekannt waren, regte es die Phantasie der Jugendlichen an, die sich allerlei zuflüsterten. Die Schulleiterin Mrs. Holton sprach nur selten und andeutungsweise von ihrer ehemaligen Schülerin, Freundin und Mitgründerin Miss Arms, und wenn sie es tat, geschah es in einem sehr wehmütigen Ton. Für diese Zurückhaltung von Mrs. Holton gab es einen guten Grund. Miss Arms, die arme Seele, hatte nach einer Reihe von Zusammenbrüchen, den Verstand verloren und war bis zum ihrem Tod im Jahre 1935 – fast ein Viertel Jahrhundert lang – in einer Irrenanstalt gewesen.

Mrs. Holton lehnte es kategorisch ab, den Namen ihrer verstorbenen Freundin aus dem Namen der Schule zu streichen; daher schlich sich wegen des Schicksals der unglücklichen Miss Arms in die Gespräche häufig unterschwellig ein Schaudern ein. Keiner Schülerin, wie kurz ihre Anwesenheit in dieser kultivierten Mädchenschule auch war, blieb dieser Hauch von Krankheit und Tod verborgen, der der Schule einmal dunkle Stunden gebracht hatte und einen in bestimmten Augenblicken noch immer anwehte.

Als Jackie in jenem Jahr Charlotte Brontë las, wurde sie durch die wahnsinnige, eingesperrte Bertha Rochester unweigerlich an die Tragödie von Carolyn Arms erinnert. Die literarische Figur der wahnsinnigen Heldin hatte also eine Entsprechung im realen Leben, und zwar an ihrer Schule. Für Jackies poetisches, sensibles Wesen, in dem manchmal eine gewisse Melancholie zu spüren war – deren Ursache das häufige übermäßige Trinken ihres Vaters war – stand die Geschichte von Miss Arms für die Tragik und Unberechenbarkeit des Lebens. Sie verfaßte zwei kurze – inzwischen verlorengegangene – Gedichte, die von dieser traurigen Geschichte handelten.

Der zweite Schatten, der über ihren Schuljahren lag, war die Stadt Washington selbst, im Zweiten Weltkrieg eine von Spannung erfüllte, dicht bevölkerte Stadt. Die Amerikaner jeden Alters wußten um die Barbarei, die in Europa stattfand, und fürchteten einen Angriff auf ihr Land, insbesondere auf ihre Hauptstadt. Überall stieß man auf militärische Befehle, und den Menschen wurde eingeschärft, loyal und wachsam zu sein und kein müßiges Gerede zu dulden, das die nationale Verteidigungsbereitschaft unterminieren könnte. Schüler verkauften Kriegsbriefmarken und Kriegsanleihen, lernten Erste Hilfe und teilten die Rationen miteinander. Es gab, mit anderen Worten, eine allgemeine Atmosphäre der Angst und Unsicherheit, der sich niemand entziehen konnte.

Auf dem Weg zu einer anderen Schule schrieb Jackie 1944 an Yusha, der zur Marine gegangen war. Im Alter von fünfzehn hatte sie bereits einen eindrucksvollen Briefstil entwickelt; ihre Aufzeichnungen und Briefe enthielten nicht nur genaue, erstaunliche

Beobachtungen, sondern waren auch in einer flüssigen, schönen Sprache geschrieben, die für sie charakteristisch werden sollte.

> Ich bin immer so gerne im friedlichen Merrywood, mit dem Fluß und den Hunden, und dem Grammophon lauschend. Ich werde nie wissen, was ich am meisten liebe, Hammersmith mit seinen grünen Feldern und dem Sommerwind, oder Merrywood im Schnee, mit dem Fluß und den hohen steilen Hügeln. Ich liebe sie beide, wo ich auch bin, ebenso leidenschaftlich wie das, was ich früher geliebt habe. Beim Fahren hatte ich schreckliches Heimweh, es war wie in einem Traum. Ich dachte an den Weg, der auf Merrywood zu den Ställen führt, und an die Steine, die beim Laufen unter den Füßen wegrutschen, und an Hammersmith mit den Nebelhörnern, die nachts tuten – an all die Orte, die Empfindungen und das Glück, die einen mit der Familie verbinden, die man liebt – etwas, das man überallhin mitnimmt.

Janet glaubte zu Recht, ihre ältere Tochter habe »die Anlage und das Talent zum Schreiben und könnte vielleicht Romane, Gedichte oder Märchen schreiben«.[14]

Doch des »Glücks, das einen mit der Familie verbindet, die man liebt« war Jackie nie sicher. »Ich habe mich immer als eine Außenseiterin gefühlt«, sagte sie Jahre später über diese Zeit. Dieses Gefühl der Entfremdung kennen viele Menschen, doch bei Jackie hatte es mehrere Ursachen. Es gab keine echte Zuneigung zwischen ihr und ihrer Mutter, und Hughdie war zwar ein angenehmer Mensch, aber er war nicht ihr Vater – an dem sie sehr hing, um dessen Gesundheit sie sich immer Sorgen machte und dem sie wohl auch übelnahm, daß seine Lebensweise ihr Elternhaus zerstört hatte.

Dieses kreative und empfindsame Mädchen wurde von einer Tradition und einer Familie in eine andere, von einer Schule in eine neue verpflanzt. Hin- und hergerissen zwischen der Loyalität gegenüber ihrem Vater, dessen Probleme sie sehr wohl erkannte, und der Dankbarkeit gegenüber ihrer Mutter, die ihr alles ermöglichte, ihr jedoch eine neue Familie aufgezwungen hatte,

Donald Spoto

fühlte sich Jackie bei keinem Elternteil zuhause – daher ihr häufiges Bedürfnis, allein zu sein.

Bei allem Luxus und allen Privilegien war sie in ihrem tiefsten Inneren verunsichert. Wohin gehörte sie? Wer waren die Menschen, die sie wirklich liebten? Wie würde sie das erfahren, und wie würde sie reagieren? Wem konnte sie vertrauen? Und was würde letztlich aus ihr werden? Die einzige Möglichkeit, sich Klarheit zu verschaffen, bestand darin, ihr wahres Selbst, den Kern ihres Wesens zu finden – das »Ich«, mit dem sie so oft ihre Gedichte unterschrieb.

1944 – 1949

*M*ein starkes Interesse an Kunst und Literatur, an Shakespeare und an Lyrik bildete sich heraus, weil ich das Glück hatte,
in diesen Bereichen hervorragende Lehrer zu haben.«[1] Das sagte
Jackie Jahre nach ihrer Schulzeit.

Nach der Chapin School und der Holton-Arms-School besuchte Jackie drei Jahre lang Miss Porter's School in Farmington
in Connecticut, eine teure Mädchenschule in einem malerischen
Vorort von Hartford. Jackie hätte an der Holton-Arms School
bleiben oder Foxcroft, eine exklusive Mädchenschule in Middleburg in Virginia, nahe Merrywood, wählen können, die dafür berühmt war, daß Reiten hier ganz groß geschrieben wurde. Doch
sie wollte in eine Internatsschule, um eine gewisse Distanz zu den
Auchinclosses herzustellen. Außerdem hatten Mr. und Mrs. Ward
L. Johnson, die 1943 die Leitung der Schule übernommen hatten,
besondere Reklame für die College-Vorbereitungskurse gemacht,
und das College war Jackies Ziel.

Als sie im Herbst 1944 im Alter von fünfzehn Jahren in Connecticut ankam, begannen ihre drei letzten Jahre auf der High
School: in einer exklusiven ländlichen Atmosphäre, die direkt
von der Staffelei eines Norman Rockwell hätte stammen können.
»Als Farmington-Schülerin«, hatte ihre jüngere Cousine Edith
Beale zu ihr gesagt, die die Schule 1953 verlassen hatte, »wird
man nicht nur mit den Klassikern und allen Arten von Literatur,
mit Sprachen und dergleichen bekannt gemacht – man erhält
auch eine Ausbildung für das Leben. Man lernt gutes Benehmen
und eine gute Aussprache, man lernt, wie man sich zu bewegen,
zu sprechen und zu verhalten hat.«[2] Die Schule stellte, mit anderen Worten, eine Mischung aus altem »Mädchenpensionat« und
klassischer Lehranstalt dar.

Donald Spoto

In der Schule von Miss Porter wurde von einem Mädchen erwartet, daß es jeder Situation gewachsen war, alles daransetzte, um einen guten Eindruck zu machen, immer – auch in Krisenzeiten – das Richtige zu tun und, wie der Kaplan in den nicht konfessionsgebundenen sonntäglichen Gottesdiensten oftmals sagte, »Mumm und Schneid« zu haben. Dies waren nicht nur lauthals verkündete Parolen und Klischees. Onkel Hughdies Cousine Annie Burr Auchincloss war zum Beispiel eine Ehemalige von Miss Porters Schule und lebte mit ihrem Mann, dem Historiker und Literaturwissenschaftler Wilmarth Lewis, in Farmington. Als Jakkie die beiden im Frühjahr 1944 besuchte, hatte Annie das verwöhnte Leben einer Dame der oberen Zehntausend aufgegeben und sich kriegswichtigen Aufgaben gewidmet. »Keine Erziehung oder Ausbildung hatte sie darauf vorbereitet«, bemerkte der Biograph und Sozialhistoriker Stephen Birmingham. »Nicht einmal ein freiwilliges Jahr bei der Junior League. Sie hatte einfach die Bereitschaft, sich zu engagieren, und sie tat nicht nur, was getan werden mußte, sondern leitete auch andere Menschen an.«[3]

Unter den von ihr inspirierten Menschen war auch Jackie, die sich sogleich Emersons Worte zu eigen machte:

Wenn die Pflicht leise flüstert: du mußt, antwortet die Jugend: ich kann.[4]

Jackie ging in ihrem sozialen Engagement, falls es überhaupt so genannt werden kann, nicht den Weg von Annie Lewis oder der von Eleanor Roosevelt inspirierten Menschen, die praktische Aufgaben wie das Zusammenrollen von Verbandsstoff verrichteten, damals eine weitverbreitete wohltätige Arbeit. Stattdessen fand Jackie ihren eigenen Weg, der eindringlichen Ermahnung zu folgen, in dieser besonderen Situation etwas für ihr Land zu tun. Sie lieh sich aus der Bibliothek der Lewis' mehrere Bände von Jefferson, Franklin und Diderot aus. Und was sie dort lernte, verarbeitete sie in kurzen Artikeln für die Schülerzeitung *Salmagundy:* Aufsätze über den Ursprung der amerikanischen politischen Philosophie in der französischen Aufklärung und Überlegungen zum Krieg, zur Geißel des Nationalsozialismus, zum

Überleben der Demokratie und zum Heldentum der Résistance-Kämpfer.

Der Individualismus und die Selbstbestimmung, die von Miss Porter's School gefördert wurden, zeigten sich auch auf andere Weise. In bezug auf ihre Kleidung erfüllte Jackie beispielsweise die an sie gestellten Erwartungen in keiner Weise. Sie trug im Winter nie einen Pelzmantel (sie bevorzugte einen Tuchmantel), und sie besaß auch keinen weißen Regenmantel, in den vierziger Jahren bei den Schulmädchen der letzte Schrei.

In diesen drei Jahren entwickelte Jackie ein ausgeprägtes soziales Bewußtsein: Sie kritisierte vor allem, daß es keine nicht-weißen Schülerinnen gab. Nahm die Schulverwaltung nur Weiße auf? Gab es keine Stipendien für Minderheiten?

Was das gesellschaftliche Leben betraf, so wurde sie regelmäßig zu Partys, Tanz- und Sportveranstaltungen in den vornehmen Jungenschulen eingeladen – Hotchkiss, St. Paul's, Phillips Exeter, Groton und Choate. Aber Jackie war sehr eigen, wenn es um das Annehmen von Einladungen ging. An erster Stelle kamen die Schularbeiten, an zweiter Dichtung und Kunst, an dritter Reiten und Sport. Die getroffenen Verabredungen langweilten sie meistens, denn sie war weitaus reifer als die Gleichaltrigen beiderlei Geschlechts. »Ich weiß, daß niemand mich heiraten wird und daß ich als Hausmutter in Farmington enden werde!«[5] klagte sie eines Tages – nicht, weil sie das wirklich glaubte, sondern weil sie damit sagen wollte, daß Frauen in dieser Position ein sehr eingeschränktes Leben führten. Wie Arthur Schlesinger jr. Jahre später über diese Zeit sagte, »hielt sie sich an die Konventionen, aber unter einem äußerlich schüchternen Verhalten entwickelte sie ein nüchternes Urteil über Menschen und eine ironische Einstellung zum Leben«.[6]

Es war eine glückliche Fügung, daß sich Nancy Tuckerman, Jakkies beste Freundin aus der Chapin School, ebenfalls bei Miss Porter anmeldete, und nach einem Jahr teilten sie ein Zimmer. »Jackie las sehr viel«,[7] so »Tucky« (wie Jackie sie nannte), und sie fügte hinzu, ihre Lieblingsfächer seien englische Literatur und Kunstgeschichte gewesen. Wie Tucky sich erinnerte, saßen andere

Donald Spoto

Mädchen abends zusammen, doch »Jackie schloß sich ihnen selten an; sie saß zufrieden in ihrem Zimmer, las, schrieb Gedichte oder zeichnete. Obwohl sie bei ihren Klassenkameradinnen beliebt war, war sie ihrem Wesen nach eine Einzelgängerin.«

Ihre Beliebtheit wurde durch die Besuche ihres Vaters noch gesteigert, denn bei dieser Gelegenheit lud Jackie einige Mädchen ein, mit ihr und Jack essen zu gehen. »Alle meine Freundinnen in Farmington mochten meinen Vater sehr. Er nahm uns alle mit zum Essen im Elm Tree Inn. Jeder bestellte sich ein Steak und zwei Desserts. Wir müssen ihm die Haare vom Kopf gegessen haben.«[8]

Doch auch wenn Jackie gerne allein war, lebte sie keineswegs abgeschieden wie eine Nonne. Aus den Schulunterlagen geht hervor, daß sie nicht nur einen Notendurchschnitt von eins bis zwei hielt, sondern auch im Theater- und im Reitclub aktiv und an der Redaktion der Schülerzeitung beteiligt war. Sie überredete ihren Vater, ihr Lieblingspferd »Danseuse« von Long Island nach Farmington bringen zu lassen; der Major kam für die Kosten des Tieres auf.

In den schneereichen Wintern von Connecticut zog »Danseuse« Jackie und ihre Freundinnen in einem altmodischen Schlitten; wenn das Wetter milder war, ritt sie nach Herzenslust übers Land. Schon bald ließ Jackie Tucky, die noch nie auf einem Pferd gesessen hatte, einen Probeeritt machen, obwohl es den Schülerinnen laut Schulordnung verboten war, ohne elterliche Genehmigung zu reiten. Als Tucky vom Pferd fiel und sich am Arm verletzte, hatte sie Angst vor einer Bestrafung durch die Schulleitung, doch Jackie riet ihr, einfach zu sagen, sie sei von einem Baum gefallen. Der Trick funktionierte, und eine Krankenschwester bandagierte ihr den Arm, ohne Verdacht zu schöpfen.

Bald danach fand diese kleine Eskapade Eingang in eine von Jackies Karikaturen für *Salmangundy*. Sie hatte angefangen, gelegentliche Beiträge über die Streiche eines Wildfangs mit dem Namen Frenzied Frieda, zu verfassen, ein ungestümes Mädchen, das ständig in Schwierigkeiten geriet.

Im Speisesaal wurden weniger gefährliche Streiche verübt. Seit 1843 hatte Miss Porter's School jungen Damen untadelige Manieren beigebracht; man sprach gedämpft, die Konversation war anspruchsvoll. Die Leinenservietten und die Tischtücher waren perfekt gebügelt. Die Mädchen bedienten abwechselnd bei Tisch, damit sie auf die Rolle einer Gastgeberin vorbereitet wurden. Und hier zeigte sich Jackie bei einer Mutprobe von ihrer neckischsten Seite. Auf kunstvolle Weise gelang es ihr, einer besonders pingeligen Lehrerin ein Stück Schokoladentorte auf den Schoß plumpsen zu lassen, und sie gab dies so überzeugend als einen »Unfall« aus, daß sie keinen Zorn auf sich zog. Auch konnte sich die Schulleitung nicht vorstellen, daß Miss Bouvier mit der sanften Stimme für das wöchentliche Stehlen von frisch gebackenen Plätzchen aus der Speisekammer verantwortlich war – Plätzchen, an denen sie und ihre Zimmergenossin sich noch tagelang nach dem Läuten der Abendglocke gütlich taten.

Sie war auch verwegen genug, mit dem Rauchen anzufangen. Das Rauchen wurde in Farmington mißbilligt, war aber überall außerhalb des Schulgeländes zu beobachten. Jackie blieb jahrzehntelang eine Raucherin. Später sagte sie über ihr Erwachsenwerden: »Es geschah allmählich im Laufe der drei Jahre, in denen ich versuchte, die Mädchen nachzuahmen, die jeden Samstag Besuch hatten. Die Ziellinie überschritt ich, als ich auf dem Balkon des Normandie Filmtheaters in New York von einem Mädchen das Rauchen lernte, das mir eine Longfellow in die Hand drückte und mich hinausführte, als der Platzanweiser zu ihr sagte, die anderen Leute könnten bei so viel Husterei den Film nicht verstehen. Das Erwachsenwerden war nicht sonderlich schwer.«[9]

Anfang 1945 erfuhr Jackie, daß ihre Mutter ein Mädchen zur Welt gebracht hatte, das Janet genannt wurde. Kurz danach erhielt sie die Nachricht von einem Tod, der sie sehr mitnahm: dem von Präsident Roosevelt im April. »Ich bin noch ganz durcheinander«, schrieb sie an ihren Stiefbruder:

Ich weiß nicht, was ich tun soll. Ist das mit dem Präsidenten nicht schrecklich? Ich mache mir Sorgen über das, was jetzt, da Roosevelt tot ist, geschehen wird. Ich glaube, er war ein wirklich großer Mann, und ich weiß, daß ich ihn nur deswegen nicht

Donald Spoto

mochte, weil Daddy immer darüber klagte, was er der Börse angetan hatte. Gab es in eurer Schule einen Gedenkgottesdienst oder etwas Ähnliches? Schreib mir bitte und sag mir, daß alles nicht so schlimm ist... Die arme Mrs. Roosevelt tut mir leid. Es wird ihr sehr schwerfallen, das Weiße Haus nach all den Jahren zu verlassen.[10]

Der Tod des Präsidenten machte ihr mehr zu schaffen als der von Großmutter Lee, die 1943 gestorben war.

Als sich der Sommer 1945 näherte, lernte Jackie im Zuge ihrer Beschäftigung mit Kunstgeschichte und Französisch eine der faszinierendsten Gestalten der Geschichte kennen, eine Frau, deren Geist einen ebenso großen Einfluß auf sie hatte wie ihre Lehrerinnen: Juliette de Récamier.

1777 in Lyon geboren, wurde sie im Alter von fünfzehn Jahren mit einem reichen Bankier verheiratet und entwickelte sich zu einer der führenden Damen der französischen Gesellschaft. Madame Récamier, eine dunkelhaarige Schönheit von bemerkenswerter Intelligenz und Eleganz, unterhielt in Paris einen Salon, der schnell zum Treffpunkt für die wichtigsten literarischen und politischen Persönlichkeiten der damaligen Zeit wurde.

Die Beschäftigung mit dem Leben von Madame de Récamier brachte Jackie die berühmtesten Mitglieder des Salons nahe, darunter Madame de Staël, eine Schriftstellerin, die großen Einfluß auf die Schriftstellerinnen in Europa und Amerika ausübte; François Chateaubriand, der Schriftsteller und Staatsmann, dessen Arbeiten nicht nur wegweisend für die Romantik waren, sondern auch das Land und die Menschen Nordamerikas priesen; und die Generäle Jean-Baptiste Bernadotte und Jean Morau, beide erbitterte Gegner Napoleons.

Madame de Récamier wurde 1880 von Jacques-Louis David und zwei Jahre später von seinem bekanntesten und besten Schüler François Gérard porträtiert. Nachdem sie 1805 wegen ihrer royalistischen Sympathien ins Exil gegangen war, kehrte sie nach dem Sturz Napoleons zurück, und obwohl sich ihre finanzielle Situation sehr verschlechtert hatte, zog ihr wiedereröffneter

Salon bis zu ihrem Tod im Jahre 1849 bedeutende Persönlichkeiten an.

Wochenlang konnte Jackie nicht genug über diese interessante und mutige Frau erfahren. Begabte und sensible Menschen lassen sich immer durch Menschen aus der Gegenwart und der Vergangenheit inspirieren, die ihrem eigenen Wesen und ihren Zielen nahe sind. So wurde Madame de Récamier für Miss Bouvier eine Art Leitstern. Diese schöne und gebildete Französin, deren Leben der Kunst, der Literatur und den besten Traditionen der Aristokratie gewidmet war, personifizierte alles, was Jackie bewunderte. Diese Begeisterung teilte sie mit einigen Klassenkameradinnen, die teils amüsiert, teils irritiert feststellten, daß Jackie am Ende des Schuljahres Französisch sprach, wann immer sich eine Gelegenheit dazu ergab. Was dazu führte, daß ein Spaßvogel sie eines Morgens fragte: »Und wer bist du *heute*?«[11]

Im Juni 1947 schloß Jackie Miss Porter's School als eine der Besten ab und bekam den Maria McKinney Memorial Award für ihre ausgezeichneten Leistungen in Literatur; der Preis war ein in Leder gebundener Gedichtband von Edna St. Vincent Millay, die eine ihrer Lieblingsschriftstellerinnen blieb. Im Jahrbuch der Schule war zu lesen, ihr Lieblingslied sei der »Lime House Blues« gewesen und bei Tanzveranstaltungen am Wochenende habe sie oft gesagt: »Spielt als nächstes bitte eine Rumba!« Sie war, so endete der Beitrag, besonders für ihren Witz bekannt, und gewöhnlich sah man sie »mit Tucky lachen«; außerdem hatte sie eine furchtbare Abneigung gegen Leute, die sie fragten, ob ihr Pferd nach so vielen Strapazen noch lebte. Nach ihren Zielen gefragt, antwortete Jackie: »Keine Hausfrau werden.«

In jenem Sommer wurde Jackie achtzehn Jahre alt – Zeit für ein Mädchen, sich der Gesellschaft zu präsentieren, Zeit für wohlhabende Familien, keine Kosten zu scheuen, um in ihren Clubs in der Stadt oder auf dem Land rauschende Partys und Bälle zu geben.

Im Juli wurde Miss Jacqueline Lee Bouvier bei zwei Gelegenheiten der Gesellschaft vorgestellt. Die erste war ein Empfang auf der Hammersmith Farm anläßlich Jackies Geburtstags und der

Taufe ihres Halbbruders Jamie. Diese Teegesellschaft gefiel Jackie wesentlich besser als das zweite Ereignis, das ihr zu teuer erschien.

Janet und Hughdie stellten sie am Ende der einwöchigen Tennisturniere, als viel Prominenz in Newport versammelt war, mehreren hundert Gästen vor. In dem holzgetäfelten ehrwürdigen Clambake Club, der auf Felsen gebaut war, von denen sich ein grandioser Anblick über das Wasser bot, fanden sich Geschäftskollegen von Hugh Auchincloss und Bekannte von Janet ein. Jackie begrüßte sie zusammen mit ihren Eltern. In einer Hand hielt sie ein Biedermeiersträußchen, und anstelle der schicken maßgeschneiderten Dior-Kreation, die ihre Mutter ihr vorgeschlagen hatte, trug sie ein dezent-schulterfreies, langes Kleid aus weißem Tüll, das sie für weniger als 60 Dollar von der Stange gekauft hatte. Jackie war froh, daß sie die vorgeschriebenen weißen Handschuhe trug, denn die Hände von manchen Gästen wiesen Flecken vom Rauchen auf (kurz darauf lernte sie, wie sich diese Flecken beseitigen ließen: eine der beliebtesten Methoden war damals das Säubern der Hände mit weißem Essig und Zitronensaft).

Sie hatte eine gute Wahl getroffen, denn das Kleid stand ihr hervorragend, es betonte ihre Vorzüge und verdeckte das, was sie als störend empfand. Sie hatte jetzt ihre volle körperliche Reife erlangt, und obwohl sie ihre Haare später kürzer und glatter trug, veränderte sich ihr Aussehen nur wenig: Im Laufe der Jahrzehnte wurde sie zu einer nahezu klassischen Schönheit. Sie war 1,72 Meter groß und wog zwischen 60 und 65 Kilogramm. Sie hatte lange, dunkle Augenwimpern, eine schmale Nase, feine Züge, eine hohe Taille und trug Schuhe in der Größe 42 1/2, die sie sehr sorgfältig aussuchte. Ihre Augen und ihr Lächeln waren vielleicht das Auffallendste und Gewinnendste an ihr. Zudem hatte sie eine so gute Haltung, daß sie eine seltene, natürliche Eleganz ausstrahlte.

Doch ihre Rolle als Debütantin spielte sie nur widerwillig, sie war nur anwesend, um ihrer Mutter und ihrem Stiefvater einen Gefallen zu tun – und von ferne sogar dem einsamen Jack Bouvier, der die Kränkung der erfahrenen Zurückweisung noch nicht verwunden hatte. Jackie kostete nur ein wenig von der dicken Muschelsuppe, dem Hummer und der Apfeltorte; sie nippte am

Ginger Ale und verschwand für einen Augenblick in der Damentoilette, um eine Zigarette zu rauchen. Dort kicherte und tuschelte sie verschwörerisch mit der damals vierzehnjährigen Lee, die sich in ihrem gewagten pinkfarbenen, trägerlosen, mit Bergkristallen besetzten Kleid und ihren fingerlosen schwarzen Satinhandschuhen in der Rolle eines Vamps übte.

Jackie gefiel es gar nicht, daß sie verpflichtet war, mit jedem Jungen zu tanzen, mit seinen Eltern inhaltsleere, höfliche Gespräche zu führen und die meiste Zeit steif dazustehen, während die älteren Damen ihre Garderobe, ihre Haltung, ihre Ausdrucksweise und ihre Aussichten begutachteten, einen angemessenen Platz unter ihnen einzunehmen. Was ihr besonders widerstrebte, waren Blender, Aufschneider und Heuchler: Diese hatten möglicherweise einen Blick oder eine Geste erwartet, die es ihnen erlaubt hätte, sich Hoffnungen zu machen, doch sie mußten schließlich enttäuscht abziehen. Um dies mitzubekommen, mußte man allerdings ein guter Beobachter sein, denn sie war der Charme selbst, schmeichelte, wenn nötig, dem männlichen Ego, oder begegnete den Herren einfach mit ihrer reservierten Zurückhaltung, bis diese verwirrt und ratlos anderen Zielen zustrebten, wobei sie genau den Eindruck von sich selbst mitnahmen, der ihrem Bedürfnis entsprach.

Von dieser Zeit an wurde Jackie – gewissermaßen aus Gründen der Selbsterhaltung – immer reservierter, ja distanzierter. Jim Symington, der Sohn eines Senators, hatte den Eindruck, daß sich viele Menschen in ihrer Gegenwart unbehaglich fühlten: Sie schien so zerbrechlich, daß ihr niemand zu nahe kam. Manche hatten den Impuls, sie zu schützen, was bei Frauen oftmals mütterliche Instinkte und bei vielen Männer eine faszinierende Mischung aus väterlichen und erotischen Neigungen weckte; andere registrierten beziehungsweise kritisierten an ihr, was sie für eine launenhafte Schüchternheit hielten. Als ihr Leben mehr in den Blickpunkt der Öffentlichkeit rückte, höheren Ansprüche gerecht werden mußte und schließlich an Dramatik gewann, war ihr ganzes Verhalten auf die Bewahrung ihrer innerer Festigkeit und Klarheit ausgerichtet.

Es stand jedoch außer Frage, daß sie sofort großen Eindruck machte, wie der scharfsinnige Chronist des gesellschaftlichen Lebens, Igor Cassini (Pseudonym: Cholly Knickerbocker), einige Wochen nach dem steifen Ritual im Clambake Club in seiner Zeitungskolumne feststellte. Für ihn war klar, wer die neue Königin der Gesellschaft war.

> Amerika ist ein Land der Traditionen. Alle vier Jahre wählen wir einen Präsidenten, jedes zweite Jahr unsere Kongreßmitglieder. Und jedes Jahr wird eine neue Königin der Debütantinnen gekürt. Seitdem unser Vorgänger Brenda Frazier zum strahlendsten Stern unter den Debütantinnen erklärte, können wir in diesem Jahr zum ersten Mal den Namen der Nummer eins des Jahres nennen – Jacqueline Bouvier, eine hoheitsvolle Brünette mit klassischen Gesichtszügen und der Anmut einer Meißener Porzellanfigur. Sie hat eine sanfte Stimme, ist intelligent und besitzt eine hervorragende Haltung, also alles, was die herausragende Debütantin aufweisen sollte. Ihre Familie ist alteingesessen. Man braucht nicht wer weiß wie viele Zeitungsausschnitte zu lesen, um ihre Vorzüge zu erkennen.[12]

So bewahrheitete sich die Voraussage des *East Hampton Star*, der 1931 anläßlich ihres zweiten Geburtstags in ihr eine »zukünftige Debütantin« gesehen hatte.

Doch Jackie fand dies alles nicht so toll. »Newport«, sagte sie Jahre später seufzend, »dort wollte ich nicht für den Rest meines Lebens bleiben. Ich wollte keinen von diesen jungen Männern heiraten, mit denen ich aufwuchs – das hatte nichts mit ihnen selbst zu tun, sondern mit dem Leben, das sie führten. Ich wußte nicht, was ich wollte. Ich suchte noch.«[13]

»Junge Männer versuchten ständig mit irgendwelchen Tricks, sie dazu zu bringen, mit ihnen auszugehen«,[14] berichtete Letitia Baldrige, die in Miss Porter's School und später im College zu den älteren Jahrgängen gehörte und deren Lebensweg den von Jackie wiederholt kreuzen sollte. »Zu ihrem klassisch-guten Aussehen kam ein ausgeprägtes Stilempfinden, das schon in jungen Jahren bei ihr erkennbar war.« Tish Baldrige weiter: Jackie zog ein einfaches Kleid oder einen Rock oder eine Hose und eine Bluse an und nahm dazu den richtigen Gürtel – bei ihrer Haltung und ihrem Auftreten sah alles hervorragend aus. »An ihr wirkte nie etwas unstimmig.«

Obwohl Jackie in jenem Sommer und im darauffolgenden Jahr mit einigen jungen Männern ausging – diese Rendezvous führten sie nach New York, Yale, Princeton und Harvard –, fiel es ihr schwer, diese jungen Männer ernst zu nehmen. Auch ließ sie sich auf keine sexuelle Beziehung ein. Wenn sie von einem Rendezvous mit einem jungen Mann im Taxi heim fuhr, sagte sie vor dem Haus zu dem Fahrer: »Lassen Sie Ihre Uhr bitte weiterlaufen.« Auch optimistische Begleiter wußten, daß sie nur bis zur Haustür gelangen würden.

Dies bedeutete – ungeachtet einiger enttäuschter Kavaliere – nicht, daß Jackie nicht eine gesunde junge Frau mit normalen Wünschen und Bedürfnissen war. Aber in jener Zeit wurden sexuelle Triebe, besonders in den vornehmen Kreisen, stark unterdrückt, und die jungen Leute gingen nicht »bis zum Äußersten«. Verfeinerte Methoden der Empfängnisverhütung waren – für alleinstehende Frauen – nicht ohne weiteres verfügbar, und die Angst vor Schwangerschaft, Geschlechtskrankheit oder einem schlechten Ruf sorgte für Zurückhaltung. Und Penizillin, seit neuestem zur Bekämpfung von Infektionen eingesetzt, die durch Geschlechtsverkehr übertragen wurden, war der breiten Öffentlichkeit erst am Ende des Zweiten Weltkriegs zugänglich.

Damit soll nicht gesagt werden, daß überall die Maßstäbe von Königin Viktoria und Mrs. Grundy eingehalten wurden, sondern lediglich, daß für die meisten jungen Amerikaner und Amerikanerinnen Geschlechtsverkehr vor einem halben Jahrhundert keine so flüchtige und alltägliche Angelegenheit war, wie es später der Fall sein sollte. So gesehen, war Jacqueline Bouvier keine prüde Person mit einem unterentwickelten Geschlechtstrieb; im Gegenteil, ihre Flirts, aus denen sie eine hohe Kunst machte, und ihr späteres Leben lassen eine gesunde, starke Frau erkennen, die den sinnlichen Genüssen – die sie bald kennenlernen sollte – durchaus zugeneigt war.

Donald Spoto

Als der Sommer mit seinen Partys und einem Besuch bei ihrem Vater vorbei war, packte Jackie ihre Koffer und fuhr ins Vassar College, wo sie, da sie zu den besten zehn Prozent der Bewerber zählte, sofort angenommen wurde.

Matthew Vassars Erfolg als Brauereibesitzer ermöglichte ihm die Verwirklichung eines sozial weit vorausgedachten Ziels: eine vornehme Lehranstalt für Frauen, die diesen eine ebenso gute Ausbildung vermitteln würde wie die besten Colleges den Männern. Diese Einrichtung gründete er 1861 in Poughkeepsie am Hudson, etwa 120 Kilometer nördlich von Manhattan. So sehr das College auch auf die Frauenrechte pochte, es wurde bis 1946 von einem Mann geleitet, dann trat die eindrucksvolle Sarah Gibson Blanding von der Cornell University auf den Plan.

Im Herbst des darauffolgenden Jahres standen einundsechzig Gebäude auf einem Gelände von fast vier Quadratkilometern, das Stiftungskapital betrug 10 Millionen Dollar, und das Vassar College genoß einen ausgezeichneten Ruf. Eingeschrieben waren über tausend Studentinnen und – als Vorbote für die zwanzig Jahre später getroffene Entscheidung zugunsten der Koedukation – ungefähr hundert Männer, die als Kriegsveteranen mit Hilfe von staatlichen Darlehen studierten. Das Hauptgebäude auf dem Campus, das am Ende des neunzehnten Jahrhunderts gebaut worden war, war dem Tuilerien-Palast in Paris nachgebildet worden, der 1871 während des Kommune-Aufstands zerstört worden war. Als Jackie dieses Stück Frankophilie entdeckte, war sie natürlich hocherfreut, denn es entsprach ihrer großen Vorliebe für französische Geschichte und Kultur. Hier fühlte sie sich zu Hause.

»Fortschritt ist meine Devise«,[15] sagte Miss Blanding in ihrer Begrüßungsrede vor den neuen Studentinnen, Matthew Vassar zitierend. Dieser Ausspruch, von dem eine Studentin zu Hause berichtete, wurde von deren Vater an die Werbeabteilung seiner Firma weitergegeben. Nach einigem Herumprobieren wurde daraus das Motto von General Electric: »Fortschritt ist unser wichtigstes Produkt«, was bedeutungsschwer klingt, aber völlig inhaltslos ist. Miss Blanding fand das gar nicht komisch.

Jackie war in jenem Herbst eine von etwa zweihundert neu eingeschriebenen Studentinnen. Sie beschloß, in der Redaktion für die College-Zeitung, im Kunstarbeitskreis und in der Theatergruppe (als Kostümgestalterin) mitzuarbeiten. Die anderen Studentinnen mochten sie zwar, aber man war sich darin einig, daß »sie sehr verschlossen war – man wußte nie, was sie dachte oder was sie wirklich empfand«.[16]

In ihren Fächern, in denen sie in jedem Semester eine gute Durchschnittsnote hatte, erbrachte sie ihre besten Leistungen in einigen sehr anspruchvollen Kursen – etwa in Helen Sandisons Seminar über Shakespeare und in Florence Lovells Seminar über Religionsgeschichte. In jenem Jahr lernte sie lange Passagen aus *Antonius und Kleopatra* auswendig, ein Schauspiel, das ihr immer besonders viel gab. Auch die Vorlesungen von Professor Lovell machten ihr Freude und waren geistig äußerst anregend.

Jackie war keine fromme Katholikin im traditionellen Sinn. Der Glaube hatte bei den Bouviers und den Lees keine wichtige Rolle gespielt, und sie wußte wenig über religiöse Dinge; sie hatte nur die üblichen vorbereitenden Unterweisungen für die Erstkommunion und die Firmung bekommen. Es sollte auch erwähnt werden, daß viele Amerikaner die Sprache und Traditionen des katholischen Glaubens unangemessen fanden. Schließlich wurde er überwiegend von Einwanderern der ersten Generation gepflegt, von denen die meisten Iren waren. Mit anderen Worten, der Glaube schien häufig eher kulturelle Traditionen als eine bestimmte Einstellung zur Wirklichkeit zum Ausdruck zu bringen. Die gefühlsmäßigen Ausdrucksformen des Glaubens ähnelten einer Sammlung von seltsamen Hüten, die von einer verstorbenen, unverheirateten Tante hinterlassen worden sind: Man muß sie behalten, um in den Genuß ihres großen Erbes zu kommen. Und so bleiben die seltsamen Hüte in der Garderobe. Aber sie wurden von den Bouviers und den Lees weder sonderlich geschätzt noch getragen.

Wurde der Katholizismus jedoch in einem Gespräch angegriffen, dann verteidigte Jackie ihn glühend. Ihre Klassenkameradin Joan Ellis erinnerte sich beispielsweise daran, daß sie nach einer Philosophievorlesung über den Autoritarismus wütend über die Härte und Strenge der katholischen Kirche war und Jackie dies

Donald Spoto

umgehend erzählte. Während sie in einem der Gesellschaftsräume saßen, »schlug Jackie einen wunderbaren Bogen durch Philosophie, Religion und Geschichte und sprach ganz ruhig über ihren Glauben. Ich erinnere mich, daß ich dachte ›sie liest Dinge, von denen ich noch nicht einmal etwas gehört habe‹!«[17]

Jackie, die am gesellschaftlichen Leben vieles hohl fand, intensiv mit ihrer geistigen und ästhetischen Weiterentwicklung beschäftigt war und sich für die Schönheit der Natur begeisterte, stand innerlich den englischen manieristischen Dichtern, den französischen Symbolisten und den amerikanischen Transzendentalisten nahe. Später würden sie ihren Bedürfnissen nicht mehr gerecht werden: So sehr sie sie auch schätzte, sie gingen ihr nicht genug in die Tiefe. Doch jetzt, im Alter von achtzehn, waren die Pflege und das Füttern von Pferden nicht mehr ihr wichtigstes Anliegen.

Ein- oder zweimal im Monat nahm Jackie am Wochenende Einladungen zu Footballspielen und Veranstaltungen in den Colleges im Nordosten an. Im Frühjahr 1948 traf sie während einer Zugfahrt einen »großen, schlanken, jungen Kongreßabgeordneten mit sehr langen, rötlichen Haaren, den Sohn eines ehemaligen Botschafters«,[18] wie sie nach Hause schrieb. Er hatte – völlig vergeblich – schamlos mit ihr geflirtet, und die Begegnung hatte ihrer Meinung nach überhaupt keine Bedeutung: Sie erwähnte in dem Brief nicht einmal seinen Namen.

Im Januar 1948 starb Großvater Bouvier im Alter von dreiundachtzig Jahren. Er hatte großen Einfluß auf Jackie, die Entwicklung ihres Geschmacks und ihres Geschichtsbewußtseins gehabt. Daß er mit ihr M. C. Bouviers Haus in der West Forty-sixth Street besucht, sie zum Gedichteschreiben ermuntert und sie während ihrer Schulzeit großzügig unterstützt hatte – all dies machte seinen Tod für sie besonders schmerzhaft. In jenem Winter las Jackie immer wieder einen Brief, den er ihr geschrieben hatte, einer von den vielen, die sie für den Rest ihres Lebens aufbewahrte.

»Die Fähigkeit, sich an seine Umgebung anzupassen«, schrieb ihr Großvater, charakterisiert nicht nur den Evolutionsprozeß, sondern stellt auch eine praktische Philosophie dar, die man sich klugerweise zu eigen machen sollte. Dir ist dieser Anpassungsprozeß überhaupt nicht schwer gefallen ... Ich erkenne an dir mehr als ein flüchtiges Zeichen für die Fähigkeit, andere Menschen zu führen, doch bevor man andere führen kann, muß man sich selbst ein Ziel und eine Richtung geben ... Sei nicht anmaßend und handle nicht unter dem falschen Eindruck deiner Unentbehrlichkeit. Dies zeichnet den selbstgefälligen Menschen aus, sei er ein Mann oder eine Frau.

Bouviers Tod bedeutete nicht nur das Ende einer Familienära, sondern löste bei der Familie in bezug auf sein Testament erst wilde Spekulationen, dann gegenseitige Vorwürfe und Beschuldigungen aus. Dieser Mann mit einem (vermuteteten) großen Vermögen hinterließ lediglich 824 000 Dollar, von denen 225 000 Dollar an Steuern zu zahlen waren. Der Verlust von mehreren geerbten Millionen war auf einen äußerst kostspieligen Lebensstil und die Begleichung der Schulden von verschiedenen Verwandten zurückzuführen. Sehr bald wurde Lasata verkauft, und der damit verbundene Lebensstil war nur noch in den Familienalben zu besichtigen.

Jackies Vater erhielt 100 000 Dollar steuerfrei, außerdem wurde ihm ein 50 000 Dollar-Darlehen erlassen. Jackie und Lee bekamen jeweils 3 000 Dollar. Dies war viel Geld, bekamen sie doch beide von ihrem Vater nur 50 Dollar monatlich, eine Summe, die der sparsame Onkel Hughdie allerdings für ausreichend hielt und nicht aufstockte. Auch fühlte sich Großvater Lee nicht verpflichtet, für den Unterhalt seiner Enkelinnen aufzukommen. Aber die 3 000 Dollar gelangten nie in das Portemonnaie der Mädchen: Jack legte sie auf einem Treuhandkonto an.

Das Geld, das Jackie jeden Monat erhielt, wurde für ihre Kleidung, Hobbys, Fahrtkosten, Kosmetik, Nebenausgaben im College und Mahlzeiten außerhalb des Campus verbraucht; auch 1948 kam man mit 12,50 Dollar pro Woche nicht weit. Niemand schlug Jackie vor, im College oder in der Stadt eine Halbtagstätigkeit zu übernehmen. Dies schickte sich einfach nicht für eine jun-

Donald Spoto

ge Frau aus ihrer Schicht. Es gab nur eine Möglichkeit: Wenn Jakkie sorgenfrei in die Zukunft blicken wollte, mußte sie dem Rat ihrer Mutter folgen und einen wohlhabenden Mann heiraten – nein, nicht nur einen wohlhabenden, sondern einen wirklich reichen Mann.

Später schrieb Jackie über die Totenwache am Sarg ihres Großvaters: »Ich saß neben dem Sarg meines Großvaters und schaute ihn an, wie er dalag in seinem dunkelblauen Anzug und mit gefalteten Händen. Ich hatte nie zuvor einen Toten gesehen und schämte mich, weil der Tod keinen größeren Eindruck auf mich machte ... Ich war froh, daß er nicht sehen konnte, wie seine Kinder sich nach seinem Tod in bezug auf ihr Erbteil verhielten.«

Dann beschrieb sie die Ankunft eines ehemaligen Gärtners von Lasata, der der Familie einen einfachen Veilchenstrauß brachte. Eine gedankenlose Tante nahm ihn mit einer schroffen Handbewegung und steckte ihn in einen größeren Blumenstrauß, dann forderte sie alle auf, den Raum zu verlassen, da der Sarg geschlossen werden sollte. Aber Jackie ließ sich nicht einschüchtern: »Ich kniete auf der Bank neben dem Sarg und legte die Veilchen unter den Ellenbogen meines Großvaters, wo die Leute, die den Sarg schlossen, sie nicht sehen konnten.«

An Jackies neunzehntem Geburtstag im Sommer 1948 machte sie mit drei anderen jungen Frauen eine Europa-Reise: Julia Bissell und die Stieftöchter von Edward Foley (Unterstaatssekretär im Schatzamt), Helen und Judy Bowdoin. In Begleitung der Anstandsdame Helen Shearman, Jackies Lateinlehrerin in der Holton-Arms School, verließen die Mädchen New York am 9. Juli an Bord der *Queen Mary*.

Helen Bowdoin zufolge bereitete sich Jackie auf die Reise wie auf ein Universitätsexamen vor. Sie hatte Geschichtsbücher gelesen, ihr Französisch aufpoliert, etwas Deutsch und Italienisch gelernt und sich viel europäische Geschichte und Kunstgeschichte eingeprägt. Es war klar, daß sie den Sommer nicht nur als Urlaub, sondern auch als Bildungsurlaub betrachtete.

Sie kamen in Southampton an, besuchten kurz Stratford und einige große englische Landsitze und fuhren dann nach London.

Nach dem Besuch von Shakespeares Heimat und der lieblichen, in voller Sommerblüte stehenden Landschaft war der Zustand der Hauptstadt schockierend. Die Stadt hatte sich noch nicht von den Bombardierungen und den schrecklichen Nöten des Krieges erholt, und die fünf Frauen waren entsetzt über die große Armut, die verfallenen Häuser und die obdachlosen alten Menschen, die unter Brücken schliefen. Auch die Eintrittskarten für die Gartenparty im Buckingham Palast, die sie dank des Einflusses von Mr. Foley bekommen hatten, konnten ihre Stimmung nicht heben: Es regnete in Strömen, und König Georg und Königin Elisabeth sahen sie nur von weitem.

Aber das von Bomben verschont gebliebene Paris erstrahlte in voller Schönheit. Sie besichtigten Notre Dame und die Sainte Chapelle, machten große Spaziergänge, tranken Kaffee im Les Deux Magots und kauften sich Baskenmützen, die sie jeden Tag trugen. Als sie im Louvre vor Davids Porträt von ihrem Idol Madame de Récamier standen, erzählte Jackie die Geschichte dieser Frau, die für sie zu einer Art geistiger Mentorin geworden war.

In Versailles war Jackie von der Größe des Schlosses, seiner üppigen Ausstattung und seinen Gärten beeindruckt. Sie unterhielt sich mit den Führern und Wachen in gutem Französisch und stellte viele Fragen nach der Geschichte des Schlosses und seiner Einrichtung. Der Besuch in Versailles wurde verlängert, weil sie darauf bestand, das Schloß erst am Ende der Öffnungszeit zu verlassen. »Ich kannte niemanden, der so in sich zurückgezogen war wie sie«,[19] sagte Aileen Bowdoin über eine andere Reise. »Sie stand immer im Hintergrund, beobachtete die Szene und registrierte alles – sie schaute sich die Leute an und achtete darauf, wie sie sich zueinander verhielten. Sie war die geborene Beobachterin.« Von Paris aus fuhr die Gruppe an die Riviera und dann nach Luzern, Mailand, Venedig, Florenz und Rom. Ihre große Reise endete in Paris, und am 25. August waren sie wieder zu Hause.

Die Ankündigung, die Jackie ihrem Vater beiläufig im Spätsommer und ihrer Mutter in einem Brief aus dem College machte, hätte eigentlich niemanden überraschen sollen. Nach dem zwei-

Donald Spoto

ten Studienjahr würde sie gerne ein Jahr im Ausland verbringen – damals eine beliebte Tradition bei jungen Frauen aus guter Familie. Im Vassar College gab es ein solches Programm nicht, wohl aber im Smith College, und manchmal wurden Studenten mit herausragenden Noten in dieses Programm aufgenommen.

Jack, Janet und Onkel Hughdie waren zuerst gar nicht begeistert von dieser Idee, und jeder aus einem anderen Grund. Jack lebte jetzt in bescheidenen Verhältnissen. Da sein Lebensstandard plötzlich gesunken und sein Urteilsvermögen durch den Alkohol getrübt war, fürchtete er, um seine letzte große Freude und Genugtuung gebracht zu werden, nämlich die Besuche seiner älteren Tochter. »Es wird wohl nicht mehr lange dauern, bis ich dich an irgendeinen komischen Typen verliere«,[20] schrieb er ihr in jenem Herbst, »den du für wunderbar hältst, denn er sieht abends so romantisch aus und trägt die Perlenohrringe seiner Mutter als Manschettenknöpfe, weil er sie so sehr liebt.« Die Auchinclosses dagegen fürchteten die zusätzlichen Kosten und die weitere Entfremdung Jackies von ihrer Welt – ganz zu schweigen von der Möglichkeit, daß sie sich für immer in Frankreich niederlassen und einen armen, bärtigen Dichter heiraten könnte.

Ihre Familie hätte es vielleicht geschafft, ihr den Auslandsaufenthalt auszureden, aber Jackie wußte, wie sie sie zu nehmen hatte. Gut, sagte sie mit ihrer weichen, etwas atemlosen Stimme, die unschuldig, kokett oder hartnäckig klingen konnte, sie könne das Vassar College jederzeit verlassen, nach Manhattan gehen und Mannequin werden. Das werde gut bezahlt, fügte sie hinzu. Schon den Gedanken daran fanden Janet und Hughdie gräßlich.

Im Frühjahr durfte Jackie ihre auf dem Vassar College gemachten Scheine auf das Smith College übertragen, und nachdem sie einen Aufsatz verfaßt und eine Französisch-Prüfung gemacht hatte, bekam sie einen Platz im Auslandsprogramm. Am 24. August 1949 ging sie für ein Jahr nach Frankreich.

Obwohl Jackie gut in Französisch war, hatte sie eben doch nur die Kenntnisse einer amerikanischen Studentin. Daher wurde sie zusammen mit einigen anderen Bewerbern zuerst auf einen sechswöchigen Intensivsprachkurs an der Universität Grenoble geschickt. Etwa vierhundertfünfzig Kilometer von Paris entfernt und südöstlich von Lyon gelegen, war Grenoble seit dem vierzehnten Jahrhundert ein Zentrum der Wissenschaft. Neben den täglichen acht Unterrichtsstunden hatte Jackie Gelegenheit, die umfangreiche Sammlung von Manuskripten in der Bibliothek zu besichtigen, in der sich die meisten Werke des 1783 in Grenoble geborenen Stendhal befinden. Und voller Bewunderung begegnete Jackie einigen Helden der französischen Résistance, die in Grenoble besonders aktiv gewesen waren.

Im Oktober war Jackie in Paris, wo die Kurse an der Sorbonne begannen – alle auf französisch, die meisten in französischer Geschichte und Kunstgeschichte. Anstatt mit anderen amerikanischen Studenten in Reid Hall zu wohnen, beschlossen sie und zwei Kommilitoninnen, Zimmer in einer großen Pariser Stadtwohnung zu mieten. Die Adressen solcher Wohnungen hingen in der Universität aus, denn fast jeder in der Stadt brauchte nach dem Krieg Geld, und die Leute nahmen besonders gerne Sorbonne-Studenten auf. Als sie eine Frau aufgesucht hatte, deren Ehemann von den Deutschen wegen seiner Arbeit in der Résistance hingerichtet worden war, wußte Jackie, daß sie hierher gehörte.

Sofort mietete sie das Zimmer in der Avenue Mozart, mitten im vornehmen sechzehnten Arrondissement, nicht weit vom Trocadéro und dem Palais de Chaillot entfernt. Die Besitzerin der Wohnung war Komtesse Cuyot de Renty, eine hübsche Frau, deren lange weiße Haare zu einem vornehmen Knoten gebunden waren. Sie hatte zwei Töchter – Claude, die etwa in Jackies Alter war, und Ghislaine, geschieden und mit einem vierjährigen Sohn. Die große Wohnung hatte keine Zentralheizung und nur ein Badezimmer mit einer alten Badewanne. Doch trotz der Nachkriegsrationen gelang es der Komtesse irgendwie, für jeden eine herzhafte Mahlzeit zu kochen: Als es in jenem Herbst kälter wurde, lernte Jackie legierte Suppen und herzhafte französische Eintöpfe zu schätzen.

Bis Dezember hatte sie einen festen Tagesablauf: Vorlesungen und Seminare, Hausarbeiten und eine intensive Beschäftigung mit dem Kunstleben von Paris – Oper, Theater und Ballett , und alles zu erschwinglichen Preisen. Manchmal gab sie ein paar zusätzliche Francs für einen Kaffee oder ein Glas Wein an berühmten Treffpunkten wie der Ritz Bar, dem Café de Flore oder La Coupole aus. Die jungen Männer fanden es oft ärgerlich, daß ihre Aufmerksamkeit nicht ihnen und ihren Gesprächen, sondern anderen Personen galt, die sich in einiger Entfernung von ihnen befanden. Da Jackie auf der Suche nach interessanten Menschen war, die interessante Dinge machten, schien sie von ihren Begegnungen immer enttäuscht zu sein, doch da ihre Eltern ihr klar machten, daß sie sie nicht für alle Zeiten unterstützten würden, wußte sie, daß sie bald einen geeigneten Ehemann finden mußte – und das bedeutete einen reichen Mann, wie ihre Mutter ihr unaufhörlich einschärfte.

Jackies Hauswirtin hatte ein Mitglied des alten französischen Adels geheiratet und war so eine Komtesse geworden. Daß sie im Alter in sehr eingeschränkten Verhältnissen lebte, machte ihr nichts aus: Früher war das Leben wunderbar gewesen, wie sie ihren amerikanischen Gästern gerne erzählte. »Einen Pelzmantel anziehen und in der Ritz Bar etwas hermachen« stand bei Jackie aus einem ganz speziellen Grund auf dem Programm.

Ihr ernsthaftester Verehrer war der Sohn eines französischen Diplomaten. Sie bummelten zusammen auf dem linken Seineufer, aßen spät abends in hübschen kleinen Nachtlokalen, trafen sich zum Kaffee und gingen bei Regen eng aneinandergeschmiegt durch den Jardin du Luxembourg. Einige Monate lang hätte ihre Geschichte aus einem Film von Metro-Goldwyn-Mayer stammen können.

Dann war sie vorbei. Über den jungen Mann wissen wir nichts, und es ist natürlich möglich, daß sie nur Freunde und kein Liebespaar waren. Wie dem auch sei, Jackie verhielt sich in Paris wohl nicht anders als in Poughkeepsie: Sie war nicht leicht zu haben. Es gibt keine Liebesbriefe, keinen Hinweis auf heimliche gemeinsame Wochenenden auf dem Land. Ob Jackie als *virgo intacta* aus Europa heimkehrte, wird man nie wissen: Darüber schwieg sie sich immer aus.

In dieser Hinsicht aufschlußreich sind vielleicht die Äußerungen, die sie Jahre später machte: »Ich habe mich schrecklich über die herablassende Einstellung gegenüber Amerikanern und über das Kompliment geärgert ›niemand würde Sie für eine Amerikanerin halten‹, wenn man sich in Literatur oder Geschichte auskannte.« Die Art von Mann, die sie suchte, ist ihr, mit anderen Worten, vielleicht genau deswegen aus dem Weg gegangen, weil sie eine junge Amerikanerin war – hübsch anzusehen, aber kaum ernst zu nehmen. Und wenn sie nicht für ein sexuelles Abenteuer zu haben war, gab es auch keinen Grund, hinter ihr her zu sein.

In jenem Jahr schien sie hauptsächlich mit Studenten zu verkehren, die ausgeprägte intellektuelle Interessen und fragwürdige sexuelle Neigungen hatten; doch obwohl sie auch andere gute Freunde hatte, kam es zu »keiner Liebesbeziehung«, wie sie Yusha und einige Jahre später engen Freunden anvertraute. Dabei gibt es keinen Grund zu der Annahme, daß sie Kontakten aus dem Weg ging. Im Gegenteil, sie befaßte sich in Paris intensiv mit Kunst und Wissenschaft, besuchte neben ihren Kursen an der Sorbonne einen Kunstkurs an der École du Louvre und belegte an der École de Science Politique ein Seminar über die Geschichte der Diplomatie.

In jenem Jahr wurde es in Europa früh Winter, und die Wohnung in der Avenue Mozart war feucht und kalt. Mitte Dezember kam ein Brief von Janet, in dem die Ankunft von Janet und Hughdie in den Semesterferien im Februar angekündigt wurde: Jackie sollte mit ihnen in Urlaub fahren. Sie mußte über dieses Angebot nicht lange nachdenken. Unter anderen Umständen hätte sie vielleicht einen Vorwand gefunden, um die Reise abzusagen und ihren eigenen Interessen in Paris nachzugehen. Doch als Weihnachten nahte, dachte sie nur noch an geheizte Hotelzimmer und viel heißes Wasser. Sie beklagte sich bei niemandem über das spartanische Leben bei Madame de Renty, aber sie wollte es sich zwischendurch einmal gut gehen lassen.

Donald Spoto

1950 – 1952

$\mathcal{I}$m Februar kamen Janet und Hughdie mit den kalten Winter-
winden nach Paris, die gut zu der Temperatur paßten, die zwischen ihnen und Jackie herrschte.

Während ihr Stiefvater über den Preis von allem und jedem
murrte, beobachteten Jackie und ihre Mutter einander sehr aufmerksam. Janet wollte sich nicht nur vergewissern, daß ihre Tochter wie eine *perfekte Dame* auftrat, sondern daß sie sich auch alles
angeeignet hatte, was sie brauchte, um in Amerika den *richtigen
Mann* zu finden. Jackie ihrerseits wollte zwar gefallen, sich aber
auch als eine unabhängige junge Frau präsentieren, die eine neue
(das heißt, die alte) Welt der *wahren Kultur* kennengelernt hatte.
»Oh, Mutter, wirklich«, so endeten in jenem Winter viele Gespräche.

Und so verliefen ihre Gespräche: Sprach man über gewisse
Themen, wurden bestimmte Ausdrücke so verwendet, als würden sie groß geschrieben, und Jackie wollte so sehr zeigen, wieviel sie gelernt hatte, daß sie unweigerlich eine großspurige Pose
einnahm. Doch von einigen Klischees abgesehen (perfekte Dame, richtiger Mann, wahre Kultur), hätte der Besuch einem Buch
von Henry James entsprungen sein können. Hier das einstmals
naive amerikanische Mädchen, das glücklich war, das geistige
und kulturelle Leben von Paris kennengelernt zu haben; dort die
ehrgeizige, berechnende und taktierende Mutter; dazu der spie-
ßige, langweilige Stiefvater, der zwar den Preis von allen, aber
den Wert von nur wenigen Dingen kannte. Um die Analogie zu
James abzurunden, soll die Szene am ersten Abend im Februar
beschrieben werden: Als Hughdie sich über die Kosten des Essens beklagte, schlug Jackie vor, als Ausgleich für die Hotel-
kosten im Zug in der zweiten Klasse zu fahren. Obwohl Janet

diese Idee scheußlich fand, mußte sie klein beigeben, denn Hughdie war hell begeistert.

So fuhren sie denn von Paris nach Wien, Salzburg und München. Von München aus machten sie einen Abstecher nach Dachau, auf dem Jackie bestanden hatte; was sie dort sah und hörte, erfüllte sie mit Entsetzen und Wut. Aber laut Yusha, der sich der Gruppe in jenem Sommer anschloß, verurteilte sie nie ganz Deutschland oder sprach negativ über alle Deutschen. Vielmehr machte sie einen Unterschied zwischen den Nazis und dem deutschen Volk und lobte die positiven Seiten der deutschen Kultur und Geschichte. Was den Holocaust betraf, so wollte sie alles darüber wissen: Er gehörte zur Geschichte, und für Geschichte interessierte sie sich leidenschaftlich.

Das galt anscheinend auch für ihre Art zu reisen. »Es macht viel mehr Spaß, in der zweiten und dritten Klasse zu reisen und die ganze Nacht aufzubleiben, da man so wirklich Menschen kennenlernt und sich ihre Geschichten anhören kann«,[1] schrieb sie ihrem Stiefbruder. »Bei meinen früheren Reisen war alles zu luxuriös, wir haben nichts gesehen.«

Nach drei Wochen kehrten die Auchinclosses nach Amerika zurück, und Jackie setzte ihr Studium in Paris fort. Im Mai erhielt sie ein hervorragendes Zeugnis. »Ich habe in meinem ganzen Leben nie härter gearbeitet«,[2] sagte sie später.

Nach einer Reise durch Südfrankreich mit den beiden Töchtern von Madame de Renty besuchte Jackie im Juli zusammen mit Yusha Irland und Schottland. Wie ihre geistige Mentorin Madame de Récamier entwickelte sie – ungeachtet ihrer drittklassigen Unterbringung – royalistische Neigungen. Neben Literatur, Kultur und Kunst interessierte sie sich für die alten Schlösser, die Erzählungen über adlige Familien und deren Konflikte, und sie eignete sich begierig alles über die königlichen Majestäten – in diesem Fall die irischen Könige – an.

Ende August kam Jackie in New York an und besuchte dort ihren Vater. Er litt am Grauen Star und hatte gerade eine schwierige Augenoperation hinter sich; sie fand einen zurückgezogen lebenden, verbitterten und depressiven Menschen vor. Einsam und etwas verwirrt bat er Jackie, ins Vassar College zurückzukehren, um näher bei ihm zu sein; er sagte, er könne nach dem Ende ihres Studiums ohne weiteres eine Arbeit in New York für sie finden. Sie versprach, sich das durch den Kopf gehen zu lassen.

Auf Merrywood erzählte Jackie ihrer Mutter von Jacks Angebot. Janet witterte Gefahren: Sie wollte nicht, daß Jackie unter Jacks Einfluß geriet, und sie war überzeugt, daß das Versprechen einer Anstellung an der Wall Street ihre Tochter nur bis in die Schreibzentrale bringen würde. Janet und Hughdie überredeten Jackie, alle ihre am Vassar College und in Paris gemachten Scheine auf die George Washington University zu übertragen, die eine ausgezeichnete Französisch-Fakultät hatte, denn Jackies Hauptfach war Französisch. Von Merrywood aus leicht zu erreichen und mitten im District of Columbia, nur vier Blocks vom Weißen Haus entfernt gelegen, hatten sich die fünfundvierzig Gebäude der Universität zu einer richtigen Stadtlandschaft entwickelt, und mit seinen hundert Jahre alten Bäumen wirkte der Campus wie eine Insel fernab von dem immer lauter werdenden Getriebe der Stadt. Da sie sich spät beworben hatte, wäre sie vielleicht nicht aufgenommen worden, doch ihr half der Einfluß der Auchinclosses, die mit mehreren Mitgliedern der Universitätsleitung und -verwaltung geschäftlich zu tun gehabt hatten.

1950 brach Jackies letztes Studienjahr an. Von Merrywood aus besuchte sie ihre Seminare in französischer Sprache und Geschichte und Kunstgeschichte, ihrem Nebenfach. Sie hatte Rendezvous mit einigen jungen Männern, doch eine ernsthafte Liebesbeziehung war noch immer nicht in Sicht. »Ich schaue mir einen besonders gutaussehenden Mann an und bin nach drei Minuten gelangweilt«,[3] sagte sie. »Ich mag Männer mit seltsamen Nasen, abstehenden Ohren, unregelmäßigen Zähnen, kleine Männer, dünne Männer, dicke Männer. Vor allem muß er etwas im Kopf haben. Und er muß mehr wiegen und größere Füße haben als ich.« Anscheinend waren die jungen Männer, denen sie in jenem Jahr begegnete, in mancher Hinsicht zu attraktiv und in anderer Hinsicht nicht annähernd attraktiv genug.

Als sich der Winter näherte, wurde Jackie unruhig und fing an, sich nach Paris zu sehnen. Und siehe da: Als sie eines Nachmittags im Frisiersalon unter dem Haartrockner saß, gab der Friseur ihr eine Zeitschrift zu lesen. Ihr Blick fiel auf eine Anzeige in *Vogue*, in der der jährliche Wettbewerb »Prix de Paris« bekanntgegeben wurde. Der Preis war eine sechsmonatige Redaktionstätigkeit im Pariser Büro der Zeitschrift, danach eine Beschäftigung in New York, das Ganze verbunden mit einigen tollen Geschenken. Sie schnitt die Anzeige aus und fing an, die geforderten Unterlagen zusammenzustellen.

Zunächst mußte sie ein Selbstporträt verfassen. Das Ergebnis war eine erfrischende und amüsante Darstellung, die erheblich von dem abwich, was normalerweise auf dem Schreibtisch der *Vogue*-Redakteure landete.

Jackie beschrieb zunächst ihre äußere Gestalt: Ein Meter zweiundsiebzig groß, braunes Haar, »ein rechteckiges Gesicht und Augen, die unseligerweise so weit auseinanderstehen, daß es drei Wochen dauert, bis man eine Brille hergestellt hat, deren Steg breit genug ist, um über meine Nase zu passen.« Sie habe nicht gerade eine phantastische Figur, verstehe es aber, sich richtig zu kleiden.

Über ihre Hobbys schrieb sie, daß sie sehr gerne male und daß ihre Mutter ihre Werke »erst einen Monat, nachdem ich sie ihr zu Weihnachten geschenkt habe, in den Schrank stellt.« Sie hätte auch für ihre jüngeren Geschwister ein Kinderbuch mit von ihr ausgedachten und illustrierten Märchen geschrieben. Sie erwähnte auch, daß sie für ihr Leben gerne ritt; und sie würde »jederzeit alles stehen und liegen lassen, um ein Buch über Ballett zu lesen.«

Im letzten Teil sagte sie, daß ihr Studienjahr in Paris bislang das glücklichste in ihrem Leben gewesen sei. »Ich lernte, mich wegen meines Bildungshungers nicht zu schämen, den ich immer zu verstecken versucht habe ... ich kam mit einer Liebe zu Europa zurück, die mich, so ist zu befürchten, nie mehr verlassen wird.«

Jackie mußte auch einen Aufsatz über drei Menschen verfassen, die sie gerne gekannt hätte, und ihre Wahl – Charles Baudelaire, Oscar Wilde und Sergej Diaghilew – muß die Zeitschriftenredakteure in ihrem Eindruck bestärkt haben, es mit einer bemerkenswert unorthodoxen jungen Frau zu tun zu haben. Baudelaires Gedichte hatte sie in jenem Frühjahr gelesen; Wildes Gedichte und

Theaterstücke hielt sie zu Recht für bemerkenswert, und sie war von ihnen so angerührt gewesen, daß sie sein Grab auf dem Friedhof Père Lachaise in Paris besucht hatte; Diaghilews Beitrag zur Geschichte des Tanzes war ihr bereits aufs beste vertraut. Ihr Aufsatz war zweifellos ein Meisterwerk einfühlsamer und kenntnisreicher Improvisation.

»Baudelaire und Wilde waren reiche Männer, die wie Dandys lebten«, begann der Aufsatz, »sie brachten alles durch und starben in äußerster Armut.« Der erste »setzte Boshaftigkeit und Verzweiflung als Waffen ein«, während der zweite »mit einem kurzen Epigramm die politische Wirkung erzielte, die ernsthafte Reformer in Jahren nicht erreicht hatten.«

Zu Diaghilew: »Obwohl er selbst kein Künstler war, besaß er etwas, das seltener ist als künstlerisches Genie, nämlich die Gabe, aus jedem Menschen das Beste herauszuholen und es in ein Meisterwerk einfließen zu lassen, das umso kostbarer ist, als es nur in der Seele derjenigen fortlebt, die es gesehen haben, und das sich auflöst, sobald der Tänzer die Bühne verlassen hat.«

Im Alter von einundzwanzig Jahren besaß Jacqueline Bouvier gründliche Kenntnisse über die Ideengeschichte. Mit anderen Worten, sie hatte sich nicht nur Sprachen, Namen, Daten und Fakten angeeignet. Sie ging tiefer – sie brachte Dinge zusammen und stellte Zusammenhänge zwischen ihnen sowie zwischen ihnen und sich selbst her. Wie immer man ihr junges Leben einschätzt, es steht außer Zweifel, daß Jackie mit großer Ernsthaftigkeit das Verhältnis zwischen Kunst und Leben sowie zwischen Ereignissen und Ideen zu ergründen versuchte.

In ihrer kurzen Antwort auf die Frage, wie sie eine Marketingkampagne für ein neues Parfüm gestalten würde, stellte sie ein weiteres Mal ihre Phantasie unter Beweis. Vergleichen Sie es mit Wein, schlug sie vor: Nennen Sie beide »berauschende Flüssigkeiten – die Blüte und die Rebe« und zeigen Sie nicht das typische Foto von einer Parfümflasche, sondern einen Weinkeller mit einem Parfüm, das den Namen »Lentheric, Numéro 6/1950« trägt, so wie Weine katalogisiert werden. Sicherheitshalber legte sie ein vollständiges Layout bei.

Die Redaktion wollte auch ihre Meinung über die Darstellungsformen neuer Moden wissen: Die Zeitschrift brachte Fotos von professionellen, aber anonymen Mannequins, von Berühmtheiten oder »feinen Damen« und einfache Strichzeichnungen. Was würde Jackie bevorzugen, und warum? Über die Mannequins sagte sie:

> Ein Mannequin muß sich selbst ganz zurücknehmen und die Aufmerksamkeit auf ihr Kleid lenken. Eine Frau ist dann gut angezogen, wenn die Leute sagen: sie sah wundervoll aus, aber ich kann mich nicht mehr daran erinnern, was sie anhatte. Aber *Vogue* wäre langweilig, wenn auf den Seiten der Zeitschrift nur Mannequins mit unbewegtem Gesicht posieren würden. Dann wäre sie so öde wie ein Katalog für Großhändler.

Als sich Jackie im Frühjahr 1951 auf ihr Abschlußexamen vorbereitete, hatte sie den »Prix de Paris« gewonnen, und die Zeitschrift vom 15. August berichtete darüber nicht nur ausführlich, sondern brachte auch ein Foto von ihr. Wann sie nach Paris gehen könnte, wollte die Redaktion wissen.

Wie so oft, trat jetzt Janet in Aktion. »Ich wollte nicht, daß sie ging«, sagte sie Jahre später. »Sie hatte bereits ein Jahr in Europa verbracht und sich in Paris verliebt. Ich hatte Angst, daß sie im Ausland bleiben würde. Ich hoffte, sie überreden zu können, den Preis abzulehnen.«[4]

Ihre Überredungskunst war aus zwei Gründen erfolgreich. Erstens mußte Janet Jackie nur klar machen, daß sie für eine so anspruchsvolle Aufgabe nicht qualifiziert genug sei. Es war eine Sache, eine gute Studentin zu sein, die das Leben in Paris genoß; eine ganz andere war es, dort zu arbeiten. Wollte Jackie sich lächerlich machen? Das war natürlich höchst unwahrscheinlich. Aber wie sich Carol Phillips von *Vogue* erinnerte, hatte Jackie damals kein Selbstvertrauen und glaubte bereitwillig ihrer Mutter, die ihre Fähigkeiten mit höflichen Worten herabsetzte. »Ich glaube, ich hatte zuviel Angst, um dorthin zu gehen«, sagte Jackie später. Zu ihrer eigenen und zur Enttäuschung der Redaktion von *Vogue* lehnte sie das ehrenvolle Angebot ab – das von der zweiten Gewinnerin, einer Studentin des Vassar Colleges, wahrgenommen wurde. Als Trostpreis schlugen Janet und Hughdie Jackie vor, im Sommer zusammen mit Lee, die jetzt achtzehn war und im Juni Miss Porter's School beenden würde, für einige Wochen nach Europa zu reisen.

Aber es gab noch einen anderen Grund für Jackie, die Arbeit in Europa nicht anzunehmen – wie so oft haben große Entscheidungen etwas mit einer Romanze zu tun; in diesem Fall mit einer von Janet geförderten Romanze. Da sie zielstrebig auf der Suche nach einem guten Ehemann für ihre Tochter war, münzte sie Jackies Enttäuschung in einen potentiellen Triumph in Sachen Partnersuche um.

Durch Hughdies umfangreiche Geschäftsbeziehungen und gesellschaftliche Kontakte war Jackie einem John G. W. Husted jr. vorgestellt worden, der an der Wall Street arbeitete und aus einer Familie kam, die im *Social Register* aufgeführt war. Die Husteds kannten Jack Bouvier, und als Jackie ihrem Vater erzählte, daß sie mit John Husted ausging und häufig nach New York fahren würde, um ihn zu besuchen, hätte Jack nicht erfreuter sein können. Zumindest in dieser Angelegenheit waren sich ihre Eltern einig.

Und wie stand es mit Jackies Gefühlen? Husted war ein attraktiver Mann und eindeutig in Jackie verliebt. Doch sie duldete mehr, daß er ihr den Hof machte, als daß sie ihn ermutigte. Ihre Fahrten zu Husted in New York hatten für sie außerdem den positiven Nebeneffekt, daß sie häufiger ihren Vater und Museen in Manhattan besuchen konnte.

In jenem Frühjahr besuchte Jackie die George Washington University, schrieb für die Campus-Zeitung ein paar Kurzgeschichten über ihre Reisen in Europa und fuhr am Wochenende von der Union Station aus mit dem Zug nach New York, wo sie, wie es sich gehörte, die Nächte in der Wohnung ihres Vaters in der East Seventy-fourth Street verbrachte.

John Husteds Werben um Jackie sollte durch die Sommerreise eigentlich nicht unterbrochen werden, denn er und seine Familie hatten ebenfalls eine Europa-Reise geplant und wollten die Schwestern Bouvier an mehreren Orten treffen. Doch die Pläne der Husteds fielen ins Wasser, wohingegen Jackie und Lee nach Europa fuhren.

Es gab vor Jackies Abfahrt allerdings einen Abend, der sich später als sehr bedeutsam herausstellen sollte.

Anfang Sommer 1948, kurz vor ihrer ersten Reise nach Europa, war Jackie zusammen mit mehreren Bouviers zu einer Hochzeit auf Long Island eingeladen worden. Dort hatte sie den Bruder des Bräutigams, Charles Bartlett getroffen, Korrespondent der *Chattanooga Times* in Washington. Der damals siebenundzwanzigjährige Bartlett fand Jackie hübsch und anziehend und wollte sie seinem Freund vorstellen, einem einunddreißigjährigen Kongreßabgeordneten aus Massachusetts, der hübsche und anziehende junge Frauen sehr zu schätzen wußte. Aber Bartlett konnte sie nicht von ihrem Gespräch mit dem Berufsboxer Gene Tunney loseisen, so daß das Treffen zwischen Miss Bouvier und John F. Kennedy in jenem Sommer nicht zustande kam.

Charles Bartlett und Jackie trafen sich jedoch in der George Washington University wieder. Er hatte inzwischen geheiratet, und er und seine Frau luden Jackie zu einer kleinen Dinnerparty in ihr Haus in Washington ein. »Sie war nicht mehr das kleine Mädchen von nebenan«, erinnerte er sich. »Sie war fremdartiger. Sie war heiterer und lebendiger geworden.«[5] Unter den wenigen Gästen befand sich an jenem Maiabend der gewandte und attraktive Jack Kennedy, jetzt in seiner dritten Amtszeit als Abgeordneter des 11. Wahlbezirks von Massachusetts.

Als Kriegsheld und Politiker würde Jack in drei Wochen seinen vierunddreißigsten Geburtstag feiern; Jackie war noch keine zweiundzwanzig. Sie wußte sofort, sagte sie später, daß dieser Mann »einen tiefen, vielleicht sogar verstörenden Einfluß auf ihr Leben« haben würde. Ihre Unterhaltung mit ihm und das, was man über ihn sagte, machten ihr auch klar, daß »er kein Mann war, der heiraten wollte«;[6] vielleicht aus dem einfachen, damals sogar in Washington bekannten Grund, daß er sich gerne und häufig mit attraktiven Frauen umgab, aber kein Interesse zeigte, mit einer von ihnen eine feste Bindung einzugehen. Außerdem hatte Jackie den Eindruck, daß Kennedy zwar viele Frauen sexuell attraktiv fand und sich mit ihnen traf, daß er bis dahin aber noch nicht der Art von Frau begegnet war, die er für seine politi-

Donald Spoto

sche Karriere brauchte. Und eine solche Kandidatin mußte Gnade vor den Augen seines respekteinflößenden Vaters finden.

Am Ende des Abends begleitete Jack Jackie zu ihrem Auto: »Wollen wir noch irgendwo etwas trinken?«, fragte er sie, während er die Tür öffnete. Da sprang Josie, Bartletts Foxterrier an ihnen vorbei ins Auto und bellte laut jemanden an, der auf dem Rücksitz saß. Jack sah in das Auto hinein und entdeckte niemand anderen als John Husted, der zu spät in Washington angekommen war, um am Dinner teilzunehmen, Jackie aber nach Hause bringen wollte. Jack zog sich sofort zurück, und damit schien die Sache beendet.

Am 7. Juni 1951 gingen die beiden Schwestern an Bord der *Queen Elizabeth*; ihre Ziele waren u.a. London, Paris, Venedig, Rom und Florenz. Sie dokumentierten den ganzen Sommer sorgfältig und mit viel Humor in dem Büchlein *One Special Summer*,[7] einer Sammlung von Zeichnungen und Gedichten von Jackie sowie von genauen Beschreibungen ihrer Abenteuer, die von beiden verfaßt worden waren; dieses Büchlein überreichten sie Janet nach ihrer Rückkehr. Der Titel war sehr zutreffend, denn dieser Sommer war wirklich etwas ganz Besonderes.

Auf dem Schiff mußten sie zunächst eine enge Kabine in der dritten Klasse mit einem seltsamen Wesen namens Miss Coones teilen, einer Dame in den Neunzigern, die splitternackt schlief und aus Gründen, die die Schwestern Bouvier lieber nicht genauer untersuchen wollten, die ganze Nacht das Licht ihrer Nachttischlampe an- und ausmachte. Ein verständnisvoller Steward besorgte den Mädchen eine eigene Kabine, allerdings immer noch in der dritten Klasse.

Dann lernten sie einen Herrn aus dem Libanon kennen, der ihnen gerne jeden Gefallen tat. Jackie setzte diesem Flirt ein Ende, indem sie Lee warnend auf die »seltsamen sexuellen Angewohnheiten von Orientalen« hinwies, über die sie wahrscheinlich nur vom Hörensagen etwas wußte. Dann beschlossen sie, die Schilder zu ignorieren, die die Passagiere aufforderten, in ihrer jeweiligen Klasse zu bleiben, wodurch sie jeden Abend in den Genuß von ein oder zwei Tänzen kamen.

Jackies Zeichnungen zeugten nicht nur von ihrer künstlerischen Begabung, sondern auch von ihrem köstlichen Sinn für Satire. Mit seinen starken Übertreibungen ähnelte ihr Stil teilweise dem des Karikaturisten William Steig; mit seinem trockenen Humor der herrlich verrückten Welt von James Thurber; und wohl am meisten spürbar war der Einfluß des schnurrigen Ludwig Bemelmans und seiner phantasiereichen Madeline. Kurzum, *One Special Summer* ist ein lustiger Bericht, dessen Bilder an Grandma Moses in einer überarbeiteten Fassung von Raoul Dufy erinnern.

In London kauften sie sich ein billiges Auto, was sich als eine nicht allzu gute Idee erwies, da sie die meiste Zeit in der Innenstadt verbrachten. Mit diesem Gefährt fuhren sie mit der Fähre nach Paris, wo sie es an einen Mann verkauften, der sich als Missionar vorstellte, »aber aussah, als wäre er gerade Benny Goodman's String Quartett entsprungen«. Dieser Mann war auf dem Weg nach Afrika, wo er karitative Arbeit leisten wollte, und bat die Schwestern Bouvier, das Auto billig zu verkaufen, »weil 5 Dollar ein Kind in Afrika einen Monat lang am Leben erhalten können, und jede 5 Dollar, die er für sich ausgab, bedeuteten, daß eines mehr verhungern würde. Wir waren dafür, den ganzen Stamm zu opfern, aber sein Gewissen ließ nur zu, 206 von ihnen verhungern zu lassen.«

Die Wochen waren voll mit Abenteuern, die vielleicht nur sympathische, unerschrockene junge Frauen erleben, die viel Stil, aber wenig Geld haben. Jackie und Lee genossen jeden Tag, etwa wie Cornelia Otis Skinner und Emily Kimbrough, die ihre Exkursionen in Europa in *Our Hearts Were Young and Gay* festhielten. In Südfrankreich wären die beiden Schwestern fast in ein Militärmanöver geraten.

»Ihr müßt Euch keine Sorgen darüber machen, daß wir ganz allein durch Europa reisen«, schrieb Jackie an Janet und Hughdie, »wirklich nicht. Wir sprechen nie mit Fremden ... ich weiß, daß Ihr recht hattet, als Ihr uns sagtet, daß wir unser Land repräsentieren und nichts tun dürfen, was die Aufmerksamkeit auf uns lenkt und die Menschen schockiert. Wir nähen alle Knöpfe an, tragen Handschuhe und sind in Großstädten nur mit dem bekleidet, was wir sonntags in Newport zur Kirche anziehen.« Aber dieser Versicherung war ein Foto beigelegt, das Jackie in Hosen und Sandalen und Lee in Shorts zeigte.

In Venedig nahm Jackie Unterricht bei einem Maler, während Lee Gesangstunden bei dem Chefportier des Danieli Hotels nahm. Als er sie zu einer berühmten italienischen Sopransängerin in deren Studio am Canale Grande mitnahm, war Lee starr vor Angst und brachte nicht einmal einen Krächzer heraus, geschweige denn die großen Arien, die die Signora von ihr hören wollte. Jackie, die auf einem Diwan saß und sich vor Lachen schüttelte, drängte Lee: »Warum singst du nicht etwas aus ›Call Me Madam‹?«

So sehr die sympathische Jackie für einen Witz zu haben war, sie erkannte immer, wenn ihr etwas Bedeutsames geboten wurde.

Sie verbrachten einen denkwürdigen Nachmittag in der Villa des großen Humanisten und Kunstkritikers Bernard Berenson, eines weltweit führenden Renaissance-Experten. Wenngleich mit seinen sechsundachtzig Jahren körperlich hinfällig, war er noch immer ein weiser, tiefsinniger Mann. »Er ist insofern eine Art gottähnliches Wesen, als er so gar nicht in den geschäftigen Rummel unserer heutigen Welt paßt«, schrieb Jackie an jenem Abend. »Er hat das Leben voll ausgeschöpft und sich nichts dabei vergeben. Er ist ein großes Genie, ein großer Philosoph, eine Säule an Stärke und Sensibilität, er hat eine große Liebe zu allen Dingen. Er ist ein Mensch, dessen Leben in unübertrefflicher Weise dem Schönen gewidmet ist. Der größte Teil des Gesprächs drehte sich um Menschen, über die er in seinem letzten Buch geschrieben hat, Menschen, die das Leben reicher und solche, die es ärmer machen. ›Vergeuden Sie nicht Ihr Leben mit Menschen, die das Leben ärmer machen, die nicht anregend sind‹, riet er mir.«

Obwohl sie nur wenig Zeit mit Berenson verbrachte, gewann Jackie in ihm einen Mentor, dessen Worte und Lebensart ihr Leben lang einen prägenden Einfluß auf sie haben sollten. Bis dahin hatte sich die Weisheit älterer Männer zumeist in Feststellungen über die Entwicklung der Börse erschöpft; hier war ein Weiser, der in einer völlig anderen Welt lebte. Jackie merkte sich seine in ihren Aufzeichnungen festgehaltenen Worte für immer. »Er entzündete einen Funken« in ihr, sagte sie. Obwohl dieser Funke nicht genug Brennstoff und Sauerstoff bekam, um jahrelang hell zu brennen, sollte die Flamme in ihr schließlich doch hell leuchten.

Er hatte von dem Unterschied zwischen leben und existieren gesprochen. Wir beide [sie und Lee] hatten einfach viel zu lange auf unsere selbstsüchtige Weise existiert. Die einzige Möglichkeit, ein glückliches Leben zu haben, besteht darin, seine Arbeit zu lieben, [sagte er]. Was immer man erreichen will, man wird sich Feinde schaffen und leiden.

In Spanien wurden die Schwestern Bouvier – wiederum dank der Beziehungen der Familie – im Büro des amerikanischen Botschafters empfangen. Er erkundigte sich nach der Gesundheit von Janet und Jack, und Jackie antwortete: »Danke, es geht ihnen gut – und wie geht es Franco und Don Juan?«; diese entsprachen in ihrer Vorstellung ihrer Mutter und ihrem Vater. Der Botschafter fand das gar nicht komisch.

Am selben Tag nahmen sie an einer Cocktailparty für einige Senatoren teil, von denen einer, Senator Wiley, Lees Hand ergriff, diese laut schmatzend küßte und sagte: »Na, wie mache ich das – wie ein richtiger Spanier, oder?« Neben Jackie stand ein spanischer Journalist, »dessen Haare aussahen, als hätte er gerade Berlioz dirigiert«. Kurz darauf fragte Senator Wiley Jackie und Lee, ob sie Anhängerinnen der Republikaner seien, und fügte hinzu: »Hoffentlich, hoffentlich, hoffentlich«, woraufhin Lee antwortete: »Oh ja, aber wir dachten, Sie seien Demokrat!«

Am nächsten Abend waren sie bei deutsch-spanischen Adligen eingeladen, deren Söhne sie in der Botschaft getroffen hatten. Das Haus, einst ein Kloster, war voll mit seltenen und kostbaren Gegenständen. Die Bouviers saßen in einem Sessel, der Christoph Kolumbus gehört hatte, und sie sahen sich staunend Vitrinen an, in denen sich Kronjuwelen befanden, und (so Jackie) »Bilder, die mit ›In Liebe, Georg V.‹ signiert waren.« Sie hatten das Gefühl, Aufzeichnungen für einen Kurs in Kunstgeschichte machen zu

Donald Spoto

sollen, »aber alles, was die jungen Männer wollten, war, daß Ma und Pa den Plattenspieler bedienten, während wir unter den Gemälden der flämischen Primitiven Jitterbug tanzten.«

Am 15. September waren Jackie und Lee wieder zu Hause. Lee begann sofort ihr Studium am Sarah Lawrence College. Jackie – ausgerüstet mit einem College-Abschluß und den Erfahrungen aus drei ausgedehnten Aufenthalten in Europa – hatte immer noch nicht die leiseste Ahnung, wie ihre Zukunft aussehen würde. Umso mehr Grund für Jackie, so Janets Meinung, sich einen guten (sprich, reichen) Ehemann zu suchen, der es ihr ermöglichen könnte, zu reisen, ihren kulturellen Interessen nachzugehen und den Lebensstandard aufrechtzuerhalten, den sie gewohnt war und der ihr zustand. Schließlich mußte sich Hughdie auch noch um seine eigenen drei Kinder kümmern: Er war der Auffassung, jedes sollte, wenn es volljährig war, auf eigenen Beinen stehen. Das Erben war eine Sache, aber bis es soweit war...

Der Herbst kann in Virginia auf dem Land eine reizvolle Zeit sein. Jackie ritt aus, las viel und ging mit John Husted aus, der sie noch immer glühend verehrte. Jackie ging den Weg des geringsten Widerstands; sie ließ sich umwerben und versuchte, sich die Vorteile einer solchen Verbindung vorzustellen. Gleichzeitig bemühte sich Auchincloss, ihr vorübergehend eine gute Anstellung in Washington zu besorgen. Er rief seinen Freund Arthur Krock an, der das Büro der *New York Times* in Washington leitete, und dieser schickte Jackie zu seinem Freund Frank Waldrop, Herausgeber des *Washington Times-Herald.*

Im Gegensatz zur gängigen Auffassung begann Jackie keine glänzende Karriere als Journalistin. Stattdessen arbeitete sie im Spätherbst halbtags als Empfangsdame im Büro des *Times-Herald* in der H Street. Nach einer Woche wandte sie sich an Waldrop und bat um eine anspruchsvollere Arbeit.

Anscheinend hatte er mit Krock über Jackies Absichten gesprochen, denn er nahm kein Blatt vor den Mund: »Möchten Sie ernsthaft als Journalistin arbeiten, oder möchten Sie hier die Zeit herumbringen, bis Sie heiraten?«[8]

»Nein«, antwortete sie mit ihrer dünnen, spröde wirkenden

Stimme: »Ich möchte wirklich schreiben.« Waldrop sagte, er werde sich die Sache durch den Kopf gehen lassen.

Kurz vor Weihnachten hatte er eine Idee. Seit Jahren hatte die Zeitung eine wöchentliche Kolumne, die von einem Mann geschrieben und mit Fotos versehen wurde und den Titel »The Inquiring Photographer« hatte: Acht oder zehn Menschen wurden fotografiert und beantworteten kurz einige Fragen. Die Kolumne, die immer in einem höflichen Ton gehalten war und nichts Indiskretes brachte, wollte zeigen, was Menschen empfanden und nicht, was sie über die Welt oder Nachrichten von nationaler Bedeutung dachten. Aber Waldrop hielt es 1951 für riskant, einer Frau diese Arbeit anzuvertrauen und schickte Jackie zu Sid Epstein, dem für die Stadtausgabe verantwortlichen Redakteur.

Konnte sie mit einer Kamera umgehen?

Ja, antwortete Jackie, sie hätte in Europa Schnappschüsse gemacht.

Seine Mannschaft benutzte keine Brownies oder Leicas, sagte Epstein mit zusammengekniffenen Augen. Nur professionelle Geräte wie Speed Graphics. Konnte sie damit umgehen? Wußte sie, wie man eine Blitzbirne einsetzt und richtig belichtet?

Jackie bat um einige Tage Zeit, und Epstein und Waldrop waren beeindruckt, als sie ihnen einige recht gelungene Fotos von Menschen vorlegte, die sie vor dem Büro fotografiert hatte. »Sie wußte, worauf es ankam«, sagte Waldrop Jahre später, »sie packte die Dinge gleich richtig an.« Sie bekam die Arbeit, die ihr die stolze Summe von 42,50 Dollar pro Woche dafür einbrachte, daß sie die Kolumne »The Inquiring Camera Girl« gestaltete, die bald unter ihrem Namen erschien. »Sie sprach leise, sie war schüchtern, attraktiv und sehr aufgeweckt«, so Epstein, »sie hatte keine Angst, auf die Straße zu gehen, um die Leute anzusprechen.«[9]

Zur Weihnachtszeit, bei einem Dinner in der Polo Lounge des Westbury Hotels in New York, gab Husted Jackie eine kleine Schachtel, in der ein Verlobungsring mit Saphiren und Diamanten lag, der einmal seiner Mutter gehört hatte. Das Geschenk war wunderbar, das Essen erstklassig, der Wein belebend, die Atmosphäre romantisch und Husted von Jackie hingerissen. Und vielleicht kam Janets Stimme durch die Lüfte zu Jackie, bittend, drängend, beschwörend. Jackie nahm den Heiratsantrag an, und am 21. Januar 1952 gab die *New York Times* ihre Verlobung und die für Juni geplante Hochzeit bekannt.

Sie kehrte zu ihrer Arbeit zurück, trotzte mutig dem Winter in Washington, kämpfte sich durch matschige Straßen und über vereiste Bürgersteige, machte Fotos und stellte ihre Fragen. In den nächsten eineinhalb Jahren stellte Jackie einigen bekannten Menschen (Kongreßabgeordneten und Regierungsmitgliedern) sowie einigen unbekannten Leuten (einem Collegestudenten, einem Senatsangestellten, einer Hausfrau) einige teils amüsante und pfiffige, teils sachliche Fragen und sogar ein oder zwei über Sport:

– Halten Ehen besser, wenn die Eheleute nicht miteinander frühstücken?
– Sind Männer beim Zahnarzt tapferer als Frauen?
– Ist Ihre Ehe eine 50:50-Partnerschaft?
– Sehen Sie einem Mann an, ob er verheiratet ist?
– Fallen Männer ebenso leicht auf eine Masche herein wie Frauen?
– Genießen die Reichen das Leben mehr als die Armen?
– Was wünschen sich Ihrer Meinung nach Frauen am meisten?
– Würden Sie gerne die High Society aufmischen?
– Über den Tod welcher prominenter Person waren Sie am meisten betroffen?
– Sollte die Ehefrau ihren Mann bei seinem Wahlkampf unterstützen?
– Hätten Sie es gerne, wenn Ihr Sohn Präsident würde?
– Welche First Lady wären Sie am liebsten gewesen?
– Glauben Sie, daß Washingtons Baseball-Mannschaft aus ihrem Formtief herauskommen wird?

»Sie war eine sachliche junge Frau«, meinte Waldrop, »ruhig, konzentriert, offensichtlich sehr, sehr ernsthaft darum bemüht, professionell zu arbeiten.« Im März 1952 war ihr Gehalt auf 56,75 Dollar angehoben worden, und trotzdem war sie laut Waldrop immer knapp bei Kasse. »Sie arbeitete und verdiente ihren Lebensunterhalt. Sie wußte, daß sie von ihrem Vater nichts bekommen würde.« Robert Denny, Jackies Kollege bei der Zeitung, sagte, sie war »ziemlich naiv und fast rührend vertrauensselig – ein Unschuldslamm, das Seltenheitswert hatte.«[10]

Doch über ihre Verlobung machte sie sich viele Gedanken. Mitte März waren Janet, Hughdie und Jackie bei Verwandten ihres Stiefvaters in Washington zum Essen eingeladen. Nach dem Dessert zog sich Jackie mit Louis Auchincloss, dessen Vater ein Cousin von Hughdie war, in eine ruhige Ecke zurück. Louis war sowohl ein bekannter Rechtsanwalt als auch der geachtete Autor von einigen Romanen und erstklassigen literaturkritischen Arbeiten. Ihm vertraute Jackie an, daß ihre Zukunft als Ehefrau eines respektablen New Yorker Geschäftsmanns sicherlich friedlich, dafür aber auch langweilig sein würde. Wie das Leben so spielt, hatte Louis gerade seinen Roman *Sibyl* veröffentlicht, dessen Hauptfigur eine auffallende Ähnlichkeit mit dem Typ Frau hat, der Jackie auf keinen Fall werden wollte. »Das ist es!« rief sie fast heftig aus. »Das ist meine Zukunft. Ich werde eine Sibyl Husted sein.«[11]

Bevor die Kirschbäume in Washington blühten, gab Jackie John Husted den Verlobungsring zurück. Sie sei noch nicht zur Ehe bereit, sagte sie; sie genieße ihre Arbeit und habe das Gefühl, sie brauche ein bißchen mehr Unabhängigkeit, müsse noch ein wenig mehr von der Welt erleben, bevor sie das Haus des Vaters gegen das eines Ehemanns austauschen würde. Mini Rhea zufolge, die für sie und ihre Mutter schneiderte, »schien Jackie über diesen Entschluß eher erleichtert als unglücklich zu sein.«[12]

Nach einem einjährigen Aufenthalt in Europa und einigen Monaten bei einer großen Zeitung zog Jackie die Gesellschaft anregender und kreativer Männer dem traditionellen Typ des verläßlichen, aber phantasielosen Mannes vor, was eine zutreffende Beschreibung für John Husted war. Sie wollte einen Mann, dessen Horizont über die Wall Street hinausreichte, der jedoch nicht unvermögend war. Das waren hochgesteckte Wünsche.

Die jedoch erfüllt werden könnten, dachten die Barletts, und zwar von dem eindrucksvollen Kongreßabgeordneten aus Massachusetts. Als sie hörten, daß die Verlobung zwischen Jackie und

Husted gelöst worden war, luden sie Jack und Jackie im Mai zu einem Essen ein. Zuvor hatten die Barletts bereits eine kurze Begegnung der beiden in Florida arrangiert; sie hatten die Kennedys in Palm Beach besucht und Jackie eingeladen, die mit Janet und Hughdie ganz in der Nähe weilte. Aber diese Begegnung fand in Gegenwart vieler anderer Mitwirkender statt: Von der Familie Kennedy waren zahlreiche Mitglieder anwesend, politische Berater gingen mit Aktentaschen und Stapeln von Unterlagen ein und aus, und ständig waren Besucher da. Jacks Vater Joe mochte Miss Bouvier sofort; Jacks Mutter Rose war nicht anwesend.

Die Barletts »versuchten schamlos, uns zu verkuppeln«,[13] sagte Jackie. Am 8. Mai 1952 veranstalteten sie, wie im Jahr zuvor, eine kleine Dinnerparty. Diesmal registrierte Jack, so sein Bruder Ted, nicht nur Jackies gutes Aussehen, sondern war auch von ihrer Intelligenz fasziniert. Nach einigen Tagen lud er sie zum Essen und zum Tanzen in den Blue Room des Shoreham Hotels ein. Auf seine Einladung hin gingen sein Bruder Robert und dessen Frau Ethel mit den beiden auch ab und zu ins Kino.

Mit einer Größe von 1,85 m und einem Gewicht von 77 kg, mit einem widerspenstigen rot-braunen Haarschopf und verführerischen grau-grünen Augen wirkte Jack wie ein schlaksiger Hochschulabsolvent. Er hatte viel Sinn für Humor, was Jackie sehr anziehend fand, und er wußte genau, wann es angebracht war, jemandem zu schmeicheln, und wann der Reiz durch Zurückhaltung erhöht wurde. Obwohl er gegenüber Frauen bekanntlich ein Draufgänger war, war er mit Gefühlsäußerungen sparsam, und dies bedeutete für Jackie eine gewisse Sicherheit. Da sie sich ihrer eigenen Gefühle nicht sicher war, wäre sie vielleicht eher abgestoßen als hingerissen gewesen, wenn ein Mann ihr zuviel Leidenschaft entgegengebracht und das gleiche von ihr verlangt hätte.

In den nächsten Monaten erfuhr Jackie viel über Jack und seine Familie. Ihr romantischer, idealistischer Geist war angerührt und fasziniert von den Erzählungen über die Auswanderung des Urgroßvaters aus dem hungernden Irland nach Amerika im neunzehnten Jahrhundert. Der Vater seiner Mutter, John Fitzgerald, war Bürgermeister von Boston gewesen, und Jacks Vater Joe war ein sehr erfolgreicher Geschäftsmann; von 1938 bis 1940 war er ein Berater Präsident Roosevelts und Botschafter in Großbritannien gewesen. Nachdem Jack 1940 die Harvard University absolviert hatte, hatte er ein Buch mit dem Titel *Why England Slept* über die Ereignisse geschrieben, die zum Ausbruch des Krieges geführt hatten. Jackie war davon natürlich tief beeindruckt und las es mehrmals.

Von den neun Kennedy-Kindern waren zwei eines gewaltsamen Todes gestorben: Der älteste Sohn, Joe jr., stürzte bei einem Militärmanöver mit dem Flugzeug in Europa ab, und Kathleen kam vier Jahre später bei einem Flugzeugabsturz in Frankreich ums Leben.

Jackie wunderte sich über Jacks Mut und Tapferkeit, denn er hatte chronische Schmerzen aufgrund einer Verletzung, die er sich bei einem Footballspiel in der Schule zugezogen hatte – wobei sein gesundheitlicher Zustand durch die schwereren Verwundungen seines Rückgrats und seiner Beine bei der Marine im Zweiten Weltkrieg und die anschließende erfolglose Operation noch verschlimmert wurde. Überdies hatte er mit den Auswirkungen der Addison-Krankheit zu kämpfen, einer Dysfunktion der Adrenalindrüsen, die 1947 bei ihm festgestellt wurde und die sein Immunsystem lebensgefährlich schädigen konnte. Nach ihrer ersten Begegnung wäre Jack auf einer Asien-Reise mit seinem Bruder Bobby fast daran gestorben.

Jacks Humor weckte natürlich sofort ihr Interesse. Mit seinem Sinn für Ironie und das Absurde mochte er Wortspiele und gute Witze, und er lächelte übers ganze Gesicht, wenn Jackie giftige Bemerkungen über jede Form von Protzerei machte. Jack verfügte über ein riesiges Vermögen, doch er kleidete und verhielt sich nie wie ein reicher Mann. Dies war zwar zum Teil wohlkalkulierte Bescheidenheit, doch es paßte auch zu einem Mann, der wußte, daß man Gesundheit, Geld und sogar das Leben jederzeit verlieren kann.

Geld, so schien es, war für Jack weniger ein hoher Wert als eine Annehmlichkeit. Ab seiner Volljährigkeit im Jahre 1938 erhielt er die jährlichen Zinsen von 10 Millionen Dollar, die treuhänderisch verwaltet wurden. »Ich habe es fest angelegt«, sagte Joe Kennedy zu jedem, der es hören wollte, »so daß mir meine Kinder in finan-

Donald Spoto

zieller Hinsicht in die Augen sehen und mich zum Teufel wünschen können.«[14] Was wohl kaum jemand – vor allem nicht ein Nutznießer – zu dem Mann sagen würde, dem seine geschäftlichen Aktivitäten in den Bereichen Spirituosen, Film und Aktien etwa 500 Millionen Dollar eingebracht hatten.

Jack Kennedy, das erkannte Jackie, war ein Fatalist, der aufgrund seiner Erfahrungen wußte, daß das Leben kurz und schmerzhaft war, daß man nicht alles ernst nehmen, aber jede Gelegenheit ergreifen mußte, Spaß zu haben. Theodore Sorensen, einer seiner Redenschreiber, sagte:

> Er konnte sich genauso intensiv entspannen wie arbeiten; er konnte Schlaf, ein Sonnenbad oder ein Golfspiel nachholen und über die Welt und sich selbst lachen. Auch in seinen größten Stunden gab er nie vor, ohne menschliche Fehler und Schwächen zu sein ... in privaten Gesprächen konnte seine Sprache so derb sein, wie sie in der Öffentlichkeit korrekt war, und er befolgte Franklins Rat (früh ins Bett gehen, früh aufstehen) nur dann, wenn sein Terminkalender nichts anderes zuließ.[15]

Es sah so aus, als führte die Beziehung zu Jackie keineswegs zu einer Heirat, genoß Jack doch die Vorteile seines Junggesellenlebens in vollen Zügen. Und in jenem Jahr hatte er noch einen harten Kampf vor sich: um einen Sitz im Senat. »Er verbrachte die halbe Woche in Massachusetts«,[16] sagte Jackie später. »Er rief mich dann von einer Austernbar aus an, und während ich das laute Klappern der Münzen hörte, lud er mich für den nächsten Mittwoch in Washington ins Kino ein. Er mochte vor allem Wildwestfilme und Filme über den Bürgerkrieg. Er war nicht der Typ, der mir Konfekt und Blumen schenkte, sondern ich bekam hin und wieder ein Buch – *The Raven*, das das Leben von Sam Houston beschreibt, und *Pilgrim's Way* von John Buchan.« Unterdessen verbrachte Jackie die Monate Mai und Juni mit ihrer schweren Kameraausrüstung im feucht-heißen Washington. Sie schenkte ihm ab und zu ein Buch über französische Geschichte, Kunstgeschichte oder Lyrik.

Jackie hatte nicht den Ehrgeiz, Jack Kennedy zu umgarnen. Sie mochte seinen Witz, sein ironisches Understatement, seine Weigerung, alle Absonderlichkeiten und Torheiten der Politik ernstzunehmen – und natürlich auch seine unübersehbare Anziehungskraft. Er hatte in Jackies Augen auch eine für andere nicht sogleich erkennbare Eigenschaft, die ihren Beschützerinstinkt weckte, so wie sie sich früher aufopferungsvoll um Hunde und Pferde und während des gemeinsamen Sommers in Europa um Lee gekümmert hatte. Sie dachte, daß Kennedy »ein wenig einsam aussah und einen Haarschnitt und vielleicht eine ordentliche Mahlzeit brauchte«.

Dies waren durchaus keine unattraktiven Eigenschaften. Aber wie Jackie bald freimütig zugab, war ihr etwas bange zumute. Jack mußte in vielerlei Hinsicht die Erwartungen seiner Familie erfüllen: »Ich glaube, mein Schicksal verläuft so, wie mein Vater es will«,[17] sagte er oft mit einem bedauernden Lächeln. Dies war eine schwere Bürde, die sich in einer Art rebellischem Gleichmut und der offenkundigen Weigerung zeigte, irgend etwas – auch sich selbst – schrecklich ernst zu nehmen. Außerdem hatte er den Ruf eines lebenslustigen, oftmals verantwortungslosen Schwerenöters. Und darauf reagierte Jackie merkwürdig: Jede Hoffnung, die sie in bezug auf sich und John Kennedy hatte, beinhaltete Enttäuschung und Kummer, »aber ebenso schnell kam ich zu dem Schluß, daß ein solcher Kummer den Schmerz wert sein würde«.[18]

Dies ist in der Tat eine seltsame Äußerung, da die negativen Begriffe doppelt verwendet werden; es gibt für den Kummer keine Belohnung. Man hätte erwartet, daß Jackie sagt »die Liebe wäre den damit verbundenen Kummer wert« oder »der Kummer würde durch die Liebe wettgemacht«. Vielleicht hat Jackie sich einfach versprochen, einen verbalen Schnitzer begangen. Doch ihre Äußerung war für einen Artikel bestimmt, der gedruckt wurde, nachdem sie gerade die First Lady geworden war, und der Verfasser, mit dem sie befreundet war, gab ihr die Gelegenheit, das Interview zu korrigieren, bevor es in Druck ging. Dies war zu wichtig, zu intim, um nicht korrigiert zu werden, falls es irreführend war, aber Jackie blieb dabei: »Der Kummer würde den Schmerz wert sein.« Am Text wurden zwar einige andere Änderungen vorgenommen, doch diese Aussage blieb: In ihr offenbarte sie vielleicht halb bewußt die dunkle Seite einer Ehe mit einem Mann, den sie liebte.

Was genau ging hier vor? Um zu verstehen, wie sehr sie liebte und wie wenig Gegenliebe sie vielleicht erwartete, müssen wir uns Jacqueline Bouviers eigene Geschichte näher anschauen. Sie war zu einer wohlerzogenen und gebildeten jungen Frau herangewachsen, die Privilegien und Vorteile gehabt hatte. Aber die Bouviers und die Lees konnten Liebe weder geben noch nehmen. Das Gefühlsleben ihres Vaters erschöpfte sich in hohlen Flirts und in der Flucht in den Alkohol; ihre Mutter füllte ihr Leben mit Geld, Besitztümern und sozialem Ansehen aus. Janet und Jack liebten Tiere und Dinge über alles, konnten aber nicht besonders gut mit Menschen umgehen. Welche Vorzüge ihre Eltern auch haben mochten – Vorzüge, die vielleicht nur einigen engen Freunden bekannt waren –, man kann ohne Übertreibung sagen, daß die Bouvier-Töchter ohne die Urerfahrung elterlicher Zuwendung aufgewachsen waren.

Kein Wunder also, daß Jackie zu einer jungen Frau wurde, die ihre eigenen Vorzüge nicht realistisch einschätzen konnte. Sie bemühte sich eifrig um ihre geistige und künstlerische Entwicklung und nahm ihre Arbeit als Journalistin sehr ernst, aber sie hatte, wie ihre Kollegen bemerkten, wenig Selbstvertrauen. Sie wußte, was sie konnte, aber sie konnte nicht einschätzen, wie gut sie es machte. Schließlich hatte Janet ihr erfolgreich die Stelle bei *Vogue* ausgeredet, indem sie ihr ihre vermeintlichen Schwächen vor Augen geführt und davon die Notwendigkeit abgeleitet hatte, daß sich ein reicher Mann um ihre Tochter kümmern mußte. Yusha Auchincloss zufolge, der in jenem Jahr mit Jackie und der Familie auf Merrywood lebte, wußte Jackie nie ihren Charme oder ihre Schönheit zu würdigen. »Sie wußte nicht, ob irgend jemand sie anziehend finden würde. Sie war in dieser Hinsicht unsicher.«[19]

Es kommt recht häufig vor, daß so unsichere Menschen ihre Zuneigung jemandem schenken, von dem sie glauben, daß sie ihn umsorgen können, und manchmal wenden sie sich besonders solchen Menschen zu, die unfähig sind, ihre Hingabe zu erwidern. Da Jackie in ihrer Familie keine Liebe kennengelernt hatte, erwartete sie auch für sich selbst keine Liebe. Die großen legendären

Frauen, die berühmten Damen der Geschichte, die edlen Königinnen der Vergangenheit – das waren ihre Vorbilder, nicht die Maitressen und Kurtisanen. Und der etwas ungepflegte Jack Kennedy, auf dem immer die Last der Verantwortung gegenüber seiner Familie lastete und der oft von Schmerzen gequält wurde, hatte etwas von einem verwundeten Fohlen, das die ganze Aufmerksamkeit der *belle dame avec merci* brauchte.

Die Liebe wird oftmals durch jemanden genährt, der sich gebraucht fühlt. Trotz seiner Tapferkeit und seiner sexuellen Erfolge war Jack Kennedy in seinem Innersten sehr verletzbar und besaß eine Sensibilität, die er durch ein schnelles Lachen oder eine leichte Eroberung zu kaschieren versuchte. Bei seinen zahlreichen Aufenthalten in den Krankenstationen diverser Schulen war er nicht ein einziges Mal von seiner Mutter besucht worden. »Sie lag in Kirchen der ganzen Welt auf den Knien«, sagte er später mit kaum verhohlener Bitterkeit. Darauf reagierte Jackie mit der instinktiven Sympathie für einen Mann, in dem sie einen »einen kleinen Jungen [sah], der oft krank war, im Bett las, etwas über Geschichte las ... über die Ritter der Tafelrunde«.

An diesen Gefühlen änderte auch die Tatsache nichts, daß sie es mit »einem unglaublich eitlen Mann«[20] zu tun hatte. So wurde er auch von anderen Menschen in seinem Umfeld wahrgenommen (von Ted Sorensen beispielsweise); diese Eitelkeit war neben seiner Einsamkeit und seinem Wissen um die Zerbrechlichkeit und Vergänglichkeit des Lebens zweifellos eine der Ursachen für seine hemmungslose Promiskuität.

Sie begriff, daß Jack in seiner Kindheit und Jugend in mancher Hinsicht die gleichen Verletzungen erlebt hatte wie sie selbst. Seine Eltern blieben aus politischen und geschäftlichen Gründen und um den Schein des Anstands zu wahren zwar zusammen, aber dies war eine Abmachung, eine lieblose Verbindung, die der von Jackies Eltern nicht unähnlich war. Wie »Black Jack« Bouvier war Joe Kennedy ein bekannter Frauenheld; wie Janet tröstete sich Rose Fitzgerald Kennedy mit ihrem Reichtum und ihrer Garderobe. Aber im Gegensatz zu Janet suchte Rose vor allem Zuflucht in ihrem religiösen Glauben.

Was Jack betraf, so sah er in Jackie eine Art Seelenverwandte.

Donald Spoto

Beide hatten eine einsame und schwierige Kindheit mit distanzierten Müttern und untreuen Vätern gehabt. Beide hatten viel durch ihre Auslandsaufenthalte gelernt, beide hatten trotz der nicht gerade idealen Bedingungen ihrer Jugendzeit etwas Jugendliches, Lebendiges, Erfrischendes und Entschlossenes, mit anderen Worten, beide hatten Format. Jack schätzte an Jackie ihren Witz, ihre Intelligenz und ihre Kultiviertheit. Beide konnten auch still sein und am Meer, das sie liebten und zu dem es sie immer wieder hinzog, Kraft schöpfen. »Ich fahre immer nach Hyannisport, weil ich dort auflebe«, sagte Jack, »weil ich die Kraft des Meeres spüre ... Ich komme immer wieder hierher zurück und gehe am Strand entlang, wenn ich wichtige Entscheidungen zu treffen habe. Hier kann ich nachdenken und allein sein.«[21] Jackie war schon als Kind stundenlang an der Küste von Long Island spazierengegangen, und auch sie verliebte sich sofort in Hyannisport.

Ihre Vergangenheit wirkte auf vielfältige Weise bei beiden nach. Beide hatten in einer gewissen Einsamkeit gelebt und Distanz zu anderen Menschen gewahrt, und es fiel ihnen nicht leicht, sich einander zu öffnen.

Er war stolz darauf, der Begleiter dieser attraktiven Frau zu sein, suchte ihren Rat in puncto Kleidung und legte Wert auf ihre Meinung über Kunst und Literatur, die er gelegentlich in seine Reden einfließen ließ. Und sie kam aus einer katholischen, vornehmen Familie: Mit Jackie könnten die Kennedys in Kreise aufsteigen, die allein durch Geld nicht zugänglich waren.

Jack war ebenfalls katholisch, aber zuallererst ein überzeugter Anhänger der Demokratischen Partei. Bis zum Sommer 1952 hatte Jackie nur einmal Sympathie für die Demokraten gehabt, nämlich beim Tod von Präsident Roosevelt. Sie hatte sich nie sehr für Politik interessiert und hielt sich für eine Anhängerin der Republikaner, so wie es ihre Vorfahren immer gewesen waren. Das änderte sich, als sie mit Jack und seiner Familie nicht nur einen Nachmittag, sondern ein langes Wochenende verbrachte.

Die Tage um den vierten Juli herum waren mit typischen Kennedy-Aktivitäten ausgefüllt: Touch Football (eine sanftere Art des Football, bei der der Gegner nicht zu Fall gebracht wird, d.

Übers.) auf dem weitläufigen Gelände von Hyannisport und viele Gespräche über Familienangelegenheiten, Sport, Rennen und Spiele, über Filmstars und große Leistungen. »Mit Verlierertypen wollen wir nichts zu tun haben«,[22] lautete Joe Kennedys Wahlspruch. Und seine Tochter Eunice fügte hinzu: »Mutter und Vater haben auf sportlichem Gebiet viel von uns verlangt. Vater wollte, daß seine Kinder die Segelregatten und Schwimmwettkämpfe gewannen – ich erinnere mich, daß ich mit zwölf Jahren vierzehnmal pro Woche antreten mußte.« Woraufhin ihre Mutter lächelnd sagte: »Sinn und Zweck der ganzen Übung war nicht das Gewinnen *per se*. Wir wollten, daß sie ihr Bestes gaben.« Damit wollte sie die Sache etwas abmildern, doch das war angesichts des Mottos von Joe nicht überzeugend, das lautete: »Werde nicht zweiter oder dritter – das zählt nicht. Du mußt siegen!« Sonst..., stand unausgesprochen dahinter.

Zuerst versuchte Jackie, sich aus dieser wilden Balgerei herauszuhalten. »Ich war schon vom Zusehen erschöpft«, sagte sie. »Es reichte mir, ihnen beim Tennis zuzuschauen. Ich hatte es nicht nötig, die Beste zu sein.«[23] Dies war natürlich für jeden Kennedy eine fremde Sprache. Daher fanden Jacks Brüder – und besonders die Schwestern, denen Jackie im stillen den Spitznamen »die Rah-Rah-Mädchen« (»cheerleaders«, d. Übers.) gegeben hatte – Jackie zu empfindlich, zu verwöhnt, zu intellektuell und zu schüchtern, Eigenschaften, die sie zu Unrecht als Zickigkeit, als eine Überheblichkeit interpretierten, die sie ihr ihrer Meinung nach austreiben mußten. Jackie wiederum fand ihre Gleichgültigkeit gegenüber künstlerischen Dingen befremdlich. Es war kein leichter Anfang.

Man muß Rose zugute halten, daß sie alles tat, damit sich Jackie in dieser großen, lärmenden Familie wohl fühlte. »Sie war ganz reizend zu mir«, sagte Jackie Jahre später. »Zum Essen zog ich, wie immer, etwas Besonders an. Ich war besser gekleidet als seine Schwestern, so daß Jack mich ein wenig neckte und sagte ›willst du ausgehen?‹. Rose daraufhin: ›Sei nicht so gemein zu ihr. Sie sieht bezaubernd aus.‹«[24]

Obwohl Jack weiterhin viele Liebesaffären oder zumindest ein reges Sexualleben hatte und von Scharen erwartungsvoller, kesser

Frauen umgeben war, waren diese für ihn nur angenehme Zerstreuungen; nie ließ er erkennen, daß er diese Affären ernst nahm oder daß die Frauen sie ernst nehmen sollten. Jackie behandelte er anders. Ihrer Freundin und Journalistin Laura Bergquist zufolge »schlug ihr dieser Frauenheld nicht einmal vor, eine Nacht oder ein unbeaufsichtigtes Wochenende miteinander zu verbringen«.[25] Übrigens hatte Jack seiner Familie einige seiner anderen – intimen – Frauenbekanntschaften vorgestellt.

An jenem Wochenende im Juli sagte der Vater zu Jack, er brauche für seine politische Zukunft eine Ehefrau, seine Karriere hänge davon ab, daß er nach außen das Bild der idealen amerikanische Familie vermittele, und Jack wußte natürlich, daß das stimmte. »Stärker als seine Scheu vor der Ehe war die politische Notwendigkeit, eine Ehefrau zu haben«,[26] sagte Betty Spalding, die Frau von Jacks engem Freund Chuck Spalding. Immerhin hatten Joe und Rose eine unausgesprochene Vereinbarung, derzufolge Joe weiterhin flüchtige Liebschaften und sogar längere Affären haben durfte, während Rose unbeschränkt Geld ausgeben, reisen und den gesellschaftlichen Einfluß genießen konnte, den sie als Gattin von Joseph P. Kennedy hatte.

Joe sagte zu Jack, er müsse in Erwägung ziehen, eine Frau zu heiraten, die ihm politisch von Vorteil sein könne. An Jacks Privatleben würde sich nicht viel ändern, denn Jackie würde glücklich sein, im Glanz der Kennedys zu leben. In einer Hinsicht schätzten Vater und Sohn Jackie richtig ein: Sie verkörperte die altmodischen Ideen vom Platz einer Frau, ihrem Entgegenkommen, ihrem Verständnis dafür, daß Männer nun einmal anders waren und daß man sich mit einigen Dingen schlichtweg arrangieren mußte. Zugleich unterschätzten sie völlig ihren Unabhängigkeitsdrang und verkannten die Tatsache, daß Menschen sich ändern können und daß dies auch für Jackie zutreffen könnte. An jenem Wochenende steuerte Jackie ein wichtiges Detail bei: »Ich glaube, ich bin jetzt eine Anhängerin der Demokraten!«, sagte sie, nachdem sie Jack in Quincy und Fall River sprechen gehört hatte.

Bis zur Wahl im November waren Jack und Jackie nicht oft zusammen, denn er kämpfte hartnäckig um den Senatssitz. Doch als die Wahlergebnisse einen erdrutschartigen Sieg für die Republikaner Eisenhower und Nixon andeuteten, schienen Kennedys Chancen, Henry Cabot Lodge abzulösen, gering zu sein. Am 4. November um drei Uhr morgens wendete sich das Blatt, und noch vor Morgengrauen war klar, daß John F. Kennedy entgegen allen Erwartungen gewonnen hatte, bei insgesamt 2 424 548 Stimmen mit einem Vorsprung von 70 737.

Vor Weihnachten schickte Frank Waldrop sein »Inquiring Camera Girl« zum Capitol Hill, um die Politiker und die jungen Amtsdiener zu fragen, welche Erfahrungen sie miteinander machten. Da Waldrop Gerüchte über eine beginnende Liebesbeziehung zwischen Kennedy und Jackie gehört hatte, rief er sie zu sich herein. »Machen Sie sich keine großen Hoffnungen« riet er ihr. »Dieser Typ ist älter und viel erfahrener als Sie. Außerdem will er gar nicht heiraten. Passen Sie auf, was Sie tun.«

Jackie lächelte und ging in die Senatsräume, um ihre Fragen zu stellen. Kennedys junger Amtsdiener Jerry Hoobler sagte: »Senator Kennedy wird von den Polizisten immer für einen Studenten gehalten, weil er so jung aussieht. Neulich wollte er die Sondertelefone benutzen, und sie sagten zu ihm: ›Entschuldigung, aber die sind für die Senatoren reserviert.‹ Und er bringt seinen Lunch immer in einer braunen Papiertüte mit und ißt in seinem Büro.«

Dann ging Jackie zu Richard Nixon, dem Vizepräsidenten. Dieser meinte feierlich und vollmundig, die zukünftigen Politiker würden aus den Reihen hervorragender junger Amtsdiener kommen. Kennedy, der genau wie Jackie so tat, als begegneten sie sich zum ersten Mal, sagte mit einem verschmitzten Lächeln: »Ich habe oft gedacht, es bekäme dem Land besser, wenn wir Senatoren und die Amtsdiener miteinander tauschen würden. Ich glaube, Jerry Hoobler wäre genau der Richtige, um mein Verhältnis zur Polizei in Ordnung zu bringen. Ich habe ihn häufig fälschlicherweise für einen Senator gehalten, weil er so alt aussieht.«

Als das Jahr dem Ende zuging, wurden zwei Entscheidungen getroffen. Jackie beschloß, Jack mit nahrhaften und leckeren Lunchpaketen zu versorgen, die sie ihm ins Büro schickte: keine braunen Papiertüten mehr, keine Sandwiches mit Erdnußbutter mehr. Und was noch erstaunlicher war: Jack lud Jackie zu dem Ball anläßlich der Amtseinführung des Präsidenten ein. »Jackie

Donald Spoto

war anders als alle Frauen, mit denen Jack gegangen war«, sagte sein lebenslanger Freund Lemoyne (Lem) Billings. »Sie war intelligenter, gebildeter, reifer, sie hatte ein Format, das nur schwer zu beschreiben ist.« Aufgrund dieser Eigenschaften war sie »für Jack eine Herausforderung, und Jack hatte nichts lieber als Herausforderungen.«[27]

Zweiter Teil

∽

Mrs. Kennedy
1953 – 1968

1953 – 1955

*A*m 20. Januar 1953 begleitete der begehrte Junggeselle Senator John F. Kennedy Miss Jacqueline Bouvier zum ersten Mal zu einer Veranstaltung, die öffentlicher war als ein Kinobesuch. Der Anlaß war der Ball anläßlich der Amtseinführung von Präsident Dwight D. Eisenhower, und Jack und Jackie erregten großes Aufsehen.

Danach gingen beide wieder an die Arbeit. Er im Senat, wo er in den Ausschuß für Regierungs- und Verwaltungskontrolle berufen wurde; sie beim *Times-Herald*. Er ging so sehr in seiner Arbeit (und in seinen Liebschaften) auf, daß Jackie klagte, »er kümmert sich kaum um mich.«[1] Sie brauchte Liebe, Schutz und Sicherheit so sehr, wie Jack Sex, Unabhängigkeit und die Erfüllung der ehrgeizigen Pläne seiner Familie.

1953 mußte eine dreiundzwanzigjährige Frau aus guter Familie einfach »eine gute Partie machen«. Obwohl Jackie großen Wert auf ihre berufliche Karriere und ihre Unabhängigkeit legte, wußte sie, daß sie bald eine Entscheidung treffen mußte, und die betraf Jack Kennedy. In jener Zeit plante Jacks geliebte Schwester Eunice ihre Vermählung mit Robert Sargent Shriver jr., und Jackies Schwester Lee, die im März zwanzig wurde, schickte sich an, Michael Canfield, den Sohn des New Yorker Verlegers Cass Canfield, zu heiraten. Jackie war bei der Hochzeit am 18. April auf Merrywood Brautjungfer. Diese Ereignisse haben sicherlich ihr Nachdenken über ihre eigenen Pläne beeinflußt.

Folglich dachte sie sich in den ersten Monaten des Jahres 1953 einige pfiffige Möglichkeiten aus, um Jacks Aufmerksamkeit zu erregen – eine davon ergab sich aus ihrer wöchentlichen Kolumne, in der sie die folgenden Fragen stellte:

– Der irische Autor Sean O'Faolain behauptet, die Iren hätten Defizite in der Kunst der Liebe. Stimmen Sie dem zu?
– Sollten verlobte Paare über ihre Vergangenheit sprechen?
– Was ist Ihre ehrliche Meinung über die Ehe?
– Was ist Ihr schlimmster Fehler als Ehemann?
– Können Sie irgendeinen Grund angeben, warum ein zufriedener Junggeselle den Wunsch haben sollte, zu heiraten?«

Sie wußte auch, wie sie sich bei ihm wieder bemerkbar machen konnte, wenn sie sich vernachlässigt fühlte. Sie widersprach ihm einfach in irgendeiner Sache, erwiderte seine Telefonanrufe nicht oder fuhr ins Wochenende, ohne ihm Bescheid zu sagen. Dies hatte natürlich die vorhersehbare Wirkung, daß Jack das Gefühl hatte, die Kontrolle über die Frau zu verlieren, die er nach dem Wunsch seines Vaters heiraten sollte. Dies, so mußte er wohl erschreckt feststellen, verletzte seinen Stolz, fachte sein Begehren an und steigerte seine Entschlossenheit.

Im Februar stellte Jackie ihn ihrem Vater in einem Restaurant in New York vor. Seitdem »Black Jack« von dem wachsenden Interesse der beiden füreinander gehört hatte, hatte er sich über den Sohn seines Erzfeindes, den verhaßten Demokraten Joe Kennedy, nur brummig geäußert. Der alte Joe war in den dreißiger Jahren der Vorsitzende der Behörde für Wertpapier- und Börsenaufsicht gewesen und hatte verschiedene Regelungen eingeführt, durch die das Vermögen der Bouviers beträchtlich geschmolzen war.

Doch laut ihrem Cousin John Davis war Jackie hocherfreut und erstaunt, daß alles hervorragend lief. Ihr Vater und Jack Kennedy waren sich schließlich recht ähnlich. Davon abgesehen, daß Jack maßvoll trank, hatten die beiden Männer vieles gemeinsam, darunter die gleiche Leidenschaft für Frauen, Politik und Sport. Beide Jacks stellten überrascht fest, wie sehr sie sich mochten.

Wie nicht anders zu erwarten, bekam Janet genau zu diesem Zeitpunkt – vielleicht, weil ihr Ex-Mann die zwar noch inoffizielle, aber sich rasch entwickelnde Beziehung unterstützte – so ihre Zweifel. Die Kennedys, diese irischen Emporkömmlinge, sagte sie (als wäre ihre eigene Familie anderer Herkunft), seien unter der Würde der Lees und Auchinclosses. Ihre Tochter solle einen

Donald Spoto

Mellon, einen Rockefeller oder einen Vanderbilt heiraten – als wären sie Gemüsesorten, die man nur auszuwählen brauchte. Aber Jackie stellte sich – vielleicht zum ersten Mal in ihrem Leben – ihrer Mutter gegenüber taub. Hier war ein Mann, der sie brauchte – darin war sie sich sicher –, und was schmeichelt einem Ego mehr?

Nachdem Jack Kennedy für den Senat kandidiert hatte, bemühte er sich unablässig um Jackie – er nahm sie zu Dinnerpartys in Georgetown mit und ging mit ihr in Galerien, Museen und Filmtheater, die ausländische »künstlerische Filme« zeigten, wie sie damals genannt wurden. Jackie besuchte Jack in seinem Büro, wo sie sich von Umfang und Vielseitigkeit seiner Arbeit gebührend beeindrucken ließ. Es gab auch von beiden Seiten vorsichtige, aber letztlich vergebliche Versuche: Jackie versuchte, Jack für Kunst zu interessieren, er versuchte, sie in die Welt rauchgeschwängerter Hinterzimmerpolitik einzuführen.

Ansonsten war sein Verhalten unverändert; es glich dem von Aaron Burr, wie von Harriet Becher Stowe beschrieben: »Er konnte nie ein schönes Gesicht oder eine schöne Form sehen, ohne eine Art rastloses Verlangen zu empfinden, sich daran zu versuchen und seine Macht über das unterlegene Wesen zu erproben.« Obwohl Jackie um diese Seite seines Lebens wußte, war sie unerschütterlich. »Wir wußten beide, daß unsere Beziehung etwas Ernsthaftes war, aber wir sprachen damals nicht darüber.«

In jenem Frühjahr 1953 fand ein Ereignis statt, das die Entscheidung in bezug auf ihre Heirat beschleunigte, und schon der pompöse Anlaß übertraf alles, was Janet Auchincloss oder Rose Kennedy hätten inszenieren können. Ende Mai wurde Jackie vom *Times-Herald* zur Krönung von Elisabeth II. geschickt. Ihre Freundin und ehemalige Reisegefährtin Aileen Bowdoin begleitete sie. Sie erinnerte sich, daß Jackie viel über das Leben früherer Königinnen sprach: Wieviel die Ehefrauen von Heinrich VIII. hatten ertragen müssen, und was sich alles während der langen Regentschaft von Elisabeth I. ereignet hatte. Von Jackies Karikaturen von dieser Reise – snobistische Schiffspassagiere und Humphrey Bogart, der mit seiner Frau Lauren Bacall auf einer von Perle Mesta gegebenen Party tanzte – war die Redaktion so begeistert, daß sie sie ihrem Bericht beifügten.

Kurz vor Jackies Abreise hatte Jack ihr einen Heiratsantrag gemacht. Sie lächelte nur – mehr aus Besorgnis als aus Schüchternheit – und sagte ihm, er würde bald eine Antwort bekommen. Aileen Bowdoin zufolge hatte Jackie Angst, ihre eigene Identität zu verlieren, von der Politik aufgefressen und von der Familie Kennedy vereinnahmt zu werden. Nachdem Jack ihre Beiträge im *Times-Herald* gelesen hatte, schickte er ihr ein kurzes Telegramm: Artikel ausgezeichnet, aber du fehlst mir. In Liebe Jack. Das war zwar nicht sehr leidenschaftlich, aber es war das, wozu er sich durchringen konnte und was er bei einem Überseetelegramm vielleicht gerade noch für passend hielt.

Jack holte sie am Flughafen ab, und an diesem Abend gab er ihr einen zweikarätigen Diamanten- und Smaragdring von Van Cleef & Arpels, den sie annahm, nicht wissend, daß Joe ihn ausgesucht hatte. Er habe von Anfang an gewußt, daß sie die richtige Frau für ihn sei, sagte Jack, aber er habe noch eine Weile warten wollen. Jetzt sei er bereit, und seine Wahl sei auf sie gefallen. »Das ist ja großartig!« sagte sie mit ihrer unschuldigen Stimme. Am nächsten Tag gab sie ihre Stelle beim *Times-Herald* auf.

Die Nachricht von der Verlobung mußte jedoch noch ein wenig zurückgehalten werden, da in einer wichtigen Zeitschrift ein Artikel über Jack und seine politische Zukunft erscheinen sollte, der den Titel trug »Der lebenslustige junge Junggeselle des Senats«. Danach veröffentlichte die *New York Times* am 25. Juni einen Artikel und einige Fotos von dem Paar:

> Senator Kennedy wird im Herbst heiraten. Der Sohn eines ehemaligen Botschafters hat sich mit Miss Jacqueline Bouvier, einer Dame der Newporter Gesellschaft, verlobt.

Die Verlobungsfeiern wurden in Hyannisport und auf der Hammersmith Farm ausgerichtet, wobei es in Hyannisport natürlich wie immer wesentlich lebhafter zuging.

Seit dem Tod seines älteren Bruders zehn Jahre zuvor hatte sich der Ehrgeiz der Familie auf Jack konzentriert. Jetzt, da er im Begriff war, zu heiraten, befürchteten die Kennedys laut Lem Billings, »daß er sich von ihnen entfernen und ihrem Leben den Mittelpunkt nehmen würde. Das war natürlich nicht so, aber das wußten sie damals nicht, und folglich empfanden sie Jackie als eine Bedrohung. Dies galt vor allem für Jacks Schwestern, die sie ›die Debütantin‹ nannten, sich über ihre Kleinmädchenstimme lustig machten und unablässig versuchten, sie in die sportlichen Aktivitäten der Familie einzubeziehen, wohl wissend, daß sie hier nicht gerade glänzen würde. Und das galt auch für viele von Jacks Freunden, die in Jackie eine ernsthafte Konkurrentin um seine Zeit und Zuneigung sahen.«[2]

Von Joe kamen jedoch keine Spitzen gegen sie, denn er mochte Jackies lebhaften Verstand, sogar dann, wenn er selbst dessen Zielscheibe war. Hätten die Dinge anders gelegen, wäre sie bestimmt ein Gegenstand seiner sexuellen Begierde gewesen, doch unter den gegebenen Umständen entwickelte er zu ihr eine väterliche Beziehung. Er hatte eine extreme Auffassung vom Leben – Menschen und Dinge taugten entweder nichts oder waren wunderbar. Aber davon wollte Jackie nichts wissen. Das Leben sei kompliziert, sagte sie zu ihm, und brachte das Gespräch von den Finanzen auf die schönen Künste, während sich der Rest der Familie auf den weitläufigen Rasenflächen mit Football vergnügte.

Roses anfängliche Wärme war mittlerweile ein wenig erkaltet. War Jackie wirklich gut genug für ihren Sohn? War sie nicht zu unabhängig mit ihrer eigenwilligen Art, sich zu kleiden, ihrer Weigerung, sich sportlich zu betätigen, ihren unorthodoxen Ansichten? Wie auch immer. Jackie tat ihr Bestes, um ihre Beziehung zu verbessern und nannte Rose »Belle Mère«, was im Französischen »Schwiegermutter« bedeutet; Rose war allerdings überzeugt, es sei wortwörtlich als »wunderbare Mutter« zu verstehen. Das abschließende Urteil über die zukünftige Schwiegertochter wurde allen Freunden von Joe verkündet: »Wir alle sind verrückt nach Jackie.« Er sprach wohl hauptsächlich für sich selbst.

Anfang Juli war es dann soweit: Der Presserummel begann, denn ein Publikum mußte zufriedengestellt werden, das alles über ein charismatisches Paar aus der Welt des Geldes, der Politik und der Oberen Zehntausend wissen wollte. Zuerst wurde ein

Team der Zeitschrift *Life* nach Hyannisport eingeladen. Die sorgfältig inszenierte Geschichte – mit dem Titel »*Life* mit einem amerikanischen Senator auf Freiersfüßen« – zeigte Jack und Jackie auf der Titelseite der Zeitschrift, lächelnd und windzerzaust auf einem Segelboot.

Zu dem Artikel erschien ein Foto von Jack, der Steine in die Brandung warf, sowie einige unglaubwürdige Fotos von Jackie, die einen Baseballschläger schwang, mit einem Football lief, Bilder von den Kennedys am britischen Königshof betrachtete, und »zwischen den Spielen« entspannt auf der Veranda des Hauptgebäudes saß. »Wir sprechen kaum über Politik«,[3] sagte sie über ihre Gespräche mit ihrem Verlobten. Das war an dem Artikel das einzige, was stimmte. Die Zeitschrift *Vogue* hatte nur ein ganzseitiges Foto von Jackie veröffentlicht (»eine junge Frau von auffallender Schönheit«)[4] und einige Zeilen über die bevorstehende Heirat gebracht; weniger, so glaubte man hier, war mehr.

Von Cape Cod zog die Karawane weiter nach Newport, wo die beiden Mütter sich treffen und über die Hochzeit im September reden wollten. Da waren sie also, so Jackie: »Die beiden Mütter saßen dort mit ihren Hüten, Perlen und weißen Handschuhen und redeten über die Hochzeit«,[5] während sie und Jack schwimmen gingen. Zur Mittagszeit rief die stets pünktliche Rose laut nach Jack, der am Strand war: »Jack! Ja-a-ack!« Es war »wie bei den Kleinen, die so tun, als hörten sie das Rufen ihrer Mutter nicht«, erinnerte sich Jackie. Doch dann eilte er zu Rose und sagte gehorsam: »Ja, Mutter«. Die Situation amüsierte Jackie: »Das war Jack, damals sechsunddreißig Jahre alt, ein erwachsener Mann und Senator! Ich bin mir sicher, daß dies für ihn nicht gerade ein toller Tag war.«

Sie traf, wie so oft, den Nagel auf den Kopf. Seinem Freund von der Marine, Paul »Red« Fay, schrieb Jack im gleichen Monat:

Ich habe mir alles gründlich überlegt – also heirate ich im Herbst. Das bedeutet das Ende einer vielversprechenden politischen Karriere, denn diese beruhte bisher fast völlig auf dem altbewährten Sex-Appeal. Ich hoffe, du und die Braut, ihr werdet in der Lage sein zu kommen... Du mußt dich vor allem um die

Donald Spoto

Brautmutter kümmern, die anscheinend glaubt, daß ich für ihre Tochter nicht gut genug bin.[6]

Der *Life*-Artikel erschien zu einem ungünstigen Zeitpunkt – nicht nur im Hinblick auf Jacks Publicity, sondern auch deswegen, weil es ihm Ende Juni und Anfang Juli gesundheitlich schlecht ging. Am 15. Juli brach er während der letzten Senatssitzung vor der Sommerpause zusammen und wurde in ein Krankenhaus gebracht. Er hatte einen Malariaanfall bekommen; diese Krankheit hatte er sich im Krieg zugezogen. Joes Einfluß bewirkte, daß die Presse davon keinen Wind bekam.

Nach der offiziellen Version erholte sich Jack bis zu seiner Hochzeit am Cape Cod. In Wirklichkeit segelte er an der französischen Riviera, wo er mit seinem alten Collegefreund Torbert Macdonald ein letztes Mal sein Junggesellendasein genoß und in jedem Hafen ein oder mehrere Techtelmechtel hatte.

Einer seiner Flirts war die einundzwanzigjährige hübsche und attraktive Schwedin Gunilla von Post, die einen Teil des Sommers in Haut-de-Cagnes, etwa 19 Kilometer von Cap d'Antibes entfernt, verbrachte, wo sich Joe in früheren Tagen besonders gerne mit seiner jeweiligen Geliebten aufgehalten hatte. Sie hatten ein romantisches Abendessen hoch über dem Mittelmeer, und Jack ergriff die entscheidende Initiative. »Er war ein so wunderbarer und aufregender Mensch« erinnerte sie sich Jahre später. »Er sprach von seinen Eltern, seinem verstorbenen Bruder, seinen Geschwistern – aber von einer Verlobten war nicht die Rede.«[7]

Nach dem Essen gingen sie in einen Nachtclub, wo Jack mit einem Mal schreckliche Rückenschmerzen bekam. Sie verließen den Club und fuhren nach Eden Roc, und hier eröffnete Jack Gunilla, er habe sich in sie verliebt. Bevor er über die bis dahin ausgetauschten Küsse und Umarmungen hinausging, erzählte er ihr, er stehe kurz vor seiner Hochzeit. »Wenn ich dir eine Woche früher begegnet wäre, hätte ich alles abgeblasen«, beteuerte er.[8] Das war eher unwahrscheinlich, aber vielleicht wären nur wenige junge Frauen bei diesen Worten standhaft geblieben. Doch Gunilla gehörte zu ihnen. Als er sie an der Haustür fragte, ob er noch ein wenig hereinkommen dürfe, wurde dies abgelehnt, woraufhin er sich verabschiedete. Das war es – vorerst.

Wie reagierte Jackie darauf, daß ihr Verlobter einige Wochen vor der Hochzeit Urlaub an der Riviera machte, während sie und beide Familien mitten in der Vorbereitungshektik steckten? Sie war natürlich vor allem verwirrt und verletzt – aber sie war auch wütend. Um mit ihrer Wut fertigzuwerden, beschloß sie, Konzessionen zu machen. So verhielten sich manche Männer eben, sagte sie zu sich selbst und anderen – allen voran ihr eigener Vater. Mittlerweile hatte sie auch von Joes Vergangenheit gehört. Aber sie liebte ihren Vater, und sie liebte Joe. »Kennedy-Männer sind nun einmal so«, sagte sie zu der jungen Frau, die 1958 Jacks Bruder Teddy heiraten würde.

Ihren engsten Freunden zufolge war Jackie zu dem Schluß gekommen, eine gewisse Lasterhaftigkeit gehöre zum Charakter eines Mannes. Untreue hatte nichts mit Liebe zu tun – sie würde ihrem Mann diese Liebe geben –, und mit der Zeit, wenn der Mann häuslicher geworden war, war Beständigkeit vielleicht nicht mehr ein unerfüllbarer Traum.

In dieser Hoffnung wurde sie leider enttäuscht. Sie kämpfte jedoch weiter und suchte sich die Zerstreuungen, die sie brauchte, um nicht in dunkler Verzweiflung zu versinken. Daß sie so lange zu ihm hielt und sich ihr Vertrauen und ihre Würde bewahrte, zeugt vielleicht am eindrucksvollsten von ihrem starken Charakter.

In gewisser Weise ähnelte Jackie im Laufe der Zeit immer mehr herausgehobenen weiblichen Gestalten aus der Vergangenheit und den Heldinnen bestimmter romantischer Romane. In ihrer Jugendzeit hatte sie immer wieder Daphne du Mauriers Bestseller *Rebecca* gelesen und sich den Film mehrfach angeschaut. Ein vielleicht unbekannter Teil ihrer Seele verglich sich mit der schüchternen, unbekannten jungen Frau, die von dem galanten, älteren Maxim de Winter hingerissen ist. Obwohl sie von ihm mit einer gewissen Herablassung und Gleichgültigkeit behandelt wird, ist sie überglücklich, weil sie seine Aufmerksamkeit und anscheinend auch seine Liebe errungen hat; nach der Heirat muß sie fest-

Donald Spoto

stellen, daß sie sich mit den Geistern seiner Vergangenheit auseinandersetzen muß. Sie tut dies und gewinnt für immer Maxims Liebe.

Überdies war sowohl bei Jackie als auch bei du Mauriers Heldin noch etwas anderes, nicht Unwesentliches im Spiel – viel Geld. Jackie war zwar nicht so auf Luxus versessen wie ihre Mutter, aber sie hatte schreckliche Angst vor Armut, denn diese Drohung hatte als logische Folge des ausschweifenden Lebens ihres Vaters zu lange über ihr geschwebt. Sie wußte, daß das Vermögen der Kennedys ihr und ihren Kindern Sicherheit geben, daß es ihre Ängste mildern würde. In einem unbeschwerten Augenblick sagte Jack, er wolle zehn Kinder haben, und in Anbetracht der Zahl seiner Geschwister glaubte Jackie ihm das.

Alle, die bei dem Ereignis anwesend waren, das die Journalisten die Hochzeit des Jahres nannten, waren sich in einem sicher: Jakkie liebte Jack Kennedy aufrichtig und tief. »Sie tat alles, was eine junge, schöne Frau tut, wenn sie liebt und wenn der Mann, den sie liebt, bei ihr ist.« Das sagte Red Fay, der sich an Jackies Blicke und Gesten erinnerte; diese Wahrnehmung wurde von vielen anderen geteilt.

Am 2. September kehrte Jack von seiner Kreuzfahrt zurück. Die erste der beiden Junggesellen-Partys fand im Parker House in Boston statt, wo Joe, Jack und seine Brüder 350 Männer willkommen hießen – Freunde und Kollegen, Wahlkampfhelfer und Kongreßabgeordnete, die sich alle zu dem üblichen ausgelassenen Treiben versammelten. Eine Woche später war Hugh Auchincloss der Gastgeber in Newport, wo es erwartungsgemäß wesentlich ruhiger zuging. Das Essen fand im Clambake Club statt, wo 1947 Jackies gesellschaftliches Debüt stattgefunden hatte. In einer witzigen Rede erklärte Jack, warum er das Junggesellendasein aufgeben wollte: Er wollte dafür sorgen, daß Jackie keine Karriere bei der Presse machte. Sie war in ihrer Arbeit einfach zu gut und gewieft, so daß sie zu einer Gefahr für seine politische Zukunft werden könnte, wenn sie weiterhin für die Zeitung schreiben würde.

Zu jedermanns Überraschung nahm Jackies Vater an diesen

Partys nicht teil. Dies war eine bewußte, von Janet eingefädelte Kränkung, die Angst hatte, ihr Ex-Ehemann könnte etwas Peinliches tun. Es war jedoch vorgesehen, daß er seine Tochter zum Altar führte.

Die Hochzeit, die am Samstag, dem 12. September in der St. Mary's Church in Newport stattfand, war fraglos ein nationales Ereignis, den königlichen Hochzeitsfeierlichkeiten in England vergleichbar. Am folgenden Tag erschienen Fotos von dem Paar in zahllosen amerikanischen Zeitungen, einschließlich der *New York Times*, die Jackie und Jack auf der Titelseite zeigte, die unter der Überschrift »Honoratioren auf der Hochzeit des Senators« ihre Hochzeitstorte anschnitten. Er überreichte ihr ein Armband aus Gold und Diamanten, während sie ihm eine Silbermünze mit einem Bild des Heiligen Christophorus, dem Schutzpatron der Reisenden, schenkte. Dieses Geschenk war wahrscheinlich symbolischer, als beiden klar war, denn es stellte eine merkwürdige Verbindung von Geld, Religion und Reisen dar.

Das Ereignis, so schwärmte selbst die sonst so gesetzte *Times*, »übertraf in bezug auf das öffentliche Interesse bei weitem die Astor-French-Hochzeit von 1934«. Wahrlich. Vor der Kirche durchbrach eine Menge von über dreitausend Menschen die Polizeiabsperrung und erdrückte Jackie fast, die mit ihrem Spitzenschleier, einem tiefausgeschnittenen Kleid aus elfenbeinfarbenem Seidentaft und einer Jacke mit Puffärmeln hinreißend ausssah. In der Kirche drängten sich achthundert Gäste auf einem Raum, der für weniger als die Hälfte bestimmt war. Gouverneure, Senatoren und Kongreßabgeordnete wurden bei ihrer Ankunft mit Beifall begrüßt; die Atmosphäre ähnelte der Preisverleihung einer Akademie. Die Hochzeitsmesse wurde von Erzbischof (später Kardinal) Cushing aus Boston zelebriert, dem etliche Bischöfe, Monsignori und einfache Geistliche zur Hand gingen, die gerade noch einen Platz im Altarraum ergattert hatten.

Lee war Jackies Trauzeugin, und Bobby Kennedy war Jacks Trauzeuge. Die Braut wurde allerdings nicht von ihrem Vater, sondern von Hugh Auchincloss zum Altar geführt. Janet hatte erfahren, daß Jack Bouvier ein paar Gläser getrunken hatte, um seinen Ärger über die früheren Brüskierungen hinunterzuspülen

Donald Spoto

(obwohl er an jenem Morgen sicherlich in der Lage gewesen wäre, seine Pflicht zu tun). Da Janet befürchtete, er könne auf dem Weg zum Altar hinfallen, drohte sie ihm, niemand würde je wieder ein Wort mit ihm sprechen, wenn er sich in der Kirche blicken ließe. Um sicherzustellen, daß ihrem Wunsch entsprochen wurde, schickte sie zwei Verwandte ins Hotel, um Bouvier in seinem Hotelzimmer festzuhalten, was durch einige zusätzliche Gläser Whisky leicht zu bewerkstelligen war. In der Kirche führte Auchincloss Jackie zu ihrem Bräutigam, »weil ihr Vater erkrankt war«, so die *Times*.

Wie so oft, hatte Janet ihren Kopf durchgesetzt, während ihre Tochter tief enttäuscht war. Als der Organist anfing, den Prozessionsmarsch zu spielen, war sie den Tränen nahe, aber dann faßte sie sich wieder. Die Augen der Presse und des ganzen Landes waren auf sie gerichtet, und sie würde das tun, was von ihr verlangt wurde. Einen Augenblick später war sie über Jacks Anblick bekümmert: Dieser hatte am Abend vorher mit seinen Freunden Touch Football gespielt, war in einen Rosenstrauch gefallen und hatte jetzt mehrere Kratzer auf einer Wange.

Erst als sich die zwölfhundert Gäste zum Empfang auf der Hammersmith Farm begaben, gelang es Jackie, sich einen Augenblick von der Hochzeitsgesellschaft zu entfernen und über die Abwesenheit ihres Vaters zu weinen. Doch als sie ihre Gäste zum Hochzeitsbankett begrüßte und sich den Fotografen stellte, strahlte sie; sie war bereit, ihre Pflicht zu erfüllen. Es dauerte über zwei Stunden, bis alle Gäste vorgestellt und von den Frischvermählten begrüßt worden waren. »Es war wie bei einer Krönung«,[9] sagte ein begeisterter Gast.

Mr. und Mrs. Kennedy verbrachten zwei Nächte im Waldorf-Astoria Hotel in New York City und flogen dann nach Acapulco. Von dort aus schrieb Jackie ihrem Vater einen Brief, in dem sie ihm nicht nur verzieh, sondern auch ihr Mitleid darüber ausdrückte, wie er behandelt worden war. Den Brief gibt es nicht mehr, aber einem Kollegen von Jack Bouvier namens John Carrere zufolge hatte nur »ein Mensch von seltener Hochgesinntheit«[10] derartige Gefühle ausdrücken können. Derweil angelte und sonnte sich Jack und flirtete mit jungen Frauen am Swimmingpool, obwohl er fast immer Rückenschmerzen hatte, die er nur durch drei heiße Bäder am Tag und regelmäßige Kortisonspritzen etwas lindern konnte. Von Acapulco aus fuhren sie nach Kalifornien, um Red Fay und seine Frau Anita zu besuchen, die sofort erkannten, daß sowohl der Druck des öffentlichen Lebens als auch der Besuch bei einem seiner alten Freunde von der Marine »die Flitterwochen störten, die sich jede junge Ehefrau vorstellt und wünscht«.[11] Doch alle anderen Störungen sollten erst noch kommen.

Nach der Hochzeitsreise und vor Beginn der Senatssitzungen im Oktober kehrten die Kennedys nicht in ihr Haus – ein gemietetes, noch nicht bezugsfertiges Haus in Georgetown –, sondern auf das Anwesen der Kennedys in Hyannisport zurück, wo Joe ihnen ein kleines Haus überließ. Dies war das erste Problem: Jackie wurde völlig von der Familie ihres Mannes in Beschlag genommen, war immer und überall von ihr umgeben, war der rauhbeinigen Atmosphäre und dem ständigen Kommen und Gehen von Söhnen und Töchtern, Kindern und Enkeln, Bediensteten und Haustieren ausgesetzt. Das ganze Getriebe fand unter den strengen Augen des Patriarchen und der Matriarchin statt, die zu allem und jedem ihre Kommentare abgaben und Vorschriften machten.

Jackie ärgerte sich darüber, daß sie jeden Abend am Eßtisch ihrer Schwiegereltern zu erscheinen hatte, zumal Rose und Joe Pünktlichkeitsfanatiker waren. Eines Abends kam Jackie zu spät, und Joe machte einige boshafte Bemerkungen. »Du solltest ein paar Großvatergeschichten für Kinder schreiben«, sagte Jackie mit süßer Stimme, als sie ihren Platz einnahm, »wie ›The Duck with Moxie‹ (›Die wackere Ente‹) und ›The Donkey Who Couldn't Fight His Way out of a Telephone Booth (›Der Esel, der im Telefonhäuschen eingesperrt war‹).«[12] Die am Tisch Versammelten verstummten und betrachteten den alten Mann gespannt. Dessen Gesicht lief für einen Moment rot an, dann lachte er laut. Und nur Jackie konnte es sich leisten, ihm eine Zeichnung zu geben, die etliche von Joes Kindern am Strand zeigte, wie sie unglücklich und verzweifelt aufs Meer blickten. »Du kannst es nicht

Donald Spoto

mitnehmen«, lautete die Überschrift, »das alles gehört schon Dad.«

Den größten Teil der Woche verbrachte Jack natürlich in Washington, wo seine politische Arbeit auf ihn wartete – und Affären, die absolut nichts mit Regierungsgeschäften zu tun hatten. Plötzlich erkannte Jackie, wie sehr sie ihren Ehemann teilen mußte, und das in jeder Beziehung. Der schwache kleine Junge war das geworden, worauf sein Vater beharrlich hingearbeitet hatte: ein ehrgeiziger Politiker, der Wähler und Kollegen im Kongreß umwarb und umschmeichelte. Hinzu kam, daß er Frauen gegenüber ständig seine Verführungskunst spielen ließ, und dies mit großem Erfolg. Obwohl sich Jackie um ihre Ehe Sorgen machte, fand sie in jenem Oktober an der windgepeitschten Küste von Cape Cod immer wieder innere Ruhe und Gelassenheit.

Im November zogen Jackie und Jack endlich in ihr Haus in Washington, ein kleines, dunkles und enges Haus am Dent Place 3321. Hier überfiel sie die ganze langweilige Last ihres Lebens: Sie war die jüngste Ehefrau eines Senators, und man erwartete von ihr, daß sie Cocktailpartys veranstaltete und Essen für politisch wichtige Leute gab. In bezug auf eine eigene berufliche Karriere hatte sie jeden Ehrgeiz aufgegeben, so daß ihre einzige Aufgabe darin bestand, den Haushalt zu führen und Jack bei seiner ehrgeizigen Karriere zu unterstützen – die, wie sie schnell merkte, letztlich das Präsidentenamt zum Ziel hatte. Das Hauptproblem war, daß Politik sie über alle Maßen langweilte. Sie hatte noch nie eine Wahlkabine von innen gesehen.

Die Frau, die einmal gesagt hatte, eines ihrer Lebensziele bestehe darin, keine Hausfrau zu sein, war nun genau das geworden, und sie befürchtete, ihre geistige und künstlerische Entwicklung könnte völlig zum Stillstand kommen. Eine kurze Zeitlang waren Jack und Jackie jeden Tag zusammen, doch dann fing Jack an, die meisten Wochenenden in Massachusetts zu verbringen oder von Ort zu Ort zu reisen, um sich als Politiker bei möglichst vielen Menschen bekannt zu machen. Er wurde auch in schicken New Yorker Nachtclubs gesehen, in Begleitung von Filmstars oder britischen Aristokratinnen, darunter Lady Jean Campbell, Tochter der Herzogs von Argyll. Jackie war allein in Georgetown, und wenn ihr Mann nach

Hause kam, brach er gleich am nächsten Morgen wieder auf. »Daran konnte ich mich nur schwer gewöhnen«,[13] sagte sie später.

Oft kam er unangemeldet mit politischen Freunden, die sich im Haus ausbreiteten, als wäre es ihr eigenes. Sie zerbrachen Gläser und Aschenbecher, verschütteten Getränke, warfen Zigaretten- und Zigarrenkippen in Vasen und waren auch sonst schlichtweg eine Plage. Ihr Mann konnte ihren Ärger nicht verstehen. »Ich habe einen Wirbelwind geheiratet!«[14] sagte sie ohne eine Spur von Belustigung. Über diese Zeit sagte Jack nur: »Es war schwierig. Ich war sechsunddreißig, sie vierundzwanzig Jahre alt. Wir verstanden einander nicht so richtig.«[15]

Die gesellschaftlichen Kontakte verbesserten ihre Situation in keiner Weise. »Sie sprachen über ihre Kinder und Enkelkinder«, sagte Jackie, »und ich sprach über meinen kleinen, damals sechs Jahre alten Halbbruder Jamie.«[16] Betty Beale, Kolumnistin und Reporterin des *Washington Evening Star* erinnerte sich Jahre später, daß Jackie »die gekünstelten Treffen der Ehefrauen von Kongreßabgeordneten sowie den jährlichen Lunch für die Ehefrauen von Senatoren verabscheute. Diese Tradition hatten Mrs. Truman und Mrs. Eisenhower eingeführt, aber sie konnte sie nicht ausstehen.«[17]

Was Jacks sexuelle Eskapaden betraf, so war Jackie von Anfang an über seine Promiskuität im Bilde. »Jack versicherte uns, sie sei völlig ahnungslos«,[18] sagte Jim Reed, auch ein Freund aus der Zeit bei der Marine. »Doch es war klar, daß sie genau Bescheid wußte. Er war in so vieler Hinsicht diszipliniert. Disziplin war schließlich das Geheimnis seines Erfolgs. Doch wenn es um Frauen ging, war er ein anderer Mensch. Es war wie bei Jekyll und Hyde.« Was sie jedoch nicht vermutete, war die Tatsache, daß Jacks Lust auf verschiedene Partnerinnen ebenso groß war wie sein politischer Ehrgeiz. Auch hatte sie nicht damit gerechnet, daß er ihre Gefühle offen verletzen würde – sogar in der Öffentlichkeit, sogar bei einer Party, wenn er sie, so Lem Billing, einfach stehen ließ und mit einem hübschen jungen Ding verschwand.

Ende 1953 war die strahlende Braut zu einer nervösen, kettenrauchenden, nägelkauenden Frau geworden, die mehr wie die Überlebende eines schrecklichen Unfalls als die reiche junge Frau

Donald Spoto

eines ehrgeizigen und beliebten Senators aussah. Sie dachte wahrscheinlich häufig an die Ehe ihrer Eltern, ein kaltes, gefühlloses Arrangement, das viele Menschen unglücklich gemacht und schließlich mit einer Scheidung geendet hatte.

Sie flüchtete sich in die Gestaltung ihres Hauses, ins Einkaufen, Geldausgeben, in die Anschaffung neuer Kleider – also alles, was ihrem Mann gefallen, ihn an sie binden und ihn dazu bewegen könnte, mehr Zeit mit ihr zu verbringen. Sie ließ das Haus neu einrichten und vorwiegend in Pastelltönen streichen, um die Innenräume aufzuhellen; mit Jacks Arbeitszimmer gab sie sich besondere Mühe. Doch er beklagte sich über die astronomischen Rechnungen; offensichtlich hatte er sich nie klar gemacht, daß er jetzt eine anspruchsvolle Frau zu unterhalten hatte, die wollte, daß er stolz auf sie war.

Erschwert wurde das Ganze dadurch, daß die beiden einen völlig gegensätzlichen Geschmack hatten. Jackie liebte französische Antiquitäten, Samt und Seide, Kunst, klassische Musik und große Literatur, Leberpastete mit einem guten Bordeaux und Essen für vier bis sechs Personen. Jack dagegen war jemand, der gerne in Klubsesseln und Schaukelstühlen saß, Pop Musik und alles Irische mochte, gekochtes Rindfleisch und Bier liebte, und am liebsten eine große Schar lärmender Freunde um sich hatte. Jackie mutete es seltsam an, daß der unschätzbare Reichtum der Kennedys, der durch Finanzpraktiken erreicht worden war, an die sich niemand so recht erinnerte oder über die zumindest nicht offen geredet wurde, keine sichtbare Verfeinerung des Geschmacks mit sich gebracht hatte.

Zu Beginn des Jahres 1954 suchte Jackie dadurch Zerstreung, daß sie sich auf einem der beiden großen Interessengebiete ihres Mannes kundig machte. Sie las nicht nur die Sitzungsprotokolle des Kongresses und wohnte Jacks Reden im Senat bei, sondern schrieb sich auch an der Georgetown University in einen Kurs über amerikanische Geschichte in der School of Foreign Service ein, die als einzige auch Frauen offenstand. Aus Jackies Wißbegierde schlugen Jacks Stab und Joes Freunde sogleich Kapital, so daß am Ende des Jahres eine Fotogeschichte in *McCall's* erschien (»Die Gemahlin des Senators geht wieder zur Schule...«). Doch besonders wertvoll für ihren Mann waren Jackies Übersetzungen von Passagen aus Talleyrand, Voltaire und Rousseau, die er in seine Reden einfließen ließ. Was Jackie betraf, so las sie vor allem die Werke von Samuel Eliot Morison und Henry Steele Commager.

Aber Bücher sind ein kläglicher Ersatz für die Gegenwart eines Ehemanns. »Ich war fast jedes Wochenende allein«, erinnerte sie sich. »Es war nicht so, wie es hätte sein sollen. Die Politik war mein Feind, und wir hatten überhaupt kein Familienleben.«[19] In diesem Jahr fuhr sie häufig nach Merrywood, wo sie bis zur Erschöpfung durch die Landschaft Virginias ritt.

Unterdessen konnte Jack die Erinnerung an die junge Schwedin nicht loswerden, die er in Südfrankreich getroffen hatte. Am 2. März schrieb er an Gunilla von Post nach Stockholm, wobei er das offizielle Briefpapier des Senats benutzte. Er plane eine Reise nach Frankreich, schrieb er, und hoffe, sie könnten im Mittelmeer segeln »zwei Wochen lang – mit dir als Begleitmannschaft«.[20] Auf mehrere verliebte Briefe folgten einige Telefonate. In einem sagte Gunilla, ein Nachbar hätte zu ihr als Kind gesagt, sie würde den Männern einmal sehr gefährlich werden – worauf Jack antwortete: »Ich weiß nicht, ob du noch gefährlich bist, aber ich würde es verdammt gerne herausfinden!«[21]

Aus ihrer Begegnung wurde jedoch nichts, weil die Rückenschmerzen des Senators so heftig wurden und seine Beweglichkeit so einschränkt war, daß er ein halber Invalide war. Er schleppte sich auf Krücken zum Capitol Hill, war in einen korsettähnlichen Stützapparat aus Stahl gezwängt und wurde häufig von Freunden die Treppen hinauf- und hinuntergetragen. Er war immer mehr ans Haus gebunden, wo er von Jackie umsorgt wurde. Als Jack und seine Familie Spezialisten von der Lahey Klinik in Boston konsultierten, erfuhren sie, daß er vielleicht für den Rest seines Lebens im Rollstuhl sitzen müßte, wenn er sich nicht einer komplizierten Operation unterziehen würde. In dieser belastenden Situation hatte Jackie, die sich über ihre Schwangerschaft gefreut hatte, eine Fehlgeburt. Das romantische junge Paar, die Lieblinge der Washingtoner Presse und eines

Donald Spoto

Landes, das es genoß, daß die Politik jetzt etwas von Hollywood-Glamour hatte, war von Angst und Sorge erfüllt.

Jacks letzte Hoffnung für die Lösung seines Rückenproblems und die Verhinderung einer lebenslangen Lähmung aller Extremitäten war eine Lumbalfusion, ein auch für einen gesünderen Menschen schwieriger und gefährlicher Eingriff, besonders zur damaligen Zeit, als es noch keine Mikrochirurgie gab. Doch für Jack Kennedy, der außerdem unter der Addison-Krankheit litt, war diese Operation lebensbedrohlich: Die Ärzte sagten zu ihm, Jackie und seinen Eltern, er habe eine Überlebenschance von 50 Prozent. Er entschied sich für dieses Risiko, anstatt eine möglicherweise lebenslange Behinderung in Kauf zu nehmen.

Am 10. Oktober wurde Jack in ein Spezialkrankenhaus in New York eingeliefert und in den folgenden Tagen für die Operation vorbereitet, die am 21. Oktober durchgeführt wurde. Drei Tage später entwickelten sich schwere Infektionen, die gegen Antibiotika resistent waren. In der Nacht des 24. Oktober befand er sich in einem sehr kritischen Zustand. Zu Rose, Joe und Jackie sagte man, sie müßten mit seinem baldigen Tod rechnen; auf ihre Bitte hin kam ein Priester, um ihm die Letzte Ölung zu geben. In der folgenden Woche glaubte niemand, er würde überleben. Jacks Eltern, die von der Angst gelähmt waren, sie könnten nochmals ein Kind verlieren, konnten nur hilflos zusehen, und vielleicht haben sie auch gebetet. Auch Jackie betete – »zum ersten Mal in meinem Leben«, sagte sie später.

Sie zeigte aber auch außerordentliche praktische und pflegerische Fähigkeiten, als sie nahezu rund um die Uhr am Bett ihres Mannes blieb. Sie hielt Jacks Hand und las ihm Zeitungsartikel, Gedichte, Witze und Kinokritiken vor, während er unbeweglich, schweigend und fast wie im Koma dalag. Als es ihm etwas besser ging, befeuchtete sie seinen Mund mit Eiswürfeln, flößte ihm löffelweise etwas zum Trinken ein und half, ihn zu waschen und sein Krankenhaushemd zu wechseln.

Die Filmschauspielerin Grace Kelly, die von der Erkrankung des gutaussehenden Senators gehört hatte, fragte, ob ihr Besuch erwünscht sei. Jackie hielt das für eine wunderbare Idee und bat Kelly, eine Schwesterntracht anzuziehen, da Jack sich darüber beklagt hatte, daß die Schwestern alte hausbackene Tanten seien. Die Schauspielerin kam und fand einen völlig abgemagerten, geschwächten und aschfarbenen Patienten vor, der von Jackie und zahlreichen geschäftigen Krankenschwestern umsorgt wurde. Er war erst siebenunddreißig, sah jedoch wesentlich älter aus; er hatte nichts von dem strahlenden Energiebündel, das Grace erwartet hatte. Wahrscheinlich ebenso überrascht war sie von dem großen Poster über Jacks Bett, das eine verführerische Marilyn Monroe zeigte, die aussah, als könne sie durch einen Zauberstab zum Leben erweckt werden und durch ihre Liebkosungen das Wunder seiner Heilung vollbringen. Jack stand unter Medikamenten und erkannte die Kelly nicht. »Dieses Erlebnis möchte ich schnell vergessen«, flüsterte sie beim Hinausgehen.

Zwei Monate lang blieb Jack im Krankenhaus. Es ging ihm zwar allmählich besser, aber er hatte unerträgliche Schmerzen und konnte nur zwei oder drei Schritte gehen, bevor ihm die Beine wegsackten oder er vor Erschöpfung und Anstrengung in Ohnmacht fiel. Und ständig war sein Leben durch Infektionen bedroht. Doch weder hörte man ihn je klagen, noch sah man seine Frau weinen; sie wurde auch nie ärgerlich oder ungeduldig und machte nie den Ärzten und Schwestern das Leben schwer.

Vier Tage vor Weihnachten erlaubten die Ärzte, daß Jack in die Winterresidenz der Kennedys in Palm Beach gebracht wurde, wo das Klima und die vertraute Umgebung seine Genesung möglicherweise unterstützen würden. Zu Jackie, Joe und Rose sagten sie allerdings, daß er die Reise und die kommenden Wochen vielleicht nicht überleben würde. Jack kam wohlbehalten, aber sehr schwach, mit einem Gewicht von weniger als 60 Kilogramm in Palm Beach an, und seine Medikation mußte ständig neu eingestellt werden: Immer wieder traten Infektionen auf, er litt unter starkem Fieber, und die zwanzig Zentimeter lange Wunde war so tief und eiterte so stark, daß seine Kleidung alle paar Stunden gewechselt werden mußte. Es handelte sich um »ein offenes, klaffendes, sehr schlimm aussehendes Loch« in seinem Rücken, so die Ärztin, die sich seiner bald annehmen sollte.

»Jackie reinigte die Wunde geschickt, sanft und ruhig«, sagte Rose, »und erwähnte das niemandem gegenüber«. Aber obwohl sie ihn umsichtig versorgte und immer neue Zerstreuungen für ihn ersann, waren Jacks Freunde – darunter Dave Powers und Lem Billings – über seine Bitterkeit, seine Niedergeschlagenheit und sein gelegentliches Verwirrtsein so bestürzt, daß sie ebenso sehr um den Verlust seines seelischen Gleichgewichts wie um sein Leben bangten.

Anfang Februar 1955 war klar, daß eine zweite Operation nötig sein würde, wenn John Kennedy jemals wieder gehen wollte. Am 15. unterzog er sich in New York der Operation – ein Knochentransplantat wurde in sein Rückgrat eingesetzt und die im Oktober angebrachte Metallplatte entfernt.

Während Jacks siebenmonatigem Martyrium half Jackie ihm häufig bei seiner politischen Arbeit und übermittelte Informationen von und an Jacks Sekretärin Evelyn Lincoln. Als sie eines Nachmittags über große Senatoren aus der Vergangenheit sprachen, schlug Jackie Jack vor, ein Buch über die Ideen politischer Persönlichkeiten zu schreiben, die um des Wohl des Landes willen gegen den Strom geschwommen waren.

Sie machte sich sogleich an die Arbeit, sah ihre Aufzeichnungen aus Georgetown durch, besorgte Bücher und Artikel und bat ihren ehemaligen Professor Jules Davids um Unterstützung. »Sie bat mich«, so der Professor Jahre später, »dem Senator die Namen von Personen zu nennen, die im Laufe der amerikanischen Geschichte außergewöhnlichen politischen Mut gezeigt hatten.«[22] Damit nahm das Buch tatsächlich Gestalt an, aber Jack selbst war nicht in der Lage, es zu schreiben.

Obwohl er bestimmt das ganze Hintergrundmaterial las, über die einzelnen Punkte diskutierte und jedes Wort der Endfassung überprüfte, war Jack nicht der Verfasser des Textes. Diese Aufgabe fiel anderen zu – hauptsächlich Theodore Sorensen (der seinen Beitrag immer herunterspielte) und Jules Davids (der fünf Kapitel recherchierte und verfaßte, wofür er 700 Dollar bekam). Die Arbeit von Davids wurde von Kennedy – zumindest privat – ausdrücklich anerkannt, der ihm einen Dankesbrief »für Ihre Unterstützung beim Verfassen des Buches«[23] schrieb.

Jede Seite wurde von Jackie kritisch unter die Lupe genommen und redigiert. Solange sie lebte, wurde ihr Beitrag nie erwähnt, doch Mary Van Rensselaer Thayer, der Jackie die Aufgabe anvertraute, ihre Jahre im Weißen Haus zu dokumentieren, bestätigte, daß das Buch »ohne Jacqueline nicht hätte zustande kommen können. Sie ermutigte ihren Mann, las ihm vor, machte selbst Recherchen und schrieb Teile des Buches auf Kopierpapier mit gelben Linien nieder.«

»Im Privatleben war Jackie weder schüchtern noch ruhig«, sagte ihr Freund, der Journalist und Künstler William Walton. »Sie nahm an allen Gesprächen teil. Sie redete gerne und viel. Sie hatte zu allem eine Meinung.« Jack erkannte ihre Arbeit in einem Abschnitt des Vorworts an, den er ganz allein verfaßt hatte: »Dieses Buch wäre ohne die Ermutigung, Unterstützung und Kritik meiner Frau Jacqueline nicht möglich gewesen, die es von Anfang an begleitet hat. Ihre Hilfe in den Tagen meiner Rekonvaleszenz werde ich niemals angemessen würdigen können.«

Jahre nach Kennedys Tod nahmen seine schärfsten Kritiker Anstoß daran, was ihrer Meinung nach eine Täuschung darstellte: ein Buch wurde unter dem Namen eines Mannes veröffentlicht, der es nicht geschrieben hat. Doch der bekannte Historiker Garry Wills meinte dazu: »Diese Art von politischen Texten ist nichts Ungewöhnliches; das gilt nicht nur für die Reden von Amtsinhabern, sondern auch für ihre Bücher. Darin liegt keine Täuschung, denn es wird nicht vorgegeben, daß derjenige, der seinen Namen darunter setzt, alles oder auch nur den größten Teil geschrieben hat.«

Als *Profiles in Courage (Zivilcourage)* 1956 veröffentlicht wurde, wurde es sofort ein Bestseller, erhielt den Pulitzer Preis für Biographien und erhöhte Jacks politisches und öffentliches Ansehen. Doch die Geschichte hatte einen unangenehmen Nachgeschmack: Jack hatte es zugelassen, daß Arthur Krock, ein Freund seines Vaters, seinen Einfluß beim Pulitzer-Komitee geltend gemacht hatte.

Während der Rekonvaleszenz gab es allerdings eine noch wichtigere Entwicklung in Kennedys Denken, an der seine Frau großen Anteil hatte.

Donald Spoto

Jack lud William David Ormsby-Gore, den britischen Politiker, den er seit seinem Englandaufenthalt vor dem Zweiten Weltkrieg kannte, zu sich und Jackie nach Hyannisport ein. (Ormsby-Gore war von 1957–1961 britischer Außenminister und in den nächsten vier Jahren Botschafter in Amerika). Zusammen nahmen die drei die damals populäre Doktrin der massiven Vergeltung bei internationalen Konflikten kritisch unter die Lupe und verwarfen sie.

Aus dem Bericht über dieses Treffen, den Jackie verfaßte und der in den Archiven der John F. Kennedy-Library aufbewahrt wird, geht hervor, daß sie einen Krieg mit taktischen Atomwaffen für eine Illusion und Abrüstung für den einzigen vernünftigen Weg zu einem dauerhaften Frieden hielten. Die Gespräche, die viele Bezugnahmen auf Geschichte, Literatur und Theater enthalten, zeigen den großen Einfluß Jackies auf diese Diskussionen.[24]

Ihre Rolle war nicht auf die einer Sekretärin bei einem wichtigen Treffen beschränkt. Jackies umfassende Kenntnisse in französischer Geistesgeschichte – insbesondere ihr Vertrautsein mit den Theorien über Kolonialkriege von Gallieni, Bugeaud, Lyautey und de Lattre – trugen beispielsweise viel zur Entwicklung von Kennedys Denken, zur Doktrin der »flexiblen Reaktion« und zu seinem Eintreten für Rüstungskontrolle und für den Vertrag über das Verbot von Atomtests bei. Die Kennedys und Ormsby-Gore waren sich über die Bedeutung der atomaren Abrüstung einig, und die von Jack entwickelte sogenannte Kennedy-Doktrin wurde von Jackie historisch, literarisch und philosophisch untermauert.

Welch starken Einfluß Jackie auf ihren Ehemann hatte, wurde von keinem Geringeren als dem Wissenschaftler, Schriftsteller und Pädagogen Arthur M. Schlesinger jr. hervorgehoben, seit seiner Collegezeit ein Freund und Vertrauter der Familie Kennedy. In Harvard war er ein Kommilitone von Josesph P. Kennedy jr., dem ältesten Sohn von Joe und Rose, gewesen, und nach dem Krieg wurde er im Kongreß ein Vertrauter von Jack. (Schlesinger war später Sonderberater von John F. Kennedy.)

»Jackie spielte eine sehr interessante Rolle in der Entwicklung von Jacks Denken«, sagte Schlesinger Jahre später. »Sie interessierte sich nicht nur für die großen Fragen, wie die Menschenrechte, sondern hatte auch Spaß an den Niederungen der Politik – sie amüsierte sich darüber, daß Politiker an einem Tag gegeneinander kämpften und am nächsten enge Freunde waren. Jack konnte kein Französisch lesen, und wenn er sich beispielsweise mit dem Thema Vietnam auseinandersetzte, schätzte er ihre Reaktionen und Urteile sehr.«[25]

Schließlich konnte der Senator seine Arbeit wieder aufnehmen. Am 23. Mai 1955, sechs Tage vor seinem achtunddreißigsten Geburtstag, flogen er und Jackie von Hyannisport nach Washington. Er schickte fröhlich lachend die Schwestern weg, die mit Krücken und einem Rollstuhl auf ihn warteten, posierte vor dem Kapitol für die Kameraleute und ging dann – mit seinem typischen Lächeln – in das Senatsgebäude. Aber er war nicht lange in Washington. Drei Tage später verließ Jack in aller Stille die Hauptstadt und fuhr, von der Presse unbemerkt, nach New York City.

Am Mittwoch, dem 26., besuchte er in Begleitung von Dr. Ephraim Shorr, einem Endokrinologen, der ihn im Krankenhaus betreut hatte, die Praxis von Dr. Janet Travell in der West Sixteenth Street 9. »Er war dünn, er war krank, er ernährte sich schlecht, er ging an Krücken«,[26] sagte Dr. Travell Jahre später; sie war damals eine dreiundfünfzigjährige Pharmakologin am New York Hospital.

> Von der Straße in meine Praxis waren es nur zwei Stufen, und die konnte er kaum bewältigen. Er klagte vor allem über Schmerzen im unteren Rückenbereich, die auf das linke Bein ausstrahlten, so daß er es nicht belasten konnte, ohne starke Schmerzen zu empfinden. Aber auch am Knie hatte er eine alte Verletzung vom Football... Er konnte auf ebener Erde gehen, wenn er sein Gewicht auf sein rechtes Bein verlagerte, aber er konnte mit seinem rechten Fuß keine Stufe hinauf oder hinunter gehen. Wir konnten ihn kaum in die Praxis bringen.[27]

An jenem Nachmittag wurde Jack ins New York Hospital eingeliefert, wo seine Muskeltätigkeit durch Übungen angeregt wurde

Donald Spoto

und er krankengymnastische Übungen machte. Er blieb dort bis zum 1. Juni; bis dahin hatten Dr. Travell und ihre Kollegen eine Behandlungsmethode für Jacks Schmerzen gefunden: das regelmäßige Spritzen von Prokain und Novokain. So begann Dr. Travells Betreuung von Jack, die bis zu seiner Zeit als Präsident, ja, bis zu seinem Tod dauerte. Sie und jene Spezialisten hatten die schwierige Aufgabe, einen Mann zu behandeln, der Malariaanfälle hatte, unter der Addison-Krankheit litt, ein chronisches Rückgratsleiden hatte, das nie ganz geheilt wurde, und stark allergisch auf Milch, Pferde- und Hundehaare reagierte. Unter orthopädischen Gesichtspunkten und im Hinblick auf sein öffentliches Auftreten war Travell zufolge eines besonders heikel:

> Seine linke Körperhälfte war von Geburt an kleiner als die rechte; die linke Seite seines Gesichts war kleiner; seine linke Schulter war niedriger... und sein linkes Bein war wesentlich kürzer... Dies war sein ganzes Leben so gewesen und war nicht die Folge der Operation an der linken Seite seines Rückens. Dies war nicht das Ergebnis der Operation.[28]

Ein Teil von Travells Behandlung bestand darin, daß sie ihm orthopädische Schuhe verordnete.

Diese Details sind deswegen wichtig, weil sie nicht nur darauf hindeuten, welche Belastungen er zu bewältigen hatte, als er beschloß, sich um die Präsidentschaft zu bewerben, sondern auch darauf, in welch schwieriger Situation Jackie sich befand. In vielerlei Hinsicht hatte sie ebenso viel zu schultern wie er: Sie mußte seinen angegriffenen Gesundheitszustand geheimhalten, seine medikamentöse Behandlung überwachen, seine Diät kontrollieren und herausfinden, ob seine schlechte Verfassung durch Schmerzen oder politische Probleme bedingt war. Dies waren praktische Aufgaben, die sich ihr täglich stellten.

Außerdem mußte sie enorm viel Geduld aufbringen, alle eigenen Bedürfnisse und Wünsche dem Wohlergehen ihres Mannes unterordnen und die Frage seiner Gesundheit mit der Frage verknüpfen, ob ihre Kinder einmal erblich belastet sein würden. Diese Verantwortung, diese Sorgen und Opfer sowie Jackies großer

Respekt vor Jack, dessen physische – wenn auch nicht moralische – Standhaftigkeit ihr imponierte, und ihre Liebe zu ihm erklären vielleicht, warum sie seine fast zwanghafte Untreue ertrug, nachdem er das Schlimmste überstanden hatte.

Einen Jack Kennedy zu lieben, war in gewisser Weise das gleiche, wie einen Jack Bouvier zu lieben. Sie hielt die manchmal beschämenden Verfehlungen ihres Mannes aus, weil sie sie auf Schwäche und nicht auf einen schlechten Charakter zurückführte. Überdies hatte sie nie uneingeschränkte Zuneigung erfahren – nie war ihr die beständige Zuwendung und Liebe eines Menschen zuteil geworden. Ihre gefühlskalte Mutter hatte nur nach sozialem Aufstieg gestrebt, und auch ihr mehr gefühlsbetonter Vater, ein Trinker und Frauenheld, war oft nicht für sie da gewesen. Ein Teil in ihr hat vielleicht nie auf Liebe gehofft; sogar als Teenager hatte sie nie romantische Ideen geäußert.

»Niemand wird mich heiraten, und ich werde als Hausmutter in Miss Porter's School enden«, hatte sie in ihrer Schulzeit oft zu Klassenkameradinnen gesagt. Bis zu ihren letzten Lebensjahren scheint sie die vage Überzeugung gehegt zu haben, daß sie nie eine feste und dauerhafte Bindung kennenlernen würde. Die Ehe mit Jack Kennedy hatte jedoch immerhin materielle Vorteile und schenkte ihr einen intelligenten, humorvollen Partner, der, so dachte sie, sie wenigstens nicht schlecht behandeln oder demütigen würde.

Doch schon bald wurden ihre Geduld und Toleranz auf eine mehr als harte Probe gestellt.

Am 5. August ging der Kongreß in seine zweimonatige Sommerpause. Jack und sein Freund Torbert Macdonald schifften sich auf der *United States* nach Europa ein. Der Zweck der Reise war ein inoffizielles Treffen mit NATO-Verbündeten, eine Sondierung der Lage in Nachkriegspolen sowie ein Treffen mit führenden französischen Politikern in Paris und mit Papst Pius XII. in Rom. Auch für Erholung und Entspannung würde Zeit sein. Jackie blieb in Washington, um sich nach einem Haus umzusehen, das sie kaufen wollten, denn beide waren der Hotels und Merrywoods überdrüssig, wo sie gewohnt hatten, als der Mietvertrag für das Haus am Dent Place abgelaufen war. Sie sollte sich ihm einige Wochen später in Südfrankreich anschließen.

Kennedy und Macdonald landeten am 10. August in Le Havre. Jack hatte schon vorher ein Telegramm an Gunilla von Post geschickt, mit der er in den vergangenen zwei Jahren immer in Kontakt geblieben war: »A bientôt – Jack.« Dieses Treffen war seit Monaten geplant. Er fuhr nach Båstad, einer Halbinsel im Südwesten Schwedens, wo Gunilla ihn erwartete. Macdonald zog sich diskret in sein eigenes Zimmer zurück.

Es folgte ein sehr verliebtes Wochenende. Die drei reisten durch den Südwesten Schwedens, und Jack tat alles, um auf Gunillas Familie einen guten Eindruck zu machen. Doch offensichtlich hatte er sich in dieser Woche übernommen, denn danach brauchte er wieder Krücken und starke Schmerztabletten, die er von entgegenkommenden Apothekern in Europa bekam. Als Jack sich eines Nachmittags ausruhte, erzählte Macdonald – aus eigenem Antrieb oder weil er entsprechend instruiert worden war – Gunilla von »Jacks unglücklicher Ehe«.[29] Kennedy habe den größten Teil seines Lebens dafür geopfert, es seinem Vater recht zu machen, hatte geheiratet, um es seinem Vater recht zu machen, arbeitete hart, um es seinem Vater recht zu machen, und jetzt wolle er einen klaren Schnitt machen und ein neues Leben beginnen – weit weg von seinem Vater.

Am 18. reisten Jack und Macdonald ab. Die aufgeregte, hoffnungsvolle und vielleicht zu gutgläubige Gunilla erzählte ihrer Mutter von Jacks Absicht, sich scheiden zu lassen und sie zu heiraten. Mama war da realistischer. »Unser Jack möchte eines Tages Präsident der Vereinigten Staaten werden, und das wünscht auch sein Vater. Glaubst du wirklich, er würde sich jetzt von Jackie scheiden lassen? Für ein schwedisches Mädchen, von dem in seinem Land noch nie jemand etwas gehört hat?«

Sie hatte natürlich ins Schwarze getroffen. Hätte Kennedy seine hübsche junge Frau verlassen, dann hätte die gesamte amerikanische Wählerschaft sofort negativ reagiert, in jenen durch Eisenhower und *Father Knows Best* geprägten Nachkriegsjahren. Mehr noch: John Kennedy hätte die Unterstützung der meisten Katholiken verloren – also eines beträchtlichen Teils der amerikanischen Bevölkerung und genau der Wähler, die er brauchte, um die Annahme zu widerlegen, jeder loyale Anhänger Roms (was immer das bedeutete und was für Jack nicht viel bedeutete) sei für das Präsidentenamt ungeeignet.

Wie dem auch sei, am 22. August schrieb Jack vom Hôtel du Cap d'Antibes an der französischen Riviera an Gunilla. Jackie und ihre Schwester mußten jeden Augenblick ankommen, und zu dritt wollten sie nach Capri und dann durch Europa reisen. Nach diesem Brief rief er sie an, aber Gunilla war nicht zu Hause, und ihre Mutter erinnerte Jack höflich, aber bestimmt daran, daß er ein verheirateter Mann war.

Als die Gruppe durch Italien, Frankreich und Polen reiste, fand Jack immer wieder Gelegenheiten, seine schwedische Geliebte anzurufen. Eines Abends sagte er zu ihr: »Ich habe mit meinem Vater gesprochen. Es war kein sehr angenehmes Gespräch. Es ist unmöglich, mit ihm die Probleme zu besprechen, die ich mit meiner Frau habe. Er will nichts davon hören, weil sie ihn mag und ihm das gefällt.« [30] Er habe Joe gesagt, daß er seine Ehe auflösen wolle, und sein Vater sei, wie nicht anders zu erwarten gewesen war, wütend geworden. »Du wirst eines Tages Präsident sein... Eine Scheidung ist unmöglich ... Geht es denn nicht in deinen Kopf, daß es nicht wichtig ist, wie du wirklich bist? Das einzig Wichtige ist, wofür die Leute dich *halten*!« Es folgten Telefonanrufe, Briefe und Versprechungen, aber beide wußten, daß die Affäre vorbei war. Im folgenden Sommer heiratete Gunilla von Post. [31]

Jackie übersetzte für Jack in Paris und sammelte in der europäischen Presse Pluspunkte wegen ihrer Bildung und ihrer Kenntnisse über die Geschichte und Kunst des Landes. In Rom war Jack in einer Situation, die Stoff für eine politische Satire hätte liefern können, denn sein Rücken und seine Beine schmerzten so sehr, daß er den damals üblichen Kniefall nicht machen konnte, um den Fischerring des Papstes zu küssen. Gegen Ende der Reise wurde die Gruppe auf die Yacht *Christina* von Aristoteles Onassis eingeladen. Lees Ehe mit Michael Canfield war nicht gutgegangen, und sie und Onassis – Ari genannt – galten als ein Paar, obwohl er wesentlich älter und verheiratet war. Außerdem wollte Jack Winston Churchill treffen, der ebenfalls an Bord war. Doch Churchill wollte niemanden von den Kennedys sehen, vielleicht, weil er den früher von Joe vertretenen Isolationismus verachtet hatte. Jack beklagte sich bei seiner Frau über diese Brüskierung; sie deutete auf sein weißes Dinnerjacket und sagte mit trockenem Humor: »Ich glaube, er hat dich für den Steward gehalten, Jack.«

Am 11. Oktober kehrten sie nach New York zurück, und Jack begab sich sofort zu Dr. Travell. Sie erhöhte die Dosis der schmerzstillenden Injektionen und behandelte ihn für den Rest des Jahres einmal pro Woche.

Dann passierte zweierlei. Im Oktober fanden die Kennedys ein Haus mit dem Namen Hickory Hill in McLean, Virginia. Mit seinen Ställen und seinem Swimming Pool kostete das Haus, das ausreichend Platz für eine große Familie und Bedienstete bot, die damals astronomische Summe von 125 000 Dollar. Es mußten umfangreiche Umbauarbeiten durchgeführt werden, da Jackie darauf bestand, daß Jacks Badezimmer so eingerichtet wurde, daß er sich nicht bücken mußte, um Schubladen aufzuziehen, und daß er beim Rasieren nicht unbequem stehen mußte. Sie entwarf auch Pläne für das Kinderzimmer.

Ihre Arbeit wurde durch ein zweites Ereignis jäh unterbrochen. Am Samstag, dem 13. November, als Jack und Jackie das Wochenende in Hyannisport verbrachten, stürzte sich die Familie in ihre übliche Football-Rauferei. Da Jackie keine Spielverderberin sein wollte, machte sie mit. Einige Augenblicke später stolperte sie und fiel mit einem Schmerzensschrei zu Boden. Sie wurde mit einem gebrochenen Knöchel ins New England Baptist Hospital gebracht, wo sie fünf Tage lang bleiben mußte, dann trug sie vom Knie bis zu den Zehen einen Gipsverband. Damit sie gut versorgt werden konnte, wohnten sie und Jack auf Merrywood, während die Arbeit an Hickory Hill weiterging. Ted Sorensen machte ihr den spaßigen Vorschlag, sie solle einen Artikel mit dem Titel »Profiles in Athletic Courage« (»Profile mutiger Athleten«) schreiben.

Ihre Ehe schleppte sich so dahin. Jackie hatte Phasen, in denen sie schrecklich deprimiert war, was zweifellos daran lag, daß ihr

Mann wieder häufig abwesend war – er bereitete sich auf eine mögliche Präsidentschaftskandidatur im Jahre 1956 oder zumindest auf eine Vizepräsidentschaftskandidatur an der Seite des demokratischen Präsidentschaftskandidaten Adlai Stevenson vor. Verständlicherweise hatte Jackie das Gefühl, als hätte sie sich zurückentwickelt: Sie wohnte in ihrem alten Zimmer, mußte wieder die Ratschläge ihrer Mutter über sich ergehen lassen und fühlte sich erneut wie ein abhängiges Kind. Der damals Sechsundzwanzigjährigen sagte diese Situation ganz und gar nicht zu.

Mitte Dezember besuchte sie mit ihrem Ehemann die Kennedys in Palm Beach, wo sie nichts unternahm, was gefährlicher war als das Singen von Weihnachtsliedern. In Hyannisport hatte Jakkie Joe anvertraut, daß es ihr sehr schlecht gehe und daß sie sich frage, ob ihrer Ehe das gleiche Schicksal beschieden sein würde wie der ihrer Mutter und ihrer Schwester. Ihr Schwiegervater, der über Jacks Anrufe aus Schweden anscheinend schockiert gewesen war, bot Jackie eine Million Dollar an, die für sie treuhänderisch verwaltet werden sollte, damit sie sich nicht von Jack scheiden ließe.

Doch ein kaputter Knöchel hatte die Diskussionen über eine kaputte Ehe unterbrochen. Die Sache kam in Florida und zu Beginn des Jahres 1956 wieder zur Sprache, nachdem Jackie Joes Angebot rundweg abgelehnt hatte. Der Grund dafür war bald klar: Sie war wieder schwanger, und das Kind, nach dem sie sich sehnte – das vielleicht ihre Ehe verändern und festigen konnte –, sollte nicht das gleiche Schicksal erleiden wie sie selbst; es sollte nicht durch ein zerrüttetes Elternhaus verunsichert und unglücklich gemacht werden.

Donald Spoto

1956 – 1960

Sogleich nach dem Erscheinen von *Profiles in Courage* im Januar 1956 wurde der Autor im ganzen Land als Gastredner eingeladen – was ihn bekannt machte und ihm große Popularität verschaffte.

Während Jackie auf Merrywood blieb und von dort aus die Arbeit an Hickory Hill beaufsichtigte, konferierte Jack mit seinem Vater, seinen Beratern und den Spitzen der Demokratischen Partei. Sollte er Adlai Stevenson als Präsidentschaftskandidaten herausfordern oder sollte er sich erst einmal um den Posten des Vizepräsidenten bewerben? Im Spätfrühjahr hatte er den klugen Beschluß gefaßt, nicht zu schnell zu viel anzustreben – aber vielleicht war das zweite Ziel realistisch? Joe sprach sich dagegen aus. Er vermutete zu Recht, daß Eisenhower eine zweite Amtszeit schaffen würde, und meinte, daß die Niederlage auf Jack zurückfiele, falls dieser der Mitkandidat von Stevenson sei – womit er Jacks Zugehörigkeit zur katholischen Kirche meinte. Doch Jacks Mitarbeiterstab bearbeitete die Öffentlichkeit, die Meinungsforscher und die Partei, um sie an den Klang von »Vizepräsident John F. Kennedy« zu gewöhnen.

Joe sollte recht behalten. Jack wurde zwar für die Vizepräsidentschaft vorgeschlagen, doch er unterlag. Die ehrwürdige Eleanor Roosevelt sprach sich dagegen aus, Kennedy für irgendein Amt zu nominieren, weil er nicht gegen Senator Joseph McCarthy aufgetreten war, der mit seinen Hexenjagden und seiner Hetze gegen die Roten einen fast krankhaften Verfolgungswahn in Amerika sowohl ausgenutzt als auch geschürt hatte. Demokraten, so sagte sie, wobei sie sich indirekt auf sein Buch bezog, sollten nicht jemanden nominieren, »der weiß, was Mut ist und ihn bewundert, selbst aber nicht unabhängig genug ist, um ihn zu haben«.[1] Solche Äußerungen zerstörten zwar seine Chancen für eine Nominierung – aber nicht seine Zukunftsaussichten, denn in jenem August lief für Jack alles bestens.

Wie der Kennedy-Historiker James MacGregor Burns hervorgehoben hat, wurden John F. Kennedys Name und Gesicht durch diesen Parteikongreß im ganzen Land bekannt. Seine dramatische Kandidatur, sein nur knapp verfehlter Sieg, sein gewinnendes Lächeln und sein jungenhaft-gutes Ausssehen, das die Fernsehscheinwerfer und Kameras gut zu Geltung brachten, traf in den fünfziger Jahren genau ins Herz Amerikas. In jenem August 1956 wurde sein Präsidentschaftswahlkampf inoffiziell eingeläutet. Seine vielen öffentlichen Auftritte wurden immer geschliffener, seine Reden – dank Ted Sorensen, Jackie und einigen anderen – mit anrührenden, witzigen, treffenden Zitaten von Shakespeare, Jefferson, Lincoln und amerikanischen Dichtern angereichert. »Seine Kleidung und seine Frisur«, stellte niemand anderes als der aufmerksame Beobachter James Reston von der *New York Times* fest, »sind ein Meisterwerk an gekünstelter Nachlässigkeit, und sein Einfluß auf Politikerinnen ist schon fast ungehörig.«[2]

Die Partei forderte Jack auf, sich hinter Stevenson zu stellen, und dies tat er, indem er eine von seiner Frau verfaßte Erklärung verlas:

> In den letzten Monaten bin ich oft gefragt worden, wen ich für die Nominierung zum demokratischen Präsidentschaftskandidaten am geeignetsten halte. Mein Standpunkt läßt sich einfach beschreiben. Ich war 1952 für Adlai Stevenson... Kein anderer potentieller Kandidat konnte es mit seiner Intelligenz, seinem Weitblick und seiner Verständigkeit aufnehmen. Daher bleibt Adlai Stevenson auch 1956 für mich der geeignetste Kandidat. Manche haben ihm vorgeworfen, zu liberal zu sein – andere halten ihn für zu konservativ. Aber Adlai Stevenson ist weder bestimmten Menschen noch bestimmten Gruppen verpflichtet, sondern einzig und allein dem Wohlergehen unseres Landes nach innen wie nach außen.[3]

Es ist vielleicht nicht übertrieben, wenn man sagt, daß Jackies Bewunderung für Adlai Stevenson – und nicht nur ihre Loyalität gegenüber ihrem Ehemann – möglicherweise zum ersten Mal ihr Interesse für die Politik weckte. Sorensen und andere hatten den Eindruck, daß sich Stevenson für Jackie vor allen anderen Politikern durch seinen Geist, seine Eloquenz und seine Intelligenz auszeichnete. Nicht Parteipolitik konnte sie faszinieren und ihre Zeit und Energie in Anspruch nehmen, sondern bestimmte Menschen – Menschen mit Überzeugungskraft und Urteilsvermögen.

Obwohl Jackie im achten Monat schwanger war, fuhr sie – gegen den Rat ihres Arztes – zum Parteikongreß, weil Jacks Schwestern und Schwägerinnen auch dort waren und sie sanft unter Druck gesetzt hatten. Sie blieb die meiste Zeit in ihrem Hotelzimmer, las, telefonierte mit der Familie und mit Freunden, und ging die kurze Liste von Namen durch, die sie und Jack für ihr Baby ausgesucht hatten. Jackie, die auf ein Mädchen hoffte, hatte ihre Wahl getroffen – Arabella. Sie nahm jedoch an den Sitzungen teil, in denen Jack Stevenson offiziell zum Präsidentschaftskandidaten nominierte und er selbst Estes Kefauver als Kandidat für die Vizepräsidentschaft unterlag. In der übrigen Zeit war Jack so beschäftigt, daß Jackie »die ganze Woche keine Gelegenheit hatte, mit ihm zu sprechen«,[4] wie selbst Kenneth O'Donnell und Dave Powers – enge Mitarbeiter und wohl seine glühendsten Verteidiger – einräumten.

Von dem Zeitpunkt an nahm sie nur noch an seinen politischen Aktivitäten teil, wenn sie selbst den Eindruck hatte, daß ihre Anwesenheit für ihren Mann wichtig sei oder wenn er sie ausdrücklich darum bat.

Gleich nach dem Parteikongreß begaben sich die Kennedys nach Hyannisport, und einige Tage später ging der verärgerte und frustrierte Jack – so O'Donnell und Powers – mit seinem Vater im Mittelmeer segeln. Sie wurden von Teddy und dem Senator George Smathers aus Florida begleitet – aber nicht von Jackie, die auf die Hammersmith Farm fuhr. Man kann es durchaus merkwürdig finden oder für unangemessen halten, daß ein Mann segeln geht, wenn seine Frau kurz vor der Niederkunft steht.

Während sich der angehende politische Star, frei von Sorgen, Druck und Verantwortung an der italienischen Küste entspannte, geschah etwas Schlimmes. Am 23. August brach Jackie zusammen, bekam Blutungen und wurde rasch ins Krankenhaus in Newport gebracht, wo ein Kaiserschnitt durchgeführt wurde. Als sie aus der Narkose erwachte, mußte ihr Schwager Bobby ihr die traurige Mitteilung machen, daß sie ein totes Mädchen zur Welt gebracht hatte. Einige Tage lang war Jackie untröstlich, zumal ihr Ehemann nicht da war, der es sich am Mittelmeer gutgehen ließ. Er erfuhr erst, was geschehen war, als er am 26. August in Genua an Land ging und nach Hause telefonierte.

Zuerst sah Jack keinen Grund, zurückzukehren, denn was geschehen war, war nun einmal geschehen. Die freundlichere Interpretation wäre die, daß er zu schockiert und zu traurig war, um die Heimreise anzutreten, daß er – wie so oft, wenn etwas Schlimmes passierte – allein damit fertigwerden wollte. Niemand würde behaupten, daß John Kennedy keine Gefühle für seine Frau hatte und keinen Schmerz über ihren gemeinsamen Verlust empfand. Smathers, der in Jacks Frauengeschichten eingeweiht war, überzeugte ihn, daß es eine schlechte Entscheidung sei, jetzt nicht nach Hause zu fahren. Kennedy kam zwei Tage später an. Seine Frau bereitete ihm – wie hätte es auch anders sein können? – einen kühlen Empfang, denn sie hatte ihn gebeten, nicht wegzufahren. An ihrem dritten Hochzeitstag am 12. September war sie noch immer ans Bett gefesselt.

Jetzt begann die schwerste und krisenhafteste Zeit ihrer Ehe. Dem Washingtoner Kolumnisten Drew Pearson zufolge »wollte sie lange nichts von seinen Versöhnungsversuchen wissen. Er wußte, daß er für die Entfremdung verantwortlich war.«[5]

Jack und Jackie neigten weder zu exaltierten Gefühlen, noch konnten sie ihre tiefsten Empfindungen ohne weiteres ausdrücken. In der Öffentlichkeit traten sie gemessen und würdevoll auf, was nicht geheuchelt war; dieses Auftreten entsprach den damaligen Erwartungen. In den fünfziger Jahren erwarteten die Amerikaner nicht, daß Menschen ihre Gedanken und Gefühle vor der Presse und vor Kameras ausbreiteten. Händchenhalten, Küsse und Umarmungen auf Kommando, Tränen und Schluchzer – dieses »Alles-Herauslassen«, das in den sechziger Jahren in Mode

Donald Spoto

kam und heutzutage fast von jedem erwartet wird –, all dies zeigten die meisten Menschen vor einem halben Jahrhundert nicht außerhalb ihrer Privatsphäre.

Diese emotionale Zurückhaltung wurde bei Jack und Jackie noch durch ihren familiären Hintergrund, ihre Erziehung und ihre Persönlichkeit verstärkt. Sie lebten ihr Leben, hatten ihren Kummer und genossen ihre privaten Vergnügungen – er wohl wesentlich mehr als sie –, ohne auf die Zustimmung anderer Leute zu schielen. Da sie die Einzelheiten ihres Privatlebens mit ins Grab nahmen, müssen wir unsere Phantasien über das für ihre Ehe charakteristische Geben und Nehmen im Zaum halten.

Eines läßt sich jedoch mit Bestimmtheit sagen. Nach dem Verlust ihrer Tochter Arabella entstand zwischen den beiden eine kalte Distanz. »Wir verstanden einander nicht so richtig« hatte Jack über ihr erstes Ehejahr gesagt. 1956, im vierten Jahr, hatte sich das gegenseitige Unverständnis noch vertieft, und Jackie war einer schweren Depression nahe. Es war ihr nicht möglich, in das Haus Hickory Hill zu ziehen, in dem ein freundliches Kinderzimmer bereitstand und dessen zahlreiche renovierte Zimmer nicht auf ein entfremdetes und häufig getrenntes Paar, sondern auf eine glückliche Familie warteten. Jack war einverstanden. Das Haus wurde schnell an Bobby und Ethel verkauft, die damals fünf Kinder hatten und später insgesamt elf haben würden.

Statt dessen – und als sei dies ein Zeichen dafür, daß ihre Ehe gewissermaßen unter Vorbehalt stand – mieteten sie nochmals ein Haus, diesmal in der P Street 2808 in Georgetown – es war wiederum von anderen Menschen eingerichtet und ausgestattet worden, seine Zimmer waren wenig einladend, seine Atmosphäre unwirtlich. Dort schien Jackies Leben vollends zum Stillstand zu kommen. Sie war in ihren Kummer versunken und fühlte sich nutzlos. Freunden vertraute sie ihre Angst an, daß eine Fehlgeburt und eine Totgeburt vielleicht darauf hindeuteten, daß sie nie Mutter sein würde. Unterdessen reiste Jack durchs Land, hielt Reden, tat seine politische Pflicht und genoß die Gegenwart, während er Zukunftspläne schmiedete.

Es wäre leicht, sich von dieser Zeit ein zu einfaches Bild zu machen – Jackie emotionale Leere und Jack eine fast krankhafte

Gefühllosigkeit vorzuwerfen. Nach allem, was man hört, war keine Böswilligkeit im Spiel – nur eine schreckliche Traurigkeit, mit der beide unterschiedlich umgingen. Die Ehe, von der sie Sicherheit und er Respektabilität erhofft hatte, die Ehe, die Joe Kennedy eingefädelt hatte, stand jetzt kurz vor dem Scheitern. Da beide in ihrer Vergangenheit verletzt worden waren, konnten sie schlecht mit der Gegenwart umgehen.

Vielleicht hat niemand das Recht zu sagen, daß sie selbst ihr Scheitern und ihren Kummer nicht intensiv empfanden. Ihre tiefsten Gefühle sollten nicht danach beurteilt werden, daß sie sich über diese Dinge ausschwiegen – besonders Jackie, die nie um die Bewunderung einer launenhaften Öffentlichkeit buhlte, indem sie der Welt ihre Geschichte preisgab.

Warum hielt die Ehe also? Für Jack war eine Scheidung undenkbar: Sie hätte das Ende seiner Karriere bedeutet. Für Jackie war die Ehe, bevor sie Kinder hatte, eine Frage der Pflichterfüllung; als sie Mutter geworden war, eine Frage der Ehre. Während sie John Kennedy anfangs über alle Maßen idealisiert hatte, erkannte sie jetzt klar, daß der Gegenstand ihrer Liebe zwar viele Schwächen hatte – aber trotzdem liebenswert war. Die Versöhnung, von der Drew Pearson gesprochen hatte, bedeutete, daß sie zwar Jacks Ehefrau sein wollte, daß sie aber ihre romantischen Vorstellungen von der Ehe aufgegeben hatte. »Sehen Sie, die Ehe ist ein Kompromiß«, erklärte Jackie Jahre später einer Frau ihren Versuch, mit den außerehelichen Affären ihres Mannes fertigzuwerden:

In jeder Lebenssituation gibt es Positives und Negatives. Man erträgt die schlechten Dinge, aber genießt die guten Dinge. Und dann diese unglaublichen Möglichkeiten – man lernt historische Gestalten kennen, man wird Zeuge der Geschichte, man sieht Orte, die man sonst nie gesehen hätte. Man hätte nie ein solches Leben führen können, wenn man nicht mit einem solchen Menschen verheiratet gewesen wäre. Wenn der Kompromiß zu schmerzhaft ist, muß man sich zurückziehen und die Sache beenden. Aber wenn man jemanden wirklich liebt…[6]

Donald Spoto

»Meine Mutter denkt, mein Problem sei, daß ich nicht mit meinen Brautjungfern Bridge spiele«,[7] sagte Jackie Anfang 1956 mit einem bitteren Lächeln. Stattdessen verbrachte sie ihre Zeit mit Lesen, und in jenem Jahr abonnierte sie *History Today*. Sie sagte, das sei für sie der beste Weg, um den Zusammenhang zwischen der politischen Gegenwart und der Vergangenheit zu verstehen.

Im März erfuhr Jackie, daß sie wieder schwanger war – eine Nachricht, die sie kaum mit ungetrübter Freude aufnehmen konnte, da sie fürchtete, das traurige Ereignis vom vorangegangenen Sommer könnte sich wiederholen. Doch mit dem für sie typischen Optimismus besichtigte sie mit Jack ein hübsches Haus in der N Street N.W. 3307, das sie später kauften – das erste Zuhause, das ihr und ihrem Mann zusammen gehörte. »Mein niedliches kleines Haus ist auf einer Seite etwas schief, und die Treppe knarrt«,[8] sagte sie zu der Designerin Dorothy Parish, die von ihren drei Brüdern Sister Parish genannt worden war und diesen Spitznamen behalten hatte. Sie beriet Jackie bei der Renovierung des Hauses.

Das Haus war ein dreistöckiges Backsteingebäude, dessen Hinterhof mit großen Magnolienbäumen bepflanzt war. Kennedy zahlte 82 000 Dollar dafür, und Jackies Renovierungsarbeiten kosteten noch einmal 18 000 Dollar. Jackie ließ die Fußböden grün und weiß streichen, wählte Sessel und Porzellan im Stil Louis XV., Eßzimmerstühle im Stil Louis XVI. und einen kostbaren alten Teppich – es war, als sei Madame de Récamier aus dem Exil zurückgekehrt. Schon bevor sie einzogen, suchte Jackie die Plätze aus, an denen frische Blumen stehen sollten, und zwar in französischen Kupferkochtöpfen. Sie würde zwar Bedienstete haben, aber sie selbst kümmerte sich um jedes Detail der Haushaltsführung.

Jackie legte auch großen Wert darauf, daß trotz der schönen Möbel keine Museumsatmosphäre herrschte. »Wir müssen große bequeme Sessel haben«, sagte sie zu Sister Parish, »und Tische, auf die die Politiker Unterlagen legen und Kaffeetassen und Aschenbecher stellen können. Und ich möchte zu meinen Kindern nie sagen: ›Faß das nicht an.‹«[9] Was sie auch nie tat.

So vergingen Frühjahr und Sommer. Am 27. Juli 1957, am Vortag ihres achtundzwanzigsten Geburtstags, erhielt Jackie einen

Telefonanruf aus New York. Zuerst dachte sie, ihr Vater wolle sie überraschen und ihr gratulieren, was tatsächlich eine Überraschung gewesen wäre, denn in den letzten Jahren hatte es wenig Kontakt zwischen ihnen gegeben. Als Jackie mit ihrem eigenen Leben beschäftigt war, fühlte sich Jack Bouvier, neurotisch wie ein von Schuldgefühlen geplagter Alkoholiker nun einmal ist, von seinen Töchtern im Stich gelassen. Er war immer schwieriger geworden, lebte zurückgezogen und war auf die Hilfe der jeweiligen Frau angewiesen, die in seinem Leben eine Rolle spielte.

Doch am Telefon war ein Arzt, der ihr sagte, daß ihr Vater krank sei – wie ernst es sei, wisse niemand, er werde im Lenox Hill Hospital untersucht. Jackie traf Vorbereitungen für eine Reise nach New York in der kommenden Woche, aber am 1. August fiel der arme Mann ins Koma und starb zwei Tage später. Der einst galante, selbstsichere Playboy, vielversprechende Börsenmakler, fürsorgliche Vater, der Mann, der im Sommer Weiß trug, der immer in einem Arm ein Geschenk für seine Kinder und im anderen eine neue Freundin hatte, war im Alter von sechsundsechzig Jahren an Leberkrebs gestorben.

»Er baute sich [nachdem seine Töchter erwachsen geworden waren] nie ein eigenes Leben auf«, sagte Lee später. »Er hatte stets das Gefühl, ein Versager zu sein. Am Ende war er eine jammervolle Gestalt.«[10] Zu jenem Zeitpunkt war Lee in London, so daß Jackie die praktischen Dinge erledigen mußte. Die Totenmesse fand in der St. Patrick's Cathedral statt: Bouvier war schließlich der Schwiegervater von Senator Kennedy, und einer seiner Vorfahren hatte hier einen Altar gestiftet. Statt des traditionellen Blumenschmucks ließ Jackie weiße Weidenkörbe mit Gänseblümchen und Kornblumen um den Sarg herum und im Altarraum aufstellen. Es waren nur wenige Trauergäste aus den glücklichen Tagen anwesend, als man noch sorglos und unbekümmert gewesen war oder zumindest diesen Anschein erweckt hatte.

Später hatte John Vernou Bouvier III. nur wenig Glück genossen – oder vielmehr, er schien es aus seinem Leben verbannt zu haben. Er hatte sich in sein Elend geflüchtet, war mißtrauisch und fordernd geworden und hatte niemanden an sich herangelassen, was unweigerlich zu Verzweiflung und Hoffnungslosigkeit führt.

Donald Spoto

Bei seiner Beisetzung in East Hampton ließ Jackie um den Sarg ihres Vaters herum weiße Körbe mit Blumen aufstellen. Sie wollte noch einmal – wenn auch nur kurz und in bescheidenem Rahmen – die Schönheit von Lasata im Hochsommer aufscheinen lassen.

Jack Bouvier hatte verfügt, daß sein Vermögen zu gleichen Teilen an seine beiden Töchter gehen sollte. Nach Abzug der Steuern und einiger kleiner Vermächtnisse erhielt jede einen Scheck in Höhe von 79 708 Dollar; das war das erste Geld aus der Familie, das sie seit den 3 000 Dollar von Großvater Bouvier erhielten, und es war auch das letzte.

Jackies Schwangerschaft verlief ohne gesundheitliche Komplikationen, aber es gab ein anderes betrübliches Ereignis. Im September bekam Jack plötzlich hohes Fieber, heftige Rückenschmerzen und eine Schwellung neben seiner alten Operationsnarbe. Er kam ins Krankenhaus, wo eine virulente Staphylokokken-Infektion diagnostiziert wurde. Er mußte unter Narkose behandelt werden. Dr. Travell nahm kein Blatt vor den Mund: »Er sah hundeelend aus.«[11] Die Behandlung mit Antibiotika schlug an, und er bestand darauf, im Oktober seine geplante Reise nach Kanada zu machen. Diesmal begleitete Jackie ihn nicht. Sie blieb in der New Yorker Wohnung ihres Schwiegervaters und wartete auf die ersten Wehen.

Diese kamen ein paar Wochen früher, und diesmal war Jack anwesend, als der Arzt ihm mitteilte, daß seine Frau und seine Tochter nach dem Kaiserschnitt wohlauf waren. Caroline Bouvier Kennedy, so genannt nach ihrer Tante und ihrer Urgroßmutter, wurde am 27. November 1957, einen Tag vor Thanksgiving Day, geboren. Erzbischof Cushing, der inzwischen mit Jackie und allen Kennedys gut befreundet war, kam aus Boston angereist, um das Kind am 13. Dezember in der St. Patrick's Cathedral zu taufen.

Zur Überraschung vieler, die Jack und Jackie kannten, wurde ihre Ehe durch die Geburt Carolines – zumindest teilweise und vorübergehend – wieder gekittet. Vor Weihnachten zogen sie – mit dem Kindermädchen Maud Shaw – in das neue Haus in der N Street. Bald folgten ein Butler, ein Koch und eine Hausangestellte.

Als die Kisten und Kästen noch nicht ausgepackt waren, machten Jack und sein Freund George Smathers einen Herrenausflug nach Havanna. Kennedy gab der Reise zwar einen offiziellen Anstrich, indem er vor dem Personal der amerikanischen Botschaft sprach, doch die meiste Zeit spielte er Golf, segelte, besuchte verschiedene Nachtclubs und amüsierte sich, so gut er konnte. »Wir machten, offen gesagt, einfach Urlaub«,[12] gab Smathers später zu.

Als Jack nach Georgetown zurückkehrte, um zu Weihnachten die Rolle des Ehemanns und Vaters zu spielen, fand er eine glückliche Jackie vor, die sich hingebungsvoll mit Caroline beschäftigte; die Mutterschaft füllte sie ganz aus und lenkte sie von der ständigen Enttäuschung über die häufige Abwesenheit ihres Mannes ab. Gutgelaunt und in unbekümmerter Großzügigkeit hatte sie eine beträchtliche Summe ihres Erbes für den Kauf eines weißen Jaguars verwendet, den sie Jack zu Weihnachten schenkte. Doch seine Berater überzeugten ihn, daß diese Extravaganz in der Öffentlichkeit einen schlechten Eindruck machen würde, so daß er das Auto gegen einen weniger auffälligen Buick eintauschte.

Die Zeit seiner Abwesenheit begann erst. »Wenn ich mich entschließen sollte, 1960 für das Präsidentenamt zu kandidieren«, sagte Jack, als zu Beginn des Jahres 1958 sein Wahlkampf um die Wiederwahl in den Senat begann, »werde ich in verschiedenen Teilen des Landes eine Menge Leute treffen müssen.«[13] Das war eine Untertreibung. In der ersten Jahreshälfte erhielt er 2 568 Einladungen zu öffentlichen Auftritten, von denen er 96 annahm, und diese wurden offensichtlich so ausgesucht, daß sie ihm einen möglichst hohen Bekanntheitsgrad verschafften. Bis zum Ende des Jahres hatte er über 210 Reden gehalten und hatte sich bei jedem Wetter in North und South Dakota, Oregon, West Virginia, Wyoming, Montana, New York, Wisconsin, Connecticut, New Jersey, Kalifornien, Michigan, Arkansas und natürlich auch in Massachusetts gezeigt. Er vernachlässigte seine Arbeit im Senat keineswegs; er verließ Washington einfach, wann immer er es für nötig hielt.

Kennedy sprach vor sehr unterschiedlichem Publikum: unter anderen vor der National Conference of Christians and Jews, dem

Donald Spoto

Übersee-Presseclub, auf Feiern zur Verleihung akademischer Grade und auf Symposien, vor dem American Jewish Committee, den Friendly Sons of St. Patrick und der American Gastroenterological Association. Begreiflicherweise wurde er eingeladen, vor irischstämmigen Amerikanern zu sprechen; schwer verständlich ist dagegen, warum er gebeten wurde, vor Ärzten zu reden, deren Spezialgebiet Verdauungsstörungen war.

John Kennedys rastloses Leben, sein hektischer Terminplan und sein gewaltiger politischer Ehrgeiz erklären weitgehend, warum sich in jenen Jahren zwischen ihm und seiner Frau eine immer tiefere Kluft auftat. »Der Senator war nicht oft anwesend«,[14] sagte Carolines Kindermädchen Maud Shaw mit dem typisch englischen Understatement.

Doch für die Öffentlichkeit wurde genau der gegenteilige Eindruck inszeniert: Fotografen von bekannten Zeitschriften und Nachrichtenagenturen wurden regelmäßig eingeladen, um die glückliche Familie in Georgetown abzubilden, und Jackie war bereit, sich gelegentlichen Fernsehinterviews zu stellen. Sie sagte, so könne sie zumindest zu Hause bleiben, obwohl ihr diese Auftritte unangenehm waren. »Sie war dann immer sehr nervös«,[15] bemerkte Nanny Shaw zu den Gesprächen mit Jack und Jackie vor der Kamera.

»Nichts ist mir so lästig wie Interviewer und Journalisten«, sagte Jackie in jenem Jahr zu ihrem Stiefbruder Yusha. »Das ist das Problem, wenn man im Blickfeld der Öffentlichkeit lebt. Ich habe immer den Klatsch und Tratsch über das Privatleben von Personen, die im öffentlichen Leben stehen, verabscheut. Aber wenn man seinen Lebensunterhalt durch ein öffentliches Amt verdient, ist man das Eigentum eines jeden Steuerzahlers. Das ganze Leben ist ein offenes Buch.«[16] Damals war es vielleicht nicht das ganze Leben, aber genug, um Jackie Unbehagen zu bereiten. Dieses steigerte sich, als das Eindringen in ihre Privatsphäre mit der Zeit immer intensiver wurde.

Als sich 1958 der Wahltag näherte, beschloß Jackie, zumindest vorübergehend die geographische Distanz zwischen sich und ihrem Mann aufzuheben: Sie begleitete ihn auf einer Rundreise durch Massachusetts und in andere Staaten, denn er nahm jede Einladung an, die seinen Ambitionen förderlich war. Was immer Jackie durch Lächeln und Händeschütteln für ihn tun konnte, wollte sie tun.

Daß sich jetzt für immer etwas am Stil amerikanischer Wahlkämpfe änderte, hatte etwas mit den Kennedys zu tun. Es war niemals so geplant gewesen, aber ihr Auftreten ähnelte immer mehr dem der britischen Königsfamilie. Sie verstanden es, durch ihre Kleidung und ihr Gebaren den Eindruck zu vermitteln, Menschen wie alle anderen zu sein, während sie zugleich auf eine Distanz bedacht waren, die ihnen eine Aura des Geheimnisvollen und des Entrückten gab. Wie die britischen Majestäten hatten sie zwar Begegnungen mit Menschen aus der Bevölkerung, aber sie wahrten immer Abstand zu ihnen.

Vieles davon hatte mit ihrer Persönlichkeit zu tun. Sie verstanden es, sich bei Menschen beliebt machen, sie lächelten, nickten und winkten liebenswürdig. Aber beide hatten nicht die Urerfahrung elterlicher Liebe gemacht, und beide waren auf ein Internat geschickt worden. Jack war von seinem Naturell her kein warmherziger oder mitfühlender Mensch; Jackie forderte emotional nichts. Sie waren ein ausnehmend schönes Paar, hatten jedoch etwas Statuenhaftes. Gerade ihre gewisse Unnahbarkeit faszinierte eine Öffentlichkeit, die zunehmend Tuchfühlung und Nähe suchte und möglichst alles über ihre Idole wissen wollte.

Man geht also nicht zu weit, wenn man sagt, daß die Amerikaner – als die kurze Kennedy-Ära anbrach – möglicherweise eine unbestimmte, tiefe Sehnsucht nach den königlichen Majestäten hatten, die sie über zweihundert Jahre zuvor weggejagt hatten. Die herausgehobene Stellung hatte eine geradezu aphrodisiakische Wirkung, Ruhm war ein nahezu erotisches Wort. Es ist interessant, den Rummel zu beobachten, den die angeblich demokratischen und antiroyalistischen Amerikaner veranstalteten, um die geschiedene Herzogin von York (einst ein Titel der Mutter Elisabeths II.), die ehemalige Gattin von Prinz Andrew, zu begrüßen, zu interviewen und aus der Nähe zu erleben. Es ist auch aufschlußreich, daß die Amerikaner einen großen weiblichen Kinostar als eine »queen« bezeichnen. Clark Gable war »the king«;

Donald Spoto

John Wayne »the duke«; es gab einen »Duke« Ellington und einen »Count« Basie. Später gab es Queen Latifah und Gestalten aus der Pop-Szene, die sich solche Namen wie »Prince« gaben.

Mit anderen Worten, Jack und Jackie übernahmen den Stil der modernen britischen Monarchie. Wie der Verfassungshistoriker Walter Bagehot im neunzehnten Jahrhundert feststellte, war es für die königliche Familie wichtig, den entrückten Raum nicht zu sehr ausleuchten zu lassen, zu verhindern, daß der Charme Risse bekam. »Die Idee, daß eine Familie ein Recht auf den Thron hat, ist eine gute Idee«, schrieb Bagehot in der Zeit Königin Viktorias – und zwar aus dem einfachen Grund, daß sich auch der bescheidenste Untertan mit einer Familie identifizieren kann. Über ein Jahrhundert später könnte man hinzufügen, daß selbst eine nicht intakte königliche Familie noch eine wichtige Funktion hat, denn viele Familien sind ebenfalls nicht intakt.

Jack konnte die wachsende Bedeutung seiner Frau nicht übersehen, denn wie O'Donnell sagte: »Wenn Jackie mit uns reiste, war die Menschenmenge, die herbeiströmte, zweimal so groß wie wenn Jack allein war.« Sie wußte instinktiv, daß sie nicht als zu reich erscheinen durfte, wenn sie ihrem Mann bei den einfachen Leuten helfen – und damit ihren eigenen Wert für ihn steigern – wollte. Sie hatte die natürliche, stilvolle Eleganz einer Französin des nachrevolutionären neunzehnten Jahrhunderts, die durch ein schlichtes Kleid, wenig Schmuck und ein sehr dezentes Make-up zum Ausdruck gebracht wurde. Hier war Madame de Récamier auf wundersame Weise in einem Chanel-Kostüm ins Leben des zwanzigsten Jahrhunderts zurückgekehrt.

Laut O'Donnell war Jackie »immer freundlich und zuvorkommend, sie beklagte sich nie, und für mich unterschied sie sich wohltuend von den sonstigen Ehefrauen im Wahlkampf, die eine Schau abziehen und so tun, als seien sie von allem, was sie sehen und von jedem örtlichen Politiker begeistert. Die Menschen spürten das und waren davon beeindruckt.«[17]

Dies hätte eine perfekte Beschreibung der Gemahlinnen von Königen im zwanzigsten Jahrhundert sein können – Königin Alexandra, die Gemahlin König Eduards VII.; Königin Maria, die

Gemahlin Georgs V.; Königin Elisabeth, die Gemahlin Georgs VI. Bei ihnen spürten die Menschen das Menschliche, aber nicht das allzu Menschliche, das ihnen das Interesse oder den Respekt vor diesen Persönlichkeiten genommen hätte. Wenn Jackie das Gefühl hatte, zu weit gehen zu müssen, zog sie sich plötzlich zurück. Der Zeitungs- und Zeitschriftenverleger Ben Bradlee erinnerte sich, daß Jack oft das Bad in der Menge suchte, während Jackie zumeist reserviert blieb, »unverwandt geradeaus blickte und durch ihre ganze Haltung zu verstehen gab, daß sie keinen Wert darauf legte, angesprochen zu werden«.[18]

Wie ihr Mann und seine Berater wurden auch andere Menschen nie so ganz schlau aus ihr, doch Arthur Schlesinger sagte, nachdem er Jackie vorgestellt worden war: »Unter einer vordergründigen liebenswerten Unentschlossenheit verbarg sich eine Person, die hellwach war, alles registrierte und schonungslose Urteile fällte.«[19]

Der Wirtschaftswissenschaftler John Kenneth Galbraith, einer von Kennedys Wahlkampfberatern und später sein Botschafter in Indien, erlebte Jackies Einfluß aus nächster Nähe mit und stimmte Schlesinger zu, daß sie ein außerordentlich gutes Urteilsvermögen besaß. »Man nahm allgemein an, daß sie sich aus der Politik heraushielt ... Man hätte sich nicht *mehr* täuschen können: Jacqueline Kennedy spielte eine *große* politische Rolle, aber sie hatte ihre Rolle sorgfältig gewählt.«[20]

Als Beispiel führte er an, daß Jack bei den Wahlkämpfen eine Aktentasche mit Reden, politischen Aufzeichnungen und biographischen Daten über die Politiker bei sich hatte, mit denen er zusammentreffen würde. Jackies Lektüre war dagegen von ganz anderer Art: »Sie las die *Mémoires du Duc de Saint-Simon* auf Französisch. Sie nahm nicht an der politischen Überzeugungsarbeit teil, sondern verfolgte einen tieferen Zweck: Sie und nicht der vertrauensselige JFK beobachtete, hörte zu und beurteilte die Politiker, mit denen sie zusammenkamen.« Für Galbraith, Schlesinger und andere lag hier Jackies Einfluß auf ihren Mann. Sie machte sich ein Bild von den Leuten, auf die Jack angewiesen war, und sie konnte zwischen denjenigen unterscheiden, die wirklich für ihn arbeiteten, und denjenigen, die ihre eigenen In-

Donald Spoto

teressen verfolgten. Besonders gut durchschaute sie Verlogenheit und Unlauterkeit. »Ihre kluge und scharfsinnige Analyse« war Galbraith zufolge »für John F. Kennedy sehr wichtig ... ebenso ihre Einschätzung von Menschen. Sie hatte nicht bewußt beschlossen, sie zu analysieren; sie ging einfach davon aus, daß das ihre Aufgabe sei.« Ihr Urteil war unschätzbar, wie selbst ihr Mann zugab: »Sie atmet den ganzen politischen Dunst ein, der ständig um uns ist, scheint ihn aber nie zu inhalieren.«[21]

Auch sonst stellte sich Jackie hervorragend auf das jeweilige Publikum ein. An ihrem fünften Hochzeitstag waren sie und Jack in Omaha, wo Jackie mit ihren Fragen nach der Pioniergeschichte Nebraskas Pluspunkte sammelte. Auf einem Cajun-Fest in Louisiana sprach sie französisch, mit Einwanderern in Boston italienisch, mit den Puertorikanern in New York spanisch. »Man konnte die Italiener vom North End in Boston nicht davon überzeugen, daß die Kennedys Iren waren«,[22] sagte ein Politiker aus New England. »Nein, die Kennedys waren Italiener, weil Jackie die Sprache so gut sprach.« In solchen Situationen küßten die Menschen sie und redeten mit ihr in ihrem Dialekt, als wäre sie eine der Ihren. Auf diese Weise verschaffte Jackie ihrem Mann die so dringend benötigten Stimmen. Am 4. November 1958 wurde Jack mit 73,2 Prozent der Stimmen wieder in den Senat gewählt.

Doch ihre Schwiegermutter stellte kühl fest: »Eigentlich lagen ihr Wahlkämpfe nicht. Wir wußten, daß sie viel Mut hatte, aber wir wußten auch, daß sie eher schüchtern war und sich bei großer öffentlicher Aufmerksamkeit unwohl fühlte.«[23] Und das galt nicht nur für die öffentliche Aufmerksamkeit: Noch nach fünf Jahren fühlten sich Jackie und Rose Kennedy nicht sehr wohl miteinander; erst mehrere Jahre später verband sie der gemeinsame Schmerz und ließ eine Sympathie entstehen, die nie wieder vergehen sollte.

Auch 1959 war Jack der reinste Wirbelwind, er besuchte vierzehn Staaten. Jackie unterbrach ihre Reisen für längere Zeit, um mehr Zeit mit Caroline zu verbringen. Und im Interesse von Jacks noch nicht angekündigter, aber offensichtlich geplanter Kandidatur für das Weiße Haus drängte sie ihn, etwas für seine Garderobe zu tun. Als er es im Frühjahr schaffte, einige Wochen zu Hause zu sein, ließ er sich von seiner Frau dazu überreden, sich neue, maßgeschneiderte Anzüge zuzulegen. Bei seiner Lektüre hielt er allerdings an seinem eigenen Geschmack fest: Er las politische Abhandlungen, aber natürlich auch Spionageromane. Jackie las in jenem Jahr Kerouac und Proust. Von dieser Zeit bis 1961 umfaßten ihre Buchkäufe mindestens acht Titel über die Geschichte des französischen Designs, Bücher von Churchill, Colette, Cocteau, Lampedusa und anderen; die Memoiren des Casanova und über zwei Dutzend Kinderbücher. Sie abonnierte auch *The Spectator*, das Londoner *Times Literary Supplement*, *Connaissance des Arts*, *Réalités* und *Vogue Paris*.

Jacks Aufenthalte in Georgetown waren immer kurz, es war fast so, als legte er nur eine Pause ein. Freunde, Passanten und Presseleute sahen den schlaksigen Senator oft wie Dagwood Bumstead von seinem Haus oder seinem Büro zum Flughafen flitzen. Seine Mitarbeiter waren hochgradig nervös und alarmiert, wenn Jack selbst das Steuer übernahm und ohne Rücksicht auf Ampeln, hupende Autofahrer und hinter ihm herpfeifende Polizisten durch die Hauptstadt raste. Vom Juli 1959 an mußte er sich beeilen, sein eigenes Flugzeug rechtzeitig zu erreichen. Nachdem Joe die Ken-Air Corporation gegründet hatte, kaufte er eine Convair, die er für 1,75 Dollar pro Meile an Jack vermietete. Das Flugzeug wurde *Caroline* getauft, und Jack legte in den nächsten vierzehn Monaten fast 160 000 Kilometer in ihm zurück.

»Er kämpfte hart und war immer unterwegs«,[24] sagte Jackie über diese Zeit. Um mit ihm zusammen zu sein, mußte sie mitunter an einem Politiker-Lunch teilnehmen – genau die Art von Veranstaltung, die sie eigentlich nicht ausstehen konnte. Sechs Plätze von Jack entfernt sitzend, sah sie zu ihm hinüber und sagte dann zu dem Herrn zu ihrer Rechten: »So nahe war ich meinem Mann beim Lunch vier Monate lang nicht!«[25]

Aber Jackie begleitete ihn nicht immer, worüber Jack manchmal enttäuscht war. »Jackie leistet in ihrem Privatleben Hervorragendes«, sagte er eines Tages in ihrer Gegenwart zu einem Freund, »aber glaubst du, daß sie es in ihrem politischen Leben

Donald Spoto

jemals zu etwas bringen wird?«[26] Woraufhin seine Frau sich sofort dem Freund zuwandte und ruhig fragte: »Jack leistet in seinem politischen Leben Hervorragendes, aber glaubst du, daß er es in seinem Privatleben jemals zu etwas bringen wird?« Charles Bartlett sagte damals: »Sie lockert Jack auf, wenn er die Dinge zu ernst nimmt, und sie dämpft ihn, wenn er zu sehr abhebt. Sie hat einen sarkastischen, trockenen Humor, der nichts mit den derben Frotzeleien der Kennedys zu tun hat.«[27]

Jackie war keinesfalls immer so schüchtern, wie sie von den Menschen eingeschätzt wurde. Als ein Mitglied des Democratic National Committee sie einmal fragte, wo ihrer Ansicht nach der nächste Parteikongreß stattfinden sollte, antwortete sie mit Blick auf ihren Mann, der schon wieder zu einem Termin hastete, »Acapulco«.[28] Zu seiner angekündigten Präsidentschaftskandidatur äußerte sich Jackie offen: »Dies ist eine Zeit, in der wir nicht viel vom Leben haben«, sagte sie wehmütig zu einem Reporter, während sie ihre Tochter an sich drückte. »Dabei sollten wir uns an unseren Kindern erfreuen, reisen, Spaß haben.«[29]

Im März 1959 heiratete Jackies Schwester zum zweiten Mal. Die Zeremonie fand in aller Stille und ohne Presserummel in Virginia statt, obwohl Braut und Bräutigam sich sonst gerne selbst darstellten. Diesmal hatte sich Lee in den Londoner Geschäftsmann Stanislas Radziwill verliebt, der mehr als zwanzig Jahre älter und zweimal geschieden war. Seine dunkle Hautfarbe, sein Schnurrbart und sein vornehmes Auftreten erinnerten Jackie an ihren Vater.

Radziwills Familie hatte dreihundert Jahre lang einen Fürstentitel getragen, der ihr vom Heiligen Römischen Kaiser verliehen worden war. Der Vater des Bräutigams war vor dem Zweiten Weltkrieg polnischer Staatssekretär gewesen, wurde in ein Konzentrationslager eingeliefert und starb völlig verarmt. Sein Sohn Stanislas (»Stash« genannt) floh aus Polen in die Schweiz und ließ sich schließlich in London nieder, wo er ins Immobiliengeschäft einstieg. Als er Lee begegnete, war er geschäftlich so erfolgreich, daß er ein herrschaftliches Haus in London, ein Landhaus und ein großes Appartement in der Fifth Avenue besaß. Obwohl er nach britischem Recht auf seinen Titel verzichten mußte, als er der Krone Treue schwor, hatte Radziwill weiterhin das Auftreten und Gebaren eines »Fürsten«.

Das fand Lee offenbar äußerst attraktiv, und obwohl der Titel eigentlich nicht mehr existierte, ließ sie sich mit Fürstin Radziwill ansprechen, so auch in der *New York Times* vom 19. März. Den Reportern wurde unrichtigerweise gesagt, »der Fürst stamme von den polnischen Königen ab«. Doch trotz aller Selbstinszenierung war der »Fürst« auch nur ein Mensch: Fünf Monate nach der Hochzeit in Virginia brachte Lee einen Jungen zur Welt. Ein Adelstitel gehörte nicht zu den Geschenken, die das Baby bekam.

In jenem August besuchten Jack und Jackie Joe Kennedy an der Riviera – nicht, um dort Urlaub zu machen, sondern um Winston Churchill zu treffen. Thema des Gesprächs war Jacks Katholizismus, der einem Wahlerfolg möglicherweise im Wege stand, und das Gespräch fand auf der prächtigen Yacht *Christina* von Aristoteles Onassis statt. Von dieser Reise behielt Jackie Aris Großzügigkeit und ungezwungene Höflichkeit in Erinnerung. Er erzählte sehr anschaulich von griechischen Sagen und den griechischen Inseln und lud die Kennedys zu einem ihnen genehmen Zeitpunkt zu einer Kreuzfahrt auf der *Christina* ein.

An Weihnachten waren sie in Hyannisport, wo Jack die Rede entwarf, mit der er seine Kandidatur für die Nominierung zum demokratischen Präsidentschaftskandidaten ankündigen wollte und die er am 2. Januar 1960 in Washington hielt. »Hätte Jack sich nicht um das Präsidentenamt beworben, wäre er wie ein Tiger in einem Käfig gewesen«,[30] sagte Jackie mit einem Anflug von Resignation. Als diese Gefahr gebannt war, gönnten sie sich mit Caroline und dem Kindermädchen Shaw einen Urlaub im Half Moon Hotel in der Montego Bay auf Jamaika.

Obwohl sie den Idealismus ihres Mannes teilte und seine ehrgeizigen Ziele unterstützte, wußte Jackie auch, daß ihr Leben an einem kritischen und vielleicht sogar gefährlichen Wendepunkt angelangt war. Am 11. Januar nahm sie einen Bogen von dem Briefpapier des Hotels und schrieb schnell einen letzten Willen nieder, den sie an Jacks Sekretärin Evelyn Lincoln schickte: »Falls wir nicht aus Jamaika zurückkehren sollten, schicken Sie Beilie-

Donald Spoto

gendes bitte an Jacks Rechtsanwalt. Ansonsten zerreißen sie es!«
Mrs. Lincoln war hilfreich, aber ungehorsam, denn fast vierzig
Jahre später tauchte der Brief bei einer Versteigerung auf.

> Mein letzter Wille und mein Testament. Ich, Jacqueline Bouvier
> Kennedy, möchte Vorsorge für meine Tochter Caroline treffen.
> Im Falle des Todes ihrer Eltern soll sie bei dem jüngsten Bruder
> ihres Vaters, Edward M. Kennedy, und seiner Frau Joan leben
> und dort wie deren eigenes Kind erzogen werden. Sie soll so viel
> Zeit wie möglich, auch die Ferien und Sommerferien, bei meiner
> Schwester Caroline Bouvier Radziwill, ihrem Ehemann Stanislas
> Radziwill und ihrem Sohn Antoni verbringen. Ich möchte, daß
> sie ihnen ebenso nahe steht wie der Familie ihres Vaters. Alles,
> was ich besitze, hinterlasse ich ihr – Geld, Pelze, Schmuck usw.

Als Jack erst um seine Nominierung und dann um das Präsidentenamt kämpfte, war klar, daß Joe Kennedy – der fast 30 Millionen
Dollar ausgab, um sein letztes und höchstes Ziel zu erreichen – in
Jackie einen unschätzbaren Trumpf sah. Ihr würdevolles Auftreten,
ihre Schönheit, ihr Stil und ihre Intelligenz konnten für einen ganz
neuen Zugang zur Politik und die Darstellung einer Politikerfami-
lie eingesetzt werden. Auch Jack wußte den Gewinn zu schätzen,
den seine Frau für ihn und seinen Wahlkampf bedeutete: Sie sollte,
so sagte er, im ganzen Land bekannt gemacht werden, aber »unterschwellig, wie in einem dieser kurzen Fernsehspots«.[31]
Jackie hatte von ihrer Mutter perfekte gesellschaftliche Umgangsformen und von ihrem Vater einen ausgeprägten Sinn für
eine vorteilhafte äußere Erscheinung mitbekommen – genau die
Eigenschaften, die auch Rose und Joe Kennedy schätzten. Aber
nie strebte sie nach sozialem oder politischem Aufstieg, und nie
hätte sie ihr eigenes Wesen verfälscht, um den Ehrgeiz anderer zu
befriedigen; ihr eigener hielt sich ohnehin in Grenzen. Sie wollte
in erster Linie das erreichen, was ihren Eltern nicht gelungen war:
Sie wollte eine gute Ehe mit all ihren komplizierten Kompromis-
sen führen und den Kindern, die sie und ihr Mann sich wünschten, ein gutes Zuhause geben. Darin sah sie keine Unterordnung
oder Demütigung.

Daß sie ihren Mann im Wahlkampf tatkräftig unterstützte und dann die First Lady wurde, diese Rolle fiel ihr zu, sie hatte sich nicht darum bemüht. Wenn es unausweichlich war, eine Verantwortung zu übernehmen, betrachtete sie sie, genau wie ihre Heldinnen aus der Geschichte, als ihr Schicksal. Sie wuchs – manche würde sagen, souverän – in diese Rolle hinein. Die von ihr bevorzugten Heldinnen Corneilles aus dem klassischen französischen Drama hatten sie gelehrt, daß ihr Ruhm in der Pflichterfüllung lag. Mit ihnen hätte sie von *ma gloire* sprechen können, aber nicht, um zu übertreiben oder sich selbst zu erhöhen, sondern um ihre Berufung, ihren Platz in der Geschichte zu umreißen und dann den Mut aufzubringen, sich der Herausforderung zu stellen.

So gesehen, war Jackie keineswegs passiv. Im Gegensatz zu der damals in Amerika in Mode kommenden falschen Bescheidenheit weigerte sie sich zu glauben, daß sie unwichtig oder daß ihr Leben bedeutungslos sei, daß sie wenig tun könne und keine Verantwortung habe. Ihre Einstellung und ihr Handeln hatten Gewicht, davon war sie überzeugt; ihre innere Stimme sagte ihr, welchen Beitrag sie würde leisten können – nicht nur zum Leben derjenigen, die sie liebte, sondern auch zum Leben der Gesellschaft. Dies hatte etwas von einer religiösen Überzeugung, obgleich sie es nie in der traditionellen Sprache der Religion zum Ausdruck brachte.

Zu Beginn des Jahres 1960 verfaßte Jackie nicht nur ein Testament, das materielle Werte betraf, sondern versuchte auch, in bezug auf immaterielle Werte mit sich ins reine zu kommen. Sie fragte sich, in welcher Weise sie einem Schicksal, in dem sie eine Berufung sah, gerecht werden konnte, ohne sich dafür zu entschuldigen oder sich selbst auf ein Podest zu stellen. Zum stillen Erstaunen der Freunde und Berater ihres Mannes las sie die Schriften des amerikanischen protestantischen Theologen und Ethikers Reinhold Niebuhr. Er hatte seit Jahren in Büchern wie *Moral Man and Immoral Society* und *Christianity and Power Politics* über die tiefste Form des Glaubens geschrieben. Diese bestand laut Niebuhr nicht bloß in der Aufforderung zu einem moralischen Leben; sie strebte eine gerechte Ordnung an, die die Gesellschaft vor ihrer eigenen Eigennützigkeit schützte. In seinem

Donald Spoto

absolut ehrlichen und radikalen Eintreten für eine gesellschaftliche Ethik wollte er die aktivsten Ausdrucksformen menschlicher Solidarität nicht von Liebe losgelöst sehen. Nicht von ungefähr hatte seine Arbeit damals einen großen Einfluß auf die Aktivitäten von Reverend Dr. Martin Luther King jr.

Was hielt Jack von den ausgefallenen Interessen seiner Frau? »Ich weiß nie, was sie als nächstes tun wird«,[32] antwortete er mehr mit echter Verwunderung als mit Mißbilligung. Er mochte sie, weil sie anders, unberechenbar und nie langweilig war – und am meisten deswegen, weil sie es ihm und seiner Familie recht machen wollte. Daß sie dies wollte, hatte etwas mit Jacks positivsten Eigenschaften zu tun: sein völliger Mangel an Überheblichkeit und seine Lernbereitschaft. Welche menschlichen Schwächen er auch hatte, ein aufgeblasenes Ego und eine Überschätzung seiner geistigen Fähigkeiten gehörten gewiß nicht dazu; Jackie bemühte sich denn auch zehn Jahre lang, ihren Mann dazu zu bringen, sich selbst ein wenig ernster zu nehmen.

Sie ordnete ihre grundsätzliche Abneigung gegen die Politik den Bedürfnissen ihres Mannes unter, wodurch auch sie selbst die Möglichkeit bekam, ein eigenes Profil zu gewinnen. In der ersten Hälfte des Jahres 1960 begleitete sie ihn häufig bei seinem Wahlkampf, und ihr Einfluß war alles andere als unbedeutend – ob es sich um kurze Aufenthalte in kleinen Orten oder um ausgedehnte Empfänge in einem Dutzend Staaten handelte. Kenneth O'Donnell und Dave Powers, die bei jedem öffentlichen Auftritt in Kennedys Nähe waren, erzählten noch Jahre später, wie sich Jackie in jenem Januar und Februar eingesetzt hatte, wie sie bei Schnee und Wind aus dem Auto gestiegen war, um mit den Menschen auf der einen Straßenseite zu reden, während ihr Mann sich um die andere Seite kümmerte. »Jackie zieht mehr Menschen an als ich«,[33] sagte Kennedy damals häufig.

Vor den Vorwahlen in Wisconsin sprang sie zum Beispiel für Jack ein, als dieser wegen einer Abstimmung im Senat nach Washington zurückkehren mußte. In kleinen Städten von La Crosse bis Stevens Point, von Marshfield bis Neillsville sprach sie über die Ziele ihres Mannes für Amerika. Ihre Aussagen waren zwar meistens sehr allgemein gehalten, aber sie trug sie mit einer solchen Überzeugung vor, daß die Meinungsforscher die Pro-Kennedy-Stimmen fast minütlich wachsen sehen konnten.

»Man schüttelt nachmittags Hunderte von Händen und abends noch einmal«, sagte sie später.

Man wird so müde, daß man gleichzeitig lacht und weint. Aber man schafft es. Man nimmt es als etwas, das man tun muß. Man wußte, daß es auf einen zukommen würde, und man wußte, daß es sich lohnen würde. Nach einer gewissen Zeit verschwimmen die Orte, ja, tatsächlich. Ich erinnere mich nur noch an Menschen, die sich zum Empfang aufgestellt hatten, nicht an Gesichter. Man spürt bei diesen Menschen Schüchternheit, Ängstlichkeit und eine riesengroße Erwartung. Diese Frauen, die bei einer Veranstaltung zu mir kommen – sie sind genauso schüchtern wie ich. Manchmal stehen wir einfach da, lächeln uns an und sagen kein Wort.[34]

In Kenosha ging sie in einen Supermarkt und hörte über die Lautsprecher die Durchsage von Sonderangeboten. Einen Augenblick später hatte sie den Geschäftsführer gefunden, ihn mit ihrem Lächeln betört und das Mikrofon in die Hand genommen. »Setzen Sie Ihren Einkauf fort«, sagte sie, »während ich Ihnen etwas über meinen Ehemann John F. Kennedy erzähle. Er diente seinem Land während des Krieges und hat das Gleiche vierzehn Jahre lang im Kongreß getan. Ihm liegt das Wohlergehen unseres Landes sehr am Herzen, daher bitte ich Sie, ihn zu wählen.« Im ganzen Geschäft schienen die Einkaufswagen still zu stehen, und einem Pressemann zufolge, der den Kennedys nicht sehr gewogen war, »hätte man eine Nadel fallen hören können, als sie redete«.[35]

Am meisten mochten die Menschen an ihr, daß sie aufrichtig und unprätentiös war: Sie weigerte sich entschieden, über Themen zu sprechen, von denen sie nichts verstand, und sie setzte nie Kandidaten der Gegenseite, wie beispielsweise Hubert Humphrey, herab. Wenn sie Schulen besuchte, sagte sie zu den Reportern, daß die Kleinsten sie an ihre Tochter erinnerten und daß sie Sehnsucht nach ihr habe. Die *New York Times* berichtete über ihren

Besuch unter der Überschrift »Kennedys Ehefrau bezaubert die Wähler«.

Was sie gar nicht mochte, waren politische Cocktailpartys oder Veranstaltungen, die nur der Geldbeschaffung dienten. »Das war nichts für sie«, erinnerte sich Elizabeth Gatov, ehemalige Finanzministerin und führende demokratische Politikerin aus Kalifornien. »Sie machte einen äußerst vorteilhaften Eindruck, aber an politischen Diskussionen wollte sie nicht teilnehmen.«[36]

Jack kehrte rechtzeitig aus Washington zurück, um sich und seine Frau polnischstämmigen Amerikanern vorzustellen, die überrascht waren, als Jackie einige Worte auf polnisch sagte. In Madison hatte er Probleme mit einem Mann von der Presse, mit dem ein privates Interview über seine Religion in ihrer Hotelsuite stattfand. Da das Gespräch zu nichts führte und Kennedy über den Sarkasmus des Mannes frustriert war, fuhr er ihn verärgert an: »Schreiben Sie doch, was Sie wollen, Sie bösartiger Antikatholik« – worauf der Mann antwortete: »Sie können mich mal ...«[37]

Da stand Jackie auf, legte ihr Buch – den zweiten Band von General de Gaulles Erinnerungen – beiseite, lächelte und streckte ihre Hand aus: »Auf Wiedersehen, Mr. McMillan. Es war nett, Sie wiedergesehen zu haben.«

Mr. McMillans Bericht über das Treffen fiel ziemlich schmeichelhaft aus. Zu der Diskussion über einen potentiellen Konflikt zwischen Jacks Loyalität gegenüber dem römisch-katholischen Glauben und seinem möglichen Amtseid äußerte sich Jackie offen: »Es ist wirklich unfair, daß Leute gegen Jack sind, weil er Katholik ist. Er ist so ein *schlechter* Katholik. Wenn es *Bobby* wäre, könnte ich es verstehen!«[38]

Im April und Mai machte Jackie mit Jack eine Rundreise durch West Virginia. »Nur so kann ich in seiner Nähe sein«,[39] sagte sie zu einem Interviewer. Sie besuchte die ärmsten Teile des Landes und wurde zum ersten Mal mit der großen materiellen Not konfrontiert, über die sie bislang nur gelesen hatte. Zu jedermanns Überraschung ging sie in die Hütten der Bergleute, sprach mit deren Frauen, und an einem kalten, feuchten Tag bat sie ihren Chauffeur Ed King, das Auto neben den Eisenbahngleisen anzuhalten. Sie hatte dort eine Gruppe von verzweifelten, streikenden

Eisenbahnarbeitern gesehen, und sprach mit ihnen eine Stunde lang über ihre Probleme. »Ich kann es kaum glauben«, sagte Jack. »Ich bin sehr stolz auf Jackie.«[40] In einer Notiz für seinen Mitarbeiterstab schrieb er: »Wir müssen sie mehr herausstellen.«

Jackie schrieb darüber später an einen Freund: »Diese Menschen haben mich am meisten angerührt.« Ihre Lektüre der Schriften Niebuhrs, die sie ebenso stark beeinflußten wie ihre Gespräche mit Berenson und ihre Liebe zu Frankreich, trug Früchte. Bei einem Essen, das die Liberale Partei in New York gab, bat sie darum, neben Niebuhr zu sitzen. Niebuhr, der erwartet hatte, höchst unbeeindruckt von einer Frau zu sein, die seiner Ansicht nach nur mondän wäre, war völlig verblüfft: »Sie hat jedes Buch gelesen, das ich geschrieben habe!«, sagte er zu jedem, der ihm zuhörte.

Bald schlug die Opposition zurück. Als Jackie zum ersten Mal auf der Liste der zehn bestgekleideten Frauen aufgeführt wurde, gab es Berichte über das Geld, das sie für Kleider ausgab, so als hätte irgend jemand auch nur die geringste Ahnung, wie hoch die Summe sein konnte. Waren es in jenem Jahr wirklich 30 000 Dollar? »So viel Geld könnte ich nur ausgeben, wenn ich Unterwäsche aus Zobelfell tragen würde«,[41] sagte sie zu einem Reporter von der *Times*. Als diese Bemerkung auf der ersten Seite erschien, entschied Jack: »Das ist Jackies letzte Äußerung in diesem Wahlkampf!«[42]

Manche versuchten auch, ihr ihr privilegiertes Milieu und ihren vornehmen Geschmack vorzuwerfen, doch sie setzte wie üblich ihren Humor ein, um den Gegner zu entwaffnen. »Wenn Sie die First Lady sind«, sagte ein Reporter zu ihr, »können Sie sich nicht einfach ins Auto setzen und auf Fuchsjagd gehen.«

»Da liegen Sie aber ganz falsch. Das ist etwas, das ich nie aufgeben werde.«

»Aber Sie werden doch Konzessionen machen müssen, nicht wahr?«

»O ja. Ich werde Hüte tragen.«[43] Fast umgehend berichteten Zeitungen und Zeitschriften, daß sich reihenweise Hutmacher zum Haus von Mrs. Kennedy aufmachten.

Donald Spoto

Eine Zeitlang wurde die Presse auf Distanz gehalten. Zu Beginn des Frühjahrs hatte Jackie erfahren, daß sie schwanger war, und im Juni zog sie sich fast ganz aus dem öffentlichen Leben zurück. Während Jack weiterhin Wahlkampf machte, begab sie sich in ihr Haus in Hyannisport, das jetzt durch einen Palisadenzaun geschützt war. Dort las sie Henry Adams Roman *Democracy*. Das zum ersten Mal im Jahre 1880 erschienene Buch, das sich wohl als erster amerikanischer Roman mit politischer Korruption befaßte, erzählt die Geschichte der jungen Witwe Madeleine Lee, die nach Washington kommt, um sich über die Regierung zu informieren. »Was sie wollte, war *Macht*«, schrieb der Autor, den Stil der Emphase unterordnend. Jackie zeigte einigen Mitgliedern der Familie Kennedy einen Abschnitt, den sie markiert hatte:

Das Alte geht: das Neue kommt. Reichtum, Ämter, Macht stehen zur Versteigerung an. Wer bietet am meisten? Wer ist am haßerfülltesten? Wer intrigiert am geschicktesten? Wer hat die schmutzigste, die gemeinste, die dunkelste und die meiste politische Arbeit geleistet? Er soll belohnt werden.«

Jackie hatte an den Rand geschrieben: »Wie? Nichts über die Presse?«[44]

Am Morgen des 14. Juli erwachte Jackie am Cape Cod und erfuhr, daß Jack in Los Angeles von den Demokraten nominiert worden war. Erst zehn Tage zuvor war ihre Schwangerschaft offiziell bekanntgegeben worden, um ihre Abwesenheit auf dem Parteikongreß zu erklären.

Binnen weniger Tage rief Jackie eine Schulkameradin an – Letitia Baldrige, die im Internat Vassar drei Klassen über ihr gewesen war und deren Eltern Freunde der Auchincloss waren. Tish Baldrige, wie sie genannt wurde, schloß sich sofort als Public Relations-Beraterin dem Kennedy-Team an; nach der Wahl im November wurde sie Jackies Privatsekretärin, eine Position, die sie bis 1963 innehatte. Doch im Juli, als Jack und Jackie sie offiziell beriefen, waren manche Leute befremdet, denn Baldrige war eine stramme Republikanerin, die für die Botschafter in Paris und Rom gearbeitet hatte und damals die PR-Beauftragte von Tiffany war.

Als Jack zum Cape zurückkehrte, begrüßte Jackie ihren Mann mit einer lustigen Zeichnung, auf der sie, Caroline, Nanny Shaw und eine Blaskapelle an einer Anlegestelle zu sehen waren: Sie bejubeln den siegreichen Jack, der auf einem Kanu kommt, ähnlich Washington, der den Delaware überquerte. Menschenmengen stehen am Ufer, Kanonenboote schießen ein Feuerwerk in den Himmel, und über den winzigen Gestalten Joe und Rose (die Urlaub in Europa machten) kreist ein kleines Flugzeug. Darunter die Unterschrift: »Du hast es wieder einmal geschafft Johnny – ruf uns in Cap d'Antibes an.«

Jetzt bekam sie vom Democratic National Committee die Zustimmung zu einem Projekt, das sie sich ausgedacht hatte: Sie sollte für mehrere Zeitungen Kolumnen mit dem Titel »Eine Ehefrau im Wahlkampf« schreiben, die auf die besonderen Interessen und Probleme von Frauen zugeschnitten waren. Diese sechs kurzen Essays, die zwischen dem 29. September und dem 1. November erschienen, ähnelten Eleanor Roosevelts früheren »Mein Tag«-Kolumnen und waren voll von Lobliedern auf ihren Mann. Jackie sprach so schwierige Themen an wie die Finanzierung des Bildungswesens, medizinische Versorgung für ältere Menschen und Wählerregistrierung, und sie schrieb alles selbst.

Am 29. September 1960 hatte sie zusammen mit Jack ihr internationales Fernsehdebüt in der Sendung *Person to Person*, die von CBS in der ganzen Welt ausgestrahlt wurde. »Was sollte die Hauptaufgabe einer First Lady sein?« fragte Charles Collingwood.

»Auf den Präsidenten achtzugeben«, erwiderte Jackie, als wäre dies eine dumme Frage, »damit er dem Volk sein Bestes geben kann. Und ihre Familie, ihren Ehemann und ihre Kinder nicht zu vernachlässigen.« 1960 galt dies weder als eine dürftige noch als eine altmodische Antwort.

Im siebten Monat ihrer Schwangerschaft begleitete Jackie Jack am 19. Oktober tapfer zu einer Konfettiparade in Manhattan. Über eine Million New Yorker säumten dreißig Kilometer lang die Straße vom unteren Broadway bis Yonkers in Westchester County und zurück. Ihr Auto wurde häufig angehalten, weil Menschen die Polizeikette durchbrachen, um ihnen die Hand zu geben, Autogramme zu bekommen, ihnen nahe zu sein. Das Gedrängel war zeitweise so groß, daß Jackie abends sagte: »Man hatte das Gefühl, die Seitentüren des Wagens würden nachgeben.«[45] Aus Sorge um das ungeborene Kind verließ sie die Wagenkolonne nach dem Mittagessen.

Am selben Tag wurde Reverend Dr. Martin Luther King jr. in einem Kaufhaus in Atlanta verhaftet, weil er an einer friedlichen Menschenrechtsdemonstration teilgenommen hatte. Die Anklage gegen ihn und andere Demonstranten wurde zwar fallengelassen, aber sechs Tage später wurde King zu vier Monaten Zwangsarbeit auf einer Gefängnisfarm in Georgia verurteilt. Die Angelegenheit fand sofort große Resonanz in der Presse, und dies vor allem deswegen, weil Präsident Eisenhower weder etwas unternahm noch einen Kommentar dazu abgab.

Harris Wofford, ein Anwalt, der sich besonders für die Menschenrechte engagierte, war 1958 und 1959 Berater von Reverend Theodore Hesburghs Kommission für Menschenrechtsfragen gewesen, damals die erste ihrer Art. Danach holte Hesburgh als Präsident der Notre Dame University Wofford als Juradozenten an diese Universität. Im April 1960 schloß sich Wofford dem Kennedy-Team als Redenschreiber und Experte für Asien, Afrika und Lateinamerika an.

Als im Laufe des Wahlkampfes klar wurde, daß es schwer sein würde, farbige Wähler zu gewinnen, beauftrage Jack Wofford mit der Leitung der Abteilung, die sich speziell mit dem Thema Bürgerrechte befaßte. Es ist wichtig, die dann folgenden Entwicklungen detailliert darzustellen, weil dadurch Jacks und Jackies unterschiedliche Herangehensweise an eine so bedeutsame Frage erkennbar wird. Wofford war später Leiter des amerikanischen Peace Corps, Senator für Pennsylvania, Buchautor und einer der engagiertesten amerikanischen Politiker auf dem Gebiet der Menschenrechte und der Wehrpflicht.

Wofford bereitete für Kennedy eine öffentliche Erklärung vor, die Kings Festnahme verurteilte und seine Freilassung forderte, was natürlich politische Reaktionen hervorrief. Kennedy wurde mitgeteilt, er werde, falls er die Erklärung abgebe, die Unterstützung von drei Südstaatengouverneuren verlieren; einer von ihnen sagte, wenn Kennedy Chruschtschow oder King unterstützen würde, würde sein Staat an Nixon fallen. Dadurch verzögerte sich die Abgabe der Erklärung; als nach einigen Tagen immer noch nichts passiert war, erhielt Wofford einen Anruf von Mrs. King, die im sechsten Monat schwanger war und große Angst um ihren Mann hatte. Kennedy konnte schließlich überredet werden, sie wenigstens anzurufen; zugleich wurde an einer Lösung des schwierigen Problems gearbeitet.

Jack war noch einem anderen Überzeugungsversuch ausgesetzt, der mehr moralisch motiviert war. Jackie hatte Kings Buch *Stride Toward Freedom* gelesen (dessen Koautor niemand anderes als Harris Wofford gewesen war) und bezog Stellung zur Menschenrechtsfrage. Jack mußte Kings Freilassung erreichen: Kings Buch hatte sich ausdrücklich auf Reinhold Niebuhr als geistigen Mentor berufen, und dieser hatte Kennedy gerade seine Unterstützung zugesichert – dank Jackie. Sie erklärte ihrem zaudernden Ehemann, daß Niebuhr King zu wichtigen Erkenntnissen verholfen hatte, nämlich über »die Komplexität der sozialen Beziehungen des Menschen ... die offenkundige Realität des kollektiven Bösen ... die Illusionen eines oberflächlichen Optimismus in bezug auf die menschliche Natur und die Gefahren eines falschen Idealismus« [Zitat King].[46]

Die von ihr vertretene philosophische und soziale Position sowie Woffords moralischer und politischer Druck wurden in Kennedys Entscheidungsprozeß aufgenommen. Er rief Mrs. King an und versicherte ihr seine Sympathie und Unterstützung; am 26. Oktober legte Robert Kennedy Berufung gegen das Urteil ein und forderte die Freilassung Kings. Dieser wurde gegen Kaution auf freien Fuß gesetzt, und die positive Reaktion der farbigen Wählerschaft auf Kennedys Eingreifen drückte sich einige Tage später in Zahlen aus, denn er erhielt von ihr sehr viele Stimmen.

Jahre später zeigte sich Harris Wofford keineswegs überrascht, als er von Jackies Intervention in dieser Angelegenheit hörte. »Ich war und bin ein großer Fan von John F. Kennedy«, sagte er.

Aber ich glaube nicht, daß er in der Politik irgendeine leidenschaftliche moralische Vision hatte. Er glaubte, daß es mit dem

Donald Spoto

Einsatz von Vernunft möglich sei, gesellschaftliche Probleme couragiert, kompetent, geschickt und mit einer Portion Humor zu lösen. Im Gegensatz zu Bobby, der Hoffa leidenschaftlich verfolgte, der die Kommunisten leidenschaftlich verfolgte, der noch leidenschaftlicher für die Rechte der Schwarzen und für die Armen eintrat und der den Vietnam-Krieg vehement ablehnte, war John Kennedy ein kühler Kopf. Ich würde sagen, Jacqueline besaß in diesen Fragen eine moralische Warmherzigkeit, die John abging. Er nahm die Politik und die menschliche Existenz mehr von der humorvollen Seite. Ich bin mir sicher, daß er rational und moralisch über die schlechte Behandlung der Schwarzen betroffen war, aber er hatte andere Gründe, in dieser Sache aktiv zu werden.[47]

Wie in ihrem Engagement für nukleare Abrüstung stützte sich Jackie auch auf ihr theoretisches Wissen – in diesem Fall ihre Kenntnis der Arbeit und der Grundsätze von Niebuhr und King –, wenn es um grundlegende Menschheitsfragen ging. Daß sie an Politik nicht interessiert gewesen sei, ist blanker Unsinn: Politik war für sie mehr als eine persönliche Angelegenheit; sie war der Schauplatz, auf dem die höchsten Werte zum Wohl der Allgemeinheit verwirklicht werden konnten.

Am Dienstag, dem 8. November 1960, gingen Jackie, Jack und 68 Millionen andere Amerikaner zur Wahl. Jackie gab nur eine Stimme ab, die Kandidaten für alle anderen Ämter waren ihr gleichgültig. »Es ist ein seltenes Erlebnis, daß man für seinen eigenen Ehemann als Präsidenten der Vereinigten Staaten stimmen kann«, sagte sie, »ich wollte es nicht dadurch schmälern, daß ich noch für jemand anderen gestimmt hätte.«[48]
Sie verbrachten den Tag und den Abend in Hyannisport in einer Atmosphäre banger Erwartung: Ein Sieg Kennedys stand keineswegs fest. Auch um drei Uhr morgens, als Jackie schließlich zu Bett ging, gab es noch keine Entscheidung. Eine Stunde später schlief auch Kennedy ein. Am Mittwochmorgen wurden die ersten Zahlen bekanntgegeben, und jetzt zeichnete sich ein klares Bild ab. John F. Kennedy war tatsächlich zum 35. Präsidenten der

Vereinigten Staaten gewählt worden – jedoch mit dem in der Geschichte knappsten Vorsprung. Obwohl er 303 von 537 Wahlmännerstimmen gewonnen hatte, hatte er nur 49,72 Prozent der Stimmen erhalten; Richard Nixon war auf 49,55 Prozent gekommen. Kennedy hatte mit einer Mehrheit von nur 114 673 Stimmen gesiegt; weniger als die Hälfte der Staaten hatten sich auf seine Seite geschlagen.

Jackie, die kurz vor ihrer Niederkunft stand, fühlte sich in dem Rummel nicht wohl, den die Familie Kennedy veranstaltete, um Jacks Sieg zu feiern; ihr war das aufgeregte Treiben von Jacks Eltern, Brüdern, Schwestern, Schwagern und Schwägerinnen zuviel. Wie immer paßte deren etwas aggressive Umtriebigkeit nicht zu ihrer ruhigen Besinnlichkeit und ihrem Bedürfnis nach Rückzug. »Sie schien benommen, als die vielen Leute ihr stürmisch gratulierten«,[49] erinnerte sich der Fotograf Jacques Lowe, der den Wahlkampf dokumentiert hatte und jetzt am Ort des Geschehens war. Wie so oft seit ihrer Kindheit suchte Jackie Ruhe und Frieden bei Spaziergängen an der Küste, wo sie sich Gedanken über die zurückliegenden Ereignisse und die Zukunft machen konnte. Sie ging langsam und mit gesenktem Kopf; so fand Jack sie am Strand.

In der Presse wurde natürlich jede Einzelheit von John Kennedys Sieg breitgetreten. Er war der jüngste Mann, der je ins Weiße Haus gewählt worden war, der erste Katholik, der erste, der seit seiner Jugend Millionär war. Mit ihren einunddreißig Jahren war Jackie zwar nicht die jüngste Ehefrau eines amerikanischen Präsidenten – diese Auszeichnung kam den Gattinnen von John Tyler und Grover Cleveland zu –, aber sie war die erste, die im zwanzigsten Jahrhundert geboren worden war.

Sie war Fotoreporterin gewesen, sie war mit bestimmten Filmen und Fanmagazinen groß geworden, und sie war mit ihrem Mann auf Reisen gegangen, als das Wort *paparazzi* gerade erfunden und deren Allgegenwart spürbar wurde. (Das Wort stammt aus dem Italienischen. 1959 gab der italienische Regisseur Federico Fellini der Gestalt eines sensationslüsternen Fotojournalisten in seinem Film *La Dolce Vita* den Namen Paparazzo. Fellini hatte diese Idee von seinem Koautor Ennio Flaiano übernommen, der in einem Roman von George Gissing aus dem neunzehnten Jahrhundert mit dem Titel *By the Ionian Sea* auf die Gestalt des Coriolano Paparazzo gestoßen war.)

Die Welt und diejenigen, die sie dokumentierten, das erkannte Jackie, veränderten sich so schnell, daß niemand die Veränderungen voll ermessen konnte. Jackie wußte um Meinungsumfragen und Popularitätsbarometer, um die Presse und Reporter, um das unerbittliche Eindringen in die Privatsphäre, und sie mißtraute der Bewunderung, die ihr häufig aus den falschen Gründen entgegengebracht wurde – wegen ihrer Schönheit oder ihres mondänen Flairs oder auch wegen ihrer scheinbaren Passivität. So wie sie die ihr vom Schicksal zugewiesenen Rollen nie angestrebt hatte, ließ sie sich nie in diesen Rollen feiern.

Zwei Tage nach der Wahl sagte sie zu einem Reporter, daß sie darüber nachdachte, wie sie ihre Kinder würde erziehen können, wenn die Familie ständig im grellen Licht der Öffentlichkeit stünde. »Darüber habe ich mehr als über alles andere nachgedacht«,[50] sagte sie zu Nan Robertson von der *New York Times*. »Ich möchte nicht, daß meine Kinder von Kindermädchen und Geheimdienstleuten aufgezogen werden.« Es stellte sich heraus, daß dies eine versteckte Warnung an potentielle Eindringlinge war. Einige Tage später fügte sie hinzu: »Ich habe das Gefühl, zu einem öffentlichen Besitz geworden zu sein. Es ist wirklich erschreckend, wenn man mit einunddreißig Jahren seine Anonymität verliert.«[51] Sie sollte sie nie wieder zurückgewinnen.

Am Freitag, dem 11. November, drei Tage nach dem Wahltag, verließen Jack, Jackie und Caroline Cape Cod. Der zukünftige Präsident, der nach Palm Beach fahren wollte, um mit seinem Vater und einem Mitarbeiterstab zu konferieren, machte Halt in Washington, von wo aus Jackie und Caroline in ihr Haus in Georgetown fuhren. Das Baby sollte Anfang Dezember kommen, die Reise war beschwerlich, und da sie wahrscheinlich an den Verlust von Arabella dachte, wollte sie die verbleibende Zeit in der Nähe ihres Arztes verbringen. Erstaunlicherweise machte ihr Mann keine Anstalten, die Konferenzen mit seinen politischen Freunden in Washington abzuhalten – sie mußten ja nicht unbedingt in seinem Haus, konnten aber vielleicht in der Suite eines nahegelegenen Hotels stattfinden. Die Auchinclosses, die in diesem Wahlkampf ausnahmsweise zur Demokratischen Partei übergewechselt waren, boten ihm sogar die Hammersmith Farm an, die unter anderem den Vorteil hatte, daß sie gut gesichert werden konnte. Aber nein, es mußte Palm Beach sein, aus welchen Gründen auch immer. Von dort aus flog Jack nach Texas, wo er mit dem zukünftigen Vizepräsidenten Lyndon Johnson zusammentreffen wollte.

Unterdessen beschloß Jackie, nicht einfach untätig auf ihr Baby zu warten. Sie rief Letitia Baldrige zu sich, und zusammen sprachen sie mit Mitgliedern des Weißen Hauses über das Standardprotokoll für Empfänge und Essen. Jackie hatte dazu einige neue Ideen. »Mrs. Kennedy wird viele Neuigkeiten mitzuteilen haben«,[52] kündigte Baldrige auf einer kurzen Pressekonferenz überschwenglich an. »Das gesamte Unterhaltungsprogramm für Gäste wird umgemodelt werden. Zunächst wird man experimentieren.« Sie wüßten noch nicht, fügte sie hinzu, was bei den Leuten gut ankommen würde: Sie würden einiges ausprobieren und dann sehen, wie es funktionierte. Eine größere Anzahl von Gästen könnte beispielsweise an einem informellen Empfang teilnehmen.

Für manche klang das nach einer königlichen Gartenparty: Viele Menschen würden nicht einmal in die Nähe der Gastgeber gelangen. Doch die meisten hatten das Gefühl, als würde demnächst ein frischer Wind in Washington wehen, »nach acht Jahren Eisenhowerscher Ruhe und Behäbigkeit«, wie Helen Thomas, die Korrespondentin im Weißen Haus für *United Press International*, es ausdrückte, »acht Jahre, in denen wir uns älter gefühlt haben, als wir sind.«[53]

Am Mittwoch, dem 23., kehrte Jack zurück, um den Thanksgiving Day und am darauffolgenden Sonntag Carolines dritten Geburtstag zu feiern. Donnerstagabend um 8 Uhr 20 stand Jack vom Eßtisch auf, gab Jackie und Caroline einen Abschiedskuß und flog mit der *Caroline* wieder nach Florida. Einige Augenblicke später verabschiedete sich Bill Walton, mit dem Jackie über die Frage gesprochen hatte, welche Kunstgegenstände im Weißen Haus ausgestellt werden sollten.

Donald Spoto

Zwei Stunden später lag Jackie lesend im Bett, während ihre Tochter, die Hausangestellte und Maud Shaw bereits schliefen. Plötzlich spürte sie heftige Schmerzen. Ein paar Minuten später begannen laut Krankenhausbericht »leichte Blutungen«, und die Schmerzen nahmen zu. Sie rief Maud Shaw zu sich, die sofort den Geburtshelfer Dr. John Walsh verständigte. Er sagte, er würde bald kommen, aber Miss Shaw sollte sofort einen Krankenwagen rufen.[54]

David Kipps, der bei der Hospital Ambulance, Oxygen and Equipment Company Nachtdienst hatte, nahm den Anruf entgegen und gab die Informationen an den Fahrer Willard Baucom weiter: »Notruf«, sagte er, »fahren Sie in die N Street N.W. 3307 und bringen Sie eine Mrs. Kennedy ins Georgetown University Hospital.«

»*Eine* Mrs. Kennedy?«, wiederholte Baucom, »wissen Sie denn nicht, wer *das* ist?«

»Zuerst habe ich nicht geschaltet«, sagte Kipps am nächsten Tag. »Als bei mir der Groschen gefallen war, wurde ich richtig aufgeregt.«

Nicht so aufgeregt wie die Presse. In allerkürzester Zeit gelangte die Nachricht von der privaten Notdienstgesellschaft über Funk an die Pressebüros. Helen Thomas, erschöpft von der tagelangen Beobachtung der Kennedys, wollte sich gerade zur Nachtruhe begeben, als sie aus ihrem Büro einen Anruf erhielt: »Fahren Sie ins Georgetown Hospital!« Wie andere wichtige Mitglieder des in Washington akkreditierten Pressekorps, die die gleiche Mitteilung erhielten, stürzte sie aus ihrer Wohnung und rief nach einem Taxi.

Jack war unterwegs nach Florida, aber alle Versuche, ihn zu erreichen, schlugen wegen des heftigen Regens an der Ostküste fehl.

Der Fahrer des Krankenwagens fuhr ohne Sirene, aber mit Blaulicht durch die ruhigen Straßen von Georgetown. Er und der Notarzt Walter Myers wurden von der Hausangestellten empfangen. Einige Augenblicke später traf Dr. Walsh ein. Jackie war in ihrem Schlafzimmer im zweiten Stock, blaß und ein bißchen unsicher auf den Beinen. Sie trug einen weißen Pullover, Socken und einen Tweedmantel über ihrem Nachthemd. Sie versuchte zwar zu lächeln, doch jeder sah die Angst auf ihrem Gesicht. »Werde ich mein Baby verlieren?« fragte Jackie Walsh, der ihr rasch versicherte, alles würde gut werden. Sie brachten Jackie in den Krankenwagen und fuhren mit großer Geschwindigkeit ins Krankenhaus, wo alles für den dritten Kaiserschnitt vorbereitet wurde.

In Palm Beach war Kennedys Pressesprecher Pierre Salinger der erste, der kurz nach Mitternacht aus dem Flugzeug stieg. Ein Bote nahm ihn beiseite: Da war ein dringender Anruf aus Washington, aus dem Georgetown University Hospital gewesen. Jack sprach kurz mit Dr. Walsh, der sich gerade für die Operation fertigmachte, und gab der Mannschaft die Anweisung, alles für den Rückflug vorzubereiten. Doch da das einige Arbeit am Flugzeug erforderte, wurde eine normalerweise von der Presse benutzte DC-6 angefordert.

Nachts um 12 Uhr 12 begann die Operation. Kurz darauf, am frühen Morgen des 25. November 1960, brachte Jackie einen sechs Pfund schweren Jungen zur Welt. Um 1 Uhr 14 ging Jack in das Cockpit des Flugzeugs, legte Kopfhörer an und beugte sich über den Bordingenieur. Einen Augenblick später gab Salinger den an Bord anwesenden Reportern die Nachricht durch. Schon bald kam jemand auf den Gedanken, daß dies das erste Baby war, das einem designierten Präsidenten geboren worden war.

Das Flugzeug landete kurz nach 4 Uhr in Washington, und Jack besuchte sofort seine Frau. »Ich bin nie da, wenn sie mich braucht«,[55] sagte er zu Kenny O'Donnell, der niemals die Kühnheit besessen hätte, ihm von Herzen beizupflichten. Als er im ersten Tageslicht das Krankenhaus verließ, stieß er auf einen Trupp Reporter, die nach dem Namen des Babys fragten: »Wieso, er heißt John F. Kennedy jr. Ich glaube, das hat sie beschlossen – so wurde es beschlossen –, ja, John F. Kennedy jr.« In der nächsten Woche wurden die Leitungen der Western Union durch mehr als dreitausend Telegramme blockiert, die der Familie gratulierten, welche im Begriff war, von Amerika mehr ins Herz geschlossen und vereinnahmt zu werden als jede andere First Family – geschweige denn, eine First Family in spe.

Donald Spoto

Das war erst der Anfang der Begeisterung und Bewunderung für die Kennedys – sie grenzten nahezu an Majestätenverehrung. Das kleinste Detail über die Familie wurde aufgegriffen und für eine größere Geschichte ausgeschlachtet. Am 3. Dezember erklärte Associated Press feierlich, das Baby habe den Brutkasten verlassen und sei zum ersten Mal in das Krankenzimmer seiner Mutter gebracht worden war. »Es lag in eine Korbwiege, unter der sich eine Glühlampe befand, um es warm zu halten.«

Als der Junge am 8. Dezember in der Krankenhauskapelle getauft wurde, war das Ereignis bereits Tage vorher lang und breit besprochen worden: wie alles ablaufen und wer in welcher Eigenschaft anwesend sein würde. Wie seiner Geburt widmeten die *New York Times* und Hunderte anderer Zeitungen auch seiner Taufe eine Titelgeschichte, ergänzt um ein dreispaltiges Foto des Babys und seiner Eltern. Die *Times* teilte sogar mit, das Kind habe in neun Tagen fast 60 Gramm zugenommen.

Wenn Menschen Bewunderung entgegengebracht wird, entstehen merkwürdige Formen der Nachahmung. Binnen vierundzwanzig Stunden nach der Geburt des kleinen Kennedys berichteten Journalisten, daß eine Mutter in Massachusetts ihr neugeborenes Kind John Kennedy McInnis und eine in Dallas ihren Sohn John Fitzgerald Endsley genannt hatte. In Louisiana wurde ein John Kennedy Spann, in New York ein John Fitzgerald Saddler und im Westchester County eine Jacqueline Bouvier Trotta getauft.[56]

In alledem sah Jackie zu Recht den Beginn einer alarmierenden und keineswegs schmeichelhaften Entwicklung, die sie bald der Privatsphäre berauben würde, die sie so dringend benötigte. Ihr Verdacht wurde bestätigt, als eine Patientin sie im Krankenhaus erkannte, direkt auf sie zukam und fragte: »Sie sind Mrs. Kennedy, nicht wahr? Ich kenne Sie von Ihren Bildern!«[57] Worauf Jackie seufzend antwortete: »Ich weiß. Das ist ab jetzt mein Problem.«

Nach zwei Wochen verließ Jackie das Krankenhaus und begab sich mit ihrem Baby am 9. Dezember in die N Street. Doch die Rückkehr nach Georgetown sollte nicht lange währen. Sie ließ John dort mit einem Kindermädchen zurück und machte sich, obwohl sie noch geschwächt war und schnell ermüdete, bei Temperaturen unter null Grad zum Weißen Haus auf. Ihre Gastgeberin war Mrs. Eisenhower, die bis zum Wahltag damit gerechnet hatte, ihre alte Freundin Pat Nixon als neue First Lady begrüßen zu können. Als man ihr sagte, Jackie brauche einen Rollstuhl für ihren Gang durch die langen Flure, antwortete Mamie, Mrs. Kennedy könne ja um einen Rollstuhl bitten, wenn sie ihn benötigte – und ließ den Rollstuhl in einem Schrank verstauen. »Ich wußte nicht, ob es einen gab oder nicht«, sagte Jackie später, »aber es war mir zu peinlich, danach zu fragen.«[58]

Jackies anschließende Erschöpfung verstärkte ihren negativen Eindruck von dem Gebäude: »Oh, Gott«, sagte sie ganz ermattet zu ihrer Sekretärin, »es ist der schlimmste Ort der Welt! So kalt und trostlos – ein Gefängnis wie die Lubjanka [das berüchtigte russische Gefängnis]. Es sieht aus, als wäre es mit Möbeln aus Discountläden eingerichtet worden. Ich habe so etwas noch nie gesehen. Ich ertrage den Gedanken nicht, dort einzuziehen! Ich hasse es, ich hasse es, ich hasse es!«[59] Und Tish Baldrige vertraute sie an, das Ganze sehe aus wie »ein Hotel, das im Januar-Schlußverkauf mit Möbeln aus dem Großhandel eingerichtet wurde.« Mamie Eisenhower, die kurz nach dieser Begegnung kein Blatt vor den Mund nahm, muß Jackies spontane Reaktion bemerkt haben: »Sie ist noch schrecklich jung! Und sie möchte in diesem Haus jeden Raum umgestalten! Bei ihr wird es sicherlich zu einigen Veränderungen kommen!«[60] Wie wahr.

Was die ehemaligen First Ladies betraf, so fand Jackie die wärmsten Worte für Bess Truman. »Sie kam mit einer Tochter im schwierigsten Alter ins Weiße Haus und schaffte es, sie verderblichen Einflüssen zu entziehen, so daß sie eine glückliche Ehe führte und ein reizendes Kind hatte. Mrs. Truman hielt trotz der Anforderungen, die das Weiße Haus stellt, ihre Familie zusammen, und das ist äußerst schwer.«[61]

Nachdem Jackie zwei Stunden lang mit Mamie im Weißen Haus verbracht hatte, kehrte sie nach Georgetown zurück, nahm ihr Baby und flog mit ihrem Mann und seinem Übergangsteam in der *Caroline* nach Palm Beach. Kenneth O'Donnell erinnerte sich, daß Jack bei seiner Familie saß, mit seinen Mitarbeitern über die Umsetzung seines sogenannten New Frontier-Programms

Donald Spoto

sprach und so viel Zigarrenrauch in die Luft blies, daß Jackie schließlich protestierte und den designierten Präsidenten mitsamt seinen Männern in die vordere Kabine abschob.

Die Villa der Kennedys bot behagliche Wärme, Abgeschlossenheit und die Aussicht, sich etwas auszuruhen – aber hier konnte man kaum zu sich selbst finden. »Es waren so viele Menschen dort«, sagte Jackie, »daß ich, wenn ich aus dem Badezimmer kam, feststellen mußte, daß Pierre Salinger in meinem Schlafzimmer eine Pressekonferenz abhielt!«[62] Auf der Suche nach einem ruhigen Platz ging sie mit ihrem Notizbuch von einem Teil des Hauses in einen anderen: Sie plante den Umzug aus einem gemütlichen Haus in ein großes öffentliches Gebäude, machte Skizzen von ihrer zukünftigen Garderobe für Oleg Cassini, den sie zu ihrem persönlichen Modedesigner gewählt hatte, und fertigte Entwürfe für die Privaträume der Familie im Weißen Haus an. In einem Telefonat mit Baldrige sagte sie: »Man kann vieles tun, um das Weiße Haus wärmer, geschmackvoller und stilvoller zu machen.« Noch vor der Amtseinführung des Präsidenten hatte Jackie beschlossen, ihr eigenes »New Frontier«-Programm zu gestalten. In diesen Wochen vertiefte sie sich in Dutzende von Büchern – über die Architektur des Weißen Hauses und die Geschichte der Innenarchitektur.

Doch einen Augenblick lang sah es so aus, als würde es keine Amtseinführung des Präsidenten John F. Kennedy geben. Jackie, die sich nicht wohl genug fühlte, um an einem Sonntag an der Messe teilzunehmen, verabschiedete sich von ihrem Mann, der mit seinem Wagen zur St. Edward's Church fuhr. Ganz in der Nähe hatte ein Mann mit Namen Richard Pavlick sein mit Sprengstoff beladenes Auto geparkt, mit dem er in den Präsidentenwagen fahren wollte. »Ich glaube, daß Kennedy das Whitehouse [sic] gekauft hat«, schrieb er später auf ein Stück Papier, »und ich wollte ihn auf die einzige Art, die mir möglich war, aus dem Weg räumen.«

Als Pavlick jedoch Jackie und Caroline in der Haustür sah, beschloß er, es ein anderes Mal zu versuchen. Da der Geheimdienst durch die Staatspolizei von Massachusetts von den Drohungen des Mannes unterrichtet worden war, vereitelte er den zweiten

Versuch. Die Presse bekam von diesem Vorfall praktisch nichts mit. Man hielt ihn für ein belangloses, außerhalb der Normalität liegendes Ereignis, das fehlgeschlagen war. Und um den armen Irren machte niemand viel Aufhebens. Wie einer von Kennedys alten Freunden später sagte, werden solche Dinge immer irgendwie verhindert.

1961

Gleich nach Jacks Sieg wurde das Haus der Kennedys in Georgetown, das Jack 1957 für 78 000 Dollar gekauft hatte, für 110 000 Dollar weiterverkauft. Da Jackie ein Domizil auf dem Land haben wollte, baten sie ihren Freund Bill Walton, einen Landsitz nicht allzu weit von der Hauptstadt entfernt zu suchen. Es sollte ein Haus sein, daß sie für die erste Amtszeit des Präsidenten mieten und wo Jackie reiten können würde, ohne von der Presse behelligt zu werden. »Sie legte mehr Wert auf ihre Privatsphäre als sonst irgend jemand, den ich aus dem Weißen Haus kannte«,[1] erinnerte sich Alvin Spivak, viele Jahre lang Korrespondent von United Press International im Weißen Haus.

Jackie gelangte immer mehr zu der Überzeugung, daß die Presse um jeden Preis zu meiden war. Sie akzeptierte ihre Rolle im Leben ihres Mannes, aber sie verabscheute sogar seriöse Reporter, wenn es um sie selbst und ihre Kinder ging – und am meisten verabscheute sie anscheinend Reporterinnen. »Jackie bezeichnete die Frauen im Pressekorps als Hyänen«,[2] erinnerte sich Helen Thomas, ebenfalls Korrespondentin von United Press International im Weißen Haus, die seit Eleanor Roosevelt über die First Ladies berichtet hatte. »Jackie war zweifellos brillant und uns immer zehn Schritte voraus. Aber sie war auch wachsam und argwöhnisch – ja, ich glaube, sie mochte uns Presseleute nicht.«

Helen Thomas hatte den Nagel auf den Kopf getroffen. Und ihre Kollegin Gwen Gibson, Reporterin der New Yorker Zeitung *Daily News*, fügte hinzu, Jackie war »schick und scharfsinnig, gut zitierbar und eigensinnig – mit anderen Worten, sie gab immer viel her – und nach der Amtseinführung des Präsidenten fing sie an, sich ein eigenes, unabhängiges Leben aufzubauen.«[3] Dazu gehörte, daß Jackie darauf bestand, für sich selbst und die Kinder ein

Landhaus zu haben, wo sie lange Wochenenden verbringen konnte – im Durchschnitt dauerten diese zweimal im Monat von Donnerstagnachmittag bis Dienstagmorgen. Wenn sie bestimmte Aufgaben zu erfüllen hatte – beispielsweise die Renovierung des Weißen Hauses – konnte sie die Telefonanrufe, die Treffen und den ganzen Papierkram aufs Land verlegen. »Ja«, fuhr Gwen Gibson fort, »sie war nicht nur eine First Lady. Sie hatte auch ihr eigenes Leben – und das hatte teilweise etwas mit ihren Eheproblemen zu tun, von denen wir zwar wußten, über die wir aber nichts verlauten ließen.«

Walton wandte sich an seine alte Freundin Gladys Tartière, der Glen Ora gehörte, ein 1,6 Quadratkilometer großes Anwesen in der Nähe von Middleburg, Virginia, etwa eine Stunde vom Weißen Haus entfernt. Jackie, die sich die Fotos im Krankenhaus ansah, fand sofort Gefallen an dem im französischen Stil gehaltenen Haus, den Gärten, Rasenflächen, Wäldern und Weiden und dem ausgedehnten Gelände, das gut zum Reiten geeignet war. Dieses Anwesen gefiel ihr noch besser als Merrywood, und sie konnte auch ihren Mann überzeugen. Doch Mrs. Tartière war überhaupt nicht von der Idee angetan, die First Family als Mieter zu haben: Sie stellte sich vor, daß überall Geheimdienstleute, Presseleute und viele Besucher herumschnüffeln und ihrem Anwesen Schaden zufügen würden. Schon wurden die Kennedys überall von Geheimdienstleuten begleitet, die Funksprüche über »Lancer« (der designierte Präsident), »Lace« (Jackie), »Lyric« (Caroline) und »Lark« (John) austauschten: Der Deckname eines jeden Familienmitglieds begann mit dem Buchstaben nach dem K.

Nachdem Walton und Clark Clifford, einer von Kennedys Anwälten und Beratern, Mrs. Tartière gut zugeredet hatten, war sie einverstanden – jedoch nur für ein Jahr. Die Kennedys mieteten den Landsitz möbliert und ohne ihn besichtigt zu haben. Auf Glen Ora konnte sich Jackie dem Druck Washingtons entziehen; hier brachte sie Caroline das Reiten bei, und hier war sie, wie ein Nachbar sagte, »nur eine von denjenigen, die an der Fuchsjagd teilnahmen.«[4]

Aber zu dieser sozialen Spezies gehörte sie ganz und gar nicht. Jackie ritt aus, spielte mit ihren Kindern, machte lange Spazier-

Donald Spoto

gänge mit ein paar neuen Freunden und Nachbarn und kaufte in den dortigen Geschäften ein. Sie nahm ihre Mahlzeiten immer zu Hause ein: Während der Woche sah sie genug andere Menschen, und wenn es antisozial war, ihr Leben auf Glen Ora auf die Eltern von Carolines Spielkameraden zu beschränken, dann war es eben so. Am Ende des Jahres kauften die Kennedys ein Grundstück von 15,8 Hektar auf einem abgelegenen Berg, wo sie ein von ihnen selbst entworfenes Haus bauen ließen, das nach der irischen Grafschaft, aus der Kennedys Vorfahren stammten, Wexford genannt wurde. Der Präsident und seine Familie verbrachten dort vor seinem Tod nur vier Wochenenden.

Im Gegensatz zu dem in der Presse und in der Öffentlichkeit vermittelten Bild – eine gesunde, tatkräftige, strahlende Jackie – sah die Wahrheit anders aus. Erschöpft von dem Umzug ins Weiße Haus und umgeben von einem riesigen Mitarbeiterstab, einem internationalen Reporterteam, von Kennedys, die ständig aus- und eingingen, Designern und Handwerkern, die Pläne für Stoffe und Möbel anboten, war Jackie einem Zusammenbruch nahe. »Schützen Sie mich, denn ich fühle mich gnadenlos ausgeliefert und weiß nicht, wie ich damit umgehen soll«,[5] schrieb sie flehentlich an Oleg Cassini, der Tag und Nacht mit dem Entwerfen einer neuen Garderobe für Jackie beschäftigt war. »Ich las heute in einer Zeitschrift, daß ich meine Haare färbe, weil sie mausgrau seien!« Wie fast alles andere, das über ihr Privatleben geschrieben wurde, war diese Behauptung völlig aus der Luft gegriffen.

Auch von der Operation erholte sie sich nicht schnell. »John war wegen der ganzen Aufregung eine Frühgeburt«,[6] sagte sie. »Er war in jenem Winter krank, und ich war krank. Unser Wohntrakt wurde gestrichen; er ähnelte einem zugigen Hotel.« Daher faßte sie die ersten Monate des Jahres 1961 so zusammen: »Diese Zeit in meinem Leben war nicht so glücklich, wie es auf all den Bildern den Anschein hat.« Und als wäre das alles noch nicht genug, mußte Jackie auch noch mit den sexuellen Eskapaden ihres Mannes fertigwerden, an denen sich durch seine neue Rolle und Verantwortlichkeit kaum etwas geändert hatte.

Außer seiner langen Affäre mit Ben Bradlees Schwägerin, der

Malerin Mary Pinchot Meyer, gab es Gerüchte über Mitarbeiterinnen im Weißen Haus – beispielsweise über zwei College-Absolventinnen, die im Wahlkampf mitgearbeitet hatten. Priscilla Wear arbeitete für Evelyn Lincoln, und Jill Cowan gehörte zu Pierre Salingers Stab. Diese beiden attraktiven jungen Frauen wurden von den Klatschmäulern Fiddle und Faddle genannt. Außerdem machte Jackie einmal eine Besucherin mit der ehemaligen Empfangsdame in Jacks Senatsbüro namens Pamela Turnure folgendermaßen bekannt: »Die Frau, mit der mein Mann angeblich schläft.«⁷ Und dann gab es noch eine kleine Schar von Hollywood-Blondinen, die den Präsidenten in Florida, Los Angeles oder Washington besuchten, wenn Jackie nicht da war. Die Affäre mit Marylin Monroe beschränkte sich auf einen Nachmittag im März 1962 in Bing Crosbys Haus in der kalifornischen Wüste.⁸

All diese flüchtigen Affären verlangten von Jackie, mit den Gefühlen von Zurückweisung, Demütigung und Frustration fertigzuwerden – aber sie ließ sich dadurch weder in der Erfüllung ihrer Pflichten beeinträchtigen, noch sollte das liebevolle Verhältnis ihres Mannes zu ihren Kindern darunter leiden. Im Gegensatz zu ihrer Mutter unternahm sie nichts, um die Kinder ihrem Vater zu entfremden oder deren hohe Meinung von ihm herabzusetzen. War sie mit ihrem Mann allein, stichelte sie natürlich, aber in Anwesenheit anderer entfuhr ihr nur selten der Spitzname, den sie Jack gegeben hatte – »Bunny«, was auf seine erstaunliche sexuelle Energie und Unersättlichkeit anspielte.

Mehrere Jahrzehnte später verstehen viele Menschen nur schwer, warum Jackie soviel ertrug – von den politischen Ambitionen ihres Mannes in den fünfziger Jahren bis zu seinen allseits bekannten Seitensprüngen.

Zum einen hatte sie ein starkes Pflichtgefühl sowohl gegenübers Jacks Vision, hinter der sie stand, als auch gegenüber ihrer Ehe. Sie würde nicht versagen, wie ihre Mutter es getan hatte, und sie würde nicht einfach deswegen gehen, weil sie gekränkt und verletzt war. Sie würde ihre Kinder nicht den Folgen eines zerrütteten Elternhauses aussetzen.

Zum anderen war Jackie wirklich unsicher, denn sie hielt sich nie für besonders schön oder begehrenswert und war immer

Donald Spoto

überrascht, wenn andere es taten. Dieser Zug an ihr und ihre Bewunderung für Jacks Intelligenz, Humor, die Stellung, zu der er aufgestiegen war, und seinen selbstverständlichen Umgang mit der Macht gaben ihr ein Gefühl der Unterlegenheit. »Sie hat ihren Mann bestimmt ein Dutzend Mal erwähnt«,[9] erinnerte sich die Romanautorin und Kritikerin Diana Trilling, als sie 1962 nach einem Essen im Weißen Haus noch eine Zeitlang mit Jackie zusammen war; die First Lady hatte ihr gestanden, »wie verärgert Jack über sie gewesen war, wie Jack ihr gesagt hatte, sie solle im Bett nicht mehr lesen, und das Licht ausgemacht hatte«. Es war, als versuchte ein abhängiges, unsicheres Mädchen verzweifelt, es seinem Vater recht zu machen, und als habe es Angst, seinen Anforderungen so gar nicht zu genügen. In diesem Zusammenhang ist es interessant, daß Jackie in all den Jahren, in denen Jack Senator und Präsident war, Evelyn Lincoln stets »Mrs. Lincoln« nannte, während sie selbst immer mit »Jackie« unterschrieb.

Sie war sicherlich nicht die erste Frau in der Geschichte, die das Gefühl hatte, daß die Seitensprünge ihres Ehemanns etwas mit ihr selbst zu tun hätten. In jener Zeit begannen in amerikanischen Zeitschriften Artikel darüber zu erscheinen, was eine Frau im und außerhalb des Schlafzimmers tun mußte, um »ihren Mann zu halten«.

Der offene Umgang mit diesen Fragen, der Anfang der sechziger Jahre in Zeitschriften wie *Good Housekeeping*, *Woman's Day* und *Cosmopolitan* begann, nahm in den nächsten Jahrzehnten so sehr zu, daß man jeden Monat mindestens einen Aufsatz über Sexualtherapie lesen konnte. Doch als dann auch noch das Fernsehen perfekt gestylte und makellose Glamourfrauen in die Wohnzimmer brachte und die Filme noch freizügiger wurden, hatten viele Menschen – insbesondere wohl Frauen – das Gefühl, überhaupt nicht mithalten zu können. Junge Mütter sind diesem Druck natürlich besonders stark ausgesetzt, und Jackie bildete da keine Ausnahme.

Wie das Eheleben von Jackie und Jack wirklich aussah, wissen die Historiker selbstverständlich nicht, und daher weiß niemand, auf welche Kompromisse sie sich einigten oder ob darüber überhaupt gesprochen wurde. Sicher ist allerdings, daß Jackie, wie die von ihr bewunderten Frauen in der Geschichte, die Situation dadurch meisterte, daß sie Untreue als einen unerfreulichen, aber anscheinend unvermeidlichen Aspekt einer Ehe betrachtete. Und was hätte sie auch anderes tun können, wenn sie den Kindern ersparen wollte, daß alles öffentlich breitgetreten wurde und sie sonst vielleicht ihr eigenes Leben ruiniert hätte?

Überdies wußte Jackie, daß die vielen Affären ihres Mannes nicht bedeuteten, daß er neue, tiefe Beziehungen einging; im Gegenteil, sie wußte, daß es nur flüchtige Affären waren. Sie wußte auch, daß Jack sie nicht verlassen konnte, und dies gab ihr eine gewisse moralische Überlegenheit und sogar eine Art Macht über ihn – das war von ihr nicht bewußt gewollt, sondern es stand ihr aufgrund der Verletzungen und Demütigungen, unter denen sie, wie beide wußten, sehr litt, gewissermaßen zu. So konnte Jackie für sich selbst Unabhängigkeit einfordern, auch wenn dieser enge Grenzen gesetzt waren. Vor allem aber wußte sie, daß Jack sie wirklich liebte und bewunderte.

Letztlich kann freilich niemand wissen, wie eine Ehe wirklich funktioniert und welche Abmachungen und Absprachen zwischen den Eheleuten getroffen werden. »Ich zweifele nicht daran, daß sie sich liebten«, sagte Arthur Schlesinger, der als Sonderberater des Präsidenten viele Gelegenheiten hatte, das Ehepaar zu beobachten. »Jackie war realistisch und mußte bestimmte Probleme in der Ehe akzeptieren. Aber man darf nicht vergessen: JFK bewunderte sie, verehrte sie und war sehr stolz auf sie. Sie liebte Jack trotz seiner Untreue, und er liebte sie – trotz seiner Untreue.«

Sie stand vor einer Herausforderung, bei der ihr unabhängiger Geist und ihr ganz eigener Beitrag gefragt war. So gesehen, war Jackie nicht etwa eine passive Frau, ein Relikt aus der Zeit vor der Frauenbefreiung, das für alles stand, was später von lauteren und schrilleren Stimmen in Frage gestellt wurde. Wie sie zu J. B. West, dem Chefbutler des Weißen Hauses sagte, wollte sie nicht mit First Lady angesprochen werden. Der Titel erinnere sie an ein Reitpferd. Sie wollte Mrs. Kennedy genannt werden, und entsprechend wurde der gesamte Mitarbeiterstab instruiert.

Mit dieser Bitte stemmte sie sich möglicherweise gegen die un-

Donald Spoto

erfreuliche Realität, daß ihre Ehe in jener Zeit wenig mehr als eine Formalität war. West drückte es taktvoll aus: Er habe den Eindruck, daß »Mrs. Kennedy versuchte, sich durch das Labyrinth der Unterschiede zwischen ihr und ihrem Mann zu tasten – Unterschiede in bezug auf Interessen, Herkunft und Persönlichkeit.«[10] Gwen Gibson faßte die Ehe zum damaligen Zeitpunkt so zusammen: »Eine Partnerschaft, ein Abkommen zum gegenseitigen Vorteil. Später kamen sie einander näher, aber das war erst kurz vor dem Ende.«

Jacqueline Bouvier Kennedy war eine Frau, die sich vielen Werten der Alten Welt verpflichtet fühlte: Eleganz und Kultiviertheit, Ernsthaftigkeit, Geist und Intelligenz und Stil – in dem sich sowohl Selbstachtung als auch Achtung vor der Tradition ausdrückte. Aber in ihr verbanden sich die Alte und die Neue Welt. Die Alte Welt, die sie an Europa bewunderte, hatte die jetzt dahinschwindende alte Welt bereichert, in der sie aufgewachsen war, die Lebensweise der Long Island-Aristokratie. In dieser Hinsicht unterschied sie sich stark von den Kennedys: Sie hatte große Achtung vor der Kunst der alten Meister, wohingegen jene das Kunsthandwerk der neuen Macht liebten.

Jackie verkörperte die Wurzeln des historischen amerikanischen Idealismus' mehr als irgendein Politiker, der darüber wohlfeile Phrasen von sich gab. Da sie Respekt vor der Geschichte hatte, stand sie immer zwischen Vergangenheit und Gegenwart. Sehr darauf bedacht, Vergangenes zu bewahren, war sie zugleich eine modebewußte Frau und eine Mutter, die für ihre Kinder das Beste wollte, das das Neue zu bieten hatte.

In gewisser Weise gewann sie also durch die stillschweigende Hinnahme eines Verhaltens, das andere als eine unerträgliche Kränkung betrachteten, die Freiheit, ihre eigenen Entwicklungsmöglichkeiten genau auszuloten und herauszufinden, welches Leben ihr am besten entsprechen würde. Daß sie nicht in erster Linie als First Lady wahrgenommen werden wollte, zeigte, wie sehr ihr daran lag, eine eigenständige Persönlichkeit zu sein. »Ich möchte weder in Kohlengruben gehen noch ein Symbol für Eleganz sein«, sagte sie. »Ich werde nie eine Frau sein, die ständig

Komitees oder Clubs besucht, denn ich bin kein geselliger Mensch.« Sie mußte sie selbst sein und nicht Eleanor Roosevelt. »Was erwartet man wohl von mir?« fragte sie nachdenklich. »Ich bin immer dieselbe gewesen. Ich hatte immer das Gefühl, ich selbst zu sein, aber wenn man von so vielen Reportern beobachtet wird, wie kann man es dann vermeiden, als jemand zu erscheinen, der man nicht ist?«

Sie brachte ihre Interessen und Fähigkeiten in Projekte ein, die dem Weißen Haus zugute kamen und sowohl den Regierungsstil ihres Mannes beeinflußten als auch neue Maßstäbe in der amerikanischen Kultur setzten. Durch ihre Liebe zur Kunst und die Renovierung des Regierungsgebäudes – die sie 1961 und 1962 persönlich überwachte – setzte Jackie beispiellose Veränderungen durch. Trotz der Warnungen ihres Mannes, sich selbst nicht zu sehr herauszustellen, beschloß sie – vielleicht, weil er kein treuer Ehemann war –, nicht die gehorsame Gattin zu spielen. Sie ging ihre eigenen Wege und ermöglichte dadurch auch anderen First Ladies, ihre eigenen Wege zu gehen.

So tat sie auf ihre Weise genauso viel für ihr Land wie Eleanor Roosevelt, die Aufgaben übernahm, die ihr Mann aufgrund seiner körperlichen Behinderung nicht erfüllen konnte. Jackies Beiträge beschränkten sich nicht auf Fragen des Stils und der äußeren Erscheinung: Ihr ging es um Qualität und Niveau, was weniger mit ihrem eigenen Geschmack als mit dem Wunsch zu tun hatte, das Land und seine Führung mit dem Besten vertraut zu machen, das die Kultur zu bieten hatte.

Die Kennedys hätten nichts davon aus eigener Kraft verwirklichen können. Nach Jackie, so der Historiker Garry Wills, »konnte es sich eine Präsidentengattin ebensowenig leisten, kein eigenes Projekt zu haben, wie es sich ein Präsident leisten konnte, keine Ehefrau zu haben«.[11] Es gelang ihr, Stil mit demokratischen Idealen zu verbinden. Die ungewöhnliche Mischung, die sie verkörperte, faszinierte die Amerikaner, zog sie auf ihre Seite und brachte ihr schließlich deren unvergängliche Loyalität ein, ohne daß ihr glanzvolles Flair zwischen ihr und den Menschen stand.

Jacqueline Kennedy begriff auf höchst bemerkenswerte Weise, daß das Weiße Haus eine wichtige, über die Politik hinausgehende Tradition repräsentierte. Warum, fragte sie sich, sollte es die Besucher – Amerikaner und Ausländer gleichermaßen – nicht inspirieren? Sollte es nicht jedem Menschen Stolz auf das kulturelle Erbe des Landes vermitteln und nicht bloß eine Art Hotel sein, in dem Staatsoberhäupter speisten und in dem offizielle Veranstaltungen stattfanden? »Ich sollte die Restaurierung auf keinen Fall vornehmen«, erinnerte sich Jackie, »man bat mich, warnte mich und drohte mir praktisch.«[12] Aber sie ließ sich nicht beirren. Sie wollte nach ihren eigenen Worten »nur das Beste«[13] für das Weiße Haus.

Jackie rettete das Weiße Haus vor einer schrecklichen Vernachlässigung. Sie ließ Möbel und Einrichtungsgegenstände aus vergangenen Zeiten restaurieren, stattete jeden Raum mit den geeigneten Gemälden und Kunstobjekten aus, ließ den privaten Wohntrakt überholen und veränderte den Stil des formellen und informellen Unterhaltungsprogramms für Gäste.

»Sie machte dem ganzen Land bewußt, daß das Weiße Haus ein Vermächtnis, einen historischen Amtssitz darstellt, der der Pflege bedurfte«, sagte Clement Conger, ein Kurator des Weißen Hauses. Ihre Liebe zu Antiquitäten, ihre Wertschätzung für meisterhaftes handwerkliches Können und ihre Weigerung, der Modernität um ihrer selbst willen zu huldigen – diese Werte waren ihr von ihrer Familie vermittelt worden, als es Lasata noch gab.

Als das Land im Fernsehen ihren Gang durch das restaurierte Weiße Haus verfolgte, hörten Millionen, wie sie dem Journalisten Charles Collingwood Herkunft und Geschichte der wichtigsten Stücke erläuterte, die sie und ihr Komitee in die Pennsylvania Avenue 1600 gebracht hatten. Jedes Detail des Projekts wurde in einem Führer durch das Weiße Haus festgehalten, den Jackie selbst redigiert und für den sie auch das Layout gemacht hatte. Schließlich war im Weißen Haus gewissermaßen die Geschichte des Landes aufbewahrt. Unter Hunderten von Gegenständen wurde das Tintenfaß von Thomas Jefferson wieder an seinen richtigen Platz gestellt; van Burens Empirestühle kehrten ebenso zurück wie Washingtons Lehnsessel, Mrs. Grants Schreibtisch und das Porzellan, das von Mrs. Hayes, Mrs. Harrison und Mrs. Polk ausgesucht worden war. »Die Aufmerksamkeit für Details und die gute Organisation entsprachen ihrer Persönlichkeit«, sagte Helen Thomas. »Jackie war die weitblickendste Planerin, die ich jemals in meinem Leben kennengelernt habe – sie gehörte zu denjenigen, die im Juli anfangen, für Weihnachten zu planen. In jedem Augenblick dachte sie voraus.«

Bei allem Respekt vor den Mitgliedern des Restaurierungskomitees hatte sie durchaus ihren eigenen Kopf. Als sie einmal ein Stilleben in einen Empfangssalon hängte, betrat der Sammler und Kunstexperte Henry F. du Pont den Raum und sagte zu ihr und Susan Mary Alsop, die ebenfalls dem Komitee angehörte: »Aber meine Damen, Sie wissen doch sicherlich, daß Stilleben nur in ein Eßzimmer gehören?«

»Oh, Mr. du Pont«, antwortete Jackie mit ihrer gehauchten Stimme, »das zeigt, wie wenig wir wissen. Wir schätzen uns glücklich, daß Sie uns sagen, was wir tun sollen. Das Stilleben wird sofort abgehängt.« Und so geschah es.

Doch nur für kurze Zeit. Einige Monate später kam du Pont wegen einer anderen Sache wieder, und Jackie befand sich mit einigen Gästen im selben Raum. Du Pont bemerkte das Bild, das wieder an seinen früheren Platz gehängt worden war, und revidierte sofort seine frühere Meinung. »Jackie hat wirklich ein bemerkenswert gutes Auge«, räumte er gegenüber Alsop ein. »Alles sieht wunderbar aus.«

Margaret Truman, die hier gelebt hatte, bewunderte Jackies Leistung sehr – und ihre listige Art, ihren Kopf durchzusetzen. Sie erkannte auch, wie geschickt es von Jackie war, den Begriff *Restaurierung* zu verwenden und nicht etwa von *Renovierung* zu sprechen, denn der erstgenannte Begriff deutete auf eine Authentizität hin, die nichts mit eigenen Interesen zu tun hatte, und machte das Projekt dadurch gegen Kritik immun. Mrs. Truman wies darauf hin, daß es »in der Vergangenheit kein perfektes Weißes Haus gegeben hat, das durch Sorgfalt und wissenschaftliches Bemühen restauriert werden konnte. In seiner langen Geschichte war der Ort zumeist eine nervenaufreibende Mischung aus Eleganz und Schäbigkeit gewesen... Aber Jackie stürzte sich mit einer Leidenschaft in ihre Aufgabe, die Hindernisse beseitigte und Begeisterung weckte.«[14] Und dies erreichte sie dadurch, daß sie

Donald Spoto

dem ganzen Projekt eine verhaltene französische Note gab – was nicht zuletzt das Verdienst des französischen Innenarchitekten Stéphane Boudin war, den sie trotz seiner Arroganz und Unhöflichkeit uneingeschränkt unterstützte.

Zur Überraschung vieler hatte Jackie nicht nur die Leitung die Projekts, sondern war auch bereit, selbst mit anzupacken. James Roe Ketchum, Kurator des Weißen Hauses von 1961 bis 1963, erinnerte sich, daß sie, mit Jeans und einem Pullover bekleidet, den Möbelpackern half, schwere Spiegel und Möbelstücke zu tragen. Doch am meisten war Ketchum davon beeindruckt, daß sich Jakkie, die das Projekt initiiert hatte und für seine Gestaltung verantwortlich war, nie selbst herausstellte oder in den Vordergrund drängte: Wenn sie gelobt wurde, verwies sie auf ihr Komitee, die Spender, auf jeden, nur nicht auf sich selbst.

Auch den Außenanlagen schenkte sie Aufmerksamkeit: »Die Rasenflächen des Weißen Hauses sind eine Schande«, schrieb sie schon frühzeitig an den Chefbutler. »Hier muß etwas Durchgreifendes geschehen.« Diese fünf Worte verwendete sie auch im folgenden Jahr, als dank ihrer Intervention der Lafayette Square vor der Zerstörung gerettet wurde. In einer Zeit, als viele Menschen ganz versessen darauf waren, das Alte zu zerstören, bestand Jakkie, die eine wohlüberlegte Achtung vor Tradition und Geschichte hatte, auf der Erhaltung vieler Dinge – andernfalls würde es keine Geschichte mehr geben, über die man in Zukunft würde nachdenken können.

Obwohl sie nicht plante, französische Gärten anzulegen, war die neue Madame de Récamier ständig durch Versailles inspiriert. Bei einem Essen für den pakistanischen Präsidenten Mohammed Ayub Khan im Juli 1961 überwachte Jackie jedes Detail des Essens, das bei Kerzenlicht in Mount Vernon stattfand und das auch den Hof Ludwigs XV. beeindruckt hätte. Auf der Speisekarte standen Hähnchen chasseur, Reisrand mit feinen Erbsen, Himbeeren mit Schlagsahne, Petits-fours und Mokka. René Verdon, der neue französische Küchenchef des Weißen Hauses, mußte ihre Anordnungen genau befolgen, obwohl er für den neuen frankophilen Geschmack verantwortlich war – dem der Präsident übrigens völlig gleichgültig gegenüberstand.

Diese Liebe zum Detail gehörte für Jackie zur Verwirklichung eines Ideals, das ein wichtiger Teil ihres vielschichtigen Bewußtseins war. In gewisser Weise belebte sie etwas aus ihrer eigenen Vergangenheit wieder – die verlorengegangenen Ideale, die durch Lasata, die Hammersmith Farm und Merrywood repräsentiert wurden; dort war das Leben glückverheißend gewesen, doch am Ende war davon kaum etwas übriggeblieben.

In dieser Hinsicht war das Projekt Weißes Haus einem Vorhaben nicht unähnlich, an das Königin Maria (Gattin von König Georg V. von England, der von 1911 bis 1936 regierte) ihr Herz gehängt hatte: Sie ließ ein phantastisches Puppenhaus bauen, um den zukünftigen Generationen zu zeigen, »wie ein König und eine Königin von England im zwanzigsten Jahrhundert lebten und welche herausragenden Schriftsteller, Künstler und Handwerker es während ihrer Regentschaft gab«. Maria, die immer eine große Vorliebe für Miniaturen gehabt hatte, beauftragte den berühmten Architekten Sir Edward Lutyens, ein vierstöckiges Puppenhaus im georgianischen Stil zu bauen. Es enthielt Zehntausende von kleinen Bildern und Möbelstücken, die von bekannten Künstlern und dreihundert Handwerkern maßstabgerecht angefertigt worden waren.

Das Puppenhaus, an dem drei Jahre lang gearbeitet worden war, war 2,75 Meter lang und hätte eine Familie von sechs Personen beherbergen können, wenn niemand größer als 15 Zentimeter gewesen wäre. Sie wären in einer von sechs teuren Miniaturen der königlichen Daimlers in ihrer luxuriösen Residenz angekommen. Dann hätten sie sich zum Essen niedergesetzt und hätten winzige Portionen echter Nahrungsmittel gegessen und kostbaren Wein aus kleinen Flaschen getrunken, das Essen wäre auf kleinen goldenen oder Royal Doulton-Tellern serviert worden. Nach dem Essen hätten sie ihre Lieblingsmusik auf dem Grammophon gehört, auf dem echte daumengroße Schallplatten gespielt wurden, oder sie hätten ein Buch aus den zweihundert briefmarkengroßen Bänden in der schmucken Bibliothek ausgesucht, die mit Hunderten von Zeichnungen und Aquarellen geschmückt war. Sie wären mit winzigen Fahrstühlen in ihre kleinen Schlafzimmer gefahren, hätten sich mit echtem, aus Miniaturhähnen fließendem Wasser gewaschen und sich in Betten mit feinster Bettwäsche aus Leinen und Seide gelegt.

Trotz all dieser Bemühungen um die genaue Wiedergabe einer vornehmen Lebensart fehlte etwas Entscheidendes, und das war etwas unheimlich: Die königlichen Bewohner wurden nicht durch Puppen dargestellt – es gab keine Ersatzfiguren für Menschen, sondern nur reale kleine *Dinge*. Dieses Projekt, für das sich Königin Maria während ihres Lebens am meisten eingesetzt hatte, war eine perfekte Miniaturdarstellung ihres eigenen Lebens. Es gab große Wohnbereiche und sorgfältig nachgebildete elegante Gegenstände aller Art, doch das Ganze war nicht mit Leben und Wärme erfüllt.

So wie die alte Königin Maria, die 1953 starb, also genau in dem Jahr, in dem Jackie Jack heiratete, schenkte die First Lady dem Weißen Haus die liebevolle Aufmerksamkeit, die unter anderen Umständen von ihrem Ehemann erwidert worden wäre. Sie legte ihre ganze unerwiderte Hingabe in ihr Restaurierungsvorhaben, während sie in Wirklichkeit nur ein Zuhause haben wollte.

Ihre sehr umfangreiche Garderobe läßt sich als eine ähnliche Kompensation deuten: Daß sie penibel auf alle Details ihres Stils, ihrer Frisur und ihrer geschmackvollen und eleganten Aufmachung achtete, war sicherlich etwas, nach dem die Öffentlichkeit verlangte – aber auch sie wollte es so. 1962 gab Jackie 121 461,61 Dollar für »private Ausgaben« aus, die, wie ihre persönliche Sekretärin Mary Barelli Gallagher wußte, in Ausgaben für Kleidung bestanden. Dieser Betrag war 21 000 Dollar höher als das Gehalt des Präsidenten. »Gibt es so etwas wie Anonyme Kaufsüchtige?«[15] fragte Jack, als er eines Tages die Rechnungen durchsah. Auf eine eher bemitleidenswerte als verdammenswerte Art brauchte Jackie wahrscheinlich viele Dinge, um ihre schreckliche innere Leere auszufüllen.

Abgesehen von dem Projekt Weißes Haus, war Jacqueline Kennedy bekannt dafür, daß sie Künstler nach Washington holte. Wäre es nach dem Präsidenten gegangen, hätte es zur Unterhaltung der Gäste wenig mehr als Jazzquintetts gegeben. Doch Anfang 1961 machte Jackie ihm klar, daß es nicht mehr als undemokratisch galt, im Regierungsgebäude große Kunst vorzustellen. Warum, fragte sie, war es notwendig, immer den kleinsten gemeinsamen Nenner in bezug auf die Künstler und das Unterhaltungsprogramm zu wählen? Sollte das Weiße Haus nicht einen Maßstab setzen, anstatt nur einem vorgegebenen zu folgen?

Fünf Tage nach der Amtseinführung des Präsidenten fing sie an, ihre neuen Pläne in die Praxis umzusetzen. Als der Choreograph George Balanchine mit seinem New York City Ballett in der Stadt war, lud sie ihn zum Tee ein und fragte ihn, was sie für den klassischen Tanz tun könne. Bald darauf schrieb er ihr einen Brief, in dem er sie dringend bat, für Amerika so etwas wie eine Retterin von Kunst und Ästhetik zu werden und die Menschen in die Lage zu versetzen,

> zwischen materiellen Dingen und den Dingen des Geistes – der Kunst und der Schönheit – zu unterscheiden. Niemand sonst kann sich dieser Dinge annehmen. Allein Sie vermögen dies – falls Sie es wollen. Ihr Ehemann ist mit schwierigen internationalen Problemen beschäftigt, von ihm kann nicht erwartet werden, daß er sich allzu sehr um Kunst und Kultur des Landes kümmert.[16]

Jackie wurde gleichsam zur inoffiziellen Kulturministerin. Sie fand es erschreckend, daß Milliarden Dollar im Pentagon ausgegeben wurden, daß es aber keinen Etat für ein Kulturministerium gab, daß die Regierung die Kunst nicht unterstützte (wie es in Europa der Fall war) und daß es kein Bildungsfernsehen gab. Alle diese Bedenken teilte sie dem Präsidenten mit, und als sie sich in diesem Bereich engagierte, wollte sie nie, daß bekannt wurde, wie groß ihr Einfluß war. New Yorks Shakespeare Festival hatte seinen beträchtlichen Erfolg beispielsweise ihrer Unterstützung zu verdanken, doch sie erwähnte weder ihren Namen, noch nahm sie das Verdienst für sich in Anspruch, dieses Festival unterstützt oder gesponsert zu haben.

Nach einem Essen fanden im Ostzimmer Konzerte und Ballettaufführungen statt. Der Violinist Isaac Stern speiste mit Jackie und plante mit ihr zahlreiche Konzerte. Der Cellist Pablo Casals,

Donald Spoto

der Violinist Alexander Schneider und andere Musiker traten auf. Mitglieder des American Shakespeare Festivals führten Szenen aus *Hamlet* und *Ein Sommernachtstraum* auf. Komponisten wie Leonard Bernstein und Aaron Copland dirigierten Orchester, die ihre Werke spielten. Es wurden Ausschnitte aus Musicals wie *Brigadoon* gebracht, und Schauspieler (u.a. Ralph Richardson, Basil Rathbone und Frederic March) lasen Auszüge aus klassischen Dramen und Romanen. »Was für eine Freude«, sagte John Steinbeck trocken, »daß literarische Bildung nicht mehr von vornherein ein Beweis für Verrat ist.« Amerikas Künstler waren regelmäßig bei Essen im Weißen Haus zugegen, wo die Gästelisten Namen wie Igor Strawinsky, Carl Sandburg, Elia Kazan, Gian Carlo Menotti, Andrew Wyeth, Robert Frost enthielten.

Der Geist der Madame de Récamier war in Jacqueline Kennedy lebendig; sie führte zwar keinen Salon, engagierte sich aber mit großer Hingabe für ein anspruchsvolles und genußreiches Kulturleben. Alles Banale, Grobe, Derbe, ja auch Volkstümliche empfand sie als abstoßend. Wenn Amerika eine große Kulturnation sein wollte, so ihre Überlegung, mußte es alles Schöne und Edle fördern und nicht für alle Zeiten der Mittelmäßigkeit verhaftet bleiben.

Doch sie war nicht ausschließlich der Vergangenheit verpflichtet. Jackie schätzte Jazzmusik, lateinamerikanischen Bossa Nova und Chubby Checker, und später sammelte sie eifrig Beatles-Platten. Wenn sie im Weißen Haus gute Filme zeigen wollte, forderte sie Filme von Truffaut (*Jules und Jim*), Resnais (*Letztes Jahr in Marienbad*) und Fellini (*Das süße Leben*) an.

So ernsthaft Jackie die Dinge auch anging, sie war nicht frei von Widersprüchen – so es denn wirklich Widersprüche waren. Vielleicht deuteten sie eher darauf hin, daß sich in ihrem Charakter und ihrer Persönlichkeit zwei Welten miteinander verbanden: die Welt der Etikette und die Welt der Spontanität. Nach außen wirkte sie höflich, distanziert, würdevoll, und diese Eigenschaften pflegte sie, weil sie zu dem gehörten, was sie der Öffentlichkeit schuldig war. Das entsprach ihrem natürlichen Verständnis von guten Umgangsformen. Es war keine Heuchelei – so hatte man sich zu verhalten, wenn man ständig beobachtet wurde und ein Beispiel sein wollte. Sie enthielt sich in der Öffentlichkeit aller Gefühlsäußerungen, nicht weil sie die Öffentlichkeit verachtete, sondern weil sie sie respektierte. Ihre persönlichen Gefühle gehörten in ihre persönliche Umgebung; sie leistete keinen Beitrag zu der beklagenswerten Kultur des »Alles-Herauslassens«.

In ihrem Privatleben war Jackie dagegen locker, verspielt, ja, respektlos. Im Weißen Haus trug sie nur bei offiziellen Anlässen Kleider; meistens war sie in Hosen und Pullover gekleidet. »Entspannt und ungezwungen«,[17] so J. B. West, »saß sie oft ohne Schuhe und mit zerzausten Haaren auf dem Fußboden«, während sie an irgendwelchen Projekten arbeitete. »Wir alle hatten Spaß mit ihr.« Doch damit auch wirklich etwas geleistet wurde und sie nicht ihre Fähigkeit verlor, Menschen zu führen und Ergebnisse zu erzielen, »ließ sie einen familiären Ton nicht zu«. Auch dies gehörte zu der für sie typischen Zusammenführung von Alter und Neuer Welt.

Jackie spottete über alles und karikierte alles, auch sich selbst und ihren Ehemann – diese Art Humor war beiden gemeinsam. Beiden fiel es schwer, jede Sache und jeden Menschen, der unbedingt ernst genommen werden wollte, auch ernst zu nehmen. Häufig schlich sich ein Lächeln auf das Gesicht des Präsidenten und seiner Frau. Was wußten sie, was andere nicht wußten? Daß wenige Dinge wirklich von großer Wichtigkeit waren. Krieg und Frieden natürlich, und die Gesundheit ihrer Kinder. Und noch einiges, doch die Liste war kurz.

Sie hatte einen raschen, unbezähmbaren Humor. Die Vorhänge im Schlafzimmer der Eisenhowers beschrieb sie als »so grün, daß man davon seekrank wird«, die Eingangshalle im ersten Stock als »eine Zahnarztpraxis in einem Bunker«. Als man ihr sagte, die Ingenieure des Weißen Hauses seien nicht in der Lage, die Thermostate richtig einzustellen, fragte sie, warum »die schlauesten Köpfe von Armeeingenieuren nicht herausfinden, wie man dieses Gebäude genauso heizen kann wie jeden normalen Klapperkasten von einem Haus.« Und als ein Reporter sie fragte, was ihr kleiner deutscher Schäferhund fraß, erwiderte sie lächelnd »Reporter«.[18]

Donald Spoto

So ernsthaft Jackie das Restaurierungsprojekt auch anging, sie konnte auch über sich selbst lachen. Ketchum hat Stéphane Boudin gut dargestellt, der mit Jackie an den großen offiziellen Empfangsräumen des Weißen Hauses arbeitete. Boudin war ein hochgeschätzter französischer Innenarchitekt, der Versailles restauriert hatte und die Herzogin von Windsor zu seinen Kunden zählte; er flößte den Menschen Ehrfurcht und manchmal sogar Furcht ein. Es gab auch eine Mitarbeiterin, die Jackies Aussehen und Auftreten gut nachahmen konnte. »Sie bestand darauf, daß wir die Renovierung eines Raums im Stil von Nichols und May vornahmen«, erinnerte sich Ketchum. »Sie hatte nichts dagegen, wenn man sie nachahmte. Sie war in der Lage, das Kind in jedem von uns wachzurufen. An jedem Tag erlebten wir etwas Witziges.«

Doch ihr Humor war nie kränkend, und sie hätte nie die Gefühle von Menschen verletzt. »Sie sprach so leise, sie war so gewandt und dezent«, sagte West, »daß sie Menschen ihren Willen aufzwang, ohne daß diese es merkten.« Wo Mrs. Eisenhower nur befohlen und Anweisungen gegeben hatte, als sei sie und nicht ihr Mann im Zweiten Weltkrieg der Oberbefehlshaber der alliierten Truppen gewesen, fragte Jackie die Angestellten des Weißen Hauses ganz ruhig: »Könnten Sie vielleicht...?« oder »Würde es Ihnen etwas ausmachen, wenn...?« Mit Ralph Waldo Emerson war sie der Überzeugung, daß »das Leben nicht so kurz ist, daß nicht immer Zeit genug für Höflichkeit wäre«.[19] Und mit Hilaire Belloc war sie der Meinung, daß sich »die Gnade Gottes in der Höflichkeit ausdrückt«.[20] Als sie hörte, daß Geheimdienstleute die Familie des Präsidenten auch an Weihnachten zu bewachen hatten, erwirkte sie, daß sie ihre Frauen und Kinder mitbringen durften. Nach einem offiziellen Essen schickte sie handgeschriebene Danksagungen an den Küchenchef des Weißen Hauses und an das Küchenpersonal.

Besonders der Vizepräsident und seine Gattin bekamen ihre Höflichkeit zu spüren. Bei wichtigen offiziellen Anlässen wurde traditionsgemäß das Lied »Hail to the Chief« gespielt, und dann wurden den versammelten Gästen der Präsident der Vereinigten Staaten und Mrs. Kennedy angekündigt. »Sorgen Sie bitte dafür«, schrieb Jackie in einem Memorandum an den Chefbutler, »daß, immer wenn ›Hail to the Chief‹ gespielt wird, auch ›der Vizepräsident der Vereinigten Staaten und Mrs. Johnson‹ genannt werden. Es ist so peinlich, daß sie nicht angekündigt werden und wie Hausangestellte verschwinden.«[21] Diese Geste wurde ihr von den Johnsons hoch angerechnet, die eine große Zuneigung zu Jackie entwickelten. Die herzliche Beziehung zwischen ihnen überstand alle Wechselfälle der Kennedy-Johnson-Symbiose.

Jackie war unter anderem deswegen so höflich, weil ihr bewußt war, daß die meisten Menschen, die das Weiße Haus besuchten, fast vor Ehrfurcht erstarrten. Damit sich die Menschen wohl fühlen konnten, schuf sie eine ganz neue Atmosphäre. »Das Unterhaltungsprogramm für Gäste wird für uns sehr wichtig sein«, sagte sie zu Letitia Baldrige. »Ich möchte es wärmer, schöner und anspruchsvoller gestalten.« Jackie gab bei offiziellen Essen schnell den traditionellen U-förmigen Eßtisch auf und ersetzte ihn durch runde Tische, an denen jeweils acht bis zehn Personen sitzen konnten. Abgesehen von wenigen hohen Anlässen, wurde die traditionelle Etikette durch eine kultivierte, aber ungezwungene Geselligkeit ersetzt, mit Blumen, Kerzen und Live-Musik – zumeist ein Streichquartett. »Sie hatte die Begeisterung eines jungen Mädchens«,[22] meinte Betty Beale, die den Eindruck hatte, daß Jackie gefallen wollte.

Laut Baldrige schuf die First Lady »durch die kleinen Gruppen eine angenehme und aufgelockerte Atmosphäre«.[23] Da sich niemand eingeschüchtert fühlen sollte, gab Jackie die steife Empfangszeremonie auf und mischte sich statt dessen mit ihrem Ehemann unter die Gäste. Was das Essen betraf, so unterschieden sich die Bankette der Kennedys erheblich von denen der Eisenhowers. Ike und Mamie hatten sechs Gänge und einundzwanzig unterschiedliche Speisen servieren lassen; danach gab es fast immer Musik von Fred Waring und den Pennsylvanians. Bei den Kennedys gab es vier Gänge und acht unterschiedliche Speisen; ein Quartett spielte Musik aus dem achtzehnten Jahrhundert, und danach gab es Opern-, Tanz-, Theateraufführungen oder Rezitationen. Und zum Entsetzen einiger Leute wurden jetzt Cocktails und Wein serviert, ungeachtet der Temperenzler, die noch immer Einfluß auf Protokollfragen hatten – auch im Weißen Haus.

»Wir mußten schon Besuche im Weißen Haus machen, als Jack noch Senator war und die Eisenhowers dort wohnten«,[24] sagte Jackie zu Diana Trilling. »Es war einfach unerträglich. Mamie saß in einem Sessel, Ike in einem anderen. An Mamies rechter Seite standen die männlichen Ehrengäste, an Ikes rechter Seite die weiblichen Ehrengäste, und es gab nichts zu trinken. In dieser Zeit wurde nie *irgend etwas* zu trinken angeboten. Als wir ins Weiße Haus kamen, beschlossen wir, daß sich niemand jemals so langweilen sollte. Wir versuchen, etwas daraus zu machen.«

Jackie wollte das Weiße Haus nicht zu einem Museum oder einem abschreckenden Tempel der Demokratie, sondern zu einem Haus machen, in dem sich Gäste wohl fühlten. Es sollte, mit anderen Worten, etwas sein, das sie sich immer selbst gewünscht hatte. Wenn sie schon nicht die erhoffte Ehe führte, so wollte sie zumindest für sich und ihre Kinder ein Zuhause haben, auch wenn es nur ein vorübergehendes war. Und ihr war stets bewußt, daß sie in einem gemieteten Haus lebte. Wie Glen Ora, gehörte ihr das Weiße Haus nicht: Hier wohnte sie auf Zeit. Und wie auf Lasata, der Hammersmith Farm und Merrywood fand sie hier einen Platz für sich selbst – einen privaten Raum, in dem sie lesen und schreiben, eine Nische, in die sie sich flüchten konnte.

Jackie setzte sich mit Designern und Historikern, Architekten und Innenarchitekten zusammen. Sie gründete ein Komitee, um »echte Möbel aus der Zeit der Errichtung des Gebäudes«[25] ausfindig zu machen und »um Geld zum Erwerb dieser Möbel für das Weiße Haus aufzubringen«. Dann ließ sie regierungseigene Lagerräume reinigen, konferierte mit Antiquitätenhändlern und sprach reiche Sammler an, die ihr bei der Suche nach echten und brauchbaren amerikanischen Antiquitäten behilflich sein sollten. Sie bestand darauf, daß alles »aus einem bestimmten Grund hier sein muß. Es wäre ein Sakrileg, das Weiße Haus zu ›renovieren‹ – dieses Wort mag ich gar nicht. Es muß *restauriert* werden – und das hat nichts mit Renovieren zu tun. Das ist eine Frage, die man sozusagen wissenschaftlich angehen muß.«[26]

Zur Überraschung vieler Reporter und Fotografen lenkte Jackie die Aufmerksamkeit von sich selbst ab. »Fotografieren Sie nicht Jack und mich«, sagte sie häufig. »Fotografieren Sie das, was wir tun. Das ist wichtig.« Und durch ihren Hinweis auf das, was wichtig war, wandte sie sich gegen die Bagatellisierung aller Dinge. Sie stand tatsächlich beispielhaft für einen neuen amerikanischen Frauentyp – nicht nur Hausfrau und Mutter, sondern eine Frau mit einem eigenen Kopf, die eine schwierige und anspruchsvolle Aufgabe mit Stil und Intelligenz meisterte.

Im privaten Wohnbereich arbeitete Jackie wieder mit Sister Parish zusammen. Die Räume der Familie erhielten eine warme, behagliche Ausstattung; bei der ersten Herbstkälte wurde ein Feuer angezündet, und in jedem Raum schmückten frische Blumen die Ecken und Tische. Von frühester Jugend an, als Jackie mit Großmutter Bouvier durch die Gärten von Lasata gegangen war, wußte Jackie um die lebendige Wirkung von Blumen in Innenräumen.

Sie war sich ständig der großen Aufgabe bewußt, vor die das Schicksal ihren Mann gestellt hatte. Doch er war auch der Vater ihrer Kinder, und diese hatten ein Recht auf seine Anwesenheit und seine Aufmerksamkeit. In dieser Hinsicht mußte sie einen schwierigen Balanceakt bewältigen. Jackie mußte dafür sorgen, daß er Zeit für Caroline und John hatte, und zwar tagsüber und nicht abends, wenn sie ins Bett mußten und er zu beschäftigt oder zu müde war, um sich mit den Kindern zu beschäftigen. Bevor sie Caroline in die Vorschule schickte, die sie im Weißen Haus eingerichtet hatte, ermunterte sie ihre Tochter, ihren Vater jeden Morgen ins Büro zu begleiten.

Das Leben von Caroline und John sollte so normal wie möglich sein. »Sie sollen nicht denken, daß sie ›hochgestellte Kinder‹ sind«, sagte sie zu J. B. West. »Wenn ich mit ihnen ausgehe oder wenn sie mit ihrem Kindermädchen ausgehen, sagen Sie bitte zum Pförtner, er möge ihnen nicht die Tür öffnen.« Was hielt der Präsident von alledem? Schwer zu sagen. Wenn Jackie ihn nach seiner Meinung oder seinem Rat fragte, »sagt er zu mir, ›das ist deine Domäne‹.[27] Und ich sage ›ja, aber du bist derjenige, der die

Donald Spoto

großen Entscheidungen trifft. Warum soll jeder außer mir davon profitieren?‹« Touché.

So oft er konnte, nahm der Präsident sein Mittagessen mit seiner Frau und seinen Kindern ein. Dann machte er ein kleines Nikkerchen und badete im Swimming Pool des Weißen Hauses. Wenn möglich, nahm er sich am Spätnachmittag Zeit für die Kinder. Hauptsächlich aus diesem Grund ließ Jackie den privaten Wohnbereich der Familie renovieren; er sollte eine warme und entspannte Atmosphäre haben. (»Ab ins Verlies mit diesen häßlichen viktorianischen Spiegeln!«) Dem Präsidenten gefiel seine Vaterrolle; von den ersten sechzehn Wochenenden verbrachte er 1961 zehn mit seiner Familie auf Glen Ora. Diese Zeit war Jackie heilig, denn sie war ihrer Meinung nach sehr wichtig für ein gesundes Aufwachsen ihrer Kinder. »Was ich auch sonst noch erreichen mag«, so eine denkwürdige Äußerung von ihr, »sollten meine Kinder nicht gut geraten, hätte ich das Gefühl, versagt zu haben.«

Carolines und Johns Privatsphäre zu schützen, war Jackies wichtigstes Anliegen. »Ich habe sehr den Eindruck«, schrieb sie in einem Memorandum an den Pressesprecher Pierre Salinger, »daß der Öffentlichkeitsrummel in diesem Bereich völlig außer Kontrolle geraten ist. Sie müssen meine Privatsphäre und die meiner Kinder schützen.«[28] Nachdem eine Zeitschrift nicht autorisierte Fotos von den spielenden Kindern gemacht hatte, schrieb sie verärgert an Salinger: »*Ich meine das ganz ernst* – ich wünsche das nicht, und wenn Sie fest entschlossen sind und sich die Zeit nehmen, können Sie dem Einhalt gebieten. Also tun Sie es bitte. Wozu ist ein Pressesprecher da – um der Presse zu helfen, ja – aber auch, um *uns* zu schützen.«

Doch hierbei ging es noch um etwas anderes. Wie Robert Kennedy und viele andere feststellten, hatte Jackie einen sehr unabhängigen Geist: Es gehört zu ihren paradoxen Eigenschaften, daß sie von Männern abhängig und zugleich sehr auf ihre Unabhängigkeit bedacht war. Auch wenn sie ihr Selbstwertgefühl aus ihrer Verbindung mit mächtigen Männern gewann, strebte irgend etwas in ihr nach Unabhängigkeit – so wie sie schon in ihrer Kindheit das Alleinsein gesucht hatte.

Jackie hatte nie enge Freunde. »Mrs. Kennedy suchte nie die Gesellschaft anderer Frauen«, erinnerte sich J. B. West. Im Gegensatz zu Eleanor Roosevelt und Mamie Eisenhower »hatte sie keine Clique, mit der sie Karten spielte, keine Vertrauten«, und weder die Schwägerinnen noch die Gattinnen der Senatoren noch Mrs. Lyndon Johnson wurden zum Essen eingeladen. Wenn sie Gäste zum Tee einlud, waren es normalerweise ältere, kunstinteressierte Männer, denn für Jackie waren soziale Kontakte gleichbedeutend mit Lernen, und als Gastgeberin unterhielt sie sich lieber mit Männern. »Sie verstand es, Männern zu schmeicheln«, meinte Betty Beale, »und dabei hatte sie einen Augenaufschlag wie eine Debütantin – das kam natürlich bei allen gut an.«

Dieses Verhalten, das zu einer festen Angewohnheit wurde, hielt einige begabte und interessante Frauen, deren Sympathie sie vielleicht hätte gewinnen können, vom Weißen Haus fern. Viele Frauen wären mit den respektierten und einflußreichen Presseleuten, die sich von Jackie ignoriert fühlten – darunter Helen Thomas – der Meinung gewesen, daß sie »beides wollte. Pflegte sie gerade das Image einer engagierten First Lady, sollte die Presse darüber berichten. Fuhr sie von Freitag bis Dienstag ins Wochenende, sollte der Samtvorhang geschlossen werden.«

Wenn Jackie das Bedürfnis hatte, Gäste zum Essen einzuladen, lud sie den Chefredakteur von *Newsweek*, Ben Bradlee, und seine Frau Tony ein, die möglicherweise nichts von der anhaltenden Affäre ihrer Schwester mit dem Präsidenten wußte; Charles und Martha Bartlett; den Kolumnisten Joseph Alsop und seine Frau Susan Mary; den texanischen Ölmagnaten Charles Wrightsman und seine Frau Jayne, die für die Restaurierung des Weißen Hauses gespendet hatten; und ewige Junggesellen wie Bill Walton und Lem Billings. »Jackie war bei diesen Essen sehr aufgeräumt«, erinnerte sich Charles Bartlett, »weil sie den Präsidenten bei Laune halten und ihn ein wenig necken konnte.«[29]

Robert Kennedy: »Sie ist poetisch, humorvoll, provokativ, unabhängig und doch feminin. Jackie hat immer ihre eigene Identität bewahrt und war trotzdem *anders*. Jack weiß, daß sie ihn nie mit dem Satz begrüßen wird: ›Was gibt es Neues in Laos?‹«[30] Bobby war sich der unbekümmerten Herablassung, die aus seiner

Bemerkung sprach, wahrscheinlich nicht bewußt, aber schließlich war die Familie Kennedy in puncto männlicher Chauvinismus kaum zu schlagen, und Jackies Intelligenz wurde nicht weiter zur Kenntnis genommen. »Für sie war Jackie«, laut Margaret Truman, »wie alle anderen Frauen in ihrem Leben nur für die Entspannung da.«[31]

Aber im Laufe der Zeit lernte Jack die große Intelligenz seiner Frau schätzen. »Meine Frau ist eine sehr starke Persönlichkeit«,[32] sagte er einmal, »romantisch, sensibel, intuitiv und mit einem phantastischem Gedächtnis.« Je länger er Präsident war, desto mehr Respekt entwickelte er vor ihrem politischen Durchblick.

Zunächst einmal war sie informierter, als die meisten Menschen von ihr dachten: Sie stellte dem stellvertretenden Verteidigungsminister Roswell Gilpatric unzählige Fragen über das Pentagon: wer dort die Macht habe und welche Motivationen diejenigen hätten, die das Vertrauen des Präsidenten genossen. Vor einem Besuch des marokkanischen Königs Hassan schrieb Jackie ihm einen fünfseitigen persönlichen Brief und bat um eine Abschrift seines Interviews bei *Meet the Press*. Letitia Baldrige zufolge fand Jackie die internationale Politik aufregend und wußte wesentlich mehr darüber, als sie zu erkennen gab. »Ich bin mir sicher, daß sie mit Präsident Kennedy über viele Dinge sprach«,[33] sagte Baldrige. »Sie ist wie ein Schwamm – sie saugt alles auf, was sie hört. Sie sagt vielleicht nichts, aber sie hört immer sehr intensiv zu.«

Daß Baldrige mit ihrer Einschätzung völlig richtig lag, bestätigte Generalmajor Chester Clifton, ein militärischer Berater des Präsidenten. »JFK fragte bei jeder Krise seine Frau um Rat: die Berliner Mauer, die Raketen auf Kuba, die Schweinebucht. Sie beriet nicht seinen Mitarbeiterstab, sie beriet ihn – darum wußte das niemand.« Ihre Ratschläge waren allgemeiner Natur und basierten auf dem Prinzip der Friedenserhaltung und, wenn möglich, der Konfliktvermeidung. An diesem Prinzip hatten sich Jack und Jackie seit 1954 orientiert, als sie mit Ormsby-Gore zusammentrafen und als die Kennedy-Doktrin Gestalt annahm: Überwindung des Kalten Kriegs und nukleare Abrüstung.

Mit den Verwandten des Präsidenten kam Jackie meistens in Palm Beach oder in Hyannisport zusammen, obwohl Robert Kennedy nicht nur Justizminister, sondern auch der engste Freund und Vertraute seines Bruders war. Ihren Schwiegervater sah Jackie so oft wie möglich, sie hatten beide den gleichen etwas zynischen Humor. Wenn er ins Weiße Haus kam, »tanzte sie mit ihm förmlich Arm in Arm durch die Flure«, erinnerte sich West. »Sie lachte schallend über seine Witze. Ihr Gesicht war so lebhaft und glücklich, wie es war, wenn sie mit ihren Kindern spielte.« Nachdem Joe im Dezember 1961 einen Schlaganfall erlitten hatte, von dem er sich nie mehr richtig erholte, tat Jackie alles, um es ihm bequem zu machen und ihn zu zerstreuen. Denn sie stand Joe Kennedy näher als ihrer Mutter und ihrem Stiefvater, zu denen sie ein reserviert-höfliches, aber kein herzliches Verhältnis hatte.

Auch auf den Partys in Palm Beach erlebte Jackie Situationen, die für sie schwer zu ertragen waren. Gwen Gibson erinnerte sich an eine Party, auf der Jack ein wenig zu hingebungsvoll mit einer Frau nach der anderen tanzte und seine Frau völlig ignorierte. Nach einer Weile stand Jackie einfach auf und ging. »Sie hatte ihre Pflicht getan«, meinte Gibson. »Sie hatte diejenigen Leute begrüßt, die sie begrüßen mußte, dann ging sie.«

Dies führte zwar zu einer gewissen Abkapselung, doch da Jackie dem Alleinsein viel abgewinnen konnte, kam es nicht zu der Depression, die sich aus einem Gefühl tiefer Verlassenheit hätte ergeben können. Und dies besonders in einer Zeit, in der Zerstreuung, lärmende Geschäftigkeit und nichtiges Geplauder groß geschrieben werden und nachdenkliche, in sich gekehrte Menschen fälschlicherweise für arrogant, distanziert oder herablassend gehalten werden. Jackie wurde oft zu Unrecht für snobistisch, rätselhaft und geheimnisvoll gehalten, wenn sie schlichtweg nachdenken und für sich sein wollte. Sie würde nicht zu einem jederzeit zugänglichen Eigentum der Öffentlichkeit werden, nur weil sie in kürzester Zeit die berühmteste Frau der Welt geworden war. Sie würde sich auch nicht dafür entschuldigen, daß sie die Gesellschaft von Dichtern, Musikern und Künstlern der von Sportlern und bloßen Berühmtheiten vorzog.

Damals und später hielt sie es für ein falsches Demokratieverständnis, daß man sich um die Gunst der Populärsten und nicht der Besten bemühte. Die vielleicht größte Ironie lag darin, daß Jackies Bild in den Jahren, in denen sie im Weißen Haus lebte, häufiger erschien als das irgendeines international bekannten Filmstars. Das Wort »Star« wurde zum ersten Mal am 22. März 1961 von der *New York Times* verwendet: »Ein Stargast beim New York City Ballet verließ gestern abend nicht seinen Platz«, begann die Geschichte und ging in diesem Stil weiter.

Daß sie den Ruf eines Stars hatte, beruhte teilweise auf ihrer Schönheit und ihrem auserlesenen Geschmack, der durch das Talent des von ihr bevorzugten Modeschöpfers Oleg Cassini besonders zur Geltung gebracht wurde. Cassini war mit dem Filmstar Gene Tierney (eine von Jacks Eroberungen) verheiratet gewesen und hatte für sie und andere Schauspielerinnen für mehrere Hollywood-Filme die Kostüme entworfen, bevor er sein eigenes Studio eröffnete. Anfang Dezember 1960, als Jackie noch im Krankenhaus war, hatte sie Cassini gebeten, sie zu besuchen und ihr Entwürfe vorzulegen. »Ich sprach mit ihr wie mit einem Filmstar und sagte ihr, sie brauche eine Geschichte, ein Szenarium als First Lady.«[34] Sie unterhielten sich über die Geschichte der Mode, und er erfuhr von ihrer Leidenschaft für französische Eleganz. »Hier haben Sie die Möglichkeit«, sagte Cassini und legte eine effektvolle Pause ein, »ein amerikanisches Versailles zu schaffen.« Wenn sie über ihre Garderobe sprachen, taten sie es »mit Blick auf italienische Meister und das Frankreich des achtzehnten Jahrhunderts«, so Cassini.

Davon fühlte sich Jackie natürlich sehr angesprochen. Dennoch mußte sie Cassinis Enthusiasmus dämpfen: »Ich weiß, daß ich an Mode viel interessierter bin als andere First Ladies, aber ich möchte nicht, daß Jacks Regierung sich mit Sensationsberichten über Modegeschichten herumschlagen muß und ich als die Marie Antoinette oder Josephine der sechziger Jahre angesehen werde.«[35] Dabei hatte sie, so Cassini, »ein sehr ausgeprägtes Geschichtsbewußtsein und eine klare historische Perspektive«.[36] Wie sich herausstellte, waren Marie Antoinette und Josephine – wie unbewußt auch immer – durchaus die Vorbilder für ihre neue

Rolle. Und das galt auch für den Hof von Napoleon: Cassini und Jackie sprachen über »das Leben am Hofe Napoleons ... und wie Napoleons III. Gemahlin Eugénie, um den Kaiser zu erfreuen, immer die schönsten und interessantesten Frauen und Männer an den Hof geholt hatte«.[37]

Von dieser Zeit an wollte Jackie laut Cassini »die bestgekleidete Frau der Welt sein, ohne als die bestgekleidete Frau der Welt zu erscheinen.« Und das erforderte riesige Ausgaben für eine aufwendige Garderobe. Auf Anweisung von Joe Kennedy sollte Cassini seine Rechnungen nicht an Jack oder Jackie schicken: »Schikken Sie mir einfach am Ende des Jahres die Rechnung. Ich werde sie begleichen«,[38] instruierte Joe den Modeschöpfer und mahnte ihn, die Kosten nicht in der Öffentlichkeit bekanntzugeben, »denn das könnte politisch gegen den Präsidenten verwendet werden«.

Als derjenige, der die First Lady einkleidete, stellte Cassini etwas ganz Neuartiges dar. Er machte Jackie zum ersten Star der amerikanischen Geschichte, der nicht aus Hollywood kam.

Alle vorherigen Stars waren aus der Filmbranche gekommen. Doch jetzt brachte *Photoplay* ihr Bild auf der Titelseite und nannte sie »Amerikas neuesten Star«. *Modern Screen, Screen Stories, Teen Tempo* und *Movie World* folgten. *Motion Picture* zeigte in seiner Ausgabe vom Dezember 1962 Caroline auf der Titelseite.

Diese Entwicklung ist nicht schwer zu verstehen. Seit der Weltwirtschaftskrise in den dreißiger Jahren hatte die Mode das Bild und Ideal des »American girl« verbreitet – eine schöne goldlokkige junge Frau, die perfekt geschminkt und mit einem Tennisschläger in der Hand an der Seite eines vornehm gekleideten Herrn in Filmen und Zeitschriften zu sehen war. Die Presse erklärte, Jackie sei aufgrund ihrer Schönheit und Jugend eine neue Art First Lady, was Unsinn war, denn es hatte in dieser Stellung jüngere und lebhaftere Frauen gegeben. Doch nach Eleanor Roosevelt, Bess Truman und Mamie Eisenhower war Jackie, wie Margaret Truman sagte, »etwas absolut Neues«.[39]

Für kurze Zeit – vor dem Tod des Präsidenten und der Ausbreitung der Hippie- und Drogenkultur – bewirkte Jackies vornehmes Auftreten, daß in Amerika ein begeisterter Sinn für *Klasse*

Donald Spoto

entstand. Die Amerikaner wußten, daß ihre First Family dank ihrer First Lady bei einem Vergleich mit englischen Majestäten und französischen Diplomaten gut abschnitt.

Jackie entsprach keinem vorgegebenen Maßstab; im Gegenteil, sie entsprach nicht der öffentlichen Vorstellung von der idealen amerikanischen Frau. In den vierziger und fünfziger Jahren war die üppige Blondine Amerikas Wunschvorstellung gewesen, doch hier war eine große, fast flachbusige Brünette mit leicht unproportionierten Gesichtszügen. Sie ritt und sprach über Geschichte, Musik und französische Romane. Und dies war keineswegs aufgesetzt: Sie verschlang Bücher und hatte ein erstaunlich gutes Gedächtnis.

Mrs. Roosevelt hatte sich in humanitären Fragen engagiert und zweifellos viel zur Bildung eines sozialen Bewußtseins in Amerika beigetragen. Doch Jackie verkörperte die Idee einer andersartigen First Lady: eine junge Mutter im zwanzigsten Jahrhundert, eine Frau, die nach der neuesten Mode gekleidet war, über geistige Dinge diskutierte, unabhängig dachte und deren diplomatisches Wirken im Hintergrund stattfand. Nichts an ihr ähnelte dem Stil ihrer Vorgängerinnen, und man kann wohl sagen, auch nicht dem ihrer Nachfolgerinnen. Sie trug – durch ihren Einfluß auf die Politik des Präsidenten – zur Bildung eines moralischen Bewußtseins bei. Außerdem durchbrachen der neue Star und sein Modeschöpfer alle Regeln: Zusammen schufen sie eine kühne und auserlesene neue Mode. So konnte Jackie bald etwas tun, was keine andere First Lady jemals getan hatte: Sie erschien in Kleidern, die zunächst eine Schulter, dann beide Schultern frei ließen – und sah darin atemberaubend aus. Der berühmte, bald in Mode kommende Pillbox-Hut, den Jackie zum ersten Mal am Tag der Amtseinführung des Präsidenten getragen hatte und der fälschlicherweise dem Modeschöpfer Halston zugeschrieben wurde, war von Oleg Cassini und Diana Vreeland entworfen und von Marita von Bergdorf Goodman hergestellt worden.

Die Alltagsgarderobe war ebenfalls eindrucksvoll, aber nie auffallend. Jackie hatte, unterstützt von Cassini, laut Mrs. Gerald Ford »einen so wunderbaren Geschmack, daß alle Frauen in Washington und alle Frauen im Land sie nachahmten. Wir trugen die gleichen Dinge, die sie trug, die kleine Pillbox auf dem Kopf, das ärmellose Minikleid. Diese Garderobe breitete sich wie eine Epidemie aus.«[40] In kürzester Zeit ahmten bekannte und unbekannte Frauen Jackies Stil nach, von Mary Tyler Moores Fernsehgestalt in *The Dick Van Dyke Show* mit ihrer Haarfrisur, ihren Hosen und flachen Schuhen à la Jackie bis hin zu Werbefiguren und Mannequins.

Nicht nur Jackies Stil breitete sich rasch aus, sondern auch die Berichterstattung über die Frau, die ihn präsentierte. Schon am Tag der Amtseinführung erklärte die Zeitschrift *Life* sie zur »Nummer eins in Sachen Mode – ein verdientes Kompliment für eine sehr junge und sehr selbstsichere First Lady«. Zehn Tage später erklärte *Newsweek*, das Gesprächsthema der Nation sei »nicht der neue amerikanische Präsident, sondern die Frage, was seine Frau trägt«. Ende 1961 wurde Jacqueline Kennedy von den Herausgebern von nicht weniger als hundert internationalen Zeitschriften, von der polnischen Zeitschrift *Swiat* bis zur russischen *Trybuna Ludu*, zur »Frau des Jahres« gewählt. Und ein lateinamerikanisches Meinungsforschungsinstitut erklärte sie und Papst Johannes XXIII. zu den beiden herausragenden Vorbildern für die Welt. Von Januar 1961 bis November 1963 gingen wöchentlich zwischen sechstausend und neuntausend zustimmende Briefe in Jackies Büro im Weißen Haus ein.

Jedes, auch das intimste Detail wurde fortan von der *New York Times* berichtet, die sich im Dezember 1961 zu einer geradezu törichten Berichterstattung hinreißen ließ:

Wie es allen Frauen einmal passiert, bekam der Strumpf von Mrs. John F. Kennedy heute eine Laufmasche. Sie zeigte sich am Knöchel der First Lady, als diese nach ihrer Ankunft auf dem Flughafen El Dorado in Kolumbien auf die Tribüne stieg. Sie schien sie nicht bemerkt zu haben.[41]

Und im August 1962:

Nach dem Essen im Haus des Herzogs von Sangro in Amalfi besuchten Mrs. John F. Kennedy und einige Freunde einen Nachtclub in Praiano in der Nähe von Positano ... Mrs. Kennedy tanzte Twist und andere Tänze ... und ging dann, wie üblich, schwimmen.[42]

Im selben Monat:

Mrs. John F. Kennedy schlief heute lange ... nach dem Lunch kehrte sie ins Hotel zurück.[43]

Nie war sie ein größerer Star als während ihrer ersten Auslandsreisen mit Jack im Frühjahr 1961. Vor ihrer Reise nach Kanada, Paris und Wien bestand sie darauf, daß der Präsident erst einmal seine Hausaufgaben machte. »Sie half ihm sehr, Frankreich zu verstehen«,[44] sagte Hervé Alphand, französischer Botschafter in den Vereinigten Staaten. »Sie bat ihn, die Memoiren General de Gaulles zu lesen«, mit dem sie sich treffen wollten. Ihr Stiefbruder Yusha Auchincloss erinnerte sich daran, daß Jackie mit der Idee nach Frankreich fuhr, Jack und de Gaulle würden den historischen Schulterschluß von George Washington und General Lafayette weiterführen.

Letitia Baldrige fügte hinzu, daß Jackie vor ihrer Ankunft in Paris lange Briefe an de Gaulle schrieb – Briefe über französische Kunst und Kultur sowie über die französische Herkunft ihrer Familie. Diese Briefe sollten die persönlichen Gespräche vorbereiten; auch dies gehörte zu der Art und Weise, wie Jackie etwas für die amerikanische Außenpolitik tat: In Gesprächen mit dem Präsidenten entwickelte sie ihren eigenen diplomatischen Stil, der so gar nicht nach Diplomatie aussah.

Die Reise begann im Mai in Kanada, wo der Präsident mit Premierminister John Diefenbaker zusammentraf; für die Zeitschrift *Life* ähnelte dieses Treffen eher einem angeregten Männergespräch als einem Gipfeltreffen. Sowohl die kanadischen als auch die amerikanischen Reporter waren jedoch mehr an Jackie interessiert, und selbst der kanadische Senatssprecher erklärte im Parlament: »Ihr Charme, ihre Schönheit, ihre Lebendigkeit und ihr Feinsinn haben unsere Herzen erobert.«[45]

Der Bericht der *New York Times* über diesen Besuch war vor

allem Jackie gewidmet; über Jack wurde lediglich gesagt, er habe beim Pflanzen eines Baums in Ottawa die Schaufel zu begeistert geschwungen, wodurch er Nacken- und Rückenschmerzen bekommen habe. Ein Mann mit Namen Max Jacobson[46] wurde herbeigerufen, um sich der Beschwerden des Präsidenten anzunehmen.

1961 war wenig über die Gefahren von Amphetaminen, Barbituraten und dem Mißbrauch von Rauschgift bekannt. Heroin wurde mit auf der Straße lebenden Süchtigen in Verbindung gebracht; Marihuana wurde ab und zu in den Häusern prominenter Persönlichkeiten gefunden; Kokain wurde anscheinend von manchen Musikern genommen. Millionen von Menschen nahmen Beruhigungsmittel und Diätpillen ein; dies war fast schon ein Nachweis für ein anspruchvolles, privilegiertes, glanzvolles und somit wichtiges Leben. Es gab unzählige Todesfälle und viel teuer bezahltes Elend, bevor die Welt die schrecklichen neuen Süchte wirklich zur Kenntnis nahm.

Damals kamen Männer und Frauen aus politischen, sozial hochgestellten und Künstlerkreisen leicht an Nembutal, Doriden, Luminal, Seconal, Phenobarbital, Dexamyl und andere gefährliche Medikamente. Es gab auf diesem Gebiet kaum eine staatliche Regulierung oder Kontrolle, und die Ärzte konnten beliebig Rezepte ausstellen; die Erfassung und Klassifizierung von gefährlichen Substanzen sollte erst später eingeführt werden. Daher waren viele Ärzte nur zu froh darüber, daß sie ihre Patienten behalten und neue dazugewinnen konnten, indem sie ihnen alles verschrieben, was zu ihrem Wohlbefinden beitrug.

Unter diesen zweifelhaften »Heilern« war der bekannteste jener Max Jacobson, der in gehobenen sozialen Kreisen Dr. Feelgood genannt wurde. Jacobson verlor irgendwann seine Approbation, doch erst, nachdem er etliche Männer und Frauen »behandelt« hatte, von denen einige süchtig wurden und starben.

Das unehrenhafte Ende von Max Jacobson, gegen den staatliche Stellen bereits ermittelt hatten, begann am 4. Dezember 1972 mit einer langen Titelgeschichte in der *New York Times*. Jahrelang hatte Jacobson Mixturen aus Vitaminen, Amphetaminen, Steroiden und Gottweißwas allem hergestellt. Die Sofortwirkungen sei-

Donald Spoto

ner Injektionen wurden als heißer Tip gehandelt, und sein Ruf brachte ihm einen ständigen Strom von Patienten ein: berühmte Menschen, mächtige Menschen, unsichere Menschen oder solche, die nur reich und gelangweilt waren; zu seinen Patienten zählten Tennessee Williams, Eddie Fisher, Cecil B. DeMille, Kongreßabgeordneter Claude Pepper, Otto Preminger, Alan Jay Lerner, Truman Capote und Marlene Dietrich.

Jacobson verabreichte seinen Patienten nicht nur Injektionen, sondern brachte ihnen auch bei, wie sie sich selbst Amphetamine – gemeinhin als »Speed« bekannt – intravenös spritzen konnten, wodurch sie ein trügerisches Gefühl von Macht, Sicherheit, Kontrolle und Brillanz bekamen, keinen Schlaf brauchten und tagelang hellwach und aufnahmefähig blieben. »Es ist bekannt«, so die *New York Times,* »daß Dr. Jacobson in seiner Praxis große Mengen von Amphetaminen verwendet. Die Praxis des Arztes gab bekannt« – das heißt, er gab zu –, »daß Dr. Jacobson pro Monat 80 Gramm Amphetamine kauft. Das reicht für 100 starke Dosierungen von 25 Milligramm pro Tag.« Kein Wunder, daß sich sein Ruhm rasch ausbreitete und daß es oft schwer war, schnell einen Termin zu bekommen.

Zu Jacobsons Patienten gehörte einer der engsten Vertrauten und zugleich der bevorzugte offizielle Fotograf der Kennedys, nämlich Mark Shaw. Der mit der Sängerin und Schauspielerin Pat Suzuki verheiratete Shaw veröffentlichte *The John F. Kennedys*, einen lustigen Fotoband, den er »meinem Freund und Gefährten Dr. Max Jacobson« widmete. Eines von Shaws vielen Bildern von den Kennedys zeigt den Präsidenten in Florida zusammen mit Jacobson und seinem Schwager Fürst Radziwill, ebenfalls ein Patient von Jacobson; zu dem Foto heißt es, daß Jacobson »darauf bestand, jeden zu behandeln, der in Sichtweite war«. Durch Shaw und den Fürsten wurde John Kennedy, der in seinem Leben selten einen schmerzfreien Tag hatte, ebenfalls Patient von Max Jacobson. Ab Anfang 1961 kam Jacobson regelmäßig ins Weiße Haus und nach Palm Beach. (Mark Shaw starb im Alter von siebenundvierzig Jahren an einer Überdosis Rauschgift.)

Janet Travell, die Leibärztin des Präsidenten, sagte später, Kennedy habe in jener Zeit »ein Problem mit seinem Nacken«[47] gehabt. »Er litt unter einer Versteifung der Nackenmuskeln. Aufgrund der unterschiedlichen Beinlänge war die linke Schulter beträchtlich niedriger als die rechte, und dies war eine starke Belastung für die Nackenmuskeln.«

Diese Beschwerden verschlimmerten sich sehr durch den Vorfall im Mai in Kanada. Da die Kennedys noch wichtige Gipfeltreffen in Paris und Wien vor sich hatten, wurde Max Jacobson geholt, der sich für den Rest der Reise ständig um den Präsidenten kümmerte und ihm, wie er später zugab, auch Injektionen gab. Es muß allerdings darauf hingewiesen werden, daß der genaue Inhalt dieser Injektionen nicht bekannt ist.

Interessanterweise wollte der Präsident nicht, daß Janet Travell ihn auf dieser Reise begleitete; er wollte den Kontakt zu dieser umsichtigen Frau langsam, aber sicher beenden. »Travell war wirklich eine Dame«, sagte Helen Thomas, »und der Präsident wollte sie einfach nicht mehr um sich haben. Sie wußte zuviel – über alles.« Aber er hätte sich keine Sorgen machen müssen: Janet Travell war bis zu ihrem Tod der Inbegriff der Diskretion.

Es steht fest, daß Max Jacobson Kennedy in Europa und in New York – als er vor der UNO sprach – Injektionen verabreichte, die so stark waren, daß die Schmerzen »innerhalb von Minuten verschwanden«[48] (so die eigenen Worte des Arztes). Jackie gab später zu, daß auch sie von Dr. Jacobson behandelt worden war, ging darauf aber nicht näher ein.

Ein anderer von Kennedys Ärzten, der ihn 1955 behandelt hatte, war über Jacobsons Injektionen empört. »Ich habe ihm sehr deutlich zu verstehen gegeben, daß ich dies nicht dulden würde«, sagte er zur *Times*. »Ich sagte zu ihm, daß ich an die Öffentlichkeit gehen würde, wenn mir zu Ohren kommen würde, daß er wieder eine Spritze bekommen hat. Kein Präsident, der den Finger am roten Knopf hat, darf ein solches Zeug nehmen.« Daß dieser Arzt in der Presse nicht mit Namen genannt wurde, beweist zwar nichts, aber man könnte daraus schließen, daß er wußte, daß diese Injektionen gefährlich waren. Aber das wird nie zu beweisen sein: Nichts deutet darauf hin, daß der Präsident oder die First Lady Suchtmittel bekamen. Haben sie sie doch bekommen, dann haben sie zu den vielen ahnungslosen Menschen gehört, die einem

Donald Spoto

bekannten Arzt vertrauten, der seinen guten Ruf noch nicht verloren hatte. Zudem gibt es keinerlei Beweis dafür, daß Jack oder Jackie jemals süchtig waren.

Vor ihrer Reise nach Paris las Jackie Marcus Chekes umfangreiche Biographie über den Kardinal de Bernis, einen adligen Diplomaten im Frankreich des achtzehnten Jahrhunderts, der zur Umgebung von Madame de Pompadour gehört hatte. Im Auftrag von Ludwig XV. war dieser mächtige Kirchenmann an der Aushandlung eines Vertrags zwischen Frankreich und Österreich in Versailles beteiligt gewesen. Diese ernsthafte historische Lektüre zeigt nicht nur, daß Jackie sich geistig auf diese Reise vorbereitete, sondern auch, daß sie die Rolle ihres Mannes – und mithin ihre eigene – als aristokratische Friedensstifter sehr ernst nahm. Als First Lady befaßte sie sich mehr denn je mit dem Leben und dem Schicksal des Adels in der Geschichte. »Jackie war eine sehr eifrige Leserin«, sagte Mary Barelli Gallagher, »sie verbrachte viele, viele Stunden damit, Bücher über viele Themen zu lesen, während die Leute dachten, sie würde sich amüsieren.«[49]

Mit ihrem Team von Beratern, Sekretärinnen, Sicherheitsleuten, Max Jacobson und Jackies zwanzig Koffern kamen die Kennedys in Paris an, wo sie vom 31. Mai bis zum 3. Juni blieben. »Die strahlende First Lady war die Kennedy, die wirklich zählte«,[50] erklärte *Time*. Tatsächlich waren sowohl Präsident de Gaulle als auch die normalerweise blasierten Pariser von Jackie entzückt. Wo immer sie erschien, erschallte der Ruf »*Vive Jacqui!*« berichtete Gwen Gibson, die Jackie auf der gesamten Europareise begleitete. »Paris war aus dem Häuschen – sie war *das* Gesprächsthema.« Jackies Ehrgeiz hatte sich erfüllt: In Kleidung und Auftreten wollte sie, das war ihr Auftrag an Cassini gewesen, aussehen, »als wäre Jack der *französische* Präsident«.[51]

Da sie wußte, daß der französischen Presse nicht der kleinste Fehler an ihrer Garderobe oder ihren Haaren entgehen würde, hatte sie für die Anfertigung ihrer Kleidung genaue Anweisungen gegeben und Alexandre, dem führenden Friseur der Stadt, eine Haarlocke geschickt. Sogar Jack war beeindruckt. »Es ist einfach toll«,[52] sagte er im privaten Kreis – und vor Journalisten im Palais de Chaillot sagte er den berühmten Satz: »Ich halte es nicht für unangebracht, mich vorzustellen. Ich bin der Mann, der Jacqueline Kennedy nach Paris begleitet.«[53]

Vielleicht wurde ihm zum ersten Mal richtig klar, wie wichtig sie für ihr beider Image war – was vor allem *sein* Image bedeutete. Am ersten Tag in Paris war General de Gaulle bei einem offiziellen Essen im Elysée-Palast von Jackie völlig überwältigt. Nachdem er mit ihr auf Französisch über Ludwig XIV., die Bourbonen und die französische Geographie gesprochen hatte, wandte er sich an Jack: »Ihre Gattin weiß mehr über die französische Geschichte als jede Französin!«[54] Dann widmete sich de Gaulle Kenneth O'Donnell zufolge »wieder Jackie und ließ während des ganzen Essens seine Augen nicht mehr von ihr«. Für Jackie muß dies ein riesiges Kompliment gewesen sein: Sie machte nicht nur einen großen Eindruck auf das Oberhaupt eines von ihr bewunderten Landes, sie wurde von einem älteren Mann ernst genommen, den sie respektierte und der sie respektierte – »bezaubernd und gebildet«,[55] sagte de Gaulle über sie. Dies war die Anerkennung und Aufmerksamkeit, die sie von ihrem Ehemann nicht gerade im Übermaß bekam. (Rose Kennedy und Eunice Kennedy Shriver, die ebenfalls an der Reise teilnahmen, wurden praktisch nicht zur Kenntnis genommen.)

Auf dem Staatsbankett in Versailles zeigte sich, daß sich bei Jackie unter den Augen Europas eine Wandlung vollzog. Ihr Selbstbewußtsein nahm zu. In einem Kleid von Givenchy und mit ihrer hochgetürmten Frisur, die Alexandre der Frisur der Herzogin von Fontanges, einer Favoritin Ludwigs XIV., nachgebildet hatte, verlor Jackie ihre Schüchternheit und gewann an Statur – auch in ihrer eigenen Einschätzung. Es war diese Europa-Reise im Juni 1961, durch die sie eine neue Unbhängigkeit gewann: Fortan kündigte sie hin und wieder eigene Ausflüge oder Reisen an, die sie mit ihrer Schwester oder anderen Freunden unternahm – ganz unabhängig von den Pflichten oder Plänen ihres Ehemanns. Schließlich machte auch er häufig Dienst- oder Vergnügungsreisen ohne sie: Warum sollte sie nicht die gleiche Freiheit haben? Als der Präsident an jenem Abend ein heißes Bad nahm, sagte er zu O'Donnell und Salinger: »De Gaulle und ich

Donald Spoto

kommen gut miteinander zurecht, wahrscheinlich, weil ich eine so charmante Frau habe.«

Sie wurde überall in Paris umlagert, und jede ihrer Reaktionen wurde dokumentiert. Im Jeu de Paume schaute sie sich die große Sammlung von impressionistischen Meisterwerken an und sagte, ihr Lieblingsbild sei Manets *Olympia*, ein Gemälde von einer ruhenden nackten Frau; das Modell war vorher eine Kurtisane gewesen. Sie fand auch großen Gefallen an Malmaison, dem Landsitz von Kaiserin Josephine. Von dort aus besuchte sie La Celle de St. Cloud, wohin sich Madame de Pompadour gerne zurückgezogen hatte.

Am meisten glänzte Jackie jedoch beim Staatsbankett in Versailles. Sie wagte es, ein Diamantendiadem zu tragen – was für jede Frau völlig unangemessen gewesen wäre, die nicht ein legitimes Mitglied eines europäischen Königshauses war. *Elle s'en tient*, war die allgemeine Reaktion: »Sie kann sich das leisten.« Und das tat sie auch. Sie wollte, so hatte sie zu Cassini zum Zeitpunkt der Amtseinführung des Präsidenten gesagt, »rein und hoheitsvoll«[56] wirken. Die Apotheose machte Fortschritte.

Bei ihren Besuchen im Louvre, in Versailles und in Malmaison wurde Jackie von Kulturminister André Malraux begleitet. Malraux hatte zwei Tage zuvor seine beiden Söhne bei einem Autounfall verloren, trotzdem wollte er es sich nicht nehmen lassen, Jackie zu begleiten, wofür diese ihm immer dankbar blieb. Die tatkräftige, aber sensible Jackie, die nie vertraulich würde, freundete sich sofort mit diesem hochgebildeten Mann an. Später ließ er die *Mona Lisa* in die National Gallery bringen – nicht als Tribut an das amerikanische Volk, sondern an ihre First Lady, wie er ausdrücklich klarstellte. Im darauffolgenden Mai revanchierte sich Jackie für seine Gastfreundschaft in Washington.

Die Auswirkungen dieses Anteils ihrer Reise zeigten sich schon bald nach ihrer Rückkehr. Durch das Staatsbankett in Versailles angeregt, beschloß Jackie, das Essen für den pakistanischen Präsidenten Mohammed Ayub Khan in Mount Vernon auszurichten, mit historischen Kostümen, einem Feuerwerk und Marschkapellen – alles ebenso neu und beispiellos wie ihr Diadem. Sie trat auch an John A. Carver jr. vom Amt für staatliche

Liegenschaften heran. »Jackie wollte, daß bestimmte öffentliche Gebäude angestrahlt würden«, erinnerte er sich, »aber die Verwaltung wollte kein französisches *son et lumière*.[57] Jackie war enttäuscht«, weil es ihr nicht gelang, einen Hauch Paris nach Washington zu bringen. Nach Jacks Amtszeit wurde die Idee dann doch verwirklicht.

Nach ihrem Triumph in Frankreich rief sie die gleiche Reaktion in Wien hervor, wo Kennedy mit dem sowjetischen Staats- und Parteichef Nikita Chruschtschow zusammentraf. Jackie und Frau Chruschtschow lächelten und gaben sich für die Fotografen die Hand. Jackie sah aus, als wäre sie einer Modezeitschrift entsprungen, Frau Chruschtschow wie eine plumpe Großmutter, die vielleicht einmal eine gelesen hatte. Die politische Atmosphäre war kühl; als der sowjetische Staatschef aufgefordert wurde, dem Präsidenten von Amerika die Hand zu geben, zeigte er auf Jackie und sagte zu dem Dolmetscher: »Ich möchte zuerst *ihr* die Hand geben.«[58]

Während des Banketts sprachen Jackie und der russische Politiker über die Hündin, die sich an Bord des sowjetischen Sputniks befunden hatte. Sie hatte kürzlich Junge bekommen, erzählte Chruschtschow, und Jackie dazu: »Warum schicken Sie mir nicht eins davon?«[59] Das tat er. »Pushinska« kam mehrere Monate später mit einem freundlichen Brief von Chruschtschow an. Jakkies Selbstbewußtsein hatte tatsächlich sehr zugenommen. Als sie über die Ukraine sprachen, erwähnte er die Zahl der dortigen Lehrer. »Oh, Herr Vorsitzender«, sagte Jackie, »langweilen Sie mich bitte nicht mit Statistiken!«[60] Er meinte später: »Sie fand sofort das richtige Wort, um ein Gespräch zu beenden, wenn man sich nicht vorsah.«

Von Wien aus ging es weiter nach London, wo die Kennedys bei Fürst und Fürstin Radziwill wohnten und mit Königin Elisabeth speisten – bei dieser Gelegenheit trug Jackie ihr Diadem nicht. In dieser Zeit konnten selbst Max Jacobsons Medikamente die ständigen Schmerzen des Präsidenten nicht mehr lindern, so daß Jack nach Washington zurückkehrte. Jackie blieb jedoch noch einige Tage in London und flog am 7. Juni mit den Radzi-

Donald Spoto

wills für eine Woche auf die griechischen Inseln, wo sie Epidau-
rus, Delos, Hydra und Mykonos besuchten. Jackie schwamm,
fuhr Wasserski, tanzte, trank griechischen Wein und kam zu dem
Schluß, daß dies neben Paris für sie der schönste Ort der Welt sei.
»Ich war nie glücklicher«,[61] sagte sie zu einem Reporter.

Unterdessen ging es ihrem Ehemann gar nicht gut. Eine Woche
in Palm Beach änderte wenig an seinen Beschwerden, und bald
mußte er wieder Krücken benutzen. Als diese Information an die
Presse gelangte, die jetzt den wahren Grund für seine Abwesenheit in Washington kannte, fragten Reporter, warum Jackie durch
Griechenland reiste, während ihr Mann solche Gesundheitspro-
bleme hatte. Nun, sagte Pierre Salinger, sie wußte nicht, daß die
Situation so ernst war, und war von ihrem Mann ermuntert worden, ihren Urlaub fortzusetzen.

Vielleicht war dem so, aber der Zustand der Ehe – damals eine
eher formelle, aber ungeheuer erfolgreiche Verbindung – erforderte alle möglichen Beschönigungen und verschlungenen Ausreden.
Zum ersten Mal in ihrem Leben hatte Jackie über intime Details
ihres Sexuallebens gesprochen, die ihr Vertrauter – kein Geringe-
rer als die vertrauenswürdige Vaterfigur Adlai Stevenson – »äußerst indiskret«[62] fand. Dies war für Salinger nicht der einzige
heikle Punkt: Auf die Frage, ob der Präsident Medikamente gegen
seine Schmerzen nehme, antwortete der Pressesprecher: »Das
weiß ich nicht.«[63] In jenen höflicheren Zeiten drängte die Presse
Salinger nicht, ein Wissen preiszugeben, das er höchstwahrschein-
lich besaß, denn der Zweck des Gesprächs mit den Reportern bestand darin, die betrübliche Situation zu schildern, in der sein
Chef sich befand.

In jenem Dezember fanden kurze Reisen nach Puerto Rico, Ve-
nezuela und Kolumbien statt, und es war klar, daß Jackie die internationale Zustimmung genoß, die ihr entgegengebracht wurde.
In Caracas tauchten überall antiamerikanische Plakate auf: »Kennedy – No!«[64] Aber als Jackie zu einem Mikrofon ging, um die
Menge auf spanisch zu begrüßen, schlug ihr eine andere Stimmung entgegen: »Jackie – Sí!« Es war offensichtlich, wie gut ihr
solche Augenblicke taten, und dies wurde in der amerikanischen
Presse sehr wohl registriert.

Und von ihren treuesten Verbündeten. »Sie hat ein starkes Gespür für Publicity und versteht mehr davon als ihr Mann«, sagte
Adlai Stevenson. »Ich hoffe, sie übertreibt nicht.«[65] Genau dies tat
die First Lady eine kurze Zeit lang: Von 1961 bis 1963 stellten viele Leute an ihr einen gewissen Größenwahn fest, der angesichts
ihrer Jugend, ihrer Unerfahrenheit und ihres Bedürfnisses, von ihrer enttäuschenden Ehe abgelenkt zu werden, vielleicht unvermeidlich war.

Was die Presse empfand, wurde 1961 in einer Show im Women's
Press Club auf den Punkt gebracht, für die Gwen Gibson und Sidney Schwartz den Text und die Musik eines Liedes mit dem Titel
»That's Me, Jackie« verfaßten. Gesungen wurde es von niemand
anderem als Helen Thomas, die es allen Berichten zufolge sehr
schwungvoll und gekonnt vortrug:

If I want to fly away,	Wer fliegt gerne weg
Without taking JFK –	Auch mal ohne Jack?
That's me, Jackie.	Das ist unsere Jackie.
If I' m fond of French Champagne,	Für wen ist Schampus ein Genuß,
If I'd rather not campaign –	Doch Wahlkampf leider nur Verdruß
That's me, Jackie.	Das ist unsre Jackie.
If I want to give a ball	Gibt sie dann mal einen Ball
For just me and Charles de Gaulle	Für Charles de Gaulle und sich allein,
I have absolutely all the gall	Speien viele Gift und Gall'
I need.	Doch das steckt Jackie locker ein
If I like to water-ski	Auf ihrem eigenen Gewässer
And I want my private sea,	Gefällt ihr Wasserski umso besser.
Don't look askance:	Und alle Neider sollen wissen:
With half the chance,	Sie wollten's auch nicht missen
You'd be like me –	Wären sie – Jackie
Jackie.	

Si je suis très debonaire	Wer ist charmant und dazu nobel,
Or wear sable underwear,	Trägt Unterwäsche nur aus Zobel?
That's me – Jackie.	Das ist unsre Jackie.
If I like to live in style	Auf eigener Insel stilvoll leben,
On my own Aegean isle,	Wer würde danach wohl nicht streben?
That's me – Jackie.	Das ist unsre Jackie.
If I use Mount Vernon's lawn	Wer ist es, der mit Ayub Khan
For amusing Ayub Khan	Die ganze Nacht durchtanzen kann?
And we choose to dance till dawn,	Das ist unsre Jackie.
Then c'est la vie.	
If I rewrite history	Macht aus dem White House
Name the White House	»Chez Jackie«
»Chez Jackie«,	Das gab's in der Geschichte nie
Am I to blame?	Doch das ist keine Schande
You'd do the same,	Denn Vermerkt sei ganz am Rande:
If you were me – Jackie.[66]	Ihr machtet es wie sie – wäret ihr Jackie.

Bei jedem offiziellen Anlaß war Jackie, so die Presse, »gekleidet, frisiert und zurechtgemacht wie eine Fürstin«.[67] In der Tat hatte ihr letzter Besuch in Europa in Jacqueline Bouvier Kennedy den Wunsch geweckt, wie eine Königin aufzutreten und behandelt zu werden – daß sie unterschwellig die Einstellung »noblesse oblige« hatte, war angesichts der ihr entgegengebrachten Verehrung vielleicht auch nicht verwunderlich. Sie, die ihre Verabredungen pünktlich einzuhalten pflegte, zitierte Ludwig XVIII.: »Pünktlichkeit ist die Höflichkeit der Könige«.[68] Jackie sagte dies zwar lachend, aber es vermittelt eine Vorstellung davon, in welche Tradition sie sich selbst stellte.

»Es war mein Ziel, sie wie eine Königin zu kleiden«,[69] sagte Cassini, und Jackies Ziel war es, wie eine Königin auszusehen; selten gab es eine so perfekte Symbiose zwischen demjenigen, der Kleider entwarf, und derjenigen, die diese Kleider trug. Das Publikum gab zu alledem seinen Segen, und *Life* bezeichnete die Kennedys als »die neue königliche Familie der USA«[70] – dieser

Titel wurde ihnen ironischerweise in der Ausgabe vom 14. Juli 1961 verliehen, an dem Tag, an dem der Sturm auf die Bastille gefeiert wird.

Da Jackie einen ausgeprägten Sinn für die Macht des Mythos und ihren eigenen Platz in der Geschichte hatte, betrachtete sie sich faktisch als die königliche Schloßherrin eines neues Versailles und bezeichnete das Weiße Haus häufig als »la Maison Blanche«. Französische Kunst, französische Küche, die Stärkung des französischen Einflusses in Amerika, das Auftreten von Künstlern, die Konzerte und Rezitationen nach dem Essen: all dies führte zwangsläufig zu der Vorstellung von einer mythischen, königlichen Vergangenheit, auf die sie später das idealisierte Bild von Camelot gründete.

1962 – 1963

$\mathcal{A}$m 14. Februar 1962 führte Jackie den CBS-Nachrichtenkorrespondenten Charles Collingwood und mehr als 60 Millionen Amerikaner (80 Prozent derjenigen, die einen Fernseher besaßen) durch das Weiße Haus. Das Ereignis war so beispiellos und wurde von der Presse schon Wochen vorher so hochgespielt, daß das Leben des Landes geradezu zum Stillstand kam. CBS und NBC übertrugen die Aufzeichnung gleichzeitig, und sie bekam begeisterte Kritiken.[1]

Das Ganze war neun Stunden lang am 15. Januar aufgenommen worden, als acht Tonnen Ausrüstung und vierundfünfzig Techniker das Weiße Haus in Beschlag nahmen. Der Produzent Perry Wolff und seine Toningenieure machten sich Sorgen wegen Jackies dünner Stimme, aber, wie er später sagte, »sobald sie sah, daß es kein Gefängnis aus Scheinwerfern und Kabeln war, entspannte sie sich und bekam Spaß an der Sache«.[2] Fast vierzig Jahre später kommt einem die Sendung etwas steif, zu sorgfältig einstudiert und viel zu artig vor. »Ist dies nicht das berühmte Ostzimmer?« fragt Collingwood, und Jackie antwortet: »Ja, das ist das berühmte Ostzimmer.« Ein paar Augenblicke später: »Oh, Mrs. Kennedy, dieses Zimmer hat eine ganz andere Atmosphäre als das Rote Zimmer!« Eine kleine Pause, dann erwidert Jackie: »Ja, es ist blau.« Gegen Ende des Rundgangs erscheint der Präsident genau zum richtigen Zeitpunkt, lobt seine Frau und ihr kluges Restaurierungsteam und nennt sie zum ersten und zum letzten Mal in der Öffentlichkeit »Jackie«. Er scheint sich ausgesprochen unwohl zu fühlen, sei es, weil er Schmerzen hat, sei es, weil er durch andere Dinge abgelenkt ist.

Das Leben im Weißen Haus war 1962 ständig angespannt. Zum einen setzte Jack seine Affäre mit ihrer gemeinsamen Freundin

Mary Pinchot Meyer[3] mit erstaunlicher Dreistigkeit fort, nämlich mitten im sorgsam restaurierten Weißen Haus. Von Oktober 1961 bis August 1963 wurde nach den Aufzeichnungen des Pförtners eine »Miss Meyer« oder »Mrs. Meyer« nicht weniger als fünfzehnmal in der Pennsylvania Avenue Nr. 1600 empfangen – vierzehnmal in der Zeit, in der Jackie auf Glen Ora oder in Hyannisport oder außer Landes war. Dies ist keine vollständige Liste ihrer Rendezvous mit dem Präsidenten; es ist nur die Zusammenstellung der Treffen, die vom Geheimdienst registriert wurden.

Meyer war nicht die einzige Frau, mit der John Kennedy ein intimes Verhältnis hatte, aber sie war sicherlich eine seiner ständigen Besucherinnen. Allen Beobachtern zufolge wußte Jackie über alles genau Bescheid, aber, wie Pierre Salinger sagte: »Sie ging völlig darüber hinweg. Sie sprach nicht darüber, sie wollte davon nichts hören. Wäre irgendein Hinweis in den Nachrichten gekommen, hätte sie bestimmt den Fernseher ausgeschaltet.«

Dennoch kann sie kaum als eine Ehefrau bezeichnet werden, der die Disharmonie und die Leere ihrer Ehe nichts ausgemacht hätten. Mitunter war die innere Anspannung der beiden auch bei geselligen Ereignissen spürbar. Charles Bartlett, der das Zusammensein mit Jack und Jackie früher als angenehm und entspannend empfunden hatte, erinnerte sich ein Jahr später, daß es Spannungen gab, wenn das Gespräch auf die Zukunft kam. Wo würden die Kennedys nach der Zeit im Weißen Haus leben? Jackie fragte etwa: »Was wirst du dann tun, Jack? Ich möchte nicht die Frau eines Direktors einer Mädchenschule sein.«[4]

Dies war eine aufschlußreiche, wenn auch ungewöhnlich sarkastische Bemerkung. Auch ihren Gästen zuliebe sprach Jackie nicht davon, ihr Mann könnte Vorstandsvorsitzender einer Stiftung, Botschafter, Richter am Obersten Gerichtshof, Universitätspräsident oder Direktor einer Jungenschule sein. Nein, wenn Jackie an die mögliche Arbeit ihres Mannes dachte, dann war es die Leitung einer *Mädchen*schule, und niemandem konnte verborgen bleiben, worauf sie damit anspielte.

Am 9. März besuchte der Präsident seinen kranken Vater in Palm Beach, wo er Caroline und John mit ihrem Kindermädchen und mit Dienstboten absetzte, um weiter nach Miami Beach zu fahren. Am selben Abend machten sich Jackie und ihre Schwester zu einer dreiwöchigen Privatreise nach Indien und Pakistan auf, begleitet von Assistenten, Sekretärinnen, Kammermädchen, einem Reporter, einem Fotografen sowie den üblichen Geheimdienstleuten und Angehörigen der Fernmeldetruppe.

So wie bei ihrer Europareise im Jahre 1961 ging Jackie ihre eigenen Wege, was sie ohnehin mehr und mehr tat. Schon ein flüchtiger Blick auf ihren Terminkalender deutet auf ein verstecktes häusliches Drama hin. Jackie verbrachte Wochenenden auf Glen Ora, die drei oder vier Tage dauerten; sie fuhr immer häufiger zum Einkaufen nach New York, und sie fuhr nach Palm Beach, wenn ihr Mann in Hyannisport war, und nach Hyannisport, wenn er in Palm Beach war.

Auf dem Weg nach Indien machte die Gruppe für einen Tag in Rom Halt, wo Papst Johannes XXIII. Jackie – ohne ihre Schwester – zu einer Privataudienz empfing.[5] Der einundachtzigjährige Pontifex Maximus war bekannt für seine Warmherzigkeit und Umgänglichkeit, und als Jahre später über seine Begegnung mit Jackie detailliert berichtet wurde, wurde vor allem die freundliche Menschlichkeit des Mannes hervorgehoben, der die Welt durch die Einberufung eines Konzils in Erstaunen versetzen würde, das sowohl für die Kirche als auch für die ganze Welt segensreich sein sollte. Tagelang hatte der Papst seine Berater gefragt, wie er die Gattin des amerikanischen Präsidenten anzusprechen hätte. Sollte er sie »Madame« nennen oder »Madame First Lady« oder einfach »Mrs. Kennedy«? Was sollte er tun?

Als Jackie zum Papst vorgelassen wurde, machte sie den ersten der traditionellen drei Kniefälle, eine Geste der Unterwürfigkeit, die später durch das Ökumenische Konzil abgeschafft wurde.

Als sie näher trat und zum zweiten Mal knien wollte, hatte der kräftige alte Mann genug von dieser Art der Ehrerbietung. Er stand von seinem Sessel auf, breitete die Arme aus und lief fast auf sie zu. »Jack-ie!« rief er und legte zum Entsetzen der Umstehenden seine Arme um sie. Das Lächeln der beiden hätte die kleine dunkle Privatbibliothek des Papstes erleuchten können.

Der Presse wurde natürlich mitgeteilt, Seine Heiligkeit und Jack-ie hätten das Protokoll eingehalten und ganz allgemein über den Kampf um Frieden und Gerechtigkeit in der Welt gesprochen. Doch dem italienischen Journalisten Arnaldo Cortesi zufolge brachte der Papst das Gespräch auch auf ihre Kinder, für die er kleine Geschenke mitgebracht hatte. Dies war sicherlich nicht die Art von Audienz, die Jackie sich vorgestellt hatte, denn sie ähnelte in keiner Weise dem Besuch, den sie 1951 dem Vatikan abgestattet hatte: Der wie ein Fürst auftretende Pius XII. näherte sich niemandem und erteilte den Segen von seinem tragbaren Thron aus, der auf den Schultern von Bediensteten ruhte. »Er ist ein wirklich guter Mensch«, sagte Jackie später über Papst Johannes XXIII., »so weltverbunden und mit einer unendlichen Freundlichkeit in den Augen.«[6]

Elf Jahre zuvor war Lee mit Jackie im Vatikan gewesen. Diesmal war sie nicht mit dabei, vielleicht, weil sie eine Peinlichkeit vermeiden wollte: Es hieß, einflußreiche Freunde würden darauf hinarbeiten, den Vatikan zu einer raschen Zustimmung zu ihrer Ehe mit Stanislas Radziwill zu bewegen. Dies konnte nur durch das Verfahren einer Eheannulierung geschehen, und das war kompliziert, da die Ehen des Fürsten und der Fürstin Schnitzlers *Reigen* hätten entspringen können. Radziwill war einmal mit Grace Kolin verheiratet gewesen, die den Grafen von Dudley geheiratet hatte, welcher einst mit Laura Charteris verheiratet gewesen war, die dann Michael Canfield, Lees ersten Ehemann, geheiratet hatte. Es ist unwahrscheinlich, daß Jackie und der Papst die Zeit gehabt hätten, über diese Beziehungen zu sprechen, geschweige denn, über deren Legitimität zu befinden. Die Sache war noch nicht entschieden, als sich die Radziwills 1974 scheiden ließen.

Am 12. März kam die Gruppe in Neu-Delhi an, wo sie von John Kenneth Galbraith, dem Ökonomen, Verfasser mehrerer Bücher und damaligen amerikanischen Botschafter in Indien, begleitet wurde. Jackie war laut Galbraith »sehr lebhaft und sah aus wie eine Million Dollar in einem Kostüm von leuchtendem Pink«.[7] Vom Taj Mahal bis Jaipur folgten ihnen überall ein Trupp von Fotografen und Reportern, aber Galbraith stellte fest, daß Jackie »anscheinend nichts dagegen hatte, sondern es eher genoß«.[8] In Benares zeigte sie »ihren hervorragenden Sinn für bühnenreife Effekte«,[9] denn sie »trug ein lavendelfarbenes Kleid, das schon aus einer Entfernung von fünf Meilen zu sehen war«. In Jaipur stand sie in einem offenen Wagen und winkte der Menge zu. Der von der amerikanischen Information Agency gefilmte Besuch wurde zwar offiziell als privater Urlaub bezeichnet, doch Jackie machte aus ihm sowohl für sich selbst als auch indirekt für den Präsidenten ein PR-Ereignis ersten Ranges. Eine große Tageszeitung in Neu-Delhi nannte sie Durga, die Göttin der Macht, und das einfache Volk hielt sie schlichtweg für die Königin von Amerika.

Nach ihrer Rückkehr nach Washington erzählte Jackie bei fast jedem gesellschaftlichen Ereignis jedem, der es hören wollte (und wer wollte das nicht?), begeistert von ihrer Reise; so auch bei dem Essen, das das Weiße Haus im April für neunundvierzig Nobelpreisträger gab. An jenem Abend war auch Pearl Buck anwesend, die von Jackie an ihren viele Jahre zurückliegenden Besuch in der Chapin School erinnert wurde. John Kennedy beschrieb dieses Essen als »die ungewöhnlichste Versammlung von Talenten und von menschlichem Wissen, die es jemals im Weißen Haus gegeben hat, ausgenommen vielleicht während der Regierungszeit von Thomas Jefferson, wenn dieser allein zu Abend aß«.[10] Diana Trilling, die bei diesem Essen zugegen war, hatte den Eindruck, daß der gesamte Kennedy-Clan »erkannt hatte, daß diese Veranstaltung und die Art und Weise, wie das Weiße Haus aussah und geführt wurde, Jackies Werk war – ganz zu schweigen von der Reaktion der Öffentlichkeit auf ihren Charme. Sie war für die Kennedys ein Trumpf von unschätzbarem Wert, und diese waren viel zu schlau, um das nicht zu wissen.«[11] Besonders erfreut war Jackie über Jacks Hinweis auf Thomas Jefferson, denn sie hatten gerade über ihn gesprochen und in ihm den Inbegriff des Geistes des achtzehnten Jahrhunderts gesehen.

Im Mai hieß Jackie den Romanschriftsteller, Kunstkritiker und Politiker André Malraux in Washington willkommen. Sie machte auf ihn, genau wie im vorausgegangenen Jahr in Paris, einen so starken Eindruck, daß er sie später öffentlich als jemanden lobte, der »immer präsent ist, wenn es darum geht, die Kunst, die Vereinigten Staaten und mein Land miteinander zu verbinden«.[12]

Im August reiste Jackie wieder nach Europa, diesmal mit Caroline. Sie wohnten in Italien in der Radziwill-Villa in Ravello, die auch andere Gäste beherbergte, darunter Gianni Agnelli (von Fiat) und dessen Ehefrau. Diesmal ging es ganz locker zu, und es gibt nicht den geringsten Hinweis auf eine offizielle oder inoffizielle diplomatische Aktivität. Jackie wurde beim Schwimmen, Wasserskifahren, Sonnen und Tanzen fotografiert, ganz eine Urlauberin aus dem Jet-set. Sie schien sich nichts daraus zu machen, daß die Presse, die Öffentlichkeit und das offizielle Washington darauf hinwiesen, daß sie nicht in Begleitung ihres Mannes war, doch Kennedy schickte Jackie ein Telegramm, in dem er sie aufforderte, weniger Zeit mit Agnelli und mehr mit Caroline zu verbringen. Sie dachte vielleicht, daß der sprichwörtliche Spieß jetzt umgedreht worden war und daß er wenig dagegen tun konnte. (Es sollte jedoch betont werden, daß Agnelli und Jackie nur Freunde waren.)

Überdies mußte Jack Kennedy zur Kenntnis nehmen, daß seine Frau eine wichtige politische Verbündete war, was er sich nie hätte vorstellen können. Sie schaffte es beispielsweise, die Spannungen zwischen ihm und dem schwierigen Ministerpräsidenten Nehru abzubauen, den sie ganz entgegen dessen Erwartung während seines Besuches in Washington sehr für sich einnahm. Und durch ihre Freundschaft mit Adlai Stevenson konnte die Distanz zwischen diesem und dem Präsidenten überbrückt werden. »Ich danke dir für alles, was du für meine Mission bei der UNO getan hast«, schrieb Stevenson ihr Anfang 1963, »sowie für ein besseres Verhältnis zur ganzen verrückten Welt!«[13]

Jackie tat noch mehr für ein besseres Verhältnis zu dieser Welt, als sie Jack ermutigte, zusammen mit Großbritannien und Rußland den Vertrag zum Verbot von Atomwaffentests zu unterschreiben – die logische Folge der Gespräche, die sie 1955 mit David Ormsby-Gore geführt hatten. Einige von Jacks Beratern waren gegen diesen Vertrag, doch Jackie, die an die Normalisierung des Verhältnisses zu Rußland glaubte, setzte sich durch. Ormsby-Gore zufolge war sie es auch, die den Präsidenten drängte, dem Verkauf von ca. 5 Millionen Tonnen Weizen an die Sowjetunion zuzustimmen. Für sie war dies ein Punkt, an dem Politik schlicht eine Frage der Menschlichkeit war.

Donald Spoto

1962 erwärmte ein Tauwetter vorübergehend die frostige Familienatmosphäre – und zwar ironischerweise in einer sehr gefährlichen Phase des Kalten Krieges zwischen Rußland und Amerika. Als es in jenem Oktober zur Krise um die auf Kuba stationierten Raketen kam, war das Überleben der westlichen Welt und vielleicht sogar des gesamten Planeten keineswegs sicher.

Am Freitag, dem 19. Oktober, wollte der Präsident einen Kurztrip in den Mittleren Westen unternehmen. Janet Travell sah, wie er aus dem Westflügel zu dem Helikopter ging, der ihn zum Flugplatz bringen sollte. Er stieg ein, doch bevor die Treppe eingezogen werden konnte, stieg der Präsident wieder aus. Dann sah sie, warum: Jackie kam vom südlichen Säulengang auf ihn zugelaufen. Sie umarmten sich und standen einige Augenblicke schweigend und bewegungslos da.

Am Samstag Morgen, dem 20. Oktober, rief er Jackie aus Chicago an, um ihr mitzuteilen, daß er unterwegs nach Washington sei; sie sollte mit den Kindern von Glen Ora ins Weiße Haus kommen, damit die Familie im Notfall beisammen war. Es gehe nicht um ihn, sondern um sie: Man befürchtete einen atomaren Überraschungsangriff auf Washington. Dies würde die völlige Zerstörung Virginias bedeuten – aber nicht – wie fälschlicherweise angenommen wurde – den unvermeidlichen Tod derjenigen, die in einen geheimen unterirdischen Bunker außerhalb der Hauptstadt gebracht worden wären. Am Nachmittag waren Jackie, Caroline und John wieder in Washington. »Wenn wir nur an uns selbst denken würden«, sagte Jack zu seinem Freund und Vertrauten Dave Powers, »dann wäre es leicht. Aber ich muß ständig an die Kinder denken, deren Leben ausgelöscht würde.«[14]

Als Powers an jenem Abend in das private Wohnzimmer der Familie ging, um dem Präsidenten einige wichtige Unterlagen zu bringen, las Jack Caroline, die auf seinem Schoß saß, eine Geschichte vor. »Ich beobachtete ihn, wie er mit Caroline dasaß«, sagte Powers zu O'Donnell, »und ich dachte daran, was er über die Kinder überall auf der Welt gesagt hatte. Ich gab ihm die Unterlagen und ging schnell hinaus. Ich war ganz aufgewühlt.«[15]

Als das unvorstellbare Grauen immer wahrscheinlicher wurde, forderte Jack seine Frau auf, mit den Kindern an einen Ort zu gehen, der näher an dem unterirdischen Bunker lag, doch Sorensen und O'Donnell zufolge weigerte sie sich, ihn im Weißen Haus allein zu lassen.

Anfang 1963 beschloß Letitia Baldrige, aus dem Mitarbeiterstab auszuscheiden. Sie war, wie sie schrieb, von ihrem Achtzehn-Stunden-Tag und ihrer Sieben-Tage-Woche »körperlich erschöpft«.[16] Jackie ersetzte sie durch ihre alte Schulfreundin Nancy Tuckerman, deren erster Auftrag in der Mitteilung bestand, daß Jackie der Presse und der Öffentlichkeit weniger zur Verfügung stehen werde. »Ich nehme den Schleier«,[17] sagte sie in einem Memorandum für ihre Sekretärin. »Ich bin es leid, ständig die First Lady zu sein. Ich werde mich in Zukunft mehr um meine Kinder kümmern. Ich möchte, daß du *alle* auswärtigen Termine streichst – sei es ein Glas Sherry mit einem Dichter, sei es ein Kaffee mit einem König. Keine Einweihungen von Kunstgalerien – nichts – außer, es ist absolut notwendig.«

Statt dessen überwachte sie die Arbeiten an Wexford, ihrem neuen Wochenendhaus in Atoka, Virginia, das 66 Hektar Land auf dem Rattlesnake Mountain umfaßte und nur wenige Meilen von Glen Ora entfernt war. Jack war glücklich, wenn er die Wochenenden in Camp David verbringen konnte, und sagte zu Jakkie, er lege nicht den geringsten Wert darauf, sein Geld für Wexford auszugeben. Doch sie wollte ein Domizil, wo sie besser reiten und jagen konnte, und sie bekam ihren Willen. Er beklagte sich auch lautstark über ihre Kleiderrechnungen, die jetzt aus irgendeinem Grund bei ihm landeten, vielleicht, weil Joe Kennedy seit seinem Schlaganfall im Dezember 1961 starke Lähmungserscheinungen hatte. »Kaufhäuser – 40 000 Dollar!« rief er aus und bekam laut Ben Bradlee einen Tobsuchtsanfall.

Im April hatte Jackie eine perfekte Entschuldigung für ihren weiteren Rückzug aus der Öffentlichkeit, denn nach mehreren Wochen privater und öffentlicher Dementis gab sie bekannt, daß sie im Frühherbst ein Baby erwartete. Dies würde das erste Kind sein, daß im zwanzigsten Jahrhundert einem amtierenden Präsidenten geboren würde. (Präsident Clevelands Frau, die mit ihm im Weißen Haus getraut wurde, schenkte ihm zwei Mädchen, das

Donald Spoto

eine 1883 und das andere 1895.) »Er wollte nicht, daß seine Kinder so rasch hintereinander kommen würden wie die von Bobby und Ethel«,[18] sagte Jackie im privaten Kreis. »Er wollte immer, daß ein Baby kam, wenn das ältere schon etwas herangewachsen war. Darum freute er sich sehr«, als er erfuhr, daß sie schwanger war.

Im Juni fuhr der Präsident ohne Jackie nach Texas, Colorado, Kalifornien und Hawaii – und dann weiter nach Deutschland, Irland, England und Italien. Nach einem Treffen mit Papst Paul VI., der gerade zum Nachfolger von Papst Johannes XXIII. gewählt worden war, kehrte Jack am 2. Juli nach Washington zurück, einen Tag nachdem Jackie und die Kinder am Cape Cod angekommen waren. Er hatte ein wunderbares Geschenk für Jackie, über das beide bestimmt gelacht haben: ein alter römischer Satyrkopf.[19]

In jenem Sommer hatte Jack ein Landhaus auf der zu Hyannisport gehörenden Halbinsel Squaw Island gemietet, das abgeschiedener lag als das Anwesen der Kennedys; in den nächsten Wochen flog er zwischen der Hauptstadt und Cape Cod hin und her, wo er Golf spielte und im Sund von Nantucket segelte. Jackie war im siebten Monat schwanger und in guter Verfassung. Sie war stolz und hocherfreut, als ihr Mann am 26. Juli einen begrenzten Vertrag zum Verbot von Atomwaffentests bekanntgab. Zwei Tage später feierte er mit ihr ihren vierunddreißigsten Geburtstag.

Während einer Konferenz im Weißen Haus am 7. August wurde dem Präsidenten mitgeteilt, daß Jackie mit starken Schmerzen in das Krankenhaus des Luftwaffenstützpunktes Otis eingeliefert worden war. Als er am frühen Nachmittag dort ankam, hatte Jackie – wiederum durch einen Kaiserschnitt – einen vier Pfund schweren Jungen geboren, dem das Atmen so schwer fiel, daß der Priester ihn sofort taufte. Patrick Bouvier Kennedy war sechs Wochen zu früh gekommen, und zuerst sah es so aus, als bestehe keine Gefahr. Doch nachdem er seiner Mutter in die Arme gelegt worden war, verschlimmerte sich die Atmung. Abends brachte der Präsident das Baby in das Kinderkrankenhaus in Boston und dann in die School of Public Health in Harvard, die eine Hochdrucksauerstoffkammer hatte.

Wie sich John Kennedys Mitarbeiter erinnerten, war er vor lauter Panik ganz weiß im Gesicht, als die Ärzte die Hyaline-Membran-Krankheit diagnostizierten, die bewirkt, daß das Blut nicht ausreichend mit Sauerstoff versorgt wird. Nachdem er Jackie am 8. August in Otis besucht hatte, kehrte er nach Harvard zurück, wo er die Nacht im Krankenhaus verbrachte. Am 9. August um zwei Uhr morgens wurde er geweckt und ans Bett seines Kindes geholt. Zwei Stunden später schlug das kleine Herz nicht mehr. »Er war ein so schönes Baby«,[20] sagte der Präsident mit versagender Stimme zu Dave Powers. »Er hat tapfer gekämpft.« Und dann setzte sich John Kennedy hin und schluchzte – zum ersten Mal, soweit sich alle erinnern konnten, die ihn kannten. Sein Sohn hatte keine vierzig Stunden gelebt.

Durch jene seltsame Vorahnung, die häufig Müttern nachgesagt wird, schien Jackie schon Bescheid zu wissen, bevor Jack ihr in Otis die Nachricht überbrachte. Dies war die dritte Tragödie, die sie miteinander teilten. Jackie konnte aus gesundheitlichen Gründen nicht an der Totenmesse und der Beisetzung in Brookline teilnehmen, die von ihrem Freund Kardinal Cushing durchgeführt wurden. Über den Präsidenten sagte Cushing später: »Er konnte den kleinen Sarg nicht loslassen. Ich hatte Angst, er würde ihn mitnehmen.«[21]

Bevor der kleine Sarg in die Erde gesenkt wurde, legte Jack die goldene Sankt-Christophorus-Münze hinein, die Jackie ihm zur Hochzeit geschenkt hatte und die er immer bei sich trug. Einen Monat später, als sie in aller Stille ihren zehnten Hochzeitstag feierten, gab Jack seiner Frau einen Katalog von Van Cleef & Arpels, aus dem sie sich etwas aussuchen sollte. Die Wahl fiel ihr nicht schwer: eine goldene Sankt-Christophorus-Münze. Er hatte sie bei sich, als er starb.

Von jenem traurigen Sommer an war John Kennedy in jeder Hinsicht ein anderer Mensch.

Er hatte immer zu den Persönlichkeiten des öffentlichen Lebens gehört, die am wenigsten bereit waren, Persönliches nach außen dringen zu lassen. Und dieser Mann – dessen Gefühlsleben sich den Historikern wohl für immer verschließen wird – war seiner Frau und seinen Kindern gegenüber nie aufmerksamer und zugewandter als in den (wie sich herausstellen sollte) letzten drei

Donald Spoto

Monaten seines Lebens. Er hatte Caroline und John immer geliebt und sie nie wegen seiner Amtsgeschäfte vernachlässigt.

»Der Verlust von Patrick nahm den Präsidenten und Jackie mehr mit, als irgend jemand, außer ihren engsten Freunden, ahnte«,[22] schrieben Kenneth O'Donnell und Dave Powers. Das zeigte sich einige Wochen später, als Jack nach Boston gefahren war, um an einer Benefizveranstaltung teilzunehmen. Nach dieser Veranstaltung sahen er und seine Berater sich ein Footballspiel zwischen der Harvard und der Columbia University an, aber nach der ersten Halbzeit wandte sich der Präsident an O'Donnell: »Ich möchte zu Patricks Grab gehen, und ich möchte allein gehen, ohne daß mir jemand von der Presse folgt.« Auf dem nahegelegenen Friedhof schaute er auf den einfachen Grabstein, auf dem nur das Wort KENNEDY stand. Zu seinen beiden Freunden sagte der Präsident: »Er scheint hier so allein zu sein.« Das sollte sich ändern, als Jackie die Überstellung der kleinen Särge von Arabella und Patrick an die Seite ihres Vaters auf dem Nationalfriedhof in Arlington veranlaßte.

Jackie verließ das Krankenhaus am 14. August und verbrachte die nächsten sechs Wochen größtenteils am Cape Cod. Aus dem Terminkalender des Präsidenten ging hervor, daß er zwischen dem 14. August und dem 14. September nicht weniger als dreiundzwanzig Tage – also mehr als die Hälfte seiner Zeit – mit seiner Frau in Hyannisport oder auf der Hammersmith Farm verbrachte. Es gab niemanden – auch nicht in den eigenen Familien –, der den Kummer des Ehepaares teilen konnte. Was sie verband und aneinander band, war die Tatsache, daß sie für die lebenden Kinder da sein mußten und um die verlorenen trauerten.

Die letzten zehn Jahre wurden in jenem Sommer 1963 gleichsam zusammengerafft; es war, als fiele ein kalter Abglanz des Todes auf Jacks strahlenden Aufstieg zum Präsidenten. Das Leben schien zerbrechlicher, gefährdeter. Und wenigstens jetzt signalisierte Jack durch alles, was er tat und sagte, daß er seine Frau trösten wollte. Bill Walton, Ben Bradlee und andere stellten in den Wochen nach Patricks Tod fest, daß sich Jack und Jackie nahe waren wie nie zuvor. Zum ersten Mal umarmten sie sich in der Öffentlichkeit; sie segelten zusammen; sie telefonierten mehrere Male am Tag.

Auch Lee Radziwill machte sich Sorgen um die körperliche und seelische Verfassung ihrer Schwester. Als sie die traurige Nachricht erhielt, weilte sie zusammen mit Aristoteles Onassis in Athen. Sie ließ Jackie wissen, der Tankerkönig würde sich glücklich schätzen, der First Lady der Vereinigten Staaten seine Yacht *Christina* zur Verfügung zu stellen, falls sie in dieser schwierigen Zeit Erholung auf einer Kreuzfahrt suchen wolle.

Jack war von dieser Idee gar nicht angetan, denn Onassis war ins Visier des Fiskus geraten und mehrfach unter Anklage gestellt worden; er wurde weithin als ein Pirat im großen Stil betrachtet. Außerdem war bekannt, daß Ari ständig von reichen Müßiggängern umgeben war, die bald als internationaler Jet-set bekannt werden sollten. Doch Jackie wollte die Reise antreten, und ihr Mann gab nach, um ihr einen Gefallen zu tun. Am 1. Oktober flog sie in Begleitung des Staatssekretärs im Handelsministerium, Franklin D. Roosevelt jr., und seiner Frau von New York ab, um mit den Radziwills, der Modeschöpferin Irene Galitzine und einigen anderen in Piräus an Bord der *Christina* zu gehen.

Im Sommer 1963 war Aristoteles Sokrates Onassis siebenundfünfzig Jahre alt. Obwohl er nur 1,63 m groß war und dunkle, verwitterte Gesichtszüge hatte, machte er den Mangel an dem, was gemeinhin als gutes Aussehen gilt, durch einen natürlichen Charme wett. Ari war auch ein sympathischer Mann, der Gästen und Freunden gegenüber äußerst großzügig war.

1906 im türkischen Smyrna in einer griechischstämmigen Familie geboren, verlor Ari seine Mutter, als er sechs Jahre alt war. Sein Vater heiratete wieder, und bald hatten Ari und seine Schwester Artemis zwei Halbgeschwister. Als Jugendlicher floh Ari vor der Intoleranz der Türken gegenüber den Griechen – drei seiner Onkel wurden hingerichtet – nach Argentinien, wo er sich als Tellerwäscher und Telefonist durchschlug. Als er fünfundzwanzig war, hatte er seine erste Million Dollar verdient, indem er günstig Frachtschiffe gekauft und für die Beförderung von Frachtgut im Zweiten Weltkrieg von verschiedenen Regierungen horrende Gebühren kassiert hatte. 1946 heiratete er im Alter von vierzig die siebzehnjährige Athina Livanos, mit der er einen Sohn (Alexander, 1948 geboren) und eine Tochter (Christina, zwei Jahre später geboren) hatte. In den nächsten zehn Jahren erwarb er Wohnsitze in New York, Paris, Antibes, Athen und Montevideo.

1959 war er Mehrheitsaktionär bei etlichen internationalen Unternehmen – darunter Olympic Airways –, und sein Vermögen wurde auf 300 Millionen Dollar geschätzt. Ein ausgeklügeltes System sorgte dafür, daß er in Griechenland, Frankreich, Monaco und Amerika minimale Körperschaftssteuern, jedoch nirgends Einkommenssteuern zahlte. »Mein Lieblingsland ist eines«, sagte er, »das maximale Steuerfreiheit gewährt und keine Handelsrestriktionen und unvernünftigen Regulierungen kennt. Das nenne ich Geschäftssinn.«[23] Aber er war auch sonst sehr intelligent und sprach, da auch dies von einem guten Geschäftssinn zeugte, fließend Französisch, Italienisch und Englisch.

Im selben Jahr stand Aris Ehe vor der Auflösung, da er eine Affäre mit der Opernsängerin Maria Callas angefangen hatte, die weder seine erste noch seine letzte Geliebte war. 1962 kaufte er die griechische Insel Skorpios für 110 000 Dollar und gab für ihre »Verschönerung« mehr als 10 Millionen Dollar aus. Sein Vermögen schien jährlich zu wachsen. Seine Auffassung: »Was heute wirklich zählt, ist Geld. Menschen mit Geld sind heute die Könige.«[24]

Im Oktober weilte Jackie zwei Wochen lang mit Kapitän Ari auf seiner phantastischen *Christina* – ein fast hundert Meter langes schwimmendes Hotel, für das luxuriöse Pracht noch eine zu bescheidene Beschreibung ist. Das Schiff war über und über mit Gold, Silber und Marmor ausgestattet, hatte riesige Gästesuiten, einen Swimmingpool mit einem Marmorboden, der hochgefahren werden und als Tanzfläche dienen konnte, eine Bibliothek, einen Kinoraum, Spielzimmer und einen Ballsaal. Um weniger als ein Dutzend Besucher kümmerten sich sechzig Bedienstete. Die anstrengendsten Tätigkeiten waren Schwimmen, Kartenspielen, Essen und Trinken; mit anderen Worten, es sollte nichts anderes als Vergnügen und Zerstreuung geben. So unterschiedliche Gäste wie Greta Garbo, Winston Churchill, Fürst Rainier und Fürstin Gracia wurden königlich bewirtet, denn Ari hatte unendliche Mengen von feinstem Kaviar, Champagner und Hummer, schottischem Rindfleisch sowie Kisten mit Spitzenweinen und anderen alkoholischen Getränken an Bord.

Wie jeder andere war auch Jackie überwältigt – nicht nur von der Extravaganz, sondern auch von dem Gastgeber, der eigens für sie zwei Friseure und eine Masseuse engagiert hatte. Abends spielte ein Orchester Tanzmusik. Sie hielt Ari für »einen lebendigen und vitalen Menschen, der sich von ganz unten hochgearbeitet hat«[25] und jetzt höchst erfolgreich war. Vielleicht hat er sie an ihre Eltern und Großeltern erinnert, und tatsächlich strahlte der dreiundzwanzig Jahre ältere Ari Wärme und Väterlichkeit aus. Sie konnten über wesentlich mehr reden als über Politik, denn Jackie liebte die alte griechische Kunst und Geschichte, und Ari kannte sich in der Kultur seines Landes aus. Die Fahrt von Athen nach Istanbul, Lesbos, Ithaka, Kreta, Smyrna, Skorpios, Delphi und Marrakesch war ein einziges Fest.

Als Jackie am 17. Oktober nach Washington zurückkehrte, brachte sie eine ansehnliche Sammlung von Antiquitäten, Geschenke für ihre Familie und viele neue Kleider mit. Sie wurde von ihrem Ehemann, den Kindern und einem sich zusammenbrauenden politischen Unwetter empfangen. Einige republikanische Kongreßabgeordnete fragten öffentlich, ob es sich für eine First Lady schicke, die Gastfreundschaft eines Mannes mit fragwürdigem Hintergrund zu genießen, der dubiose Geschäfte mit europäischen Regierungen und amerikanischen Reedereien machte.

Dieselben Kritiker nahmen Anstoß an Fotos in Zeitungen und Zeitschriften, die Jackie, umgeben vom internationalen Jet-set, in erlesenen Cocktailkleidern und in Badeanzügen zeigten. Diese Einwände verflogen sofort, als sie gebräunt und elegant gekleidet die Gangway herunterkam und von Jack, Caroline und John umarmt wurde; von diesem Augenblick an war sie, zumindest für die nächsten fünf Jahre, jeder Kritik entzogen.

»Jackie hat Sterne in ihren Augen – griechische Sterne«, sagte ein Mitarbeiter des Weißen Hauses. Sie schien die Depression des Sommers überwunden zu haben – durch Zerstreuungen, Einkäufe und ein nahezu totales Eintauchen in die Welt des Luxus und des Müßiggangs. Die zwei hinter ihr liegenden Wochen hatte sie gleichsam wie benommen durchlebt.

Die Angriffe der Republikaner und das leise, wenn auch nur vorübergehende Grummeln in der Presse führten dazu, daß Jackie bei einem Essen im Weißen Haus am 21. Oktober, zu dem sie Ben und Tony Bradlee eingeladen hatte, ein etwas schlechtes Gewissen wegen dieser Reise erkennen ließ. Der Präsident bestand darauf, daß Onassis die USA nicht vor den Wahlen von 1964 besuchen sollte, damit nicht noch mehr politischer Schaden angerichtet würde. Zu den Bradlees sagte er, »Jackies Schuldgefühle« könnten ihm vielleicht zugute kommen.

Und er wußte auch, wie. Er fragte Jackie, ob sie etwas tun würde, was sie, wie er wußte, verabscheute: Würde sie ihn im November auf einer Reise nach Texas begleiten? Dies wäre ihr erster politischer Auftritt seit 1960. Da Jackie etwas gutmachen und ihm einen Gefallen tun wollte, sagte sie sofort, sie würde mit ihm überallhin gehen, wenn es für ihn hilfreich sei.

Eine Woche vor ihrer Abreise nach Houston, Fort Worth und Dallas luden Jack und Jackie Joseph und Susan Mary Alsop zum Essen ein, und das Gespräch kam auf die bevorstehende Reise. »Sie mochte Reisen nicht, die ausschließlich politischen Zwecken dienten«,[26] erinnerte sich Mrs. Alsop, »aber sie hatte das Gefühl, es Jack schuldig zu sein. Sie machte das Beste aus der Sache, indem sie zum Beispiel sagte: ›Ich finde die Idee, nach Dallas zu fahren, gut!‹« Und dann bat Jack, der jedes Detail ihrer Garderobe für die Reise persönlich überprüfte, seine Frau, den Alsops das pinkfarbene Kostüm von Schiaparelli zu zeigen, das er für Dallas ausgesucht hatte. Nachdem alle es bewundert hatten, gingen die Alsops: »Wir verabschiedeten uns und wünschten ihnen alles Gute.«

Einige Tage später berichtete der Reporter Joseph A. Loftus von der *New York Times* über Jackies Einsatz für den Wahlkampf: »Es ist der Charme ihrer Schüchternheit, der sie überall, wo sie auftritt, zu einer großen Attraktion macht. Sie tut alles, um ihrem Mann zu helfen.«[27] Während viele Jackies Schüchternheit charmant fanden, hielten andere sie, wie Jackie sehr wohl wußte, für einen wenig anziehenden Zug ihres Wesens: »Ich bin ein sehr schüchterner Mensch, aber manche Leute halten das für Arroganz und meinen Rückzug aus der Öffentlichkeit für ein Zeichen meines angeblichen Herabsehens auf den Rest der Menschheit.«[28]

Die Ereignisse, die zwischen dem 22. und dem 25. November in Dallas, Texas, und in Washington, D.C., stattfanden und die in zahllosen Büchern und auf kilometerlangen Dokumentarfilmen festgehalten sind, gehören wahrscheinlich zu den bekanntesten Augenblicken der amerikanischen Geschichte. Es wäre einfach, die Details des schrecklichen Todes von John Fitzgerald Kennedy und die tiefe Betroffenheit des ganzen Landes – ja, der ganzen Welt – darzustellen. Doch in einer Biographie über seine Ehefrau ist es sinnvoller, ihre Eindrücke und Erinnerungen wiederzugeben, die sie während der offiziellen Ermittlungen der Regierung über die Ermordung des Präsidenten und in den wenigen Interviews schilderte, die sie in den folgenden Jahren gab.[29]

Es gab natürlich Lücken in ihren Berichten, weil das, was geschehen war, sie buchstäblich betäubt hatte. Daher werden einige Einzelheiten von anderen Augenzeugen beigesteuert, wie etwa von Nellie Connally, der Gattin des Gouverneurs von Texas, die kurz nach dem Attentat einen Bericht über die Ereignisse verfaßte, und von Lady Bird Johnson, der Gattin des Vizepräsidenten, die ihre Eindrücke einige Tage später auf Tonband diktierte.

Am Freitag, dem 22. November, nach Zwischenstops in San Antonio, Houston und Fort Worth, flogen Jack und Jackie nach Dallas. »Es war schrecklich heiß«, sagte Jackie über die Fahrt in der Wagenkolonne, »und wir waren von der Sonne geblendet.« Sie und Jack saßen auf dem Rücksitz eines offenen Wagens, Gouverneur Connally und Mrs. Connally saßen vor ihnen. Als die Lincoln-Limousine durch die Stadt fuhr, »konnten wir vor uns einen Tunnel sehen. Alle fuhren jetzt langsam. Und ich dachte, es würde in diesem Tunnel kühl sein.«

Laut Nellie Connally waren sie überall von einer »großen, wogenden, glücklichen, freundlichen Menschenmenge umgeben. Ich konnte nicht an mich halten und drehte mich zum Präsidenten um: ›Herr Präsident, Sie können wirklich nicht sagen, daß Dallas Sie nicht mag.‹ Er lächelte mit offensichtlichem Wohlgefallen.«

Um sie herum war Straßenlärm, sagte Jackie – Rufe aus der Menge, das Brummen von Motorrädern.

Und dann drei Schüsse aus einem Gewehr.

»Ich erinnere mich nur noch an meinen Mann«, sagte Jackie im

Donald Spoto

Juni 1964 vor der Warren-Kommission. »Er hatte einen fragenden Gesichtsausdruck, und seine Hand ging hoch – es muß seine linke Hand gewesen sein.« Die erste Kugel traf John Kennedy im Nakken und durchschlug seinen Hals.

Mrs. Connally konnte dieses schreckliche Bild nie loswerden: »Er gab keinen Laut von sich. Er verzog das Gesicht nicht.«

Auch Gouverneur Connally wurde schwer verwundet, überlebte aber.

Die zweite Kugel drang in den Hinterkopf des Präsidenten ein und riß die rechte Seite weg. Blut sowie Knochen- und Gehirnmasse spritzten heraus. Präsident Kennedy war fast sofort tot. »Ich drehte mich zu ihm um«, sagte Jackie. »Ich konnte ein Stück von seinem Schädel sehen und erinnere mich, daß es fleischfarben war. Ich dachte, er sieht aus, als hätte er leichte Kopfschmerzen.«

»Ich fühlte, wie etwas auf mich herabfiel«, erinnerte sich Mrs. Connally. »Ich dachte, Schrot. Ich sah winzige blutige Stückchen, überall im Auto.«

»Wir sahen, wie Knochenstücke, Gehirnmasse und kleine Teile von seinem rötlichen Haar durch die Luft flogen«, sagten Kenneth O'Donnell und Dave Powers, die in dem Auto dahinter saßen. »Durch die Wucht wurde er wie eine Stoffpuppe hochgeschleudert und durchgeschüttelt.« Dann ruckte das Auto plötzlich an und brauste davon.[30]

In ihrer Panik und unter Gefährdung ihres eigenen Lebens kletterte Jackie auf den Kofferraum des Autos und langte nach einem großen Stück von Jacks Schädel. Sie wurde von dem Geheimdienstmann Clint Hill zurückgerissen. »Man hat meinen Mann umgebracht!« schrie Jackie. »Ich habe sein Gehirn in der Hand!« Und dann preßte sie das Stück Schädel gegen seinen Kopf, als könne sie damit irgendwie sein Leben retten.

»Ich erinnere mich nur noch daran, daß ich über ihn fiel und sagte ›oh, nein, nein, nein – oh, mein Gott, man hat meinen Mann erschossen!‹ Ich schrie. Ich saß da, mit seinem Kopf in meinem Schoß. Es kam mir vor wie eine Ewigkeit.«

Es war kurz nach halb zwölf. John F. Kennedy – seit zwei Jahren, zehn Monaten und zwei Tagen fünfunddreißigster Präsident der Vereinigten Staaten – starb im Alter von sechsundvierzig Jahren.

Am Parkland-Krankenhaus rannte Dave Powers zu dem Auto, und als er Kennedys geöffnete Augen sah, rief er: »Oh, mein Gott, Herr Präsident – was hat man getan?« Und dann drehte sich Jakkie, die immer noch den Kopf ihres Mannes hielt, langsam zu Powers um und sagte ruhig: »Dave, er ist tot.« Erst als ein paar Männer ein Jackett über den zertrümmerten Kopf legten, ließ Jackie ihn los. Dr. Marion Jenkins erinnerte sich, daß »sie etwas in einer Hand trug und die andere darüber gelegt hatte. Sie stieß mich mit ihrem linken Ellenbogen an und gab mir dann mit der rechten Hand ein Stück vom Schädel des Präsidenten. Sie sagte kein Wort.«

Drinnen wurde Jackie gebeten zu warten, während die Ärzte sich um Kennedy bemühten, wobei jeder wußte, daß diese Bemühungen der Form halber erfolgten und vergeblich sein würden. Jackie wollte ins Untersuchungszimmer gehen. »Glauben Sie, Herr Doktor, daß der Anblick des Sarges zuviel für mich ist? Ich habe meinen Mann sterben gesehen, er lag erschossen in meinen Armen. Sein Blut ist überall an mir. Kann es etwas noch Schlimmeres geben?« Sie drängte sich an einer Krankenschwester vorbei in das Zimmer, in dem seine Leiche lag, nahm ihren Ehering ab und streifte ihn sachte über Jacks Finger. »Glauben Sie, daß das richtig war?« frage sie Kenneth O'Donnell eine Stunde später. »Jetzt habe ich nichts mehr.« Am nächsten Morgen, nach der Autopsie im Marinehospital Bethesda, nahm O'Donnell den Ring an sich und gab ihn der dankbaren Jackie zurück.

Auf dem Rückflug nach Washington saß Jackie benommen und ohne zu weinen neben dem Sarg. Lady Bird Johnson, die ein freundschaftliches Verhältnis zu Jackie hatte, besuchte sie in der privaten hinteren Kabine. »Oh, Lady Bird«, sagte Jackie, »wir haben Sie beide so sehr gemocht. Was wäre gewesen, wenn ich nicht dabei gewesen wäre? Ich bin so froh, daß ich dort war!« Lyndon Johnson, der plötzlich ins Präsidentenamt katapultiert wurde, mußte mit der Möglichkeit einer Verschwörung rechnen (damals eine weitverbreitete Annahme), die auch ihn im Visier haben könnte. Und dann war da die Frage, wie die Nachfolge protokollarisch zu gestalten sei. Allen Berichten zufolge – ein oder zwei fanatische Kennedy-Anhänger ausgenommen – verhielt sich Johnson gegenüber Jackie sehr diskret, freundlich und respektvoll. Wenn er in den nächsten Wochen und Monaten gefragt wurde, was in einer Sache unternommen werden sollte, die die Kennedys betraf, gab er immer die gleiche, liebenswürdige Antwort: »Was die Familie wünscht.«

Lady Bird bemerkte, daß Jackies Handschuhe dicke Flecken von getrocknetem Blut hatten, daß ein Bein fast ganz mit Blut bedeckt war und daß ihr Kostüm über und über mit Blut bespritzt war. »Ich fragte sie, ob ich jemanden holen solle, der ihr beim Umziehen helfen könne, und sie sagte fast heftig – wenn man einer so sanften und würdevollen Person eine solche Eigenschaft überhaupt nachsagen kann: ›Alle sollen sehen, was man Jack angetan hat.‹«

Und die Welt sah es. Jackie wechselte ihr pinkfarbenes Kostüm erst am nächsten Tag, nachdem sie ins Weiße Haus zurückgekehrt war. Das Foto, auf dem sie in ihrem blutbespritzten Kostüm an der Seite von Johnson zu sehen war, als dieser an Bord von *Air Force One* als Präsident vereidigt wurde, sowie der Film, der zeigte, wie sie in Washington aus dem Flugzeug stieg und auf den wartenden Leichenwagen zuging, gingen ebenso um die ganze Welt wie die Bilder von dem majestätischen Staatsbegräbnis, dessen Details sie an jenem Wochenende plante.

»Sie war die ganze Zeit von absolut stoischer Ruhe«,[31] erinnerte sich Muriel Dobbin, Korrespondentin der Zeitung *Baltimore Sun* im Weißen Haus. »Die meisten von uns Journalisten hatten den Eindruck, daß Jackie über Jacks Seitensprünge Bescheid wußte, und wir waren uns darin einig, daß es gewaltige Auseinandersetzungen zwischen den beiden gegeben hatte. Aber Jackie war verrückt nach ihm gewesen, und sein Tod zerstörte sie fast.«

Am Samstag wurde der Leichnam des Präsidenten im Weißen Haus aufgebahrt, am Sonntag im Capitol. Am selben Tag wurde sein Mörder ermordet, als er in Dallas von einem Gefängnis in ein anderes überstellt wurde, und dieser Mord wurde von unzähligen

Millionen Menschen live im Fernsehen gesehen. Es war das erste Mal, daß ein solches Ereignis im Fernsehen mitverfolgt werden konnte. Die Vereinigten Staaten, die so aufgewühlt waren wie seit dem Tod von Franklin D. Roosevelt 1945 nicht mehr, schienen eine Art Nervenzusammenbruch zu erleben.

In der Rotunde des Capitols wurden Lobreden gehalten, und Präsident Johnson legte einen Kranz auf den in eine Fahne eingehüllten Sarg. Dann trat Jacqueline langsam näher, mit Caroline an ihrer Seite. Sie knieten nieder, um zu beten, und als Jackie die Bahre küßte, steckte das kleine Mädchen eine Hand unter die Fahne und berührte den Sarg.

Niemand, der diese Bilder live im Fernsehen oder in zahllosen Dokumentarfilmen und Fotobänden betrachtete, konnte sie jemals wieder vergessen:

...den Anblick von Jackie, die ihren verschleierten Kopf mit vollendeter Würde aufrecht hielt, als sie an der Spitze von vierzig Staats- und Regierungschefs hinter dem Wagen mit dem Sarg herschritt...

... die Bilder von Jacks geliebtem Bruder Bobby, der ihre Hand hielt...

...Jackie, die sich zu ihrem Sohn hinabbeugte und ihm zuflüsterte, ja, jetzt könne er sich von seinem Vater verabschieden, und dann der – vielleicht herzzerreißendste – Augenblick, als der kleine John, der seinen dritten Geburtstag am Tag der Beisetzung seines Vaters feiern würde, vortrat und salutierte...

...den von sechs Pferden gezogenen Wagen mit dem in eine Fahne gehüllten Sarg, und dahinter ein reiterloses Pferd mit umgekehrten Stiefeln in den Steigbügeln, ein Symbol für einen gefallenen Führer...

...den einen Augenblick, als Jackie die Fassung verlor, als sie in der Kälte stand und mit den Kindern an den Händen auf den Beginn der schrecklichen, letzten Prozession wartete, als sie den Kopf senkte und mit zuckenden Schultern schluchzte...

...das Ewige Licht auf dem Nationalfriedhof in Arlington – von den Franzosen übernommen, die am Grab des Unbekannten Soldaten unter dem Triumphbogen immer ein Licht brennen lassen. Hier ließ Jackie in der Nacht des 4. Dezember im

Donald Spoto

Schutz der Dunkelheit Arabella und Patrick neben ihren Vater betten.

Jacqueline Bouvier war seit ihrer Schulzeit dazu erzogen worden, schwierige Situationen zu meistern, besonders in Krisenzeiten ihr Bestes zu geben und, wie der Kaplan in Miss Porter's School so oft gesagt hatte, »Mumm und Schneid« zu zeigen. Diese Haltung war ihr zur zweiten Natur geworden, und jetzt »gab sie der Welt ein Beispiel dafür, wie man sich zu verhalten hat«, sagte General de Gaulle, nachdem er mit ihr an jenem Wochenende zusammengetroffen war.

Wer hätte es dieser vierunddreißigjährigen Frau mit zwei kleinen Kindern verübelt, wenn sie sich einfach zurückgezogen und es anderen – der Familie ihres Mannes, der neuen Regierung, den Protokollchefs oder sogar Außenstehenden – überlassen hätte, das große Begräbnis zu organisieren?

Aber das war nicht ihre Art. Schon an Bord der *Air Force One* auf dem Weg von Dallas nach Washington telefonierte sie mit Bill Walton und langjährigen Mitarbeitern des Weißen Hauses, um mit ihnen über die Beisetzungszeremonie zu sprechen.

Sogleich kam ihr Abraham Lincoln in den Sinn. »Sie kannte die Holzschnitte aus *Harper's Weekly,* die das Ostzimmer zeigten, als Lincoln gestorben war«, erinnerte sich James Roe Ketchum, »und das sollten wir mit dem Polsterer Larry Arata organisieren, der für das Weiße Haus arbeitete. Er hatte bereits den schwarzen Kambrik besorgt, das übrige Material kam Freitag abend und Samstag morgen. Hier zeigte sich von Anfang die Aufmerksamkeit fürs Detail.«

Die Zeremonie sollte, fügte Arata hinzu, »sehr bescheiden sein, so wie die von Lincoln«.[32] Indem sich Jackie auf diese Dinge konzentrierte, konnte sie sich gegen den Wahnsinn stemmen, der ihre Welt verdunkelte. Zudem war dies ein großer Augenblick in der Geschichte, und alles mußte so ritualisiert und gestaltet werden, daß er in einer Reihe mit anderen großen Augenblicken in der Geschichte stand. Daher der Rückgriff auf die Traditionen der Vergangenheit; auf die Kontinuitäten, aus denen eine Nation ihr Selbstverständnis bezieht; auf die Liturgie, die es den Menschen ermöglicht, sich einer Sache ganz hinzugeben und zugleich ihre Grenzen zu überschreiten. Den Bezugrahmen bildeten Mysterien, die ewige Gültigkeit haben und nicht dem bloßen Augenblick entspringen – auf das, was für die Ordnung der Gesellschaft eine Tragödie darstellt.

Die Mitarbeiter befolgten Jackies Anweisung, sich genau an die Stiche von 1865 zu halten, und bespannten die Kronleuchter und Fenster des Ostzimmers mit schwarzem Tuch. Der Florist mußte Magnolienblüten von den Bäumen holen, die Andrew Jackson zu Lincolns Gedenken auf dem Südrasen gepflanzt hatte.

Wer hätte es ihr verübelt, wenn sie sich, von ihrem Schmerz überwältigt, in ein Krankenhaus hätten bringen lassen und um starke Beruhigungsmittel gebeten hätte?

Aber das war nicht ihre Art. Sie hatte eine Pflicht gegenüber ihrem Ehemann, ihren Kindern und dem Land. Wenn schon um sie herum das Chaos wütete, mußte sie dem die Ordnung entgegensetzen. Daß sie plötzlich zur Witwe geworden war, war eine schreckliche Tatsache – die irgendwie akzeptiert werden mußte. Jedem Menschen wäre ein völliger Rückzug verziehen worden, aber das war nicht ihre Art. Am Freitag und Samstag nach Jacks Tod ging sie durch seine persönlichen Räume und nahm verschiedene kleine Dinge an sich. Dann überreichte sie jedem Mitglied der Regierung und der Verwaltung des Weißen Hauses ein angemessenes Geschenk zur Erinnerung: eine Zigarettendose, eine Zigarrendose, einen Füllfederhalter, eine Krawattennadel, einen kleinen Kunstgegenstand, eine Papierwage: »Jack hätte gewollt, daß Sie das bekommen.« ... »Nehmen Sie dies bitte als Geschenk zum Andenken an die wunderbare Zeit, die Sie mit Jack hatten.« ... »Jack war für Ihre Hilfe sehr dankbar, ich weiß, daß er gewollt hätte, daß Sie dieses kleine Andenken erhalten.«

Und was war mit ihren Kindern? Die Tatsache, daß sie Johns Geburtstag am Tag der Beisetzung und Carolines zwei Tage später feierte, deutet nicht darauf hin, daß sie ihren Schmerz beiseite schob, sondern zeigt genau das Gegenteil: Diese Kinder waren Jacks Vermächtnis für sie und die Welt. Mit jedem sprach sie über ihre Liebe zu Caroline und John, denen sie sich jetzt und für den Rest ihres Lebens ganz widmen wollte.

Donald Spoto

An jenem Wochenende kam Jackie in das Büro von Pierre Salinger. »Sie sah geisterhaft aus«,[33] erinnerte er sich. Sie sagte zu ihm: »Pierre, ich habe jetzt im Leben keine andere Aufgabe mehr, als meine Kinder gut zu erziehen und ihnen zu helfen, dieses schreckliche Ereignis zu verarbeiten – andernfalls werden sie nie über den Tod ihres Vaters hinwegkommen. Ich muß dafür sorgen, daß sie überleben.«[34]

Ein paar Stunden später besuchte sie J. B. West im Kabinettraum und bat darum, ihn kurz zu sprechen.

»Meine Kinder – sind es gute Kinder, Mr. West?«

»Ja.«

Sie blickte auf den Sandkasten, das Trampolin und das eigens für die Kennedy-Kinder gebaute Baumhaus. »Sie sind nicht verzogen?«

»Nein, wirklich nicht«, antwortete West ruhig.

Jackie drehte sich um und blickte den ihr ergebenen Bediensteten fragend an. »Oh, Mr. West«, sagte sie mit einer verloren klingenden Stimme, aus der ihre ganze Einsamkeit sprach, »möchten Sie für den Rest meines Lebens mein Freund sein?«

Unfähig zu sprechen, drückte er nur ihren Arm und nickte.

De Gaulle hatte recht: Sie lehrte die Welt, wie man zu trauern hat.

»Es ist wie in Versailles, wenn der König gestorben ist«,[35] sagte Stanislas Radziwill bei seiner Ankunft. Tatsächlich vermittelte Jackie der Welt die wahre Bedeutung des Königtums, zeigte, was die Aristokratie wirklich ausmacht. Ohne öffentlich ein Wort zu äußern und ohne eine Pressekonferenz einzuberufen, sprach sie dem Land dadurch Mut zu, daß sie nicht zusammenbrach. Als sie während der Trauerfeiern die Hände ihrer Kinder hielt, schien es, als hielte sie die Hände und beruhigte die Herzen von Hunderten von Millionen Menschen. »Vorher hatte ich nie die Funktion einer Begräbniszeremonie begriffen«, schrieb Arthur Schlesinger. »Jetzt erkannte ich, daß sie die Menschen daran hindert, zu zerbrechen.«[36]

Wahrhaft noble Seelen haben unabhängig von ihrer Stellung in der Gesellschaft ein tiefes Gespür und große Achtung vor ihrer Berufung, ihrer Funktion und ihrem Schicksal in der Welt. Dies ist keine Selbstglorifizierung: Es bedeutet lediglich, daß sie ihre eigene Bedeutung ernst nehmen, daß sie nicht nur wissen, was sie für andere tun, sondern auch, was sie für sie sein müssen. Es bedeutet das Wissen um die tiefsten Dimensionen des Lebens. Es bedeutet das Beharren darauf, daß die Dinge einen Sinn haben, auch wenn sich dieser nicht erfassen läßt; daß große Leiden im Lichte eines großen Mysteriums, einer großen Kette, die alles Seiende miteinander verbindet, irgendwie angenommen werden können. »Ich habe Frieden in meinem Herzen und empfinde für niemanden Haß«,[37] sagte Jackie einige Tage nach dem Begräbnis zu Janet Travell, als sie im Fernsehen die Abendnachrichten sahen. Dann erschien ein Gesicht auf dem Bildschirm, und Lee Harvey Oswalds Ehefrau wurde interviewt. »Oh, sie tut mir so leid«, sagte Jackie. »Sie sieht sehr nett aus.«

Wahrhaft noble Frauen und Männer haben gelernt, unabhängig von ihren persönlichen Gefühlen und »Bedürfnissen« in einer Weise zu sprechen und zu handeln, die dem Augenblick angemessen ist. Und niemand, der einen Funken Anstand hat, kann leugnen, daß Jackie an jenem Wochenende großartig war. Das Land hatte sie zu einem Idol gemacht, und jetzt brauchte das Land sie, damit sie die Menschen zusammenhielt, einen Weg fand zu fühlen, zu weinen, standzuhalten und doch nicht standzuhalten. Sie ließ niemanden im Stich. Ihr Geschichtsbewußtsein, ihre Würde und ihre Weigerung, nur an sich selbst zu denken: sie waren es, die Ordnung in das Chaos brachten.

Als sie jedes Staatsoberhaupt in Washington begrüßte; als sie in jedem Augenblick eine aufmerksame Mutter war; als sie das Licht am Grab ihres Ehemannes anzündete; als sie für das Wohlergehen von allen sorgte, von Königen, Kaisern und Generälen bis hin zu den Pförtnern des Weißen Hauses; als sie persönlich an die 114 Mitarbeiter des Weißen Hauses schrieb und sich für ihre Beileidsbekundungen bedankte; als sie darauf bestand, in der folgenden Woche die Geburtstage ihrer Kinder zu feiern; als sie diejenigen tröstete, die in ihren Armen weinten – hätte da irgend jemand behaupten können, sie flüchte sich nur in die Formalitäten des Protokolls?

Donald Spoto

Als seien der Kummer und der Schmerz noch nicht ausreichend, hatten Jackie und die Kinder plötzlich kein Zuhause mehr – und was würde aus Carolines Vorschule werden, die in mehreren Räumen im Weißen Haus abgehalten wurde und zu der jetzt auch andere Kinder gehörten? Zu Jackies großer Erleichterung schlug Lady Bird Johnson großzügigerweise vor, die Vorschule bis Weihnachten im Weißen Haus zu lassen. »Ich würde ihr, bei Gott, gerne Trost spenden«, schrieb Mrs. Johnson in ihr Tagebuch. »So kann ich wenigstens etwas für sie tun.«[38]

Doch die Regularien des Weißen Hauses und die von der Regierung streng kontrollierten Etatvorschriften verlangten, daß die Familie eines ehemaligen Präsidenten das Regierungsgebäude sofort verließ, um dem neuen Präsidenten Platz zu machen. Also mußte Johnsons Regierungsmannschaft in das Weiße Haus und seine Familie in den privaten Wohnbereich einziehen. Obwohl es für seine Familie und seinen Mitarbeiterstab etliche Probleme mit sich brachte, blieb Lyndon Johnson freundlicherweise in seiner Washingtoner Wohnung und tat nichts, um Jackies Auszug aus dem Weißen Haus zu beschleunigen. Dies war natürlich ein logistischer Alptraum.

Aus naheliegenden Gründen war Hyannisport nicht der richtige Ort für Jackie und die Kinder; sie hatte schließlich seit ihrem dreizehnten Lebensjahr hauptsächlich in Washington gelebt. Auch das neue Haus der Kennedys in Virginia, das fast fertig war, kam nicht in Frage. Was tun?

Es war nicht so, daß eine Witwe und ihre Kinder wie in einem Dickens-Roman in den Schnee hinausgetrieben wurden. Das Testament des Präsidenten sah vor, daß sein großes Vermögen in zwei gleiche Treuhandfonds aufgeteilt wurde; die Einkünfte des einen sollten Jackie, die des anderen zu gleichen Teilen seinen Kindern zugute kommen. Dieses von ihm 1954 unterzeichnete Dokument enthielt außerdem die Bestimmung, daß Jackie ein zusätzliches Vermächtnis von 25 000 Dollar sowie sein gesamtes persönliches Eigentum erhalten sollte. Der Kongreß beschloß, die Kosten für Kennedys Begräbnis zu tragen, Jackie zwei Jahre lang für ihre Mitarbeit 50 000 Dollar jährlich zu zahlen, sie ein Jahr lang unter den Schutz des Geheimdienstes zu stellen und ihr die Befreiung von Portogebühren zu gewähren. Ferner stand ihr eine jährliche Witwenrente von 10 000 Dollar auf Lebenszeit oder bis zu ihrer Wiederverheiratung zu.

Jedoch ist es unabhängig von der finanziellen Situation unmöglich, innerhalb einiger Tage ein Haus zu kaufen und einzurichten. In diesem Fall mußten verschiedene Dinge berücksichtigt werden: Größe, Sicherheit, Nähe zu Freunden und zur Familie.

»Ich wußte nicht, wohin ich gehen sollte«,[39] sagte Jackie Jahre später in einem ihrer wenigen Interviews. Dies war keine Übertreibung: Ihr Vater hatte ihr keinen Besitz hinterlassen; das Erbe von Jack mußte sie mit ihren Kindern teilen, und es würde eine Weile dauern, bis alles geregelt war. Merrywood war weder räumlich noch emotional ein geeigneter Ort für die drei. Jackie war, wie sie hinzufügte, »in Panik, als sie ihre Sachen packte. Doch Lyndon Johnson verhielt sich vorbildhaft. Er war äußerst entgegenkommend und freundlich. Es muß sehr schwer für ihn gewesen sein... Er war unter schwierigen Umständen Präsident geworden. Es hätte einen klaren Übergang geben müssen; dies war ein unnatürlicher Übergang.«

Glücklicherweise konnte Botschafter John Kenneth Galbraith Jackie helfen. Er fragte Unterstaatssekretär Averell Harriman, der mehrere Häuser besaß und viel reiste, ob er bereit sei, sein Haus in Georgetown zu vermieten. Harriman stimmte zu, und Jackie bereitete sich darauf vor, am 6. Dezember mit ihren Kindern in die N Street N.W. 3038 einzuziehen. Doch sie war noch über zwei Wochen auf die Gastfreundschaft der Regierung und der Familie Johnson angewiesen.

Am Dienstag, dem 26. November, einen Tag nach der Beisetzung ihres Mannes, lud Jackie die neue First Lady zum Tee ein, um ihr die Privaträume zu zeigen. »Sie war«, erinnerte sich Mrs. Johnson, »ruhig und gefaßt und strahlte Lebendigkeit, Wärme und Liebenswürdigkeit aus. Mrs. Kennedy ist wie eine unbeschreibliche frische Blume – daher werde ich nicht versuchen, sie zu beschreiben, außer, daß in ihr eine Zähigkeit und Stärke steckt, die es ihr ermöglicht, ihren Weg zu gehen... Sie sagte mir viele Dinge, wie ›Haben Sie keine Angst vor diesem Haus – hier habe ich einige

Donald Spoto

der glücklichsten Jahre meiner Ehe verbracht – auch Sie werden hier glücklich sein‹. Sie wiederholte das immer wieder, als versuchte sie, mich zu beruhigen. Dann standen wir auf und gingen von Zimmer zu Zimmer, so daß ich sehen konnte, ob meine Möbel in ihr Schlafzimmer passen würden...«[40] Bevor Jackie mit den Kindern auszog, stellte sie einige Möbelstücke um, so daß leere Räume ausgefüllt wurden: Sie wollte das Haus für die Johnsons behaglicher machen.

Am selben Tag schrieb Jackie dem neuen Präsidenten einen langen Brief, in dem sie hervorhob, daß er den Mut gehabt hatte, entgegen allen Ratschlägen im Trauerzug mitzugehen, und auf die Gestaltung des Oval Office einging. Dieser Brief straft alle Gerüchte von einer Feindschaft zwischen den Johnsons und Jackie Lügen:

Sehr geehrter Herr Präsident, ich danke Ihnen dafür, daß Sie Jack gestern begleitet haben. Sie mußten das nicht tun, ich bin mir sicher, daß viele Leute Ihnen verbieten wollten, ein solches Risiko einzugehen, aber Sie taten es trotzdem. Ich danke Ihnen für Ihre Briefe an meine Kinder. Sie können sich vorstellen, was diese Briefe später einmal für sie bedeuten werden. Sie haben Sie immer sehr gemocht, und es hat sie sehr gerührt, von Ihnen einen Brief zu bekommen. Und vor allem, Herr Präsident, danke ich Ihnen für die Art und Weise, wie Sie mich immer behandelt haben, wie Sie und Lady Bird sich mir gegenüber verhalten haben, als Jack noch lebte, und jetzt als Präsident. Ich glaube, daß das Verhältnis zwischen den Familien des Präsidenten und des Vizepräsidenten sehr gespannt sein kann. Aus den historischen Werken, die ich seit meinem Einzug ins Weiße Haus gelesen habe, geht hervor, daß dies in der Vergangenheit oft der Fall war. Aber Sie waren Jacks rechter Arm, und ich habe es immer für ein Zeichen beispielloser innerer Größe gehalten, daß Sie – der Mehrheitsführer im Senat, zu dem er als Neuling aufblickte und von dem er Weisungen entgegennahm – bereit waren, einem Mann als Vizepräsident zu dienen, der unter Ihnen gedient und von Ihnen gelernt hatte. Doch darüber hinaus waren wir vier Freunde. Alles, was Sie für mich getan haben, taten Sie als Freund, und wir hatten zusammen glückliche Zeiten. Schon vor Ihrer Nominierung war ich der Meinung, Lady Bird solle die First Lady sein. Ich brauche Ihnen hier nicht zu sagen, was ich von ihren Fähigkeiten halte, von ihrer außerordentlichen Liebenswürdigkeit, von ihrer Bereitschaft, jede Belastung auf sich zu nehmen. Sie hat für mich vieles auf sich genommen, und ich mag sie sehr. Und ich mag Ihre beiden Töchter, besonders Lynda Bird, weil ich sie am besten kenne. Wir trafen uns das erste Mal, als wir beide keinen Platz fanden, um die Rede von Präsident Eisenhower über die Lage der Nation zu hören. Dann bekamen wir einen Platz auf der Treppe im Durchgang, wo wir uns zusammen hinsetzten. Wenn wir damals gewußt hätten, in welcher Beziehung wir heute zueinander stehen würden! Gestern abend fragte mich ein Möbelpacker, ob Jacks Schiffsbilder an der Wand des Oval Office hängen bleiben sollten (das Büro wurde leergeräumt, um für Sie Platz zu schaffen). Ich sagte nein, denn ich erinnerte mich daran, wieviel Spaß es Jack in den ersten Tagen gemacht hatte, Bilder von den Dingen aufzuhängen, die er liebte, seine Sammlung von Walzähnen auszubreiten, usw. Sie können natürlich jederzeit darüber verfügen, wenn die Wände zu kahl aussehen. Ich dachte, Sie würden vielleicht gerne Motive aus Texas aufhängen, und habe einige Bilder von glänzenden Langhornrindern gemalt. Ich hoffe, Sie werden sie irgendwo aufhängen. Es ist für Sie bestimmt nicht hilfreich gewesen, an Ihrem ersten Arbeitstag in der Pause Kinder auf dem Rasen zu hören. Dies ist nur ein Beispiel mehr, wie freundlich es von Ihnen war, daß sie bleiben durften – ich verspreche, daß sie bald nicht mehr da sein werden. Ich danke Ihnen, Herr Präsident. Hochachtungsvoll, Jackie.

Sie schrieb in dieser Zeit zahlreiche persönliche Briefe, viele davon an in- und ausländische Politiker. Die Briefe an Nikita Chruschtschow und Richard Nixon sind wegen ihrer Warmherzigkeit und ihres echten Respekts bemerkenswert.

Als Lady Bird Johnson zum ersten Mal in ihre neue Wohnung kam, fand sie einen kleinen Blumenstrauß und eine Notiz vor: »Ich wünsche Ihnen eine glückliche Ankunft in Ihrem neuen Haus, Lady Bird. Denken Sie daran, Sie werden hier glücklich sein. Mit herzlichen Grüßen, Jackie.«[41]

Donald Spoto

Von Montag, dem Tag der Beerdigung (und des Geburtstags ihres Sohnes), bis Mittwoch (Carolines Geburtstag) besuchte Jackie das Grab nicht weniger als fünf Mal. Nach einer weiteren Fahrt zum Nationalfriedhof in Arlington am Donnerstag morgen begab sie sich zur Familie Kennedy nach Hyannisport, wo in gedrückter Atmosphäre der Thanksgiving Day begangen wurde. Heftiger Regen ging das ganze Wochenende auf Cape Cod nieder, der Nebel machte das Autofahren gefährlich, und ein eisiger Wind wehte um das Anwesen. Jackie blieb die meiste Zeit alleine, starrte auf das Wasser und ging trotz des schlechten Wetters ein- oder zweimal an der Küste spazieren.

Dann, am Freitag morgen, dem 20. November – genau eine Woche nach dem Tod ihres Mannes –, tat Jacqueline Kennedy etwas, das die amerikanische Mythologie für immer veränderte. Sie rief Theodore H. White[42] an, der ein Buch über Kennedys Präsidentschaftswahlkampf veröffentlicht hatte, und bat ihn, sofort nach Hyannisport zu kommen. Sie hatte ihm und dem Land etwas zu sagen, und das wollte sie durch die Zeitschrift *Life* tun.

Er kam spätabends an und traf sie in Gesellschaft von ein paar Freunden und Verwandten an, von denen sie sich sogleich verabschiedete. Ohne Tränen zu vergießen, aber aschgrau saß Jackie einige Stunden mit ihm zusammen. Als würde die Natur die passende Kulisse liefern, wütete draußen ein schrecklicher Sturm: Das ganze Wochenende über wurde das Kap von starken Regenfällen und Winden gepeitscht. Im Kamin brannte ein Feuer, doch das Holz reichte an dem Abend nicht aus, so daß das Zimmer feucht und kalt wurde. Jackie sprach mit ihrer dünnen, trockenen Stimme.

»Sie wollte dafür sorgen, daß Jack von der Geschichte nicht vergessen würde«, erinnerte sich White. »Sie wollte ihn vor allen verbitterten Leuten retten. Sie wollte Jack nicht den Historikern überlassen.« Sie ging die Ereignisse und Abschnitte im Leben ihres Mannes durch, von dem Wunsch bewegt, das Faszinierende und Großartige, das sie in ihm gesehen hatte, im Andenken der Menschen zu verewigen. Sie beschrieb seinen schrecklichen Tod in allen Einzelheiten. Und dann kam sie auf das Wesentliche zu sprechen.

»Eines möchte ich sagen ... Es ist für mich geradezu zu einer Obsession geworden. Ich denke immer wieder an eine Zeile aus einem Musical. Abends, vor dem Schlafengehen, hörten wir manchmal dieses alte Grammophon. Jack spielte gerne einige Platten ... das Lied, das er am meisten mochte, kam am Ende dieser Platte, die letzte Seite von *Camelot:* ›Don't let it be forgot, that once there was a spot, for one brief, shining moment that was known as Camelot (Daß es nicht vergessen werde: Einen Ort gab es, / Einen kurzen hellen Augenblick / Namens Camelot.)‹ ... Es wird nie ein zweites Camelot geben.«[43]

Und sie redete weiter, während White sich Notizen machte.

»Wissen Sie, was ich früher von Geschichte hielt? Eine Zeitlang glaubte ich, Geschichte würde von verbitterten alten Männern geschrieben. Aber Jack liebte Geschichte ... dieser einsame, kleine kranke Junge ... Scharlachfieber ... dieser kleine Junge, der so oft krank war, der im Bett las, der über Geschichte las ... der die Ritter der Tafelrunde las ... er mochte gerade dieses letzte Lied.«

»Dann dachte ich, daß die Geschichte für Jack voller Helden war ... Menschen sind eine komplizierte Mischung aus Gut und Böse ... Er war ein einfacher Mensch. Aber er war auch vielschichtig. Jack hatte diese Idee von den Helden der Geschichte, diese idealistische Auffassung, aber er hatte auch diese andere Seite, die pragmatische Seite. Seine Freunde waren seine alten Freunde, er liebte seine irische Mafia.«

»Was Jacqueline Kennedy mir mitteilen wollte«, sagte White später, »war: Bitte, Geschichte, sei freundlich zu John F. Kennedy. Überlasse es nicht verbitterten alten Männern, über ihn zu schreiben.«

Um Mitternacht beendeten sie ihr vierstündiges Gespräch. White eilte zu seiner Schreibmaschine und tippte die Geschichte, die eine Woche später in *Life* erschien. »Sie wollte, daß Camelot den Höhepunkt der Geschichte bildete«, erinnerte er sich: Camelot, Helden, Märchen und Legenden.

So wurde die Ära von John F. Kennedy schließlich Camelot genannt. Zuerst war dies eine ehrlich gemeinte Ehrenbezeichnung; später kamen viele Menschen allerdings zu dem Schluß,

Donald Spoto

daß der Camelot-Mythos angesichts der persönlichen Verfehlungen des Präsidenten eine Heuchelei sei.

Die meisten von Jacks glühenden Bewunderern gaben Jahre später zu, daß sein Geschmack auf dem Gebiet der Musik weitgehend auf »Bill Bailey, Won't You Please Come Home?« beschränkt war und daß er eine besondere Vorliebe für »Hail to the Chief« hatte. Alan Jay Lerner, der den Text zu *Camelot* geschrieben hatte, war seit ihrer gemeinsamen Schulzeit in Choate mit Jack befreundet gewesen. Doch wenn der Präsident Platten auflegte, um sich zu zerstreuen, waren es gewöhnlich irische Volkstanz- und Trinklieder. Das soll nicht heißen, daß er Lerner und Loewes Broadway-Hit nicht gekannt hätte, doch Jack Kennedy war kein Romantiker; er träumte nie von vergangenen Legenden, sondern war ein knallharter Realist.

»Anfang der sechziger Jahre gab es kein Camelot«, schrieb sein Außenminister Dean Rusk. »John Kennedy selbst wäre der erste gewesen, der eine solche Vorstellung weit von sich gewiesen hätte. Er war zu skeptisch, um sentimental zu sein.« Dem stimmte Arthur Schlesinger zu: »Die Camelot-Idee ist eine Art Mythenbesessenheit. Er mag das Musical gekannt haben, aber die Vorstellung, er habe sich damit identifiziert, kam erst auf, als Jackie Teddy White nach Hyannisport geholt hatte. Jeder, der einen solchen Zusammenhang hergestellt hätte, wäre von Kennedy ausgelacht worden.«

Doch an jenem Tag war Jackie felsenfest überzeugt: »Ich muß immer an diese Zeile denken – sie ist geradezu zu einer Obsession geworden ...«

Irgendwann gab Jackie John Kenneth Galbraith und anderen gegenüber zu, daß sie die Sache mit dem Camelot-Mythos übertrieben hatte. Doch sie wußte auch, wie unangemessen Chronisten berichten können und wie hart deren Urteil sein kann. Sie wußte genug über Geschichte, um zu wissen, daß es leicht ist, die Vergangenheit zu verwässern, sie des Geheimnisvollen und Vielschichtigen zu berauben, das die Wahrheit ausmacht. Die übermäßige Vereinfachung ist so leicht. Ihr war jedoch nicht klar, daß die meisten ihr »Camelot« genau als eine solche Vereinfachung betrachten würden.

Dies stellte keine böswillige Täuschung dar, es war kein Versuch, ihrem Mann etwas zuzuschreiben, was er ihrer Meinung nach nicht verdiente. Eine trauernde Witwe hat wahrscheinlich den natürlichen Wunsch, für sich und ihre Kinder nur die besten Zeiten und die schönsten Hoffnungen in Erinnerung zu behalten. Sie weigerte sich stets, John Kennedy zu kritisieren, sie sprach ausschließlich über seine konkreten Handlungen und die Ziele, die er für das Land verfolgt hatte. Nie kamen Einzelheiten über ihr Zusammenleben, nie auch nur die geringste Indiskretion über ihre Lippen, und sie war auch nicht bereit, dies bei anderen zu dulden. Sie wußte genug über Klatsch und den Berühmtheitskult, um sich darüber im klaren zu sein, daß Zynismus, Sarkasmus und versteckte Andeutungen die Vorstufe zum Haß sind, und Haß hatte ihr und ihrer Familie den Ehemann und Vater genommen.

Doch für Jacqueline Bouvier Kennedy war das Leben ohne Kunst, ohne Geschichten und Legenden nicht zu begreifen, und zur Bildung der größten Legende trug sie selbst bei, als sie die Endfassung von Theodore Whites Elegie redigierte.

Ihre Großmutter hatte sie als Kind auf Lasata durch die Gärten geführt, ihr Blumen und Pflanzen gezeigt und dazu Geschichten und alte Legenden erzählt.

Dann war da ihr Großvater mit seinem hochtrabenden Büchlein gewesen, das die Bouviers, die Vernous und ihre Nachkommen dem französischen Adel zuordnete. Von den sanft plätschernden Brunnen auf Lasata bis zu den Mythen von *Our Forebearers* war Jackie in einer Atmosphäre aufgewachsen, die eines Mallory oder Tennyson würdig gewesen wäre. In der Schule und in ihrem Elternhaus hatte sie sich in die Geschichte von Lancelot und Guinevra und in die eindrucksvollen Stiche von Doré vertieft, in denen Camelots Glanz und Leid festgehalten waren. Und während ihrer Europareisen hatte sich Jackie für die großen Legenden begeistert – insbesondere nach ihren Besuchen der alten irischen und schottischen Schlösser und der felsigen Küsten Cornwalls, der Wiege der Artus-Legende.

Das alles kam zusammen, als die Presse und die Öffentlichkeit die Kennedys die königliche Familie Amerikas nannten. Sie war die Schloßherrin des neuen Versailles, ihr Maison Blanche war das neue Schloß. Ihr ganzes Leben lang waren große, edle Frauen ihre Vorbilder gewesen. Wie anders hätte sie ihre kurze, glanzvolle Zeit sehen können als eine Art Camelot?

Doch kann man, wenn man sich die ganze Geschichte von Camelot vergegenwärtigt, nicht sagen, daß sie die Dinge schließlich doch besser erfaßt hat als die Zyniker? War die Geschichte von Lancelot und Guinevra nicht vielleicht der genaueste und angemessenste Archetypus ihrer Zeit mit Jack? Sie kannte ja die ganze Geschichte, die auch die tragischen Elemente von Betrug und Tod enthält.

In jener stürmischen Novembernacht in Hyannisport, als Regen und Wind gegen das Haus schlugen und das Feuer im Kamin allmählich erlosch, stellte Jacqueline Bouvier Kennedy das Vermächtnis ihres Mannes in eine mythische Tradition, damit die Nachwelt nur das Beste davon berichtete. Schon bald erkannte sie, daß dies ein hoffnungsloses Unterfangen war. Der glanzvolle Augenblick war für sie wie für ihre Vorfahren nur kurz gewesen, dann hatten Wolken die Sonne verdunkelt.

1964 – 1968

Lange schien es, als lebte sie in einem grauen Dunstschleier aus Schmerz und Verwirrung. Sie war erst vierunddreißig Jahre alt, doch sie fühlte sich wesentlich älter, und oft sagte sie zu Freunden, ihr Leben sei vorbei, sie warte nur noch auf das Ende. Nur durch ihre Liebe und ihr Pflichtgefühl den Kindern gegenüber überlebte sie. Wie schwierig ihre Ehe auch gewesen war, sie hatte ihrem Leben Sinn und Halt gegeben, während sie jetzt auf Gnade und Ungnade einer Welt ausgeliefert war, die sie zwar bewunderte, nun aber sehen wollte, wie sie mit ihrem eigenen Leben zurechtkommen würde.

Sie hatte jedoch nicht das Gefühl, ein eigenes Leben zu haben, sie war nur einsam, und eine gewisse Zeitlang suchte sie, genau wie die Öffentlichkeit, Trost in ihrer Vergangenheit. »Ich weiß, daß ich meinem Mann sehr viel bedeutet habe«,[1] sagte sie zu dem Innenarchitekten Billy Baldwin. »Ich weiß, daß er stolz auf mich war. Es dauerte lange, bis wir uns zusammengerauft hatten, aber wir haben es geschafft, und wir waren im Begriff, wirklich ein gemeinsames Leben zu führen. Ich wollte ihn im Wahlkampf unterstützen. Ich weiß, daß ich einen ganz besonderen Platz in seinem Leben hatte – einen einzigartigen Platz.«

Außerdem war sie von ihm abhängig gewesen – nicht, weil er ihr immer seine Liebe beteuert hätte, sondern weil Jack ihrem Leben einen Sinn gegeben hatte. »Ich hatte und wollte nie ein eigenes Leben«,[2] sagte sie einmal. »Alles drehte sich um Jack. Manchmal wache ich morgens auf und möchte ihm etwas erzählen, und er ist nicht da. Fast jede Religion lehrt, daß es ein Leben nach dem Tod gibt, und ich halte an dieser Hoffnung fest. Die drei Jahre, die wir im Weißen Haus verbracht haben, waren unsere glücklichste Zeit, und jetzt ist alles vorbei. Jetzt gibt es nichts mehr, nichts.«

Donald Spoto

Solche Empfindungen drückte sie häufig gegenüber Freunden und Vertrauten aus, wodurch die Erschaffung eines Camelot noch verständlicher wird, stellte dies doch weniger eine Realität als einen starken Wunsch dar. »Ich hätte wissen sollen, daß es zuviel verlangt gewesen wäre, mit ihm alt zu werden«,[3] fügte sie mit ihrer eigenen Handschrift dem Text eines Gedenkartikels hinzu, den *Look* an Jacks erstem Todestag veröffentlichte. »Aber man verändert sich, wenn man lernt, das Undenkbare zu akzeptieren.«

Sie blieb immer einsam, auch wenn sie sich mit dieser oder jener Affäre tröstete. Freunde sahen sie häufig blaß und zerstreut, mit roten, verweinten Augen und abgekauten Fingernägeln. 1964 wurde über psychiatrische Hilfe und eine medikamentöse Behandlung getuschelt, denn Jackie war etwas neurasthenisch und rauchte noch mehr als früher. (Ihre Lieblingsmarke hieß in jenen Jahren ironischerweise »Newport«.)

Sie wurde in ihrem Kummer jedoch nicht allein gelassen. Robert Kennedy war immer für sie da und adoptierte gewissermaßen ihre Kinder, obwohl er selbst eine große und ständig wachsende Familie hatte. Er war Justizminister der Vereinigten Staaten und hatte mit achtunddreißig Jahren seine eigenen politischen Ambitionen – ein Sitz im Senat und, wie sich herausstellen sollte, das Präsidentenamt.

Auch Präsident Johnson und seine Frau kümmerten sich rührend um Jackie. Sie luden sie häufig ins Weiße Haus ein, aber Jackie brachte es nicht über sich, dorthin zu gehen. »Ich erklärte ihnen, daß das für mich wirklich schwer war und daß ich nicht dorthin zurückwollte ... Es war zu schmerzhaft ... Selbst wenn ich mit dem Auto durch Washington fuhr, nahm ich einen Weg, von dem aus ich das Weiße Haus nicht sehen konnte.«[4] Sie besuchte die Pennsylvania Avenue erst wieder, als Präsident Nixon und Mrs. Nixon sie und ihre Kinder zu einem privaten Essen einluden und ihnen die offiziellen Porträts von Jack und Jackie zeigten, die im Weißen Haus aufgehängt werden sollten.

Es war nicht leicht, die freundlichen Einladungen der Familie Johnson abzulehnen, denn sie war ihnen durch eine tiefe Zuneigung verbunden. Pierre Salinger zufolge war der neue Präsident

»Jackie Kennedy und ihrem verstorbenen Mann ebenso dankbar wie sie ihm. Oft erzählte er mir mit bewegten Worten, wie sehr er es zu würdigen wisse, daß sie immer sehr freundlich zu ihm gewesen waren. Anfang 1964 erzählte er mir, er wolle Jackie etwas Gutes tun – ›ich werde sie zur Botschafterin in Frankreich ernennen‹.«[5] Ich überbrachte Jackie diese Nachricht, die sich über diese Geste zwar freute, das Angebot jedoch ablehnte. LBJ sagte oft: »Sie hat immer dafür gesorgt, daß ich mich wohl gefühlt habe« – wohl hauptsächlich deswegen, weil Jackie sah, wie herablassend die Kennedys gegenüber den Johnsons manchmal waren.

Ihre Mutter und ihre Schwester besuchten sie Ende 1963 und Anfang 1964 fast täglich, halfen ihr, nach Georgetown zu ziehen, und leisteten ihr an den langen Winterabenden Gesellschaft. Jackies Sekretariatskräfte kamen täglich und lasen einen Teil der Karten und Briefe, die aus der ganzen Welt kamen.

Am 14. Januar 1964 trat Jackie in einem kragenlosen schwarzen Wollkostüm und ohne Schmuck – sie trug nur ihren goldenen Ehering – im Büro des Justizministers vor die Fernsehkameras.

Ich möchte diese Gelegenheit nutzen, um meinen Dank für die Hunderttausende von Schreiben auszudrücken – es sind insgesamt fast 800 000 –, die meine Kinder und ich in den letzten Wochen erhalten haben. Zu wissen, welche Zuneigung Sie alle für meinen Mann hatten, hat mir Kraft gegeben, und die Wärme dieser Sympathiebekundungen werde ich nie vergessen. Wann immer es mir möglich ist, werde ich sie lesen.

Einen kurzen Augenblick versagte ihr die Stimme, dann fuhr sie fort:

Das helle Licht, das von ihm ausging, ist aus der Welt verschwunden. Sie alle, die Sie mir geschrieben haben, wissen, wie sehr wir ihn geliebt haben und daß er diese Liebe in höchstem Maße zurückgegeben hat. Es ist mein größter Wunsch, daß alle diese Briefe gewürdigt werden. Das wird geschehen, aber es wird lange dauern, und ich weiß, daß Sie dafür Verständnis haben. Jedes Schreiben wird aufbewahrt werden, nicht nur für meine Kinder, sondern auch, damit künftige Generationen wissen, wie sehr unser Land und Menschen in anderen Ländern ihn geschätzt haben. Ihre Briefe werden zusammen mit seinen Unterlagen in der Bibliothek aufbewahrt werden, die zu seinem Andenken gebaut werden soll. Ich hoffe, daß viele von Ihnen und Ihre Kinder in den nächsten Jahren die Kennedy-Bibliothek werden besuchen können. Sie wird hoffentlich nicht nur das Andenken an Präsident Kennedy bewahren, sondern ein lebendiges Zentrum zur Erforschung der Zeit sein, in der er gelebt hat, ein Zentrum für junge Menschen und für Wissenschaftler aus der ganzen Welt. Ich möchte Ihnen noch einmal im Namen meiner Kinder und der Familie des Präsidenten für den Trost danken, den Ihre Briefe uns allen gebracht haben. Danke.

Die Erwähnung ihrer Kinder war sehr wichtig, denn wie Jackie zu Pierre Salinger gesagt hatte, kamen sie an allererster Stelle. Außerdem tat Jackie alles, um wenig schmeichelhafte Urteile über ihren Vater von ihnen fernzuhalten. Sie wuchsen mit einem Bild von Jack auf, das vor allem seinen Einsatz für das Allgemeinwohl, die Liebe zu seinen Kindern und sein Eintreten für den Weltfrieden hervorhob. Sie sprach nie von seiner Untreue, so daß Caroline und John ihn uneingeschränkt liebten – weil sie spürten, wie sehr ihre Mutter ihn immer geliebt hatte.

Sie war vierunddreißig Jahre alt und sollte noch dreißig Jahre leben. Ab und zu würde sie sich für eine Sache einsetzen, die ihr am Herzen lag, und zweimal würde sie sich an die gesetzgebenden Körperschaften wenden, um historische Gebäude zu retten – aber in dieser Fernsehübertragung sprach sie zum letzten Mal vor der Welt über sich selbst und ihre Gefühle.

Nach dieser Erklärung erhob sie sich und ging zu einer Gruppe von Reportern und Technikern, die sie aus dem Weißen Haus kannte, doch diese zogen sich zurück, weil sie anscheinend dachten, sie wolle sich sofort entfernen. »Warum laufen Sie denn alle weg?«[6] fragte sie mit einem Lächeln und streckte ihre Hände aus. »Ich wollte Ihnen guten Tag sagen.« Ja, es sei richtig, sagte sie zu ihnen, als sie gefragt wurde, ob die Berichte in den Morgenzeitungen stimmten: Ihre Anwälte hatten den Vertrag für den Kauf eines herrlichen Hauses im Kolonialstil des achtzehnten Jahrhunderts mit 12 Zimmern in der N Street N.W. 3017 abgeschlossen. Sie hatte eine Vorauszahlung von 60 000 Dollar geleistet und für die restlichen 115 000 Dollar eine Hypothek aufgenommen. Und sie sprach auch über die Pläne zur Errichtung einer John F. Kennedy-Bibliothek in Boston. Nachdem Jackie an die Öffentlichkeit appelliert hatte, das Projekt zu unterstützen, kamen über 10 Millionen Dollar zusammen.

Das Institut für Politik an der Kennedy School of Government in Harvard nahm ebenfalls ihre Aufmerksamkeit in Anspruch. Richard Neustadt, der erste Leiter des Instituts, erinnerte sich daran, daß Jackie ernsthaft darum bemüht war, eine akademische Begegnungsstätte zu schaffen, in der Studenten intensiv darüber diskutieren konnten, wie man dem Gemeinwesen am besten dienen kann. Sie traf dort mit jungen Menschen zusammen, und sie sorgte dafür, daß diese nicht nur aus privilegierten Kreisen kamen. Den Professoren stellte sie tiefgründige Fragen, und durch ihre häufige Anwesenheit bei Studentenforen trug sie mit dazu bei, daß alle in die Diskussionen einbezogen wurden. Laut Neustadt wollte Jackie das anregende und interessante Geben und Nehmen in das Institut einführen, das sie in früheren Jahren in Paris kennengelernt hatte, als in den Cafés am Boulevard Saint-Michel auf das lebhafteste debattiert wurde.

Anfang Februar zog sie mit den Kindern in das neue Haus ein. Caroline und die anderen Kinder wurden nicht mehr im Weißen Haus unterrichtet, sondern trafen sich in Räumen, die von der britischen Botschaft bereitgestellt worden waren. Nach dem Ende des Schuljahres im Mai löste sich die Gruppe auf, und im September ging Caroline zum Convent of the Sacred Heart in Bethesda, Maryland. John beging seinen vierten Geburtstag in der Vorschule, die Jackie organisiert hatte; er und einige andere Kinder trafen sich abwechselnd in verschiedenen Wohnungen.

All diese und andere Einzelheiten wurden begierig von der Tagespresse aufgegriffen, denn jetzt begann die Nation, Jacqueline Kennedy zu einem Idol zu machen. Die Sympathie und Bewun-

Donald Spoto

derung, die ihr in der ersten Zeit nach Jacks Tod entgegengebracht worden war, schlug in eine regelrechte Jackie-Manie um.
Die Reporter wollten alles über sie wissen – wo sie einkaufen
ging, mit wem sie aß, welche Einladungen sie annahm und welche
sie ablehnte. Dieses aufdringliche Herumschnüffeln in ihrem Leben fand sie empörend und beunruhigend. Ihre Pressemitarbeiter
wurden belästigt, umschmeichelt und bestochen: Sie sollten Interviews geben und immer mehr – alle! – Einzelheiten über ihr
Leben preisgeben, über ihre Unternehmungen, ihre Gewohnheiten, ihre allmähliche Rückkehr ins gesellschaftliche Leben.

Ab 1964 verschlimmerte sich diese Situation, bis sie geradezu
dramatische Ausmaße annahm, denn Jackie wurde immer mehr
zu einer Art königlichen Gestalt. Angesichts ihrer Erlebnisse, ihrer Erziehung, ihres persönlichen Geschmacks und ihres aristokratischen Auftretens – hinzu kam noch der sogenannte Zug der
Zeit – war dies vielleicht unvermeidbar.

Ihre Kindheit war zwar in materieller Hinsicht privilegiert gewesen, doch sie hatte sie in einer emotional verarmten Familie
verbracht. Ihr Vater krankte an seinen eigenen Schwächen, ihrer
Mutter ging der soziale Status über alles. Seitdem Jackie im Alter
von achtzehn Jahren debütiert hatte, war sie dafür prädestiniert
gewesen, eine Art amerikanische Königin zu werden. Ihre Ehe
mit John F. Kennedy und ihr Aufstieg zur First Lady hatten viele
Träume ihrer Mutter erfüllt und den Teil ihres eigenen Wesens
bestätigt, der sich nach einem herausgehobenen Schicksal gesehnt
hatte.

So bildete sich um eine liebenswerte, ernste und nachdenkliche
junge Frau mit Feinsinn und Humor eine Aura, die ihr sowohl
aufgezwungen als auch von ihr akzeptiert wurde. Die Ironie – das
wußte sie sehr wohl – lag darin, daß von ihr lediglich erwartet
wurde, am richtigen Ort und zur richtigen Zeit zu lächeln, zu
winken und die gewünschte Botschaft zu vermitteln. Sie brauchte
nichts Bedeutsames zu leisten. Die Menschen verlangten nur, daß
sie wunderbar aussah.

Ihr Leben war so schizophren wie das eines Filmstars.

Nach dem Tod ihres Mannes mußte Jackie zwischen dem unterscheiden, »was die Kennedy-Witwe tun kann und muß«, und

dem, »was ich in meiner Privatsphäre denke und fühle«. Sie wurde, wie Shakespeare von Hamlet sagt, der beobachtete Beobachter, aber sie beobachtete sich auch selbst und mußte der Welt ständig die idealisierte Ikone Mrs. Kennedy präsentieren.

In dieser Situation blieb ihr vielleicht nichts anderes übrig, als der Öffentlichkeit eine Fassade zu präsentieren und ihr Privatleben hinter dieser Fassade zu verstecken. Sie war durchaus keine gefühlskalte Frau, aber ihr Image war das einer Person von gleichbleibender Eleganz und mit einem nahezu unwandelbaren Charakter. Die Öffentlichkeit hatte sie als First Lady bewundert; jetzt wollte sie sie auch noch als First Widow und First Mother bewundern. Die Idee, sie könne wieder heiraten – oder, schlimmer noch, irgendwann wieder ein Liebesleben haben –, war schlichtweg undenkbar. Mit vierunddreißig Jahren wurde ihr die Rolle der Königinwitwe zugewiesen – ganz wie der geliebten Alexandra, Maria und Elisabeth, den Gemahlinnen und Witwen von Englands Königen Eduard VII., Georg V. und Georg VI.

Das Problem war natürlich, daß Jack und Jackie das taten, was sie hatten tun müssen. Wenn sie im Fernsehen auftraten, erschien alles in einem positiven Flair: die Momentaufnahme bedeutete eine ungezwungene und positive Publicity. Doch in dieser vorgetäuschten Intimität lag eine große Gefahr. Als sie die Kamera hereingelassen hatten, hatten sie die Büchse der Pandora geöffnet. Die Medienmaschine würde nie wieder auf Distanz gehalten oder daran gehindert werden können, immer mehr in das Leben der Menschen einzudringen.

Als Fotoreporterin und als Gattin eines Senators, die ihren Mann im Wahlkampf unterstützt hatte, hatte Jackie das allmähliche Eindringen der Presse in das Privatleben von Bürgern erlebt. Die Fernsehinterviews, die sie und Jack in ihrem Haus gegeben hatten, waren politisch zwar sehr vorteilhaft für sie gewesen, aber sie hatte sich dabei immer unbehaglich gefühlt, denn sie kannte den Unterschied zwischen Bild und Realität. Dennoch hatten die Jahre im Weißen Haus, in denen sie sich mit Hilfe von Oleg Cassini als einen neuen Typ der First Lady präsentiert hatte, den Eindruck vermittelt, daß mit dieser Ehefrau, Kaiserin und Mutter ein glänzendes neues Zeitalter angebrochen war.

Als Präsidentengattin war sie in der Lage gewesen, eine rücksichtslose und aufdringliche Presse ein wenig in Schach zu halten, insbesondere, wenn es um Caroline und John ging. Doch jetzt war sie wieder eine Privatperson, und obendrein eine äußerst attraktive; sie war eine schöne, fotogene junge Witwe, die anscheinend einsam und gramgebeugt, tapfer, zerbrechlich und stark zugleich war. So wie Radio und Fernsehen Tag und Nacht melodramatische Soap Operas brachten, versuchte auch die Presse, die richtigen Themen für Zeitungen und Zeitschriften zu finden. Und da war Jackie ein gefundenes Fressen.

Dies waren natürlich große Augenblicke in der amerikanischen Kultur, in der Image und Glamour immer wichtiger wurden. Manche Gestalten des öffentlichen Lebens ähnelten immer mehr Filmstars und wurden entsprechend behandelt. Langsam, aber unerbittlich baute sich die Erwartung auf, das Leben solle der Unterhaltung nicht nur ähneln, sondern sie noch übertreffen. Und wer hätte sich besser als Jackie geeignet, das Bedürfnis der Öffentlichkeit nach Idolisierung zu erfüllen?

Wohin sie auch ging, überall stieß sie auf Erinnerungen an den Mord und seine Folgen. »Die Leute sagen mir, daß die Zeit alle Wunden heilt«,[7] sagte sie zu einem Freund. »Wie lange wird das dauern? Letzte Woche vergaß ich, die Zeitungen abzubestellen. Als ich sie an mich nahm, sah ich die Veröffentlichung des Warren-Reports über den Mord, so daß ich sie für den Rest der Woche abbestellte. Beim Friseur schaute ich in die Zeitschrift *Life*, es war schrecklich.« Darstellungen von Kennedys Tod waren einfach nicht zu vermeiden, und 1964 schossen sie wie Pilze aus dem Boden.

Dieses öffentliche Interesse führte zu einem unschönen Vorfall. Da Jackie und Jacks Brüder geradezu fanatisch darauf bedacht waren, der Welt ein positives Bild von dem verstorbenen Präsidenten zu vermitteln, stimmte sie dem Plan von Robert Kennedy zu, William Manchester ein Buch über die Ereignisse vom November 1963 schreiben zu lassen. »Jackie wollte«, so Edwin Guthman, ehemaliger Pressesprecher im Justizministerium, »eine authentische Darstellung des Attentats, und Manchester war ein hochangesehener und geachteter Autor.«[8] Überdies hatte er bereits ein lobendes Buch über John Kennedy geschrieben.

Doch die Abmachung, derzufolge Manchester die Zustimmung der Kennedys zur Endfassung einholen sollte, wurde nicht korrekt eingehalten. *The Death of a President (Der Tod des Präsidenten)* wurde schließlich 1967 veröffentlicht, doch erst nach einem langen, erbitterten Streit, der Redaktionen und Gerichte beschäftigte.

Zum einen hatte Jackie Manchester umfangreiche Interviews gegeben, deren Niederschrift sie vor der Veröffentlichung lesen wollte, um einige persönliche Details zu streichen, so beispielsweise die Tatsache, daß Maud Shaw den Auftrag gehabt hatte, Caroline und John die Nachricht vom Tod ihres Vaters zu überbringen, da Jackie noch in Texas war. Der Autor sollte auch Details über den Anblick des Leichnams ihres Mannes weglassen und nicht berichten, daß sie vor dem Verlassen des Krankenhauses so durcheinander war, daß sie automatisch Lippenstift auftrug. Nichts von dem, was gestrichen werden sollte, war indiskreter als diese Punkte, und keiner hätte irgend jemanden schockiert. Doch verständlicherweise war sie ängstlich darauf bedacht, alles zu kontrollieren, was gedruckt wurde und von den Menschen – insbesondere von ihren Kindern – gelesen und vielleicht mißverstanden werden konnte.

Zum anderen nahm Manchester gegenüber Lyndon Johnson eindeutig einen ablehnenden Standpunkt ein. Von Jackie abgesehen, hatten die Kennedys nicht das geringste für den Mann übrig, den sie als einen selbstgefälligen Usurpator betrachteten; eine Einstellung, die Johnson 1967 Robert gegenüber hatte. Doch der offene Ton, den Manchester anschlug, konnte Robert Kennedys Stellung in der Demokratischen Partei und seine politischen Ambitionen gefährden, die 1967 Gestalt annahmen. Während er nach vorn schaute und das Präsidentenamt im Blick hatte, war Jackie der Vergangenheit verhaftet.

Bobby bat Ed Guthman, damals Herausgeber der *Los Angeles Times,* und John Siegenthaler, ebenfalls ein ehemaliger Mitarbeiter Kennedys und später Herausgeber des *Nashville Tennessean,* den ersten Entwurf des Manuskripts zu redigieren. »John und ich

Donald Spoto

trafen uns mit Manchester und seinem Verleger«, erinnerte sich Guthman, »und unsere Reaktion war dieselbe. In den ersten Kapiteln kam Johnson so schlecht weg, daß wir den Eindruck hatten, sie könnten die Glaubwürdigkeit des ganzen Buches in Frage stellen.« Arthur Schlesinger jr., einst Kennedys Sonderberater, stimmte dem zu. Er sagte zu Bobby: »Man wird Sie sehr drängen, die Abschnitte über LBJ in dem Buch abzumildern. Alles Kleinliche und Unwichtige sollte herausgenommen werden.«[9]

So setzten Jackie und ihr Schwager aus persönlichen und sachlichen Gründen den Autor unter Druck, der versuchte, so kooperativ zu sein, wie er es vor sich selbst verantworten konnte. Außerdem hielt Jackie die Summe, die der Autor für die Veröffentlichungsrechte in Zeitschriften erhalten sollte – 650 000 Dollar von der Zeitschrift *Look*, die drei Fortsetzungen bringen würde – für unangemessen, weil ein so hoher Betrag dem Ganzen einen zu kommerziellen Anstrich geben würde. Eine Klage gegen Manchester mit der Begründung, er hätte das Eigentumsrecht der Kennedys nicht respektiert, wurde zurückgezogen, nachdem der Autor einige Passagen gestrichen hatte, an denen Jackie und Robert Anstoß genommen hatten. Der Verlag Harper & Row und der Autor – dem Jackie eine erstaunliche geistige Offenheit bescheinigte – erklärten sich schließlich bereit, den größten Teil der Einkünfte aus dem Buch dem Fonds für die Gründung der John F. Kennedy-Bibliothek zur Verfügung zu stellen.

Doch eigentlich hatte niemand gewonnen. Die Auseinandersetzung hatte Manchesters Gesundheit sehr geschadet, und die Öffentlichkeit war, wenn auch nur für kurze Zeit, gegen Jackie und Bobby eingenommen. Der Bruder des Präsidenten, der seiner Schwägerin beistehen wollte, wurde zu Unrecht für einen rücksichtslosen und arroganten Geschichtsklitterer gehalten, und viele Leute vermuteten fälschlicherweise, daß es Dinge in ihrer Ehe gegeben hatte, die Jackie verheimlichen wollte.

Die in der Öffentlichkeit gefaßt auftretende Jacqueline Kennedy war zwischen 1964 und 1966 rastlos wie nie zuvor und hatte Mühe, ihr Leben neu zu ordnen. Sie traf sich mit Manchester, mit Beratern und Anwälten von Kennedy, mit Leuten, die Kennedys

Grab in Arlington gestaltet hatten und die die geplante Kennedy-Bibliothek in Boston gestalten sollten, doch sie wurde nur von Bobby und Teddy als ein Mitglied der Familie Kennedy betrachtet. Man versuchte nicht, sie aus dem Kreis der Familie auszuschließen: vielmehr war ihre Dazugehörigkeit immer an Jack gebunden gewesen. Rose hatte zwar Mitgefühl mit ihr, war aber in ihren eigenen Schmerz versunken, während Joe, den Jackie aufrichtig liebte, gelähmt war und nicht mehr sprechen konnte. Jakkie spürte, daß sie nur noch wegen ihrer Kinder bei den Kennedys geduldet wurde.

Sie war noch immer sehr von dem Rat und der Führung eines starken Mannes abhängig. Diese Rolle übernahm Robert Kennedy für eine bemerkenswert lange Zeit, aber es gibt nicht den geringsten Beweis dafür, daß die häßlichen Gerüchte über ein ehebrecherisches Verhältnis zutreffend waren – Gerüchte, die sich aus der Bereitschaft nährten, innere Übereinstimmung als erotische Anziehung zu interpretieren. Wie sehr sich Jackie mit Bobby verbunden fühlte, zeigte sie durch ihr Erscheinen auf dem Parteikongreß der Demokratischen Partei in jenem Sommer, das seiner politischen Karriere nicht schadete. Bobby zollte seinem Bruder vor diesen vielen Menschen in bewegender Weise Anerkennung und gewann im November mühelos den Kampf um den Sitz des Senators für New York.

1964 begann für Jackie eine lange Zeit zermürbender Ziellosigkeit. Wie ihr Terminkalender zeigte, war sie ständig unterwegs »und ging einkaufen«, wie Helen Thomas Jahre später erzählte. »Sie durchstreifte Kaufhäuser und Boutiquen und kaufte Dinge, die sie gar nicht zu brauchen schien, so als versuchte sie, irgendeine innere Leere auszufüllen.«

Im selben Jahr fuhr sie an den Wochenenden zum Skifahren nach Vermont und erholte sich von dieser anstrengenden Tätigkeit acht Tage lang in der Karibik. Darauf folgte eine zweiwöchige Kreuzfahrt in der Adria, an der dalmatinischen Küste und im übrigen Mittelmeer, zu der sie von großzügigen Freunden eingeladen worden war. Wenn sie nicht schicke europäische Hafenstädte besuchte, fuhr sie von Hyannisport nach Virginia, von Palm Beach nach New York, von Newport nach Georgetown. Die Pres-

Donald Spoto

se verfolgte natürlich jede Spritztour. Doch sie war und blieb eine Ikone. Das amerikanische Volk betrachtete sie als eine leidgeprüfte, vornehme Witwe, auch wenn ihre Garderobe jetzt noch auserlesener und teurer war als in den Jahren im Weißen Haus.

Ein Grund für ihr rastloses und schon fast hektisches Leben war die Situation in Georgetown, wo sie keineswegs die erhoffte Ruhe fand. Touristenbusse parkten zu jeder Stunde in der Nähe ihres Hauses, die Leute stiegen aus, um Fotos zu machen, und klingelten sogar an der Haustür, um die Frau zu sehen, die sie am meisten bewunderten. »Es ist sehr lästig«,[10] sagte Jackie zu ihrem Innenarchitekten Billy Baldwin. »Die Frauen versuchen immer, die Kinder anzufassen und zu küssen.«

Am 6. Juli gab ihr Pressesprecher bekannt, daß Jackie das Haus in Washington sowie Wexford verkaufen würde. Mrs. Kennedy würde nach New York ziehen, wo sie ein ungestörtes Privatleben und Anonymität zu finden hoffte. Auch diese Erwartung sollte sich nicht erfüllen, denn sie wurde für den Rest ihres Lebens als öffentliches Eigentum betrachtet. Doch wenigstens konnten hier keine Touristenbusse vor ihrem Haus parken, und Autogrammjäger konnten nicht vor ihrer Tür kampieren, um sie und die Kinder zu fotografieren.

Sie kaufte ein Vierzehn-Zimmer-Appartement in der Fifth Avenue 1040 mit Blick auf den Central Park und das Metropolitan Museum of Art; hier war sie näher bei ihrer Schwester und hatte reiche, distinguierte Nachbarn, die sie in der Öffentlichkeit nicht belästigen würden. Die New Yorker reagieren auf berühmte Menschen meistens blasiert: Sie grüßen sie vielleicht, starren sie an, deuten auf sie oder flüstern mit Freunden oder Fremden, sprechen sie aber kaum direkt an. Bei Jackie geschah dies allerdings so häufig, daß sie sich angewöhnte, an entgegenkommenden Passanten vorbeizusehen und ihre Schritte zu beschleunigen.

»Sie kehrte in die Tage ihrer Kindheit zurück, sie hat New York immer geliebt – die Museen, die Parks, die Menschen«,[11] sagte Nancy Tuckerman Jahre später. »Es zog sie immer wieder nach New York. Sie wollte ihre Kinder in dieser Stadt großziehen.« Doch wie andere reiche New Yorker konnte Jackie es nicht ständig in Manhattan aushalten. So wie sie aufgewachsen war, verbrachte sie gerne eine gewisse Zeit außerhalb der Stadt – jetzt nicht mehr in East Hampton, sondern in einer, wie sie sagte, »notdürftig umgebauten Scheune« mit zehn Zimmern in Bernardsville, New Jersey. Ganz in der Nähe befanden sich Tausende Morgen Land für die Fuchsjagd und kilometerlange Spazierwege für sie und ihre Kinder.

Das Appartement, das sie für 250 000 Dollar kaufte und dessen Unterhalt pro Jahr 15 000 Dollar kostete, war geräumig, aber weder protzig noch wie ein Museum eingerichtet. Ihre Lieblingsfarben waren ein gelbliches Grün, das sie »Zitrone« nannte, und ein blasses Rot, das sie »Himbeer« nannte. Die Räume hatten das Flair eines Pariser Appartements – die Möbelstücke waren antik und wertvoll, wurden aber nicht zur Schau gestellt. Jedes Teil schien genau an seinem Platz zu stehen. Alles wirkte leicht und anmutig, denn Jackie hielt nichts von prätentiösen Einrichtungen. Überall waren Bücher. In diesem weiträumigen Appartement im fünfzehnten Stock wohnte Jackie vom Herbst 1964 bis zu ihrem Tod.

In den nächsten Jahren lud sie ab und zu Menschen ein, denen sie vertraute. Das waren Komponisten (Leonard Bernstein, Gian Carlo Menotti), Politiker (Averell Harriman, Robert McNamara, Franklin D. Roosevelt jr., Adlai Stevenson), Schriftsteller (Arthur Schlesinger, Truman Capote, George Plimpton und einige Autoren der Bücher, die sie lektorierte) sowie Aristokraten, Finanzleute oder Schauspieler.

Die Gäste sahen in den nächsten dreißig Jahren stets dieselben Möbel und Gegenstände, denn dies war Jackies Domizil für fast die Hälfte ihres Lebens. Es gab beispielsweise immer den mit einer Lederauflage versehenen Louis-XVI.-Schreibtisch, an dem Jack 1963 den Vertrag zum Verbot von Atomwaffentests unterschrieben hatte. Sie behielt auch immer ihre Sammlung von Tierzeichnungen aus dem siebzehnten Jahrhundert und Miniaturbilder aus Indien, den Empire-Schreibtisch, der ihrem Vater gehört hatte, sowie ihre Sammlung antiker Kunstgegenstände, die sie im Laufe der Jahre angelegt hatte.

Innenarchitekt Mark Hampton riet ihr zu einigen kleinen Veränderungen, doch wie er später sagte, »war alles in dem Zimmer im wesentlichen so, wie es immer gewesen war. Es war dieser unglaublich sichere Geschmack, der ihrer Wohnung dreißig Jahre lang eine besondere Note gab, während alle anderen herumexperimentierten. Das Alter spielte für sie keine Rolle. Sie war alterslos, und ihr Stil war alterslos.«[12]

Ihre Wohnung war kein Versailles und hatte auch nicht das Prachtvolle, das sie den Räumen des Weißen Hauses verliehen hatte. Sie wollte in erster Linie ein Zuhause für ihre Kinder und ein Refugium für ihre Freunde. »Wenn man sich nicht auskennt, würde man nie merken, wie auserlesen die Stücke waren«,[13] sagte Richard Keith Langham, ebenfalls Innenarchitekt. »Sie hatte einen ruhigen Geschmack. Es gab viele Zeichnungen und Aquarelle von französischen und italienischen alten Meistern. Und doch war dies die Wohnung einer Familie – gemütlich, warm, freundlich.« Hier schuf sie ein Zuhause für Caroline und John: einen Ort, den sie in Besitz nehmen, an den sie ihre Freunde einladen und wo sie, vor allem, ein ungestörtes Privatleben haben konnten.

Doch sobald Jackie diese Wohnung im Spätherbst 1964 bezogen hatte, begann eine fast verzweifelte Reisetätigkeit, so als könne sie, indem sie Amerika so oft wie möglich verließ, ihre schrecklichen Erinnerungen abschütteln, so als könne sie sich durch eine Überfülle von exotischen Eindrücken und durch ihre eigene Erschöpfung von den Bildern befreien, denen sie doch nie entrinnen konnte.

Es war die Zeit des internationalen Jet-sets, die Zeit der Yachten, Partys und der teuren Reisen, die Zeit der Exzesse von Richard Burton und Elizabeth Taylor. Die sechziger Jahre, die gewissermaßen mit jenem Tag in Dallas begonnen hatten, wurden schnell zu einem Jahrzehnt berauschender Befreiung, neuer Freiheiten, ungeahnter Freizügigkeit.

»Ich hatte nie ein eigenes Leben«, sagte sie häufig. Und in den nächsten zehn Jahren, in denen sie sich auf Reisen zerstreute, die oft genug enttäuschend waren, sollte sie es auch nicht finden. Hätte sie nicht über diese Jahre hinaus gelebt, wären ihre letzten Jahre nicht doch noch von Sinn und Tiefe erfüllt gewesen, dann wäre diese Phase ein trauriger und unangemessener Abschluß ihres Lebens gewesen. Berühmte Leute und deren Lebensstil blendeten Jackie, die sich selbst nie für eine berühmte Person hielt und nie die Bewunderung der Öffentlichkeit verstehen konnte.

Angesichts des Sinnverlustes, der durch den Tod ihres Mannes und den Verlust des Weißen Hauses entstanden war, kann man sich fragen, was sie hätte tun können, außer ständig auf Reisen zu gehen. Lange hatte sie etwas vom Fliegenden Holländer. Sie suchte ihren Seelenfrieden, wußte aber nicht, wie dieser aussehen sollte oder ob das überhaupt ihre Bestimmung war.

Gegen Ende 1964 gab sie kleine Partys und richtete Empfänge und Essen in verschiedenen Museen und schicken Restaurants in Manhattan aus. Ihre Gäste waren ausgesucht: Adlai Stevenson, Leonard Bernstein, Maurice Chevalier, Sammy Davis jr., Charles Addams, der ehemalige stellvertretende Verteidigungsminister Roswell Gilpatric, Andy Warhol, Mike Nichols und die Radziwills. Wenn getanzt wurde, wollte sie, wie sie dem Oberkellner im Restaurant Sign of the Dove sagte, »die schnellste Musik, die Sie haben«,[14] und dann gab sich Jackie, die auch Twist und Swing gelernt hatte, ganz dem Tanzvergnügen hin. Eine wahrhaft harmlose Ablenkung von ihrem Schmerz.

Eine Auflistung ihrer Reisen – sie machte nahezu immer Urlaub – signalisiert eine fast manische Unzufriedenheit, so als hätte sie in der Bewegung das finden können, was sie im Ruhezustand nicht finden konnte; eine Zeitlang trieb ihr Leben ziellos und orientierungslos dahin. Hier ein Ausschnitt aus diesen Jahren:

1965 machte Jackie unter anderem Urlaub in Aspen, Acapulco, Lake Placid, London, Hyannisport, Newport und Sun Valley.

1966 war sie in Gstaad, Rom, Buenos Aires, Madrid, Sevilla, Honolulu und einem Dutzend anderer begehrter Urlaubsorte.

1967 reiste sie unter anderem nach Antigua, Montreal, Acapulco, London, Dublin, Florenz und Rom. Besonders bedeutsam war allerdings ihre Südostasien-Reise, denn hier war Jackie nicht nur Touristin.

Seit dem Sommer 1966 unterhielt Kambodscha keine diplomatischen Beziehungen mehr mit Washington. Nach Konferenzen von Averell Harriman mit Mitarbeitern des Außenministeriums

Donald Spoto

war man einhellig zu der Meinung gelangt, Jackie – die nach den Worten von Verteidigungsminister Robert McNamara »über die Tragödie in Vietnam sehr bestürzt war« – könne zur Verbesserung der Beziehungen zwischen Amerika und Kambodscha und – indirekt – zur Beendigung des Konflikts beitragen. Dabei müsse die Politik jedoch völlig im Hintergrund bleiben, und Jackie dürfe das Thema Vietnam weder öffentlich ansprechen noch das Land besuchen.

In Begleitung von David Ormsby-Gore kam Jackie im November in Kambodscha an, schaute sich die alten Ruinen von Angkor an und bat Prinz Sihanouk, sich bei den Vietnamesen für die Freilassung amerikanischer Zivilisten einzusetzen. Dies sollte zwar noch eine geraume Weile dauern, aber schon ihr Besuch war »ein sehr großer Beitrag zur moralischen und emotionalen Annäherung zwischen unseren beiden Völkern«. Nach ihrer Rückkehr hielt Jackie an ihrer entschiedenen Ablehnung des Krieges in Vietnam fest. Sie besuchte in mehreren Krankenhäusern verwundete Kriegsveteranen und stellte sich auf die Seite radikaler Studenten am Institut für Politik, das, so ihre Befürchtung, zu zahm wurde und sich zu sehr mit dem Establishment identifizierte – »TMBS«, sagte sie: too many blue suits (zu viele blaue Anzüge).

Wenn Jackie in Amerika war, reiste sie regelmäßig von Manhattan nach Hyannisport und Newport sowie zu ihrem neuen Landsitz im County Somerset, New Jersey.

Da sie sich der Bedeutung ihrer Person und ihres Namens bewußt war, stellte sie letzteren mitunter für eine gute Sache zur Verfügung. Ab und zu nahm sie bewußt das Risiko auf sich, von Gaffern und Fotografen bedrängt zu werden, wenn sie einer Veranstaltung beiwohnte, die sie für wichtig hielt, wie beispielsweise ein Wohltätigkeitsessen für ein Krankenhaus. Doch sie nahm den Veranstaltern das Versprechen ab, ihre Anwesenheit nicht im voraus bekanntzugeben – und wenn das doch geschah, wenn ihre Gegenwart für reine Publicityzwecke ausgenutzt wurde, zog sie ihre Unterstützung sofort zurück.

Ein derartiger Vorfall ereignete sich, als der Vorstand des Cedars-Sinai Medical Centers in Los Angeles sie über ihren Kon-

taktmann Pierre Salinger bat, an einem wichtigen Wohltätigkeitsessen teilzunehmen. Er antwortete dem PR-Direktor des Zen-
trums, Arthur Wilde, daß Jackie gerne kommen würde, daß sie
bis zu ihrer Ankunft in Kalifornien aber um vollständiges Stillschweigen über ihre Teilnahme bitte, da viele Krankenhäuser ähnliche Anfragen machten. Als sich der Tag der Veranstaltung näherte, flogen jedoch zwei Vorstandsmitglieder nach New York,
schnappten sich einen Fotografen und kamen in die Lobby ihres
Appartements. Sie ließen Jackie wissen, daß sie auf sie warteten:
»Wir möchten mit Ihnen fotografiert werden!«[15]

Damit war die Sache erledigt. »Jackie zog ihr Angebot, nach
Los Angeles zu kommen, sofort zurück«, erinnerte sich Arthur
Wilde später, »und ich verübelte ihr das nicht – das tat niemand,
der einen Funken Verstand hatte. Diese Leute wurden zu Recht
heftig kritisiert. Sie wollten sich eine gute Chance für das Krankenhaus persönlich zunutze machen und haben alles kaputt-
gemacht.« Es gab zahlreiche solche Vorfälle. Jackie ließ sich nicht
für persönliche Angeberei benutzen.

Obwohl sie oft nichts weiter tat, als diejenigen mit ihrer Gesellschaft zu beehren, die sie zu ihren Gästen zählen wollten und in
den meisten Fällen die Reisekosten übernahmen, entgingen der
Presse die wenigsten ihrer Reisen. Die Schlagzeilen über Jackies
glanzvolles Leben wurden immer alberner. Selbst die *New York
Times* hielt das kleinste Ereignis für berichtenswert.

> Mrs. Kennedy verbringt einen ruhigen Silvesterabend in Aspen
> (1. Januar 1965); Mrs. Kennedy fährt mit dem Sessellift (2. Januar
> 1965); Mrs. Kennedy an Grippe erkrankt (5. November 1965);
> Mrs. Kennedy kauft ein Pferd (8. Dezember 1965).

Jede dieser »Geschichten« erschöpfte sich in einem kurzen Abschnitt, und das Ganze wurde immer absurder; am 24. März 1966
erschien unter der Überschrift »Mrs. Kennedy kauft ein« eine absolut törichte Notiz, die hier wiedergegeben werden soll.

> Mit einem weiß, orange und gelb karierten Mantel bekleidet,

weilte Mrs. John F. Kennedy gestern eine Stunde lang bei Chez Ninon in der Park Avenue 487 und kaufte sieben Modelle.

Wie bei einem Hollywood-Star oder einer Person, die für kurze Zeit in der Gunst der Öffentlichkeit steht oder für ihre Verbrechen bekannt ist, war es völlig ausreichend, daß Jackie von Zeit zu Zeit wahrgenommen wurde. Sie wurde zur populärsten Titelblattfigur der Filmzeitschriften.

Die Titelgeschichte von *Movie Mirror* lautete: »Jackie ist in ihre neue Umgebung verliebt!«

Inside Movie brachte die aufregende Nachricht, daß sie auf einer ihrer Partys »warme und kalte Vorspeisen« gereicht hatte.

Modern Screen verkündete, daß der Fernsehschauspieler Robert Vaughan, der ihr nie begegnet war, Jackie als sein intellektuelles Vorbild betrachtete.

Photoplay forderte die Leser auf, Antworten auf die folgenden Fragen einzuschicken: Sollte Jackie sich ausschließlich ihren Kindern und dem Andenken an ihren verstorbenen Ehemann widmen? Sollte sie wieder privat oder öffentlich mit anderen Männern ausgehen und schließlich heiraten? Sollte sie sofort wieder heiraten? Gefragt wurde natürlich nicht, ob das irgend jemanden etwas angehe.

Screen Album entschied sich einfach für die Seifenopern-Variante: »Ihr Leben scheint vorbei zu sein. Sie ähnelt einem Garten, in dem alles verwelkt ist.«

Motion Picture bescheinigte Lee rundheraus einen »schlechten Einfluß« auf ihre Schwester, weil sie sie in Diskotheken führte, als hätte Jackie nicht jeden Tag selbst entschieden, wie sie ihn verbringen wollte.

Die Leser verschlangen alles, selbst die Titelgeschichte von *Movie Stars*, in der das Filmsternchen Connie Stevens schrieb: »Ich fand Gott in deiner Schule: Connie spricht mit Caroline.« Connie hatte nichts dergleichen getan, außer auf den Seiten von *Movie Star*: Connie hatte einmal eine Schule des Convent of the Sacred Heart im Westen besucht, und Caroline besuchte die Schule des Convent of the Sacred Heart in Manhattan. Das Leben konnte schon überraschend sein.

Es war auch leer, ohne eine dauerhafte und liebevolle Bindung.

»Das war für sie ein einsames Leben«,[16] sagte Rose Kennedy über Jackie Anfang 1968 mitfühlend. Trotz der vorschnellen Urteile vieler Menschen über Rose, die in ihr nur die fromme, distanzierte große Dame, die Matriarchin der Familie Kennedy sahen, wußte sie aus eigener Eheerfahrung, was Einsamkeit war. Ihre Feststellung war völlig zutreffend: Jackie war emotional vereinsamt, obwohl und gerade weil sie ständig unter Leuten war und unentwegt Partys, Nachtclubs, Hafenstädte und Badeorte besuchte.

Jackie war achtunddreißig Jahre alt, seit vier Jahren Witwe und eine alleinstehende Mutter, deren zehn und sieben Jahre alten Kinder keinen Vater hatten. Die amerikanische Öffentlichkeit – das wurde ihr oft klar, wenn sie eine Zeitschrift las oder fernsah – war durchaus bereit, sie für alle Zeiten auf dem Podest einer keuschen und edlen Witwenschaft zu sehen – die Königinwitwe von Camelot. Sie empfand die dünne Luft in dieser Höhe jedoch als kalt und isolierend und scherte sich keinen Deut darum, ob die Öffentlichkeit ihr Privatleben billigte. Gleichzeitig vermied sie alles, was die Kennedys in Verlegenheit hätte bringen können – vor allem ihren Schwager Bobby, den sie sehr mochte, mit dem sie ihren Kummer teilte und dessen Streben nach dem Präsidentenamt sie voll unterstützte.

Jackie war eine gesunde Frau, die sich nach der Erfüllung, Sicherheit und Geborgenheit sehnte, die ihr ein liebender Mann hätte geben können. Sie kannte sich selbst und das Leben gut genug, um zu wissen, daß ein attraktiver Mann, der sie bewunderte, ihr nicht reichen würde; diese Art von Partner hätte sie an jeder Ecke finden können. Doch der emotionale Schutz, den sie sich so sehr wünschte – das Vertrauen, die Zärtlichkeit und die Treue eines Mannes, auf den sie sich absolut verlassen konnte und der sie nicht nur deswegen anziehend fand, weil sie die Witwe Kennedy war –, das war etwas ganz anderes. Jackie brauchte einen älteren, reifen Mann, der seinen Platz im Leben gefunden hatte, ihre Liebe zu Kunst, Literatur und Kultur teilte, kinderlieb und auf Caroline und John nicht eifersüchtig war; einen, der ihr sowohl materiell etwas bieten als sie auch vor der Öffentlichkeit abschirmen konnte. Solche Männer gab es nicht wie Sand am Meer.

Vorerst war sie für die Schmeicheleien gutaussender, weltgewandter Männer jedoch nicht unempfänglich. Aber Diskretion, insbesondere in intimen Dingen, war immer für ihr Leben kennzeichnend, und Diskretion verlangte sie auch von ihren Begleitern. Bis zum Herbst 1968 folgte keiner ihrer intimen Beziehungen eine Ehe.

Den Architekten John Carl Warnecke hatte sie zum ersten Mal getroffen, als sie zusammenarbeiteten, um den Lafayette Square in Washington zu retten; er kannte die Kennedys schon seit Jahren und hatte für einige Familienmitglieder Häuser entworfen. Kurz nach der Ermordung Kennedys wandte sich Jackie an ihn und bat ihn, das Denkmal für John Kennedy auf dem Nationalfriedhof in Arlington zu gestalten. Der über zwei Meter große Warnecke, der auf dem College Football gespielt hatte, war zehn Jahre älter als Jackie; er war ein höflicher, redegewandter, begehrter Junggeselle, der seit mehreren Jahren geschieden war.

Vom Herbst 1964 an hatten sie zwei Jahre lang eine episodische, aber, laut Warnecke, leidenschaftliche Liebesbeziehung, die ihren Höhepunkt im Sommer 1966 erreichte, als Jackie Warnecke mit ihren Kindern nach Hawaii folgte, wo er einen Entwurf für das State Capitol anfertigen sollte. Daß die Beziehung im Dezember 1966 zu Ende ging, war darauf zurückzuführen, daß Robert Kennedy sie stark mißbilligte, daß Warnecke Jackies Rückzug spürte und daß er selbst das Bedürfnis hatte, mehr für seine Karriere zu tun, als ihre Beziehung zugelassen hatte.

Ein weiterer Verehrer war der weltmännische und gebildete Lord Harlech[17] – Sir David Ormsby-Gore, ebenfalls zehn Jahre älter als Jackie und Großbritanniens Botschafter in den Vereinigten Staaten während der Kennedy-Regierung. Er kannte Jackie seit 1954 und hatte sie auf ihrer wichtigen Reise nach Südostasien sowie auf verschiedenen Reisen nach Palm Beach, Mexiko, Rom und New York begleitet. Harlech war ein Bewerber nach dem Geschmack der Öffentlichkeit, der die Vorstellung gefiel, ihre schöne Lady könne auch noch zu einer Lady mit Adelstitel werden.

Welchen Charakter ihre Zuneigung auch gehabt haben mag,

die Beziehung war für beide schwierig. Harlechs Ehefrau kam Anfang 1968 bei einem Verkehrsunfall ums Leben. Bis zu Jackies Wiederverheiratung gingen die beiden zusammen essen oder ins Theater. Anfang Oktober 1968 sahen sie sich beispielsweise eine Vorstellung von Mart Crowleys *The Boys in the Band* an, ein heiteres und bissiges Theaterstück, das sich zum ersten Mal offen und mit Erfolg mit den Schwierigkeiten eines homosexuellen Lebens in Amerika auseinandersetzte. Jackie, die weder prüde noch puritanisch war, zählte Rudolf Nurejew, William Walton, Truman Capote, Leonard Bernstein, Lemoyne Billings und andere zu ihren homosexuellen Freunden; für sie war das Stück von Crowley das beste, das sie in jener Saison sah.

Bis zu seinem Tod im Jahre 1985 bestritt Harlech ganz entschieden, eine Affäre mit Jackie gehabt zu haben – was mit den Beobachtungen von Jackies altem Freund Charles Bartlett übereinstimmte, der die beiden nach Südostasien begleitet hatte.

Roswell Gilpatric[18] war ihr ebenfalls sehr zugetan. Er war zweiundzwanzig Jahre älter als Jackie, hatte unter Kennedy das Amt des stellvertretenden Verteidigungsministers bekleidet und war dann in eine New Yorker Anwaltskanzlei eingetreten. Bis zum Sommer 1968 begleitete auch er sie auf mehreren Reisen – nach Yukatán beispielsweise, wo sie sich laut Gilpatric »nicht damit zufriedengab, die Ruinen der Maya tagsüber mit dem Auto zu besuchen, wie es der durchschnittliche Tourist im zwanzigsten Jahrhundert tut. Sie bestand darauf, sie auch bei Mondlicht zu Pferde zu sehen, um nachzuempfinden, wie es einmal war. Und einmal stürzte sie sich vollständig angezogen in einen Pool nahe den Ruinen.«[19] Gilpatrics Ehefrau wußte, daß ihr Mann und Jackie einander »sehr, sehr nahe standen – es war eine besonders warmherzige, enge, lange Beziehung«,[20] eine Äußerung, die alles und nichts aussagte.

Während ihrer Liaison hatte Jackie »Ros« liebevolle Briefe geschrieben, die er jahrelang aufbewahrte, bis sie 1970 gestohlen und veröffentlicht wurden. Im ersten sprach sie von dem »Zauber, der weiterwirken wird«, nachdem sie zusammen einen Tag auf dem Land verbracht hatten. In einem anderen lobte sie Gilpatrics »Stärke und Freundlichkeit«, und in einem dritten war sie gerade-

Donald Spoto

zu überschwenglich: »Du hast mir einen Brief geschrieben, über den ich viel nachdenke. Ich bin dankbar für das, was Du gesagt hast, ich weiß, daß Du mich verstanden hast.« Sie schrieb auch, daß sie »sehr gerührt« war und daß der »liebe Ros« hoffentlich wisse, »was Du für mich warst, bist und immer sein wirst«. Das ist kaum der Stoff, aus dem eine leidenschaftliche Affäre gemacht ist; die Sprache ist einer platonischen Freundschaft keineswegs unangemessen. Doch die Briefe waren provozierend genug, um Mrs. Roswell in ihrem Entschluß zu bestärken, die Scheidung einzureichen.

Seitdem Jackie das Appartement in Manhattan gekauft hatte, war Aristoteles Onassis ein häufiger Gast gewesen – aber er war, wie er sagte, »der Unsichtbare«.[21] Er selbst besaß eine Suite im Hotel Pierre, fünfundzwanzig Blocks weiter südlich. Da eine Freundschaft oder gar eine Liebesbeziehung zwischen den beiden unwahrscheinlich war, kamen die Paparazzi nicht auf die Idee, sie zu verdächtigen, wenn sie in Restaurants in Paris oder New York speisten oder wenn er an Dinnerpartys in ihrer Wohnung teilnahm. Schließlich war bekannt, daß Aris uneingeschränkte Aufmerksamkeit Maria Callas galt.

Doch die Beziehung zwischen dem griechischen Tankerkönig und der amerikanischen Witwe dauerte an, und sie verbrachten einen gemeinsamen Urlaub im Januar 1968, als Jackie erfuhr, daß Großvater Lee im Alter von neunzig Jahren gestorben war. Jackie hatte ihrem Großvater in den letzten Jahren nicht nahegestanden, denn er war kein Bewunderer von John Kennedy gewesen. In dieser Zeit war Aris Gegenwart angenehm und tröstend, so wie sie es nach Patricks Tod gewesen war.

Im folgenden Monat sagte Ari zu seinem Biographen Willi Frischauer, seit ihrer Kreuzfahrt im August 1963 sei er von Jackie hingerissen. »Er schwärmte geradezu von ihr«,[22] erinnerte sich Frischauer. »Ihre blendende Erscheinung und ihr Ruhm faszinierten ihn«, und er verglich sie mit einem Diamanten – »kalt, scharf geschliffen, funkelnd und feurig unter der Oberfläche!«. Ari bat Frischauer, über seine starken Gefühle für Jackie absolutes Stillschweigen zu wahren.

Im März wurden Jackie und Ari im Mykonos, einem griechischen Restaurant in Manhattan, gesehen, doch da Margot Fonteyn und Rudolf Nurejew bei ihnen waren, hielt sich die Mißbilligung der Öffentlichkeit in Grenzen. Sehr langsam wurde aus der Freundschaft Liebe. Jackie vertraute sich Roswell Gilpatric an, der noch immer ein guter Freund war: Sie hielt Onassis für einen Mann, auf den sie sich verlassen, der ihr und ihren Kindern Schutz geben und bei dem sie sich sicher und geborgen fühlen konnte.

Sich sicher und beschützt zu fühlen zählte für sie mehr als alles andere, denn im Jahre 1968 brach noch einmal eine Tragödie in ihr Leben ein. Am 4. April wurde Dr. Martin Luther King jr. im Alter von neununddreißig in Memphis ermordet. Sie hatte den Bürgerrechtskampf von Dr. King verfolgt und unterstützt und zusammen mit ihm und Robert Kennedy gegen den Vietnam-Krieg protestiert. Sein Tod nahm sie sehr mit, und sie begab sich sofort in das Haus von King in Atlanta, um seiner Witwe Trost zuzusprechen und an der Beerdigung teilzunehmen.

Im Mai unternahmen Jackie und Ari an Bord der *Christina* eine Kreuzfahrt in der Karibik. Von dort aus fuhren sie nach Newport, wo sie ihn ihrer Mutter und ihrem Stiefvater vorstellte.

Nicht lange nach ihrer Rückkehr nach New York gab es wieder eine schreckliche Nachricht, diesmal aus Los Angeles. Nach seinem Sieg bei den Vorwahlen zur Präsidentschaftswahl in Kalifornien wurde Robert Kennedy am 5. Juni beim Verlassen des Hotels Ambassador durch zwei Kopfschüsse getötet. Nach einer sofortigen Operation schwebte er einen Tag lang zwischen Leben und Tod. In den frühen Abendstunden kam Jackie an – allein, mit einem Privatflugzeug, das Ari gechartert hatte; er wußte, daß es besser war, wenn sie nicht begleitete. Sie war zusammen mit Ethel und zwei von Bobbys Schwestern an seinem Bett, als er am 6. Juni um zwei Uhr morgens starb. Er war zweiundvierzig Jahre alt.

Jackie war am Boden zerstört und suchte wohl zum ersten Mal seit Jacks Ermordung Trost in der Religion. »Im Fall des Todes erfüllt die Kirche ihren Auftrag am besten«,[23] sagte sie zu Bobbys Pressesprecher Frank Mankiewicz.

Donald Spoto

In der übrigen Zeit ist es häufig etwas albern, wenn kleine Männer in ihren schwarzen Anzügen herumlaufen. Doch die katholische Kirche begreift, was der Tod ist. Ich sage Ihnen, wer sonst noch den Tod begreift – die Kirchen der Schwarzen. Ich erinnere mich an das Begräbnis von Martin Luther King. Ich habe in all diese Gesichter gesehen, und mir wurde klar, daß sie den Tod kennen. Sie sehen ihn immer vor sich, sie sind auf ihn vorbereitet, so wie ein guter Katholik.

Und dann sagte sie in einem verwundeten, verlorenen Ton: »Auch wir kennen den Tod. Wenn es die Kinder nicht gäbe, würden wir ihn begrüßen.«

Bei der Totenmesse in der St. Patrick's Kathedrale in New York wirkte Jackie so verhärmt, benommen und geistesabwesend, daß alte Freunde wie Lady Bird Johnson befürchteten, sie könnte einen völligen Nervenzusammenbruch erleiden. Ohne die Unterstützung der wenigen Menschen, die ihr nahestanden, wäre sie vielleicht wirklich zusammengebrochen. Damals faßte sie den Entschluß, Mrs. Onassis zu werden, was Ari ihr oft vorgeschlagen, was sie aber freundlich abgelehnt hatte. »Ich wollte weggehen«,[24] sagte sie später. »Man tötete die Kennedys, und ich wollte nicht, daß meinen Kindern etwas zustieße. Ich wollte weg. Ich wollte irgendwo in Sicherheit sein.« Dies ist weiß Gott keine paranoide Reaktion.

»Von den sechsunddreißig Wegen der Flucht«, sagt ein altes chinesisches Sprichwort, »ist der beste, wegzulaufen.«

Wieder war Aristoteles Onassis zur Stelle, und bald schien Jackies Melancholie nachzulassen. In jenem Jahr in New York, als Ari ihr inoffiziell den Hof machte, stellte der Künstler Aaron Shikler, der ein Porträt von Jackie machte, fest, daß »die melancholische Witwe, die ich malte, verändert war – sie wirkte heiterer, viel entspannter und mädchenhafter«.[25]

Anfang Juli kam Ari in Newport an, wo er des öfteren mit den Auchinclosses zusammentraf und sich weiterhin um die Zuneigung von Caroline und John bemühte. Er überhäufte die Kinder nicht nur mit Geschenken, sondern interessierte sich wirklich für ihr Leben. Da er keine starke emotionale Bindung an seine eigene Tochter Christina und nur mäßiges Vertrauen in die Fähigkeiten seines Sohnes Alexander hatte, kompensierte Ari dies, indem er Jackies Kinder faktisch adoptierte. Am Ende des Monats wurde Onassis nach Hyannisport eingeladen, wo er mit Rose, Ted und John Kennedy zusammentraf. Als Bobby noch lebte, war Jackies Beziehung zu Ari ein Familiengeheimnis. Jetzt ging man offener damit um. Jackie tat indessen nichts, ohne die Brüder ihres Mannes zu informieren, obwohl sie längst nicht mehr das Gefühl hatte, deren Erlaubnis einholen zu müssen.

Unterdessen wollte die Öffentlichkeit immer mehr über Jakkies Privatleben und ihre Pläne wissen. Diese Neugier – von den Wochenzeitschriften widergespiegelt und genährt – bestätigte sie in dem Wunsch, Amerika zu verlassen. Sie hatte nie als ein Ausbund an Tugend oder als Königinwitwe im Exil gelten wollen. Ihre Berühmtheit, die sie weder verstand noch förderte, war für sie ein ständiges Ärgernis, während die Öffentlichkeit in ihr so etwas wie ein gesellschaftliches Artefakt sah. Mehr noch: Die Heerscharen ihrer Bewunderer wollten, daß sie wie ein Insekt in einen Bernstein eingeschlossen war, daß sie nichts tat, was das verehrungswürdige Bild einer tapferen, leidgeprüften, ihren Kindern ergebenen Frau verändern konnte. An dieser Erhebung von Menschen in den Rang von Göttern war vielleicht am schlimmsten, daß eines für selbstverständlich gehalten wurde: Jackie sollte die Zustimmung der Öffentlichkeit suchen, sie sollte sie um die Erlaubnis bitten zu reisen, zu lieben oder zu heiraten, mit anderen Worten, mehr zu verändern als den Bezug eines Sofas.

Am 6. August erschien dann fast unbemerkt eine winzige Notiz in der *New York Times:* »Senator Edward M. Kennedy und Mrs. John F. Kennedy sind heute in Griechenland angekommen, um ihren Urlaub als Gäste des Reeders Aristoteles S. Onassis zu verbringen.« Ted hatte mit Onassis telefoniert und um ein Treffen gebeten, und Ari hatte die geniale Idee, sie nach Skorpios einzuladen. »Da ich keine Mitgift erwartete«,[26] sagte Ari, der viel Sinn für Humor hatte, »brauchte ich mir keine Sorgen zu machen.« Mitgift oder nicht, ihm war, wie er zu Frischauer sagte, »unbehag-

Donald Spoto

lich«[27] zumute. Geld zu verdienen war zwar seine Bestimmung, doch sein Privatleben sollte es nicht beeinträchtigen.

Ted Kennedy hatte jedoch weder finanzielle Forderungen, noch traf er mit Ari irgendwelche Abmachungen: Er war dort, um den zukünftigen Ehemann seiner Schwägerin zu treffen und zu demonstrieren, daß nicht alle Kennedys gegen diese Heirat waren.

Dennoch hielt sich jahrelang das Gerücht, in jenem Sommer sei es um astronomische Summen für Jackie gegangen, die sie sowohl während der Ehe als auch nach Onassis' Tod erhalten sollte – einige Millionen Dollar jährlich, ein riesiges Budget für Kleidung und andere Ausgaben sowie alle möglichen Extras. Doch die Wahrheit sieht anders aus, wie Stelios Papadimitriou, Anwalt und enger Freund von Onassis, 1998 bestätigte. Es war nicht Jackie, die auf einem Ehevertrag bestand: Es war Onassis selbst, der an die komplizierten griechischen Erbgesetze und an seine Kinder denken mußte, die gegen die Wiederheirat ihres Vaters waren. Angesichts dieser Situation bat Ari Jackie, auf ihr Recht zu verzichten, 25 Prozent seines Gesamtvermögens zu erben. Dem stimmte sie ohne Zögern zu.

Es gab, wie so oft behauptet, keine 170-Punkte-Vereinbarung, die alle finanziellen Einzelheiten und sogar die ehelichen Pflichten regelte. Tatsache ist, daß Ari Jackie bei ihrer Heirat über zwei Millionen Dollar schenkte und daß dies vorerst die einzige finanzielle Zuwendung war. Sie verlangte damals und für die Zukunft kein zusätzliches Geld, und obwohl ihr bewußt war, daß sie ein privilegiertes und sicheres Leben führen würde, heiratete sie nicht, weil ein märchenhaftes Vermögen vorhanden war. Es war unter anderen Papadimitriou, der dies betonte und den diese Entdeckung, wie er einräumte, zuerst selbst überrascht hatte.

Im August und September 1968 war die bevorstehende Heirat noch ein Geheimnis, denn Onassis wollte möglichst schonend mit Maria Callas umgehen und sich allmählich von ihr zurückziehen. Doch die Callas begriff die Situation nicht. »Er liebt Jackie nicht«,[28] sagte die Sängerin. »Er wird nur gerne von bedeutenden Frauen bewundert. So wechselt er mich gegen eine andere, bedeutende Frau aus. Aber ich bin mir sicher, daß er sie überhaupt nicht liebt.«

Auf seine Art liebte er sie natürlich, und das zeigte er ihr, indem er ihr den legendären vierzigkarätigen Lesotho-Diamantring zur Verlobung schenkte. »Ich suche immer nach der vollkommenen Frau«,[29] sagte er einmal. Wieder wurde der erste Satz von Jane Austens Roman *Stolz und Vorurteil* bestätigt: »Es ist eine allgemein anerkannte Wahrheit, daß ein Junggeselle im Besitz eines schönen Vermögens nichts Dringenderes braucht als eine Frau!« Doch Ari schätzte seine Verlobte nicht nur, weil sie vielleicht die größte Errungenschaft war, die er der Welt zeigen konnte. Er war auch ein wirklich fürsorglicher Mann, und Jackie weckte seine lange unterdrückten väterlichen Instinkte. Ari war vielleicht auch einer der wenigen Männer, die Jackie heiraten konnten, ohne in ihrem Schatten zu stehen oder durch die Erinnerung an John Kennedy eingeschüchtert zu werden.

Was Jackie betraf, so würden Zyniker sagen – und diese Stimmen gab es natürlich auch –, daß F. Scott Fitzgerald recht hatte: Reiche Mädchen heiraten keine armen Jungen. »Sie hatte ein großes Bedürfnis nach finanzieller Sicherheit und nach Schutz ihrer Privatsphäre«, sagte Arthur Schlesinger, »und dieser piratenhafte Mann konnte ihr beides bieten.« Die vielen Menschen, die mit Onassis zusammenarbeiteten – von Papadimitriou bis zu Kiki Faroudi Moutsatsos, Aris Sekretärin und persönliche Assistentin in den letzten neun Jahren seines Lebens –, schildern ihn als einen charmanten, sympathischen und großzügigen Menschen, obwohl er häufig aufbrausend und grob sein konnte und Anfälle ägäischer Melancholie hatte. Wie Jackie legte Ari allergrößten Wert auf seine Privatsphäre und war ein Perfektionist; und wie sie liebte er Intelligenz und Witz.

Natürlich dachte Jackie auch an die materiellen Vorteile: Sie wollte einen Menschen und einen Ort finden, an dem sie und ihre Kinder vor Gefahren und Publicity geschützt waren. Doch das war gar nicht so einfach: Was war mit der schulischen Ausbildung der Kinder? Würden die drei Amerika für immer verlassen? Eine andere Staatsangehörigkeit annehmen? Sich von ihren Wurzeln trennen? Sie war sicherlich der Meinung, diese Probleme lösen zu

Donald Spoto

können. Im Augenblick suchte sie erst einmal ein Refugium, und Ari bot ihr einen sicheren Hafen mit allen erdenklichen Vorteilen.

Jackie würde so viel Zeit, wie sie wünschte, am Meer und auf ihrem Landsitz in New Jersey verbringen können. Aber sie war keine Frau, die sich nur ans Meer oder aufs Land zurückzog: Sie hatte auch viel für die Großstädte der Welt übrig. Die Erholung, die sie aus dem Alleinsein schöpfte, fand sie an den Stränden, zu denen es sie immer wieder hinzog – Hyannisport, Newport, Palm Beach, Yukatán, die Karibik. In ihrer Kindheit hatte sie sich am häufigsten gezeichnet, wie sie gedankenversunken am Meer stand. Als sie mit Kennedy verlobt war, hatte sie für die Zeitschrift *Life* Fotos ausgesucht, die Jack und sie beim Segeln am Cape Cod zeigten. Die Meere der Welt waren immer ihre Zuflucht, und die griechischen Inseln hatte sie seit 1963 ganz besonders geliebt. Wenn sie körperliche Anstrengung suchte, konnte sie in New Jersey reiten.

Auf die Frage, ob sie Onassis aus Liebe oder wegen der materiellen Vorteile heiratete, müßte man wohl antworten: beides. Jakkie – oder sonst irgend jemand – sollte oder könnte »nur aus Liebe« heiraten, das ist die Sprache der Soap Opera, eine Illusion aus dem Reich der Camelot-Legenden, zumal der nur halb gelesenen Legenden.

Henry James' Novelle *Washington Square,* um nur ein klassisches Werk zu nennen, handelt genau von der Vielschichtigkeit der Motive, die menschliche Gefühle und Entscheidungen kennzeichnet. Liebt Morris Townsend Catherine Sloper um ihrer selbst willen oder weil sie eine Erbin ist? Ist der soziale und finanzielle Status nicht ein Aspekt dieser Person? Umgekehrt, ist Catherine in Morris verliebt, weil sie ihn um seiner selbst willen liebt oder weil sie in ihm eine Möglichkeit sieht, ihrem Vater zu entfliehen und emotionale Geborgenheit zu erlangen? Gehört zu seiner Anziehungskraft nicht seine Rolle als Befreier, so wie zu ihrer ihre Rolle als Erbin?

Vielleicht kann man selbst bei Heiligen nicht von ganz »reinen Motiven« sprechen, denn eine einzige und reine Motivation ist nicht Sache der Menschen. Liebe um der Liebe willen, ohne einen Gedanken an den Gewinn für einen selbst, ist den Menschen nicht gegeben. Mit den berühmten Worten von Thomas More: »Nur Gott ist reine Liebe.«

Will man Jackies Entscheidung beurteilen, ist es vielleicht hilfreich, sich daran zu erinnern, welchen Typ Mann sie als Partner und Freund am meisten bewunderte – starke Männer mit heroischen Ambitionen, Männer, die sich hohe Ziele setzten und diese erreichten. Sie hatte immer eine Vorliebe für dynamische und tatkräftige Staatsoberhäupter und Kulturminister; sie fühlte sich zu großen Männern hingezogen, so wie sie selbst bei großen Ereignissen über sich hinauswuchs. In dieser Hinsicht ähnelte sie ihren großen geistigen Vorbildern, die mit Königen und Kaisern verheiratet gewesen waren. Jetzt, im Jahre 1968, war sie im Begriff, abermals eine Beziehung mit einem Mann feierlich zu besiegeln, der den Erfolg gehabt hatte, der ihrem Vater versagt geblieben war. Ari war tatsächlich mehr als irgendein Mann in ihrem Leben die Vaterfigur schlechthin – großzügig, tolerant, aufmerksam, jemand, der sie tröstete, verwöhnte und bewunderte. Wie sie fünf Jahre zuvor gesagt hatte, hielt sie ihn für »einen vitalen Menschen, der sich von ganz unten hochgearbeitet hat«.

1968 wurde auch oft die Frage gestellt, wie eine so schöne Frau Onassis körperlich anziehend finden konnte. Diese Frage trieb vor allem die Amerikaner um. Diejenigen, die in einer Kultur aufgewachsen waren, die Jugend und körperliche Anziehung vergötterte, fanden, Jackies Sonnenbrille hätte sie blind gemacht. Für sie wäre niemand anderes als Robert Redford oder Paul Newman in Frage gekommen: Das Märchen mußte weitergehen.

Als Janet Auchincloss durch Nancy Tuckerman die bevorstehende Heirat bekanntgeben ließ, kam die Reaktion prompt – und war vernichtend. »Sie ist von einem griechischen Gott zu einem gottverdammten Griechen gegangen«,[30] meinte ein New Yorker. Onassis sei etliche Zentimeter kleiner als seine Verlobte, sagte ein anderer, »aber wenn er auf seinem Geld steht, ist er größer«.

»Für uns war sie eine königliche Hoheit, eine Prinzessin, und ich denke, sie hätte einen Prinzen heiraten sollen – oder zumindest jemanden, der aussieht wie ein Prinz.« Das war die typische Meinung, die in jenem Herbst von den Zeitungen der ganzen Welt verbreitet und verstärkt wurde. Ein Pilot der Luftwaffe brachte noch

Donald Spoto

eine andere Variante ins Spiel, als er über Jackie sprach, als würde in einer Spielshow über ihre Heiratspläne entschieden: »Ich habe auf den Premierminister von Kanada [Pierre Trudeau] getippt. Er hätte ihr die Chance gegeben, wieder eine First Lady zu sein.« Nein, öffne nicht die Tür Nummer eins, Jackie: Das ist nur ein zweiwöchiger Urlaub. Nimm die Tür Nummer zwei: Da ist der wunderbare neue Kühlschrank, er wird ewig halten.

Die Trauung fand am 20. Oktober 1968 nur in Anwesenheit ihrer Kinder und einiger Verwandter und Freunde in der winzigen Kapelle von Skorpios statt. Europa reagierte rasch und wütend: *France-Soir* nannte das Ereignis »traurig und beschämend«. *Il Messagero* verkündete, John Kennedy sei ein zweites Mal gestorben. Die *Bild-Zeitung* klagte, »Amerika hat seine Heilige verloren«. Nach ihrer Reaktion gefragt, reckte Maria Callas den Hals, nahm eine hoheitsvolle Haltung ein und erwiderte: »Jackie hat gut daran getan, ihren Kindern einen Großvater zu geben. Ari ist so wunderbar wie Krösus.« Wie jeder, der die Berichte über die Hochzeit las, wunderte sich auch die Callas über den Ring, den Ari seiner Braut schenkte: ein Rubin-Diamant-Ring im Wert von 1,25 Millionen Dollar.

Es gab auch anderslautende Stimmen. Die große Schauspielerin Giulietta Masina, Ehefrau von Federico Fellini, machte eine kluge Äußerung: »Wenn um Menschen Mythen gebildet werden, unterliegen sie zwangsläufig dem Verschleiß; sie sind mit Dissens und Einsamkeit verbunden. Warum soll man sich darüber wundern, daß eine Frau an einem bestimmten Punkt die Schleier zerreißt, die sie wie ein Denkmal einhüllen. Eine neununddreißigjährige Frau, noch immer schön und sehr lebendig, soll auf eine Rolle verpflichtet werden, die sie nicht selbst gewählt hat? Ich finde es völlig in Ordnung, wenn sie ganz von vorn beginnen möchte!«[31]

In kürzester Zeit, und auch das kann niemanden überraschen, brachen manche Leute den Stab über die Braut: Hier war eine katholische Frau, die eine verbotene Ehe mit einem geschiedenen Mann einging. Einige Kirchenmänner, die sogleich die Vorschriften der Kirche ins Feld führten, anscheinend aber wenig vom Geist Christi wußten, kamen zu dem Schluß, Jackie sei vor aller Welt eine Sünderin, die exkommuniziert werden sollte.

Kardinal Richard Cushing aus Boston, einem der einflußreichsten Geistlichen Amerikas, ist es für immer als Verdienst anzurechnen, daß er rasch reagierte. Er hatte die Kennedys seit den fünfziger Jahren betreut; er hatte sie vermählt, und er hatte sie beerdigt; und jetzt hielt er sich nicht mit einer Verurteilung zurück – sie galt nicht Jackie, sondern denjenigen, die sie verurteilten.

Bevor Jackie nach Griechenland geflogen war, hatte sie den Kardinal in Boston aufgesucht. Als er jetzt gefragt wurde, wie es um ihre Seele bestellt sei, reagierte er ungeduldig. Dieser kluge und leidenschaftliche Seelsorger sagte:

Schon vor Monaten wußte ich, daß Jacqueline Kennedy Aristoteles Onassis heiraten würde. Ich weiß, was sie viele, viele Monate lang durchgemacht hat. Viele Leute, die unter dem verstorbenen Präsidenten Kennedy hohe Regierungsämter innehatten, und andere enge Freunde und Bekannte der Familie Kennedy sind an mich herangetreten und haben mich gebeten, zu verhindern, daß Jacks Witwe – Gott gebe ihm Frieden – Aristoteles Sokrates Onassis heiratet.

Das habe ich nicht getan.

Jetzt stelle ich das Radio an und höre, daß man sie kritisiert, daß man sie in Grund und Boden verdammt. Dazu kann ich nur sagen: caritas – Nächstenliebe!

Warum schreiben die Leute so viele Briefe, in denen sie sie und mich verurteilen? Ich würde nie jemanden verurteilen!

Und dann zu sagen, daß sie exkommuniziert werden sollte, daß sie vor aller Welt eine Sünderin ist – welch ein Unsinn! Nur Gott weiß, wer ein Sünder ist und wer nicht.

Warum darf sie nicht heiraten, wen sie heiraten möchte? Warum werde ich für das verurteilt, was ich sage, und sie für das, was sie tut? [32]

Vielleicht war es die Weigerung des Kardinals, Jackie zu verurteilen, die bewirkte, daß Rose Kennedy sie emotional sehr unterstützte. Zwanzig Jahre zuvor hätte sie es für eine Tragödie mit ewigen Folgen gehalten, wenn ihre eigene Tochter Kathleen, damals eine achtundzwanzigjährige Witwe, ein ehebrecherisches Verhältnis mit einem verheirateten Mann gehabt hätte, den sie hätte heiraten wollen.

Doch die Zeit und das Leiden hatten Roses Starrheit gemildert.

Später sagte sie: »Für mich zählte vor allem, daß Jackie ein erfülltes Leben und eine glückliche Zukunft verdient hatte. Jack war seit fünf Jahren tot; sie hatte viel Zeit zum Nachdenken gehabt. Sie war kein Mensch, der einen so wichtigen Schritt unüberlegt tun würde, also muß sie sehr gute Gründe gehabt haben.«[33]

Jackie vergaß Roses Freundlichkeit ihr gegenüber nie; die beiden Frauen kamen einander näher, als es je der Fall gewesen war. »Als ich Ari heiratete«, erinnerte sich Jackie, »war sie es, die mich ermutigte, die sagte, ›er ist ein guter Mann, mach' dir keine Sorgen, Liebes‹. Sie war außerordentlich weitherzig. Ich war mit ihrem Sohn verheiratet gewesen und hatte Kinder von ihm, aber sie war diejenige, die sagte, ›wenn du glaubst, daß das das Beste für dich ist, dann tu es‹.«[34]

In dieser Angelegenheit war Jackie, genau wie ihre Mutter, offensichtlich in der Lage, ihr Gewissen mit der Tatsache in Einklang zu bringen, daß die römisch-katholische Kirche die Ehe mit einer geschiedenen Person verbietet. Wie es um ihr Gewissen und ihre seelische Verfassung bestellt war, darüber steht weder einem Geistlichen noch einem Laien ein Urteil zu: Sie können eine Meinung über ihren rechtlichen Status, nicht aber über ihre spirituelle Verfassung äußern. In bezug auf das absolute Verbot, sich ein Urteil anzumaßen, zu dem nur Gott berechtigt ist, nehmen Kirchengeschichte und Kirchenrecht einen eindeutigen Standpunkt ein – was der gute Seelsorger Kardinal Cushing allen Betroffenen zu Recht vor Augen führte.

Moutsatsos, die Jackie und Ari fast jeden Tag sah, wenn sie in den nächsten Jahren zusammen in Griechenland waren, äußerte sich zu den gehässigen Behauptungen, die Verbindung sei lediglich eine Farce, bei der keine Liebe im Spiel sei. »In dieser Ehe gab es viele Augenblicke der Liebe und Zuneigung. Ich will nicht sagen, daß diese Liebe stark genug war, um den späteren Schicksalsschlägen standzuhalten. Doch es war eine ganz eigene

Art der Liebe, die dieses Paar miteinander verband und zusammenhielt.«[35]

Schon während der Flitterwochen im Herbst gab es allerdings Spannungen, denn zu Aris großer Bestürzung mochten seine Kinder Jackie nicht; ihre Abneigung galt nicht ihr persönlich, sondern sie hatten die vergebliche Hoffnung, ihre Mutter, die wieder geheiratet hatte, würde schließlich doch zu ihrem Vater zurückkehren. »Ich hätte keine Stiefmutter gebraucht, aber mein Vater brauchte eine Frau«,[36] sagte der damals zwanzigjährige Alexander grob.

Was die siebzehnjährige Christina betraf, so waren sich alle der Familie nahestehenden Menschen mit Kiki Moutsatsos darin einig: Sie wurde ganz im Gegensatz zu ihrem Bruder fast völlig ignoriert. »Sie hatte in ihrem ganzen Leben keinen wirklich glücklichen Augenblick. Alexander war sein Sohn; Christina war sein zweites Kind.«[37] Während der ganzen Ehe mit Jackie mieden Aris Kinder – um die sich leider auch die eigene Mutter nicht kümmerte – ihre neue Stiefmutter. Alles, was sie tat, um es ihnen recht zu machen, war zum Scheitern verurteilt. Alexander flüchtete sich in die Fliegerei und in Affären mit wesentlich älteren Frauen; Christina aß ständig zuviel, wobei sich die Eßanfälle mit der Einnahme von Amphetaminen abwechselten, von denen sie schließlich abhängig wurde.

Diese Animosität wurde sicherlich durch Aris Aufmerksamkeit gegenüber Jackies zwei Kindern noch erhöht. Caroline und John gingen in Amerika zur Schule, doch in fast allen Ferien brachte Jackie – die mehr und mehr Zeit in Manhattan verbrachte – sie nach Griechenland. Dort entfremdete sich Ari Alexander und Christina noch mehr, da er Jackies Kinder mit Geschenken überhäufte und ihnen viel Zuwendung gab.

Doch Jackie bemühte sich weiterhin um Alexander und Christina; mit der Zeit konnte sie zumindest die Tochter für sich einnehmen. »Sie versucht immer, es ihm in allem recht zu machen«,[38] sagte Christina über Jackie und ihren Vater. »Sie fragt immer, was sie für ihn tun kann, wie sie ihm helfen kann. Wenn ich zu entscheiden hätte, würde ich sagen, daß mein Vater für Jackie wichtiger ist als umgekehrt. Jackie ist meine Stiefmutter, aber auch mei-

Donald Spoto

ne große Freundin.« So viel zu den unbegründeten Berichten, Jakkie und Christina seien geschworene Feindinnen gewesen.

Was Alexander betraf, so erreichte Jackie etwas Bemerkenswertes: Vater und Sohn verbrachten wieder mehr Zeit miteinander. Es entstand eine neue Nähe, die in Ari die Hoffnung weckte, sein Sohn könnte eines Tages doch das Onassis-Imperium führen. Wieder stand Alexander – und leider nicht Christina – im Mittelpunkt der dynastischen Erwartungen und des Gefühlslebens des Vaters.

Es gab noch andere Probleme. Jackie sprach kein griechisch, und obwohl Aris Englisch über Grundkenntnisse hinausging, unterhielt er sich meistens in seiner Muttersprache. Außerdem fehlte es seinem Englisch an den Nuancen und Feinheiten, die Jackie selbst im alltäglichen Gespräch so sehr schätzte. Aris Familie und Angestellte sprachen in der Regel griechisch, so daß Jackie von vielen Unterhaltungen ausgeschlossen war. Was Kunst und Kultur betraf, so besaß Ari zwar einige Meisterwerke, aber die stellten nur Investitionen dar: Er war nicht gebildeter als Jack. So war es wohl unvermeidlich, daß Jackie ihr Zuhause im wesentlichen in New York hatte, wo ihre Freunde und Bekannten ihre Interessen teilten.

Aufgrund der Schwierigkeiten in der neuen Ehe muß es Jackie noch schwerer gefallen sein, Jacks fünften Todestag zu begehen, der in den Monat nach der Hochzeit fiel. Ari hatte geschäftlich in Athen zu tun, und seine Schwester Artemis, die Jackie sehr mochte, besuchte sie auf der *Christina*. Am 22. November bemerkte Artemis, daß Jackie traurig und in sich gekehrt war.

»Ich habe einen sehr schlechten Tag«,[39] sagte Jackie. »Ich weiß, daß ich glücklich sein sollte, aber heute kann ich nur an Jack und an das denken, was ihm in Texas widerfahren ist. Manchmal denke ich, daß ich nie wieder richtig glücklich sein kann. Ich versuche es, aber ich kann den Schmerz nicht vergessen. Wenn ich mich glücklich fühle, warte ich immer darauf, daß dieser große Schmerz zurückkommt.«

Nach diesem Eingeständnis fing Jackie an zu weinen. Den ganzen Abend versuchte ihre Schwägerin, sie zu trösten.

Dritter Teil

∞

Mrs. Onassis
1969 – 1994

1969–1975

*J*eder Augenblick, den man lebt, unterscheidet sich vom anderen«, sagte Jackie 1972. »Das Gute, das Schlechte, Freude und
Leid, die Tragödie, die Liebe und das Glück sind zu dem unbe-
schreiblichen Ganzen verwoben, welches das Leben genannt
wird. Man kann das Gute nicht vom Schlechten trennen – und
vielleicht soll man das auch gar nicht. Ich habe viel durchgemacht
und ich habe sehr gelitten. Aber ich hatte auch viele glückliche
Augenblicke. Und daher bin ich zu der Überzeugung gelangt, daß
wir vom Leben nicht zuviel erwarten und nichts für selbstverständlich halten dürfen.«[1]

Im November 1963 war Jackie vierunddreißig Jahre alt und die
berühmteste und meistbewunderte Frau der Welt gewesen – mit
Privilegien ausgestattet, im Zentrum der Macht lebend, von allen
Beobachtern beobachtet.

Dann, an einem heißen Tag in Dallas, hatte sie in Sekunden etwas Schreckliches erlebt, dessen verheerende psychologische und
emotionale Auswirkungen vielleicht unvorstellbar sind. Durch
diesen furchtbaren Mord wurde sie jäh aus einer Stellung gerissen,
die sie dort innegehabt hatte, wo das Leben des Landes seinen
Mittelpunkt hatte. Sie mußte ihre innersten Kräfte mobilisieren –
und dies sofort, ohne Zeit zum Nachdenken zu haben, ohne einige Stunden verstreichen zu lassen. Was sie in dieser Situation leistete und wie sie sich an dem Wochenende verhielt, an dem die
Beisetzung stattfand, zeigte, was wirklich in ihr steckte: Sie wurde
in großartiger Weise den Anforderungen der Geschichte und ihrer eigenen Bestimmung gerecht. Nach dem plötzlichen und
schweren Verlust ihres Mannes und ihres Zuhauses hatte sie jetzt
die Verantwortung für die Erziehung ihrer beiden kleinen Kinder.

Die meisten Witwen sind nicht gezwungen, unmittelbar nach der Beerdigung ihres Mannes mit ihren Kindern ihre Wohnung zu verlassen.

Es wäre kleinlich und nachgerade gehässig, wenn man – wie es in den folgenden Jahren manchmal geschah – sagen würde, Jackie hätte an jenem Wochenende gar nichts anderes tun können, oder sie hätte so gehandelt, um sich selbst zu glorifizieren, oder sie sei einfach eine erstklassige Amateurschauspielerin gewesen, die eine große Rolle vor einem weltweiten Publikum spielen durfte. Nichts von dem ist zutreffend. Jackie war angesichts der Katastrophe ein Vorbild an Mut und Haltung: Dies war das wirkliche Leben und nicht ein Schauspiel, in dem das Leben nur nachgeahmt wurde.

Mit den Lebensumständen veränderte sich auch ihr Leben. Zuerst hatte sie in einer Welt bestehen müssen, die vorgefaßte Vorstellungen von dem hatte, was sie war, und die ihr am liebsten vorgeschrieben hätte, was sie tun sollte. Ganz in den Bildern ihrer Phantasie lebend, maßte sich die Öffentlichkeit das Recht an, jede Einzelheit in ihrem Leben danach zu beurteilen, ob sie sie billigte: wo Jackie lebte, mit wem sie Umgang hatte, wie sie sich kleidete, wohin sie mit ihren Kindern ging, wen sie liebte. Sie konnte es natürlich nicht jedem recht machen, gleichgültig, was sie tat oder nicht tat.

Und was tat sie? Sie lebte ihr Leben, ohne auf Berühmtheit aus zu sein und ohne den Vorstellungen der Öffentlichkeit irgendeine Bedeutung beizumessen. In dieser Hinsicht war sie alles andere als jemand, der an der Steigerung seines Ruhmes arbeitete: Berühmt zu sein war etwas, auf das sie *keinen* Wert legte.

In der Öffentlichkeit äußerte sie sich nicht. Sie verweigerte Interviews im Fernsehen und in Zeitschriften. Sie lehnte jede Aufforderung ab, sich zu erklären, ihren Lebensplan darzulegen, ihr Tun zu rechtfertigen. Statt dessen war sie bereit, Dinge auszuprobieren und zu erkunden; sie war immer in Bewegung, sie war verletzbar, sie machte Fehler, war stets auf der Suche. Dadurch wurde sie zu einer der ersten wirklich unabhängigen Frauen. In ihrem beharrlichen Streben nach Autonomie entwickelte sie ihr eigenes Leben; sie ging die Wege, die ihr richtig erschienen. Und wenn sich heraus-

Donald Spoto

stellte, daß sie in die Irre führten, schlug sie einen anderen Weg ein und sah irgendwann ein Licht am Ende des Tunnels.

Als 1969 das Leben mit Ari begann, wurde den beiden sogleich eindringlich vor Augen geführt, wie unterschiedlich sie waren – nicht nur in Geschmack und Vorlieben, sondern auch darin, wie sie ihre Freizeit verbrachten. Sie liebte klassisches Ballett, er bevorzugte Bauchtanz. Seine Wohnsitze in Paris, Montevideo und Monte Carlo fand Jackie nicht attraktiv genug, um sich dort dauerhaft niederzulassen. Nach der Ermordung Robert Kennedys hatte sie gesagt, sie wolle außerhalb Amerikas leben. Doch bald wurde klar, daß das nicht sinnvoll war. Ihre Kinder waren schon entwurzelt genug. Sie waren Amerikaner, sie waren Kennedys: Sie würde sie nicht noch mehr entwurzeln und sie in eine fremde Kultur verpflanzen.

Daher sagte Jackie im Frühjar 1969, sie habe nicht vor, ihr Appartement in der Fifth Avenue aufzugeben, um mit Ari in dessen Suite im Hotel Pierre zu wohnen, wenn sie New York besuchten. Gerade als das Gerücht umging, die ehemalige Mrs. Kennedy würde Amerika sicherlich verlassen und den internationalen Jetset anführen, war sie in New York, präsenter denn je! Jackie zog nie nach Griechenland, und Mr. und Mrs. Onassis weilten nie für längere Zeit in ihrem Haus in Skorpios.

Ein Grund dafür war, daß Ari aufgrund seiner Geschäftsinteressen in der ganzen Welt herumreisen mußte – daher seine zahlreichen Adressen. In Amerika hatte er anstelle einer Privatadresse eine Hoteladresse, so daß er in Amerika keine Steuern zahlen mußte. Wenn die beiden in jenem Winter nach New York reisten, blieben ihre getrennten Wohnsitze der Presse natürlich nicht verborgen. »Jackie ist wie ein kleiner Vogel, der seine Freiheit und seine Sicherheit braucht«,[2] sagte Ari, »von mir bekommt sie beides. Sie kann tun, was sie möchte – internationale Modeschauen besuchen, reisen, mit Freunden ins Theater und anderweitig ausgehen.« Und dann das unheilverkündende Finale: »Und ich tue selbstverständlich auch, was ich möchte.« 1969 waren sie 141 Tage – also vierzig Prozent des Jahres – getrennt. In Zukunft sollte es noch länger sein.

Es stellte sich heraus, daß diese Situation für beide angenehm war. Ari, der häufig in New York war, besuchte sie in ihrer Wohnung, kümmerte sich um die Kinder und erzählte ihnen, welche Geschenke auf sie warteten, darunter ein Motorboot, ein Segelboot und Ponys. Ihre Reaktion auf ihn war verständlich: Caroline und John waren dankbar und höflich und hatten nichts dagegen, daß Ari im Leben ihrer Mutter seinen Platz hatte, doch sie waren zurückhaltend und vorsichtig. Caroline wurde mit Ari nicht richtig warm, vielleicht, weil sie noch deutliche Erinnerungen an Jack hatte; John hatte ein wärmeres Verhältnis zu Ari, vielleicht, weil er diese Erinnerungen nicht hatte.

Ihr griechischer Stiefvater speiste mit Jackie zu Hause oder in einem Restaurant und verbrachte ab und zu die Nacht mit ihr. Aber während er gerne spät aß und die Nacht in der Stadt verbrachte, zog sie es vor, mit den Kindern zu Hause zu essen, in ihrem Lieblingssessel ein Buch zu lesen und früh zu Bett zu gehen, damit sie mit Caroline und John frühstücken und sie zur Schule bringen konnte.

Die Erziehung ihrer Kinder nahm Jackie sehr ernst. Caroline wechselte 1971 zur Privatschule Concord in Massachusetts, während John weiterhin zur Collegiate School in Manhattan ging; Jackie wollte in der Nähe der beiden bleiben. Mitunter zögerten ihre Klassenkameraden oder deren Eltern, die berühmten Kennedy-Kinder zu gesellschaftlichen Ereignissen, Ausflügen oder Kurzreisen einzuladen. Wenn das geschah, setzte Jackie sich mit ihnen in Verbindung, bezog sie in ihre Planung ein und machte deutlich, daß ihre Kinder ganz normale Freundschaften pflegen sollten – was bei den Sprößlingen berühmter Leute keineswegs selbstverständlich ist.

Als sich herausstellte, daß Jackie New York nicht verlassen würde, wurde sie eine sehr begehrte Beraterin und Vorstandsmitglied verschiedener Künstler- und Tanzgruppen. Sie war zwar häufig bei den Veranstaltungen anwesend, stellte aber selten ihren Namen zur Verfügung.

Aber da war noch etwas. Es ist fast nicht bekannt, daß sie 1971 sechs Monate lang ein Voluntariat als Hilfslehrerin im McMahon Memorial machte, einem Haus für obdachlose und mißhandelte

Kinder mitten in Spanish Harlem in der East 112th Street. Damals wußte selbst Nancy Tuckerman, die noch immer ihre Assistentin war, jedoch von ihrem offiziellen Arbeitgeber, den Olympic Airways, bezahlt wurde, nichts von dieser Arbeit. »Das war etwas, das sie ganz privat machen wollte.«[3] Das war nicht überraschend, hatte Jackie doch immer ein enges Verhältnis zu Kindern gehabt. John Glenn erinnerte sich, daß sie besonderen Wert darauf gelegt hatte, mit seinen halbwüchsigen Kindern zu sprechen, wenn diese das Weiße Haus besuchten. Sie betrachtete sich, so Glenn, nicht als die große Dame, der jeder zu huldigen hatte: Sie ergriff die Initiative, ging auf andere zu und verwickelte sie in ein Gespräch.

Mehr als einmal besuchte Jackie auch verwundete Vietnam-Soldaten in Krankenhäusern. Das Personal erinnerte sich daran, wie überrascht es war, als Jackie auftauchte und mehrere Stunden lang mit den erstaunten Patienten sprach, sie fragte, was sie brauchten, und manchmal sogar dafür sorgte, daß Familien, die weit entfernt wohnten, ihre Angehörigen besuchen konnten. Sie erkannte, sagte Jackie zu Freunden, daß da Menschen waren, die schreckliche Dinge durchgemacht hatten – weitaus schrecklicher als das, was sie 1963 durchgemacht hatte.

Tatsächlich lehnte sie den Krieg immer mehr ab und äußerte dies auch sehr heftig, wie ihr alter Freund Verteidigungsminister Robert McNamara erlebte, als er sie in der Fifth Avenue 1040 besuchte. »Sie war sehr niedergeschlagen und stand dem Krieg sehr kritisch gegenüber. Sie war so angespannt, daß sie kaum sprechen konnte. Plötzlich explodierte sie. Sie drehte sich zu mir um und fing an, mir buchstäblich gegen die Brust zu schlagen, ich solle etwas tun, um das Gemetzel zu beenden! ... Jackie, diese liebe Freundin, die ich sehr bewunderte, brach in Tränen der Wut aus.«[4]

Von 1969 an konnte Jackie, wie sie zu Freunden sagte, anscheinend nicht ein Jahr erleben, ohne daß ein ihr nahestehender Mensch starb. Im November 1969 saß sie am Bett von Joe Kennedy, als dieser im Alter von einundachtzig in Hyannisport starb. Wie die Krankenschwester berichtete, die Joe jahrelang betreut hatte, war Jackie »die einzige, die voll und ganz verstand, in welchem Zustand Mr. Kennedy war«;[5] daher konnte sie ihm ein wirklich mitfühlendes Verständnis entgegenbringen. Jackie log Joe nie an, machte nie leere Versprechungen und spielte sein Leiden nicht herunter, wie es viele andere taten – wie diejenigen, die laut der Krankenschwester Rita Dallas »so taten, als merkten sie nicht, daß eine Seite seines Körpers gelähmt war« oder daß er nicht mehr sprechen konnte.

Im November 1970 war sie in Massachusetts, um der Beerdigung ihres lieben Freundes Kardinal Cushing beizuwohnen. Cushing, Sohn eines armen Schmieds, war dafür bekannt und beliebt gewesen, daß er die Menschen geliebt hatte, gleichgültig, welchen Glauben sie hatten oder ob sie überhaupt gläubig waren. Diejenigen, die unter rassistischer Diskriminierung litten, trauerten besonders um ihn. Als guter Seelsorger hatte er so lange gearbeitet, bis er, vom Krebs zerstört, einen Monat vor seinem Tod sein Büro verlassen mußte. Joe Kennedy und Richard Cushing waren für Jackie vielleicht mehr als alle anderen Männer liebevolle Vaterfiguren; niemand konnte sie ersetzen.

Im Juli 1969 beging Jackie ihren vierzigsten Geburtstag, und zwar ohne daraus das aufwendige Spektakel zu machen, das Ari und einige seiner Mitarbeiter sich gewünscht hätten. Er schenkte ihr einen vierzigkarätigen Diamanten und ein Paar wunderbare Ohrringe mit Saphiren und Rubinen, die die Mondlandung von Apollo II darstellten, welche ursprünglich Jack Kennedys Traum gewesen war. Die Ohrringe waren jedoch so schwer, daß sie sie nicht tragen konnte, so daß Jackie Freunden ab und zu den Samtkasten zeigte, in dem sie aufbewahrt wurden. Eine Zeitlang sah es so aus, als konkurrierte Ari mit Richard Burton, der Elizabeth Taylor mit kostbaren Juwelen überhäufte.

Noch mehr Freude als an extravaganten Geschenken hatte Jakkie an der Neugestaltung von Onassis' Yacht und dem Haus auf Skorpios. Zuerst war Ari sehr angetan: Das Haus wurde in einem hellen mediterranen Pink gestrichen – das Pink Haus nannte Jakkie es immer in einer ironischen Anspielung auf das Weiße Haus –, und die Kabinen der *Christina* wurden neu eingerichtet; das allzu Auffällige und Protzige wurde abgemildert, und eindeutig

Donald Spoto

geschmacklose Gegenstände wurden durch andere ersetzt. Ihre Aktivitäten erinnerten an das Jahr 1953 in Georgetown, als sie renoviert, eingekauft, viel Geld ausgegeben und Kleider gekauft hatte.

Doch im weiteren Verlauf ihrer Renovierungsarbeiten stieß sie auf Aris Widerstand, denn er betrachtete diese jetzt als eine Bedrohung seiner Privatsphäre – und nicht, wie Jackie beklagte, als einen Angriff auf sein Portemonnaie. So tat sich langsam, aber unaufhaltsam eine Kluft zwischen den Eheleuten auf, die niemandem verborgen blieb. Ari wurde ihrer Arbeit an dem Haus überdrüssig, und häufig ärgerte er sich darüber, daß sie unter Entspannung die Lektüre eines Buches verstand. »Jackie liest nur«, beschwerte er sich und flog allein nach Paris oder Athen, während sie sich mit Bildern und Büchern beschäftigte. Manchmal begleitete sie ihn oder wartete, wie Penelope, einfach auf die Rückkehr ihres umherziehenden Odysseus. Die Sommerferien und alle Schulferien, die länger als ein oder zwei Tage waren, waren für Caroline und John reserviert, mit denen sie dann nach Europa, Griechenland oder Hyannisport reiste.

Die Zeit, die sie mit ihnen in den Ferien verbrachte, war sakrosankt. Typisch für ihr Zusammensein war ein langes Wochenende in Griechenland, an dem Jackie Ari und seine Leute höflich, aber bestimmt auf Einkaufstour schickte, damit sie mit den Kindern allein sein konnte. Sie hörte sich ihre Popmusik an, las die Zeitschriften, die sie mochten, und versuchte, sich in ihren Geschmack und ihre Vorlieben hineinzuversetzen. Nichts fand sie so kindisch und albern, daß sie nicht selbst auch ein wenig Spaß daran gehabt hätte, und wenn sie einen mütterlichen Rat geben oder sie korrigieren wollte, tat sie dies freundlich und liebevoll. Nach allem, was man hört, gab es nie den geringsten Bruch zwischen Jackie und ihren Kindern; das Verhältnis zwischen ihnen wurde im Laufe der Jahre immer enger.

Jackie wurde häufig auf einem Flughafen oder in einem Restaurant gesehen. Doch kaum jemand wußte, daß sie den größten Teil ihrer Zeit mit Lesen verbrachte. »Sie liest genausoviel wie die Leute, die ich kenne«, sagte Truman Capote, »ein Buch am Tag ist für sie nichts Ungewöhnliches.«[6] Capote übertrieb nicht. Jackie war immer eine eifrige Leserin und Sammlerin von Büchern gewesen, aber jetzt war das Lesen mehr als ein Zeitvertreib: Es wurde wichtig für ihr Leben, fast zu einer Berufung. Ihre Lektüre war weit gespannt und umfaßte Geschichte, Biographien, Bücher über Kunst und Tanz, klassische Romane, Gedichte, bedeutende Erstlingswerke; und wie ihre Freunde wußten, konnte sie sich vieles gut merken. William Manchester wunderte sich bei ihren Interviews darüber, wie genau sie sich an Details in bezug auf Ort, Zeit, Wetter erinnern konnte – Details, die durch seine Nachforschungen bestätigt wurden.

Außerdem pflegte sie weiterhin den Reitsport. Als sie Ari geheiratet hatte, hatte sie das Haus in Bernardsville aufgegeben und Windwood gemietet, ein relativ schlichtes schindelgedecktes Haus mit sieben Zimmern in Peapack, einem kleinen Dorf im County Somerset, New Jersey. Jackie nahm die Kinder mit in das von alten Eichen umgebene und von klaren Bächen durchzogene Anwesen. Dort malten sie Aquarelle, machten lange Spaziergänge und genossen es, allein zu sein. Die Zeit mit den Kindern war für Jackie etwas Unantastbares.

Es konnte nicht ausbleiben, daß Ari bald wieder seine frühere Geliebte, die aufbrausende und anspruchsvolle Maria Callas, besuchte. Mitte Mai 1970 verbrachte er fast ein ganzes Wochenende in ihrer Pariser Wohnung; am einundzwanzigsten stellte sich das glückliche Paar den Fotografen, die sie im Maxim entdeckt hatten. Ihre lächelnden Gesichter erschienen weltweit in Zeitungen und Zeitschriften. Sofort eilte Jackie nach Paris und ließ sich mit Ari im selben Restaurant fotografieren. Sie war anscheinend nicht bereit, erneut die Ehefrau zu sein, die sich alles bieten ließ. Aber Ari war ein Mann, der es gewohnt war, seine eigenen Wege zu gehen. Von da an lebte er sein Leben und sie das ihrige. »Und ich tue selbstverständlich auch, was ich möchte«, hatte er gesagt.

Schon bald ähnelte die Affäre zwischen Callas und Onassis einem schlechten französischen Roman – vor allem, als die Callas vier Tage nach Jackies Rückkehr nach Paris in das amerikanische Krankenhaus in Neuilly eingeliefert wurde. Den Reportern wurde gesagt, sie hätte Probleme mit der Stirnhöhle, doch eine Kran-

Donald Spoto

kenschwester, die den Wert von ein paar tausend Francs zu schätzen wußte, sagte, die Callas hätte Schlaftabletten genommen.

»Er ist mein bester Freund«,[7] sagte die Callas mit matter Stimme, als sie während ihrer Genesung mit einem Reporter über Ari
sprach, und fügte hinzu, als sei er der allmächtige Gott, »er ist, er
war und er wird sein«. Nach diesen feierlichen, beschwörenden
Worten bemerkte sie: »Wenn zwei Menschen so zusammen waren
wie wir, gibt es viele Dinge, die sie verbinden. Er weiß, daß er bei
mir immer Heiterkeit, gemeinsame Freunde und Aufrichtigkeit
finden wird.« Wobei Jackies Freunde vielleicht »o je!« gedacht haben. Doch damit nicht genug. Über seine Vermählung mit Jackie
sagte die Callas mit eisigem Blick: »Offen gestanden, davon wußte
ich nichts. Und offen gestanden, glaube ich auch nicht, daß *er* etwas von der Vermählung wußte. Sie müssen – sie fragen!«

Es gab noch mehr familiäre Spannungen.

Als Jackie im Frühjahr 1972 in New York war, wurde sie von
ihren Cousins Phelan und Bouvier Beale angerufen, den Söhnen
ihrer Tante Edith, der Schwester von »Black Jack«. Tante Edie
hatte vor über einem halben Jahrhundert geheiratet und war irgendwann von ihrem Mann verlassen worden. Diese exzentrische, aber harmlose Dame, die einmal Karriere im Showgeschäft
hatte machen wollen, war mit drei Kindern sitzengelassen worden und vollständig auf die Unterstützung ihrer Familie angewiesen. Diese hatte sie in einem weitläufigen Haus mit achtundzwanzig Zimmern, Grey Gardens genannt, in der Nähe des Strandes
von East Hampton untergebracht. Doch das Vermögen der Bouviers war im Laufe der Jahre dahingeschmolzen, und damit auch
die Qualität von Tante Ediths Leben. Mit ihrer Vorliebe für thea-
tralische Gesten, ausgesuchte Höflichkeit und aristokratische
Umgangsformen wurde sie zu einer neurotischen, aber harmlo-
sen Einsiedlerin, die mit ihren Träumen von vergangener Eleganz
und zerbrochenen Hoffnungen lebte.

1952 war ihre vierunddreißigjährige Tochter Edith nach Grey
Gardens gekommen, um sich um ihre Mutter zu kümmern, doch
das war nicht der einzige Grund. Sie war trotz ihrer Schönheit
eine verträumte, etwas sprunghafte, unverheiratete Dame, die

ihre eigenen Ambitionen als Gesangs- und Tanzstar nie hatte verwirklichen können. 1972 war Grey Gardens ein baufälliges Haus ohne fließendes Wasser und funktionierende Toiletten. Schlimmer noch: Mutter und Tochter teilten die Zimmer mit über dreißig Katzen – von denen nicht mehr alle lebten – und einer Menagerie von Waschbären, Dachsen, Opossums und Ottern, die überall herumliefen und im ganzen Haus Urin und Kot hinterließen. Der Gestank trieb einen Passanten zum Handeln, und bald kam der Gesundheitsbeauftragte des County Suffolk an, um den Abriß von Grey Gardens anzuordnen. Als bekannt wurde, welch eine berühmte Verwandte die beiden Bewohnerinnen hatten, gab es bei den Journalisten kein Halten mehr.

Daraufhin benachrichtigten die Brüder Beale Jackie, die sofort aus East Hampton kam, um sich die entsetzlichen Zustände selbst anzuschauen. Sie fand eine Mutter und eine Tochter vor, die keinerlei Bedürfnis nach einer sichereren und saubereren Unterkunft hatten. »Mutter möchte in diesem Haus bleiben«,[8] sagte Edith die Jüngere in ihrem perfekten vornehmen Long-Island-Tonfall, der dem Jackies absolut ähnlich war. Doch Jackie war höflich, aber bestimmt. Sie und Lee finanzierten die Reparaturen am Haus, die die zwei exzentrischen Damen gerade noch zuließen. Auf die Frage, ob ihr die Verbesserungen gefielen, antwortete Edith Beale die Ältere erhaben: »Nein, ich finde sie abscheulich!«[9] Zu Beginn des Herbstes wurde das Haus offiziell für unbewohnbar erklärt, und Jackie hatte keine rechtlichen Möglichkeiten, dagegen vorzugehen. Dieser aufsehenerregende Fall hatte auch die Aufmerksamkeit der Dokumentarfilmer David Maysles und Albert Maysles geweckt, die in dreijähriger Arbeit den Film *Grey Gardens* fertigstellten, der ein eindringliches, fein beobachtetes Bild von den beiden unbekümmerten Ediths in ihrer pathetisch-absurden Welt zeigt.

Diese Angelegenheit war für Jackie unangenehm und peinlich. Doch die eigentliche Tragödie ereignete sich im Januar 1973, als Alexander Onassis in Athen ein Flugzeug bestieg, das einige Augenblicke später abstürzte. Am nächsten Tag schwebte er zwischen Leben und Tod, während Jackie und Ari einen prominen-

Donald Spoto

ten Neurochirurgen aus Boston kommen ließen. Dieser konnte nichts mehr für Alexander tun, der am 23. Januar im Alter von vierundzwanzig Jahren starb.

Wieder war Jackie zur Stelle; wieder zeigte sie sich der Situation gewachsen, indem sie Ari, Christina und Alexanders Tanten, Cousinen und Cousins tröstete. Nach dem Tod seines Sohnes, sagte Kiki Moutsatsos, »gab es für Onassis keinen Grund zum Weiterleben«.[10] Er war so niedergeschmettert, daß sein enger Freund und Berater Miltos Yiannacopoulos fürchtete, er würde einen völligen Zusammenbruch erleiden. Ari, der so oft den Eindruck vermittelte, niemanden zu brauchen, war durch einen Verlust tief getroffen, für den es keinen Ersatz gab.

In den vergangenen drei Jahren war er stolz darauf gewesen, daß er ein Gleichgewicht zwischen seiner Ehe, seiner Affäre und einem engeren Verhältnis zu seinem Sohn gefunden hatte, der darauf vorbereitet wurde, eines Tages das Onassis-Imperium zu führen. 1973 war die Affäre mit der Callas jedoch schwierig geworden; sie beruhte vor allem auf Gewohnheit und einer über die Jahre gewachsenen Anhänglichkeit. Sein Leben mit Jackie war in erster Linie eine Abmachung, die es beiden ermöglichte, eigene Wege zu gehen. Das einzige Feuer, das noch in der Seele von Aristoteles Onassis gebrannt hatte, war die Hoffnung gewesen, daß sein Imperium ihn überdauern würde, doch jetzt war ihm auch diese Hoffnung brutal genommen worden.

»Keine Frau, wie sehr er sie auch liebte, konnte die Leere ausfüllen, die durch Alexanders Tod entstanden war«,[11] sagte Moutsatsos. Ari verbrachte noch mehr Zeit mit der Callas, aber er kehrte niedergeschlagen und ungetröstet von seinen Besuchen bei ihr zurück. So enttäuscht Jackie von ihrer Ehe mit Ari auch war, es gab Probleme, die ihr Angst und Sorge bereiteten, und die betrafen nicht nur ihre Ehe, sondern auch Aris Gesundheit.

Wenn Ari mit Jackie zusammen war, attackierte er sie häufig. Es müsse ein Fluch auf ihr liegen, sagte er. Alles sei in seinem Leben schlecht gelaufen, seitdem er sie geheiratet habe. Seine Geschäfte gingen schlechter; er verlor seine Kinder – das eine war drogenabhängig, das andere war gestorben; seine Freunde verließen ihn, alles sei ihre Schuld, tobte er. Nachdem er die Hoffnung verloren hatte, daß sein Vermächtnis und sein Name eine Zukunft hätten, versank Ari in tiefer Verzweiflung. Sie sei Circe, rief er aus, die ihn ins Verderben lockte. Daß er ständig an den Tod dachte und diese seltsamen, atavistischen Ausbrüche hatte, erschreckte Jackie; sie war verstört und traurig.

»Ich erlebte die größten Auseinandersetzungen zwischen ihnen, die man sich vorstellen kann«,[12] erinnerte sich der Fotograf Peter Beard, der mit Jackie und Ari vier Monate auf Skorpios verbrachte. »Er ging ständig an die Decke – hatte Wutausbrüche wegen jeder Kleinigkeit und schrie sie oft an.« Beard beschrieb Jakkies Reaktion als »Geduld«. Als er sie fragte, warum sie Onassis überhaupt geheiratet hätte, antwortete sie offen: um ein Privatleben zu haben.

Ari änderte sein Testament und setzte das Jackie und ihren Kindern nach seinem Tod zustehende Erbe herab. Er hatte dank seines Einflusses erreicht, daß das griechische Gesetz geändert worden war, dem zufolge der Witwe eines Mannes automatisch ein Viertel seines Vermögens zufiel. Gerüchte, er hätte auch die Scheidung von Jackie beschlossen, lassen sich nicht bestätigen; im Gegenteil, enge Mitarbeiter wie Miltos Yiannacopoulos und Kiki Moutsatsos behaupteten, daß Ari »darüber nie gesprochen hat«.[13]

Da Jackie die Gegenwart ihres Mannes als immer bedrückender empfand, lud sie Pierre Salinger und seine Frau zu einer Kreuzfahrt nach Acapulco ein: Eine freundliche, ruhige Gesellschaft in einem warmen Klima könnte Ari vielleicht guttun. Doch während der Reise wurde er noch niedergeschlagener und zog sich noch mehr zurück.

»Ich war mit Jackie und Ari in dem Winter in Acapulco, in dem Alexander Onassis ums Leben kam«,[14] erinnerte sich Jackies Freundin Eleanor Lambert. »Als um Mitternacht das Feuerwerk begann, fing Ari an zu schluchzen. Jackie umarmte ihn und hielt ihn fest. Es war so rührend, weil er nicht nett zu ihr war. Aber sie hielt in dieser schrecklichen Zeit zu ihm, als er so furchtbar trauerte.« Er ging noch spät nachts allein an Deck hin und her, murmelte griechische Worte und trank Ouzo. Als sie nach Skorpios zurückgekehrt waren, saß er oft an Alexanders Grab, trank viel Alkohol und sprach mit seinem toten Sohn.

Die griechische Tragödie nahm weiter ihren Lauf. Aris Ex-Frau Athina, die sich von dem Marquis de Blandford hatte scheiden lassen und Onassis' Erzrivalen Stavros Niarchos geheiratet hatte, verlor nach dem Tod ihres Sohnes den Verstand. Sie ging umher und fragte Freunde und Fremde: »Wo ist mein Baby? Ich will mein Baby sehen!« Zu Aris und Christinas großem Entsetzen verlor sie immer mehr den Bezug zur Realität, und am 10. Oktober 1974 wurde sie tot in ihrer Pariser Wohnung gefunden. Athina, die zeit ihres Lebens märchenhaften Reichtum kennengelernt hatte, deren emotionale Bedürfnisse aber nie befriedigt worden waren, war erst fünfundvierzig Jahre alt. Jackie konnte Ari und Christina nur schwer davon überzeugen, daß sie für diesen frühen Tod nicht verantwortlich waren.

Mittlerweile hatte Jackie gelernt, sich selbst mit einfachen Dingen zu trösten: Sie verbrachte mit ihren Kindern möglichst viel Zeit in Amerika, gönnte sich Tage, die ihr ganz allein gehörten, und unternahm Kurzreisen mit Freunden wie Peter Beard, der die Veröffentlichung eines Buches über afrikanische Volkssagen vorbereitete. Der Weltenbummler Beard hatte in der Nähe von Tania Blixens Farm in Afrika gelebt. Für sein Buch hatte er ihre Fotos durch seine eigenen ergänzt; der Text stammte von Kamante Gatura, Blixens Koch. Jackie las das Manuskript, fand es gut und bot an, ein Nachwort zu schreiben – was für Beard und seinen Verleger natürlich eine wunderbare Nachricht war.

In Amerika suchte sie, wie so oft, Entspannung und Erholung auf dem Land in New Jersey. Im Herbst 1974 gab sie ihr dortiges Haus auf. In einem Augenblick, den Ari später als unsinnige Schwäche bezeichnete, kaufte er Jackie für 200 000 Dollar ein Anwesen in Bernardsville. Das zweistöckige Holzhaus war von vier Hektar saftig-grünem Jagdgelände umgeben. Außen ließ sie es gelb-weiß streichen, innen richtete sie es mit bequemen, chintzbezogenen Möbeln im Landhausstil ein.

In jenem Herbst stellten Jackie und Lee ihre Zeichnungen und Aufzeichnungen über ihre Europareise im Jahre 1951 zusammen. *One Special Summer* wurde 1974 veröffentlicht; Beards Buch *Longing for Darkness* erschien im darauffolgenden Jahr. Jackie hatte nie das Interesse an der Fotografie verloren, und durch ihre

Freundschaft mit Beard wurde es wieder aktiviert. Nachdem sie das gerade erst eingerichtete Internationale Zentrum für Fotografie in New York besichtigt hatte, war Jackie so beeindruckt, daß sie darüber einen Artikel schrieb. William Shawn, der Herausgeber des *New Yorker*, hatte von dem Museum und Jackies Interesse daran gehört und nahm ihren Artikel gerne an, der am 13. Januar 1975 ohne Nennung der Autorin in »Talk of the Town« (»Stadtgespräch«) erschien.

Eine Woche nachdem Jackies Artikel unter dem Titel »Being Present« (»Wir sind dabei«) erschienen war, wurde sie abermals aktiv, diesmal allerdings sichtbarer. Die Behörde für Denkmalschutz hatte gerade New Yorks Grand Central Station zu einem historischen Gebäude erklärt. Der Besitzer dieses großen Gebäudes, die Penn Central Railroad, wollte es jedoch unter Berufung auf finanzielle Schwierigkeiten durch einen fünfundfünfzigstöckigen Büroturm ersetzen und machte seinen Einfluß geltend, um den Denkmalstatus für verfassungswidrig erklären zu lassen.

Am 21. Januar gab ein Richter der Klage statt. Aber er hatte nicht mit dem Einfluß von Jacqueline Kennedy Onassis gerechnet. Sobald sie von dem geplanten Abriß hörte, telefonierte sie mit Kent Barwick, dem Leiter des Städtischen Kunstvereins; binnen weniger Tage beriefen sie eine Pressekonferenz ein und kündigten die Bildung des Komitees zur Rettung des Grand Central an. Drei Jahre lang beschäftigte der Fall die Gerichte, während das Komitee Geld sammelte und Unterstützer gewann. Die Sache ging Barwick zufolge letztlich vor allem deswegen gut aus, weil Jackie viel Zeit und Energie dafür aufgewendet hatte. »Sie verschaffte der Kampagne viel Aufmerksamkeit«,[15] erinnerte er sich Jahre später. »Dadurch, daß sie sich öffentlich für die Erhaltung des Bahnhofs einsetzte, machte sie sie zu einem Erfolg. Und durch sie wurden nicht nur New Yorker angesprochen, sondern Menschen im ganzen Land, die Fünf-Dollar-Scheine und zustimmende Briefe schickten.«

»Einem großen Unternehmen sollte es nicht erlaubt sein, ein Gebäude zu zerstören, das vielen Generationen viel bedeutet hat«,[16] sagte Jackie. »Wenn die Grand Central Station verschwindet, dann werden auch andere Baudenkmäler in diesem Land ver-

Donald Spoto

schwinden. Wenn das geschieht, werden wir in einer Welt aus Glas und Stahl leben. Wir haben viele schöne Gebäude aus der Vergangenheit, und daher geht es bei dieser Auseinandersetzung um grundsätzliche Fragen.«

Während dieser ganzen Zeit, so die Denkschrift des Städtischen Kunstvereins, »spielte Jacqueline Onassis eine herausragende Rolle, und zwar noch lange nachdem der Oberste Gerichtshof den Städten und Gemeinden das Recht zuerkannt hatte«,[17] bestimmte Gebäude unter Denkmalschutz zu stellen. Sie wurde auch in den Vorstand des Vereins gewählt. Dies war eine Rolle, die Jackie angemessen war, schätzte sie doch den Wert historischer Stätten weitaus mehr als die meisten Stadtplaner – und auch mehr, würden manche sagen, als die meisten New Yorker Politiker. »Wie ungelegen Zeit und Ort [für Treffen des Kunstvereins] auch sein mochten«, erinnerte sich ihr Kollege, der Schriftsteller Brendan Gill, »wenn sich ein Konflikt zusammenbraute, ging sie auf die Barrikaden und stellte sich den lästigen Fragen von Reportern und Fotografen, ganz zu schweigen von den gelegentlichen unwillkommenen Umarmungen eines plumpen, publicityhungrigen Politikers.«[18]

Dann ging alles schnell. Durch eine Grippe an seine Suite im Hotel Pierre gebunden, zeigte Ari bald alarmierende Symptome einer ernsthafteren Erkrankung – er sah gelegentlich doppelt, seine Augenlider hingen schlaff herab, er war immer sehr müde und redete ungewöhnlich schleppend. Nach einer Woche im New York Hospital erfuhr er von den Ärzten, daß er an einer schweren Myasthenie, einer fortschreitenden Muskelerschlaffung, litt. Zuerst sah es so aus, als seien die Symptome nicht sehr schwerwiegend und mit Kortisonspritzen in den Griff zu bekommen, so daß Ari nach Athen flog. Er hütete das Bett in Glyfada, einem Badeort in der Nähe von Athen, wo er ein Haus besaß.

Doch am 3. Februar wurde seine Herzfunktion durch einen weiteren Grippeanfall geschwächt; am nächsten Tag kam Jackie in Begleitung des Kardiologen Dr. Isidore Rosenfeld von New York nach Athen. Einige Stunden nach ihrer Ankunft erlitt Ari einen Zusammenbruch: man stellte eine Gallenkolik fest. Am

6. Februar begleiteten Christina, Aris Schwester Artemis und ein Ärzteteam Ari nach Paris, wo er sich jedoch nicht direkt ins Krankenhaus begab, sondern in seine Wohnung in der Avenue Foch. Drei Tage später verschlechterte sich sein Zustand, und im amerikanischen Krankenhaus wurde seine Gallenblase entfernt. Normalerweise hätte er sich davon problemlos erholt, aber die rasch fortschreitende Myasthenie schwächte sein Herz. Am 12. Februar wurde er an einen Sauerstoffapparat angeschlossen und bekam starke Antibiotika.

Eine Woche später schien es ihm besser zu gehen, und Jackie kehrte nach New York zurück. In den nächsten Wochen flog sie regelmäßig über den Ozean, wurde aber von Aris zwei anderen Schwestern Merope und Kalliroi, die sich mit Christina um seine Pflege stritten, keineswegs freundlich empfangen. Maria Callas, die darauf brannte, etwas über seinen Zustand zu erfahren, wurde aus allem herausgehalten, und Nachrichten von Ari wurden nicht an sie weitergeleitet. Jackie wurde nur geduldet.

Am 12. März 1975 sagten Aris Ärzte zu Jackie, da keine unmittelbare Lebensgefahr bestehe, könne sie für einige Tage nach New York fliegen, um ihre Kinder zu sehen; Caroline hatte an einer Fernsehdokumentation gearbeitet, die zum ersten Mal ausgestrahlt werden sollte. Doch am 15. März bekam Ari plötzlich eine schwere Lungenentzündung, der mit Medikamenten nicht beizukommen war. Am Abend starb Ari im Alter von neunundsechzig Jahren. Jackie flog sofort zur Totenmesse und zur Beisetzung und übermittelte der Presse einen kurzen Kommentar.

> Aristoteles Onassis stand mir bei, als große Schatten über meinem Leben lagen. Er bedeutete mir viel. Er brachte mich in eine Welt, in der ich Glück und Liebe fand. Wir hatten viele wunderbare Erlebnisse miteinander, die unvergeßlich sind und für die ich immer dankbar sein werde.

Die Welt interessierte sich jedoch mehr für die testamentarischen Bestimmungen in bezug auf das riesige Onassis-Vermögen als für diese Trauerbekundungen. Ari hinterließ ein geschätztes Vermögen von einer Milliarde Dollar. Jackie hatte auf seine Bitte hin eine Verzichtserklärung unterschrieben, so daß ihr jährlich nur 250 000 Dollar und ihren Kindern bis zu ihrem einundzwanzigsten Geburtstag ein Stipendium zustand. Christinas Rechtsanwälte rieten ihr jedoch dringend, ihrer Stiefmutter gegenüber großzügiger zu sein, denn Jackie war jetzt zweimal verwitwet und noch immer auf der ganzen Welt beliebt: eine Viertel Million jährlich von einer Milliarde war vergleichsweise wenig. Schließlich überließ Christina Jackie 26 Millionen Dollar, von denen nach Abzug der Steuern 19 Millionen übrigblieben.

Bald lernte Jackie einen wohlhabenden und einflußreichen New Yorker Diamantenhändler kennen, der häufig Freunde mit großen Vermögen beriet. Er hieß Maurice Tempelsman. In der Presse hieß es über diese neue Verbindung nur: »Freunde sagen, daß er sie nur finanziell berät.«[19]

Den Rest des Jahres 1975 verbrachte Jackie hauptsächlich mit ihren Kindern und Freunden in Amerika. Sie gründete zusammen mit David Rockefeller, Brooke Astor und anderen das Bürgerkomitee der Stadt New York, das Freiwillige anwarb, die sich auf Gebieten betätigen sollten, die von Haushaltskürzungen betroffen waren. Dies war kein vages und unverbindliches Projekt: Wie beim Städtischen Kunstverein nahm sie an den Treffen teil und reiste nach Albany und Washington, um sich für die Dinge einzusetzen, die die Stadt dringend brauchte. Sie gehörte auch dem Vorstand des American Ballet Theater an und half, einer Textilfabrik im Armenviertel von Brooklyn Aufträge zu verschaffen.

John Doar, dem Leiter des Bedford-Stuyvesant-Projekts zufolge war Jackie der Ansicht, die afrikanische Kultur könnte dem afro-amerikanischen Geschäftsleben Auftrieb geben. Sie gewann für das Projekt Unternehmer, die mit talentierten Stoffdesignern zusammenarbeiteten, und organisierte eine Ausstellung von deren Arbeiten im Metropolitan Museum of Art. Zum ersten und zum letzten Mal lud Jackie Fotografen in die Fifth Avenue 1040 ein, wo sie die Stoffe fotografieren konnten, die mittlerweile als Servietten und Tischdecken ihr Heim verschönerten.

In späteren Jahren setzte sie sich in ähnlicher Weise für die Interessen und Projekte von Minderheiten ein. Sie reiste beispielsweise im Rahmen eines Hilfsprogramms für Jugendliche aus dem Ghetto nach Los Angeles. Sie ging durch einige der heruntergekommensten Viertel, besuchte Familien und ein Gemeindezentrum und hörte sich die Beschwerden der unzufriedenen Jugendlichen an. Dies war nicht die gute Fee, die die Bergleute besuchte: Durch ihre Gegenwart, das wußte sie, wurde Geld für eine gute Sache aufgebracht. Und wenn sie Freunde zum Spenden aufforderte – für das Bündnis für Obdachlose in Los Angeles zum Beispiel oder für eine gute Sache wie das Equal Rights Amendment –, verwirklichte sie ihre Ideale durch praktisches Handeln sowie durch finanzielle Zuwendungen

Jackie joggte im Central Park, machte Yoga, las viel und speiste öfter mit Caroline und John zu Hause als mit der Schickeria in Restaurants. Doch einigen Freunden vertraute sie an, es sei ja schön und gut, die reiche Witwe Onassis zu sein, doch das reiche ihr nicht. Trotz ihres vielen Geldes war sie laut Halston, der einige ihrer Kleider entwarf, »in ihrem Kaufverhalten sehr konservativ, mehr als viele andere Frauen – sie gibt nicht viel Geld aus und kleidet sich einfach«.[20]

Im Juni und Juli verbrachte Jackie mehrere Wochen in Hyannisport, wo sie den griechischen Dichter Kafavis las, lange Spaziergänge am Strand machte und sich mit Rose Kennedy unterhielt. Sie könne sich nicht mehr an Jacks Stimme erinnern, sagte sie traurig zu Rose, und sie könne es nicht ertragen, Bilder von ihm zu sehen. Rose, die selbst viel gelitten hatte, war für sie ein großer Trost.

Am 29. Juli wurde Jackie sechsundvierzig – nicht unbedingt ein bedeutsamer Geburtstag, doch für sie ein Anlaß zu ernsthaften Überlegungen. Sie konnte sich nicht vorstellen, ihr Leben im luxuriösen Ruhestand zu verbringen und nur darauf zu warten, Großmutter zu werden. Was sollte sie tun? »Ich habe immer durch Männer gelebt«, sagte sie zu einer Freundin. »Jetzt weiß ich, daß ich das nicht mehr möchte.«[21] Diese Feststellung war ein wichtiger Schritt hin zu einer neuen Selbstwahrnehmung. Jackie war in einer Familie und einer Kultur aufgewachsen, die sie gelehrt hatten, daß ihr Leben nur durch die Verbindung mit mächti-

Donald Spoto

gen und einflußreichen Männern eine Bedeutung bekomme, mit Männern, die ihr materielle Sicherheit als ein Zeichen dafür boten, daß sie sie akzeptierten.

In jenem Herbst studierte Caroline in London, während der fast achtzehnjährige John bald aufs College gehen würde. Jackie konnte nicht für den Rest ihres Lebens Dinnerpartys planen, Blumen arrangieren und sich irgendwie beschäftigen. Sie fragte sich in Gegenwart verschiedener Freunde, wie ihre Zukunft aussehen sollte. »Eines Tages aßen wir zu Mittag«,[22] erinnerte sich Letitia Baldrige, »und sie schien irgendwie niedergeschlagen und traurig, denn sie hatte keine klare Vorstellung davon, was sie tun sollte. Ich sagte zu ihr, sie sei feinsinnig, gebildet und intelligent – sie solle das Beste aus ihren Fähigkeiten machen.« Die beiden alten Freundinnen sprachen über die Möglichkeit, für eine Stiftung zu arbeiten, »aber wir kamen zu dem Schluß, daß das nicht das Richtige für sie war«, fuhr Baldrige fort. »Ich arbeitete gerade an einem Buch für Viking Press, ich erzählte ihr davon und fragte sie, ›wie wäre es mit einer Arbeit in einem Verlag?‹.« Zufälligerweise war Tom Guinzburg, der Verlagsleiter, ein alter Bekannter von Jackie.

Bücher waren natürlich Jackies große Leidenschaft. »Sie war an dem Punkt angelangt, den viele Frauen erreichen«,[23] sagte Baldrige. »Sie mußte sich engagieren, an etwas arbeiten, und da schien das Verlagswesen die perfekte Lösung zu sein. Als wir darüber redeten, lebte sie auf.« Jackie traf sich mit Guinzburg, der ein Kommilitone ihres Stiefbruders gewesen war. Am 18. September kündigte Guinzburg an, daß Jacqueline Onassis in der folgenden Woche als Lektorin zu Viking Press kommen würde. Den Fragen von Reportern nach ihrem Gehalt wich er aus; es sollte 10 000 Dollar pro Jahr betragen. »Ich wollte immer eine Art Schriftstellerin oder Reporterin sein«, sagte Jackie. »Doch nach dem College tat ich andere Dinge.«[24]

Seit ihrer Zeit beim *Washington Times-Herald* hatte Jackie keine bezahlte Stelle mehr gehabt, doch nichts konnte für sie naheliegender sein, als im Verlagswesen zu arbeiten. Schließlich hatte sie seit ihrer Kindheit Gedichte und Geschichten geschrieben, hatte das sehr unterhaltsame Büchlein *One Special Summer* verfaßt und das Buch *Profiles in Courage* redigiert. Von ihr stammte auch *The White House: An Historic Guide*: Sie hatte den Inhalt ausgewählt, den Text redigiert, das Layout entworfen und sogar die Schriftart ausgesucht. Sie war auch eine glänzende Korrespondentin und hatte das Nachwort für Peter Beards Buch und einen Essay für den *New Yorker* geschrieben.

Jackie, so Guinzburg, »bringt viele gesellschaftliche, politische und internationale Kontakte mit«,[25] durch die sie einen unschätzbaren Wert für Viking haben würde. Das war sicherlich richtig, doch noch mehr zählten ihre hohe Intelligenz, ihr sicherer Geschmack, ihr eindrucksvolles literarisches Wissen, ihr feines Sprachgefühl und ihre außerordentlichen Kenntnisse auf dem Gebiet der Literatur, Geschichte und Kunst. Sie mußte nur in die praktischen Einzelheiten der Redaktionssitzungen und der Terminplanung eingeführt werden.

»Ich stelle mich darauf ein, daß ich mich erst einmal einarbeiten muß«,[26] sagte sie zu einem Autor von *Newsweek*. Sie wußte, sie mußte »an Redaktionskonferenzen teilnehmen, allgemeine Aufgaben übernehmen und vielleicht besondere Projekte betreuen. Ich stelle mich darauf ein, das zu tun, was mein Arbeitgeber von mir verlangt.« Auf die Frage, wie sie sich nennen würde, antwortete Jackie »Lehrling«.[27] Nein, sagte Guinzburg, das gehe nicht an. »Was ist denn die unterste Berufsbezeichnung im Verlagswesen?« fragte Jackie. »Lektoratsassistentin«, antwortete er. »Dann bin ich eben Lektoratsassistentin.«

Am Morgen des 22. September 1975 pfiff Jackies Pförtner in der Fifth Avenue 1040 nach einem Taxi. Sie trug ein graues Hemdblusenkleid und bat den Fahrer, sie in die Madison Avenue 625 zu fahren, wo Guinzburg sie den anderen Angestellten vorstellte und sie dann zu einem kleinen Büro begleitete. »Sie ging ins Verlagswesen, weil sie wußte, daß dies eine lehrreiche Erfahrung sein würde – sie würde jeden Augenblick etwas lernen –, und sie wurde eine hervorragende Lektorin«,[28] sagte Nancy Tuckerman.

Man kann es den Angestellten von Viking nicht verübeln, daß sie zuerst mißtrauisch und voller Zweifel waren, doch bald stellten sie fest, daß ihre neue Kollegin bemerkenswerte Fähigkeiten hatte.

Donald Spoto

»Bevor sie kam, war jeder bei Viking zu Recht skeptisch«,[29] erinnerte sich die Lektorin Barbara Burn. »Als sie ankam, waren wir alle angenehm überrascht, daß sie nicht nur eine Modepuppe mit einer merkwürdigen Stimme war.« Und Jackies Mitarbeiterin fügte hinzu: »Sie ist klug, witzig und sehr anregend.«[30] Jackie erwartete keine Sonderbehandlung. Sie holte sich ihren Kaffee selbst, wartete in der Schlange auf die Benutzung irgendwelcher Apparate, telefonierte selbst und ließ durch nichts erkennen, daß sie die berühmteste Frau der Welt war.

Es dauerte nicht lange, und sie akquirierte ihr erstes Buch für Viking, dessen Thema für Jackies Debüt als Lektorin nicht passender hätte sein können. Es war ein Buch zu einer Wanderausstellung über die sich wandelnde Rolle der Frauen im achtzehnten Jahrhundert – ihrer Meinung nach ein ideales Buch für die 1976 bevorstehende Zweihundertjahrfeier. In Anspielung auf Abigail Adams' Appell an ihren Ehemann John und die neugebildete Regierung erhielt das Buch den Titel *Remember the Ladies: Women in America, 1750-1815.* Die umsichtige Darstellung von Tagebüchern, Gebrauchsgegenständen, Porträts, Stichen und Kunstwerken vermittelten dem Leser ein Verständnis davon, was das Leben in der frühen amerikanischen Geschichte von den Menschen verlangt hatte, und half ihm, die oftmals geringgeschätzte Tapferkeit der Frauen jener Zeit zu würdigen.

Jackie war weder unrealistisch noch prüde. Als im Laufe der Recherchen entdeckt wurde, daß die Frauen vor Jahrhunderten eine bestimmte Rinde gekaut hatten, um einen Schwangerschaftsabbruch herbeizuführen, bestand Jackie darauf, diese Tatsache zu erwähnen; sie wollte nicht, daß es keine Kontroversen um das Buch gäbe, es sollte lebensnah sein. Und als sie auf Martha Washingtons Brief stieß, in dem Georgetown als »ein schmutziges Loch« beschrieben wurde, lachte sie und meinte, daran hätte sich nichts geändert.

Als das erste von ihr akquirierte Buch deutete *Remember the Ladies* auf die ästhetischen Vorlieben der Lektorin hin – für Geschichte, Kunst und die Traditionen des achtzehnten Jahrhunderts. Das im Jahre 1976 veröffentlichte Buch gab Jackie auch Gelegenheit, dezidiert für das Equal Rights Amendment einzutreten und zu zeigen, daß sie ganz auf der Seite derjenigen Frauen stand, die um Gleichberechtigung kämpften, in der Vergangenheit wie in der Gegenwart.

Somit begann das dritte Kapitel ihres Lebens.

Viele Prominente ziehen sich, wenn der Glanz ihres Lebens verblaßt ist, in ein luxuriöses, selbstauferlegtes Exil zurück – um später ihre Memoiren zu präsentieren oder aus ihrem Ruhm Kapital zu schlagen.

Jackie tat nichts dergleichen.

Von September 1975 bis zu ihrem Tod im Jahre 1994 – fast neunzehn Jahre lang, also nahezu ein Drittel ihres Lebens – war Jacqueline Kennedy Onassis eine arbeitende Frau. Nicht, weil sie hätte Geld verdienen müssen, sondern weil sie sich nach einem eigenen Leben sehnte. Sie wollte nicht die Witwe von zwei der wichtigsten Männer der Welt, sondern eine Frau sein, die selbst etwas leistete, die eine eigene Identität hatte. Die Tätigkeit einer Lektorin war die ideale Möglichkeit, sie selbst zu sein, denn ihre gesamte Geschichte sowie ihre Begabungen hatten sie gewissermaßen auf eine ernsthafte intellektuelle Arbeit vorbereitet – Ästhetik würdigen zu können, ausgezeichnete Leistungen zu fördern und selbst in kreativer und aktiver Weise an deren Verwirklichung teilzuhaben.

Dies bedeutete vor allem, daß der Teil ihres Lebens, der so etwas wie ein zielloser Weg gewesen war – die ständige Umtriebigkeit, das Reisen von einem Urlaubsort zum anderen, die Rastlosigkeit – für immer zu Ende war. Jackie war zwar reich, suchte ihre Sicherheit aber nicht mehr im Reichtum. Ihr Leben wurde in gewisser Weise einfacher, ihre Bedürfnisse weniger anspruchsvoll. Sie hätte in wesentlich größerem Stil leben können – livrierte Chauffeure, große Landsitze, eine weitaus prächtigere Wohnung in Manhattan und eine großartigere Selbstdarstellung. Doch darauf legte sie keinen Wert.

In einer der ersten Arbeitswochen stieg Jackie vor ihrer Haustür in ein Taxi. Nach einigen Augenblicken blickte der Fahrer in seinen Spiegel und erkannte sie. Er sagte erst etwas, als sie bei den Büros von Viking ankamen.

Donald Spoto

»Lady«, sagte er und drehte sich zu ihr um, um das Fahrgeld entgegenzunehmen, »Sie arbeiten – aber Sie müssen das doch nicht, nicht wahr?«[31]

Das sei richtig, antwortete sie mit ihrer leisen Stimme.

»Das ist toll!« antwortete er und winkte ihr zu.

1976 – 1979

$\mathcal{N}$eunzehnundertfünfundsiebzig schloß Caroline Kennedy die Concord Academy ab und beschloß, ein Jahr im Ausland zu studieren, bevor sie das Radcliffe College der Harvard University besuchen würde. Die fast Achtzehnjährige wollte etwas von der Welt sehen, und Jackie hatte nicht den Wunsch, sie weiterhin in einem Kokon völliger Sicherheit leben zu lassen, durch den ihr, wie Jackie wußte, wichtige Erfahrungen entgehen würden.

Zuerst dachten Mutter und Tochter an Paris, aber dann trafen sie einen jungen Mann aus England namens Mark Shand, der Kurse in Kunstgeschichte bei Sotheby's gemacht hatte und Kunsthändler werden wollte. Sie freundeten sich mit ihm an, und zusammen kamen sie zu dem Schluß, London sei der Ort, der einem intelligenten Mädchen wie Caroline am besten entsprechen würde. Nachdem sich Jackie mit britischen Freunden beraten hatte, wurde beschlossen, daß Caroline die gleichen Kurse bei Sotheby's machen sollte.

Zuerst wohnte sie in Holland Park in Westminster bei der Familie von Hugh Fraser, einem Parlamentsmitglied, der Töchter in Carolines Alter hatte; er war erst vor kurzem von seiner Frau, der Autorin Antonia Fraser, geschieden worden. Doch Jackie und Caroline wußten nicht, daß Fraser im Visier irischer Terroristen war, die ihre Drohungen im Oktober wahr machten. Eine Bombe detonierte vor dem Haus von Fraser, zerstörte sein Auto und tötete einen Nachbarn, der Caroline gerade zur U-Bahn-Station bringen wollte, wo sie jeden Morgen mit dem Zug zu Sotheby's fuhr. Damit war ihr Aufenthalt bei den Frasers beendet: Caroline wohnte ab jetzt im Haus der Radziwills.

Sotheby's »Works of Art«-Kurs, ein zehnmonatiger Unterricht in bildender Kunst und Kunsthandwerk, war ein anspruchsvolles

Programm, das einem Universitätscurriculum an Ernsthaftigkeit und Gründlichkeit in nichts nachstand. Es gab täglich Vorlesungen, Besuche in zahlreichen Londoner Museen und Galerien, Reisen zu englischen Landsitzen, Beobachtungen von Auktionen und Besichtigungen von Kunstschätzen. Als Jackie gefragt wurde, warum sie Caroline zu diesem Studium ermuntert hatte, gab sie eine Antwort, die aus einem Roman von Henry James hätte stammen können: »Sie wird einmal viel Geld haben, und wenn sie einen guten Geschmack hat, wird es nicht vergeudet werden.«[1]

Caroline wurde in jenem November achtzehn, und das Studium war nicht alles. Mark Shand trennte sich von seiner Freundin und begleitete Caroline regelmäßig zu Annabel's, einem Nachtclub in Mayfair, der gerade »in« war, ins Kino und zu Wochenendpartys auf dem Land. Shand war ein glänzender Begleiter, der über bedeutende soziale Kontakte verfügte. Er war beispielsweise mit Nicky Soames, dem Enkel von Winston Churchill, befreundet, verkehrte mit dem jungen und märchenhaft reichen Lord Hesketh, einem Kenner des Pferderennsports, sowie mit verschiedenen reichen Müßiggängern, deren Treffpunkte die schikken Clubs, Bars und Restaurants in und um London waren.

Zufälligerweise war Mark Shands Schwester Camilla mit Andrew Parker Bowles verheiratet, der früher einmal der Begleiter von Prinzessin Anne gewesen war. Somit hatte Caroline Kontakte, die für sie alles andere als ungünstig waren. Unterdessen wuchs ihr fünfzehnjähriger Bruder John, der näher bei seiner Mutter lebte, zu einem hübschen Jungen heran, der im zweiten Jahr die Collegiate School besuchte, deren Schwerpunkte Reiten und Skifahren waren.

Das Leben ihrer Mutter war ausgeglichen wie nie zuvor. Jackie verbrachte die meiste Zeit in ihrer Wohnung, wo sie sich ernsthaft ihrer Arbeit widmete; am Partyleben von Manhattan nahm sie praktisch nicht teil. Sie aß mit John früh zu Mittag, sorgte dafür, daß er seine Hausaufgaben machte, lud manchmal ein paar Freunde zum Essen in ihre Wohnung ein und las Bücher und Manuskripte, als hinge ihr Seelenheil davon ab. Sie ging selbst einkaufen, joggte im Central Park, machte Yoga, ging jede Woche zu ihrem Psychotherapeuten, fuhr mit dem Taxi und verbrachte die Wochenenden in ihrem Landhaus in New Jersey.

Wenn sie Einladungen zu sogenannten »events« annahm, handelte es sich um Rezitationen, Ballettaufführungen, Kunstausstellungen und Eröffnungen von Fotoausstellungen. Ab dem Frühjahr 1976 wurde sie häufig von ihrem Finanzberater Maurice Tempelsman begleitet. Als Stanislas Radziwill im Juni an einem Herzinfarkt starb, begleitete Maurice Jackie zur Beerdigung in London.

Es gab wohl keinen Mann in der New Yorker Gesellschaft, der so unauffällig lebte und so wenig in Erscheinung trat wie Maurice Tempelsman. Dieser Finanzmann, Diamantenhändler und Vertraute von Magnaten und Staatsoberhäuptern war intelligent, gebildet und scharfsinnig; obgleich reich, hatte er nicht annähernd das Vermögen eines Onassis. Der untersetzte Maurice, dessen Haare sich schon gelichtet hatten, schien eine weitere Vaterfigur in Jackies Leben zu sein, dabei war er einen Monat jünger als sie. Er verwaltete ihr Vermögen, schützte sie vor einer aufdringlichen Öffentlichkeit, ging freundlich mit Caroline und John um und teilte Jackies kulturelle Interessen. Er hatte nicht das geringste für die Glitzerwelt der Prominenz übrig und war der ideale Begleiter und Berater für Jackie. Er war verheiratet und Vater von drei erwachsenen Kindern.

Seine Herkunft hätte sich nicht stärker von Jackies unterscheiden können. Er wurde im August 1929 als Sohn jüdischer Eltern in Belgien geboren; nach dem Ausbruch des Zweiten Weltkrieges war die Familie nach Amerika geflohen. Sein Vater war Diamantenhändler, und Maurice arbeitete sich schnell in das Familiengeschäft ein.

Nachdem er Mitte der achtziger Jahre in Jackies Wohnung eingezogen war, war er ihr einziger Begleiter. Warum legalisierten sie ihre Verbindung nicht? Der Grund dafür waren wohl zum Teil die finanziellen Komplikationen, die sich für sie und ihre Kinder daraus ergeben hätten.

Doch es gab anscheinend auch andere Gründe. Beide waren Ende vierzig, beide hatten in und außerhalb der Ehe Enttäuschungen erlebt, und beide schätzten eine gewisse Selbständigkeit und gelegentliches Alleinsein. Jackie, über die wir mehr wissen, fand ihre Tätigkeit befriedigend und genoß die emotionale und psychologische Kraft, die sie aus ihrer Unabhängigkeit zog. Sie hatte erkannt, daß sie ihren Lebensinhalt nicht mehr durch Männer finden konnte. Durch Arbeit und Freundschaften überwand sie die Unsicherheit, die ihrem Leben immer angehaftet hatte, und dadurch wurde sie in einem Maße sie selbst, wie sie es noch nie gewesen war. »Sie brauchen die Ehe nicht«, sagte Rose Schreiber, die Cousine von Maurice, 1991, »weil sie in vielerlei Hinsicht schon verheiratet sind. Sie haben nicht das Stück Papier, aber sie sind innerlich miteinander verbunden.«[2]

Jackie und Maurice, die sich achtzehn Jahre lang nahestanden, waren mindestens zwölf Jahre lang ein enges Paar: Die Bindung zwischen ihnen war unantastbar, sie war erfolgreicher als viele Ehen, und sie dauerte länger als Jackies Ehen und Beziehungen. Obwohl sie immer häufiger zusammen gesehen wurden, schien die Presse, o Wunder, erst kurz vor ihrem Tod von ihrer Beziehung Notiz zu nehmen – und selbst dann war die Berichterstattung respektvoll bis ehrerbietig. Das lag vielleicht daran, daß die beiden nicht von einem glanzvollen Flair umgeben waren und daß Jackies Leben ruhig, ernsthaft und ganz ihrer Arbeit und ihren Kindern gewidmet war.

Ab und zu nahm Jackie an schulischen Ereignissen teil, aber nie, wie ihre Freunde sich erinnern, ohne Caroline oder John um Erlaubnis zu bitten. Bei diesen Gelegenheiten war sie eine strahlende, stolze Mutter, die mit anderen strahlenden, stolzen Eltern über die Streiche und Mißgeschicke der Kinder sprach. Bald überwanden die Menschen ihre anfängliche Ehrfurcht. Sie war einfach eine Mutter, genau wie sie selbst.

Jackies alte Freunde stellten an ihr eine tiefgreifende Veränderung fest. Nachdem sie mit einem Präsidenten und einem Mann von unermesslichem Reichtum verheiratet gewesen war und ihre Kinder jetzt schnell erwachsen wurden, hatte ihr Leben eine Tiefe und Ernsthaftigkeit bekommen, die sie sich wohl nie hatte vorstellen können.

Genau an diesem Punkt findet das sogenannte Rätsel um Jacqueline Bouvier Kennedy Onassis seine Auflösung – in ihrer Weiterentwicklung, in ihrer Bereitschaft, auch das Leiden anzunehmen, zu wachsen und sich zu verändern, in ihrer Weigerung, nur auf Ruhm oder sozialen Status zu setzen.

Entgegen der Auffassung einiger kluger Leute war es auf ihre Arbeit und ihre stille, aber konsequente Rückkehr zum Glauben ihrer Vorfahren zurückzuführen, daß Jackie ab den späten siebziger Jahren eine Einstellung entwickelte, die als ein katholisches Weltverständnis bezeichnet werden könnte. Dieses Verständnis hat nichts mit der Kirche zu tun und ist auch nicht im traditionellen Sinne »religiös«.

Dazu eine kurze Erläuterung.

Ein »katholisches Weltverständnis« bedeutet normalerweise eine bestimmte Einstellung zum Glauben beziehungsweise das Bekenntnis zu bestimmten, kulturell geprägten Glaubensdoktrinen. Die Ausdrucksformen des Glaubens sind wichtige Elemente in allen großen Weltreligionen, insbesondere im Katholizismus. Doch gerade, weil sie menschliche Ausdrucksformen transzendenter Wirklichkeiten sind, weisen sie über sich selbst hinaus. Worte und Gesten – so wie die Worte und Gesten, die menschliche Liebe mitteilen und darstellen – fangen nicht die ganze Realität ein: Sie sind Boten, die die Verbindung zu jener Wirklichkeit herstellen, die Gott selbst ist, welcher hinter den von den Menschen geschaffenen Worten und Formen steht und durch sie nur unvollkommen erfaßt wird.

Ein katholisches Weltverständnis ist weitaus mehr als ein Verharren in bestimmten Formen des Glaubens oder die akademische Beschäftigung mit Glaubensfragen. Es nimmt die Vorstellung ernst, daß Gott ein für allemal in die Sphäre des Menschen eingetreten ist: Die Christen nennen dies das Mysterium der Inkarnation. Damit einher geht die Annahme, daß Gott das, was Er erschaffen hat, liebt und über den Tod hinaus erlöst. Nach katholischer Auffassung kann alles Menschliche der Gnade teilhaftig werden, die das Schicksal der Menschheit begleitet und den Menschen hilft, Dunkelheit und Unsicherheit zu überwinden. Das katholische Weltverständnis nimmt mit den alten christlichen Tex-

Donald Spoto

ten an: Sein ist die Zeit und Sein sind alle Jahreszeiten. Im echten katholischen Glauben ist kein Raum für Weltverneinung oder Körperfeindlichkeit.

Jackie war keine Theologin und hatte praktisch keine religiöse Erziehung genossen. Doch im Laufe der Jahre entwickelte sie ein katholisches Weltverständnis – durch ihre Lektüre, ihre ästhetischen Vorlieben, ihre Verbundenheit mit allem Schönen, das es auf der Welt gibt. Vom Geist der französischen Ikonographie durchdrungen, mit Kunst und Dichtung, der lebendigen Anmut des Tanzes und der Vielfalt der westlichen Philosophie verbunden, entwickelte sie eine zutiefst religiöse Sensibilität, die über bloße Frömmigkeit hinausging. Darüber hinaus hatte Jackie ein grundlegendes Vertrauen – sie war überzeugt, daß es eine jenseitige Barmherzigkeit und eine letzte Bedeutung aller Dinge gebe.

In dieser Zeit stieß sie auf die Schriften der mittelalterlichen englischen Einsiedlerin Julian of Norwich, einer sehr weisen Frau mit tiefen mystischen Erkenntnissen. Julians Vertrauen in die göttliche Vorsehung war in einem berühmten Satz ausgedrückt: »Alles wird gut sein, und alles wird gut sein, und alle Dinge werden gut sein.« Der Glaube beruht auf einem solchen unerschütterlichen Vertrauen.

Als Jackie begann, mit einigen klugen und einfühlsamen Priestern der St. Thomas More Church in der East Eighty-ninth Street und mit Jesuiten von St. Ignatius Loyola in der Park Avenue zu sprechen, begriff sie, daß ihre grundsätzliche Lebenseinstellung dem Katholizismus entsprach und daß dieser bedeutete, alles Menschliche anzunehmen, anstatt es zu verleugnen oder abzulehnen. Dieser Auffassung zufolge »weht der Geist, wo er will«, um es biblisch auszudrücken; und die ewigen Dinge erschließen sich dem Menschen durch die Öffnung des eigenen Selbst im Wege der Kontemplation. »Wenn man die Menschen von ihren spirituellen und historischen Wurzeln abschneidet, stirbt etwas in ihnen«,[3] sagte sie bei einem ihrer seltenen öffentlichen Auftritte. In dieser Zeit befaßte sie sich mit dem Ursprung der westlich-christlichen Mystik.

Man braucht kein Geistlicher und noch weniger ein Philosoph oder Theologe zu sein, um diesen Geist in sich aufzunehmen, um sich von seiner Atmosphäre durchdringen zu lassen. Am Anfang steht die Liebe zu allem, was gut ist, was möglich ist, und die Tiefe dieser Liebe ist nicht von Buchwissen abhängig. Jackies katholische Weltsicht wollte nicht akzeptieren, daß das Universum dem Menschen letztlich unbegreifbar und daß der Mensch für immer seinen Grenzen unterworfen sei. Seit ihrer Kindheit war sie im wesentlichen eine kontemplative Persönlichkeit gewesen. Jetzt, als sie fast fünfzig war, kam dieser Teil von ihr zur vollen Entfaltung.

Daß diese Entwicklung mit einer immer intensiveren Beziehung zu einem Mann aus einer gläubigen jüdischen Familie einherging, sollte nicht überraschen. Je mehr Jackie sich mit ihrem katholischen Erbe vertraut machte, desto mehr wußte sie dessen jüdische Grundlage zu schätzen. Der tiefste Sinn ihrer Beziehung zu Maurice lag darin, daß sie beide immer mehr sie selbst wurden – mit anderen Worten, ihre Identität wurde nicht durch eine verquere, romantische Idee von Selbstverleugnung geschmälert.

Da sie ebensoviel Respekt vor der Privatsphäre anderer Menschen hatte, wie sie eifersüchtig über ihre eigene wachte, wurde über diese Dinge zu Jackies Lebzeiten nur wenig bekannt. Doch ihre religiösen Vorstellungen verdankte sie weitgehend Richard Cushing, diesem knorrigen, mitfühlenden Kardinal aus Boston. Er war ihr Freund und Seelsorger gewesen, und zwar nicht nur, als sie beschlossen hatte, Onassis zu heiraten, sondern auch schon früher, als sie Jack heiratete, als sie ihre erste Fehlgeburt hatte, als sie Arabella verlor, als Patrick starb und natürlich nach der Ermordung Jacks.

Cushing hatte Jackies Kummer in schwierigen Zeiten gelindert. Seiner geistlichen Fürsorge war es zu verdanken, daß sie aus einem Leben ausbrechen konnte, das erstarrt und eng geworden war. Seine Weisheit half ihr, die Freiheit zu erringen, die es ihr ermöglichte, das Leben zu erkunden, eine – im buchstäblichen und im übertragenen Sinne – griechische Odyssee zu machen. Wie Cushing wußte, war Jackie nie eine fromme Katholikin im traditionellen Verständnis. Ihre Berufung ging über eine Bindung an die Kirche hinaus. Im letzten Jahr ihres Lebens war sie mehr als

Donald Spoto

eine schöne und gebildete Dame: Sie wurde sie selbst, eine weise und tiefsinnige Frau.

Doch sie wurde keineswegs zu einer idealisierten Buntglasfenster-Heiligen. Jackie hatte ein durchaus irdisches Verhältnis zur Welt und zu ihrer eigenen Körperlichkeit. Nach dem Tod von Onassis und vor ihrer Beziehung mit Maurice hatte sie einige intime Beziehungen. Nach ihrem Tod schrieb der Journalist Pete Hamill, daß sie »eine Zeitlang zusammen waren«,[4] und nach dem Tod von John jr. erinnerte sich Hamill im *New Yorker* an die Besuche in Jackies Wohnung, wo er manche Nachmittage mit dem sechzehnjährigen Jungen verbracht hatte.

Es gab Ende der siebziger Jahre noch ein oder zwei weitere kurze Beziehungen, doch – entgegen den Gerüchten – keineswegs die Scharen von jungen Liebhabern, die einige skrupellose Klatschmäuler erfanden, die keinerlei überzeugende Beweise für ihre Sensationsmeldungen vorlegen konnten. »Ich verstehe einfach nicht«, sagte sie einmal, »warum die Sensationspresse so bemüht ist, mich zu kränken. Es gibt so viele andere wichtige Dinge.«[5]

Für sie hatten diese Beziehungen ihre eigene Wahrheit und waren vielleicht mehr als alles andere ein Versuch, das Leid und die Enttäuschungen zu heilen, die sie in der Vergangenheit erlebt hatte. Jackie war in einer Tradition aufgewachsen, für die die romantische Liebe etwas Ausschließliches war; in ihren beiden Ehen hatte es jedoch keine Treue gegeben. Die kurzen Affären, die sie in ihren späten Vierzigern hatte – als sie zum ersten Mal die Freiheit hatte, ihre eigenen Bedürfnisse wahrzunehmen – erlaubten ihr in gewisser Weise herauszufinden, was sie nicht wollte.

Kurz gesagt, Jackie war eine sehr lernfähige, aufnahmefähige und begeisterungsfähige Frau, die hart arbeiten konnte; sie war, mit anderen Worten, ein Mensch mit einer großen Seele. Sie hatte das Leben von allen Seiten kennengelernt – Größe, Schmerz, Einsamkeit, Enttäuschung und Isolation. Jetzt, da sie auf die Fünfzig zuging, vollzog sich bei ihr die größte Wandlung: Ihr Leben wurde nicht mehr von den Wolken der Angst und der damit verbundenen Abhängigkeit von Männern und Geld überschattet.

Anfang 1976 erkannte ein anderer Geistlicher, welch tiefe Erkenntnisse Jackie gewonnen hatte. Jackie hatte eine Aufsatzsammlung mit dem Titel *St. Patrick's Day With Mayor Daley and other things too good to miss (St. Patrick's Day mit Bürgermeister Daley und andere Dinge, die man nicht verpassen sollte)* von Eugene C. Kennedy gelesen, damals katholischer Priester und Psychologieprofessor an der Loyola University in Chicago; er war nicht mit den Kennedys aus Boston verwandt. Von der Qualität seiner Essays beeindruckt, rief Jackie ihn aus ihrem Büro bei Viking an und schlug ihm vor, eine umfassende Biographie über Daley zu schreiben – den sie natürlich von Jacks Wahlkämpfen her kannte. Daley, Chicagos Bürgermeister seit 1955, war einer der mächtigsten und umstrittensten Politiker Amerikas.

»Von Anfang an war sie eine ungewöhnlich gute Lektorin – die sich für alle Aspekte eines Buches interessierte«,[6] erinnerte sich Kennedy, der später das Priesteramt aufgab, aber ein geachteter Psychologe und Autor von Dutzenden von wichtigen Werken über verschiedene Themen blieb. »Sie hatte auch einen wunderbaren Sinn für Humor – sie machte keine Witze oder witzige Bemerkungen, aber sie konnte die ironische Seite des Lebens erkennen und genießen, und sie hatte etwas Spielerisches an sich.«

Die Biographie, die schließlich unter dem Titel *Himself! The Life and Times of Mayor Richard J. Daley* zustande kam, begann mit dem Flug Jackies nach Chicago, wo sie Kennedy treffen und Daleys Vertrauen und Bereitschaft zur Zusammenarbeit gewinnen wollte.[7]

Wo wollte Jackie zu Mittag essen? fragte Kennedy. Ein hübsches, ruhiges französisches Restaurant in einem feinen Stadtteil?

»Nein«, antwortete Jackie, »irgendeine olle Bude« – ein Hamburger tue es auch.

Wünschte sie besondere Vorkehrungen oder Schutzmaßnahmen, um nicht belästigt zu werden? Vielleicht Polizeibegleitung?

»O nein – ich möchte nichts dergleichen! Das beste ist, wir gehen einfach schnell!«

Der Bürgermeister war gar nicht darauf erpicht, Jackie zu treffen – nicht, weil er sie nicht mochte, sondern weil er, vielleicht aus gutem Grund, nicht wollte, daß sein Lebensweg genau untersucht würde. Jackie traf nicht mit Daley zusammen, da er in der Stadt angeblich ein wichtiges Problem zu lösen hatte. Jackie lachte über diese Entschuldigung und sah in ihr die alte irische Flunkerei, die sie so gut kannte. »Es ist schon merkwürdig«, sagte sie, »nach Jacks Wahl hätte Daley alles haben können. Aber er wollte nur eines: eine Nacht im Weißen Haus verbringen!«

Daley, der Jackie unbedingt aus dem Weg gehen wollte, hatte nicht mit ihrer Hartnäckigkeit gerechnet. Im Sommer beschloß sie, den Parteikongreß der Demokraten zu besuchen – einzig und allein, um Daley, wie sich Eugene Kennedy erinnerte, an einem Ort zu treffen, wo er ihr nicht ausweichen konnte. Kennedy – der für diese Gelegenheit das Priestergewand abgelegt und Oberhemd und Krawatte angelegt hatte – begleitete sie. »Es war faszinierend und amüsant«, erinnerte er sich. »Walter Cronkite und seine Kollegen konnten sich nicht vorstellen, wer ich war«, und so erregte Jackies neuer Freund Aufsehen, zumal ihn niemand kannte. Es konnte wohl niemand auf die Idee kommen, daß er im Zölibat lebte und daß ihre Freundschaft rein platonischer Natur war.

An dem Abend versuchte jeder, Jackies Aufmerksamkeit auf sich zu lenken, doch sie ignorierte die Reporter und Fotografen und ging zu George Wallace, dem schwerkranken Gouverneur von Alabama, der an einer doppelseitigen Lähmung litt und an den Rollstuhl gebunden war, seitdem auf ihn geschossen worden war. Sie hatte seine Ideologie zwar immer verabscheut, war durch sein Leiden aber angerührt.

Schließlich arrangierte Robert Strauss, der Vorsitzende der Demokratischen Partei, ein Treffen zwischen Daley und Jackie. »Daley verehrte sie«, sagte Kennedy, »und sie konfrontierte ihn ohne Umschweife mit der Idee des Buches. Seine typische Antwort lautete: ›Ich werde darüber nachdenken.‹« Jimmy Breslin erinnerte sich daran, daß noch jemand aus dem Konferenzsaal kam und erstaunt sagte: »Das ist ja ein Ding! Jackie Kennedy und Dick Daley! Ich dachte, es wäre eine Art Freundschaftsbesuch, doch sie versucht, ihn dazu zu bringen, ein Buch zu schreiben. Sie macht den Eindruck, als würde sie wirklich arbeiten!«[8]

Was sie ja auch tat – so daß das Buch schließlich erschien, obwohl Daley nicht aktiv daran mitgewirkt hatte. »Sie wußte, was alles zu beachten war, wenn man ein Buch machen wollte«, stellte Kennedy fest, »und sie sprach gerne darüber, daß sie Lektorin war.«

»Sie erweitert den Horizont«,[9] sagte Jackie über ihre neue Tätigkeit. »Jedes Buch führt einen auf einen anderen Weg. Ich hoffe, daß einige von ihnen die Menschen bewegen und einige etwas Gutes bewirken ... Zur Arbeit eines Lektors gehört, daß er jeden fragt – Freunde, Autoren, Agenten, Fachleute, jeden, der Zugang zu einer bestimmten Welt hat –, ob sie jemanden kennen, dessen Arbeit veröffentlicht werden sollte, oder ob sie meinen, daß ein bestimmtes Thema behandelt werden sollte.«

So gerne sie über ihre Arbeit redete, noch lieber tat sie diese Arbeit. Zwischen einem Schriftsteller und einem Lektor besteht eine empfindliche und oft auch schwierige Symbiose. Doch die über sechzig Autoren, die von Jackie bei der Veröffentlichung von fast hundert Büchern betreut wurden, bewunderten sie ausnahmslos und waren ihr für ihre guten Beiträge dankbar. »Tatsache ist, daß sie sehr intelligent und begabt war«, sagte Eugene Kennedy, der später die von Jackie lektorierten Romane *Queen Bee* und *Father's Day* schrieb. »Sie hatte begriffen, daß Schriftsteller – wie feines Porzellan, das auf eine Schiffsreise geschickt wird – vorsichtig angefaßt und gut gestützt werden müssen, damit sie die lange Reise von dem leeren Blatt Papier bis zum Erscheinungstag überstehen. Sie ermutigte die Menschen – wie ein Trainer, der aus einem Langstreckenläufer eine möglichst gute Leistung herausholt.«

Kennedy erinnerte sich beispielsweise daran, daß Jackie ihn nach stundenlanger Arbeit an dem Manuskript eines Romans, das er ihr geschickt hatte, anrief: »Keine Frau würde so auf einen Mann reagieren«, sagte sie über eine weibliche Figur, die sie für zu passiv hielt. »Eine wirkliche Frau würde ihm die Hölle heiß machen.« Auch später, bei den Autorinnen Elizabeth Crook und Dorothy West, traf Jackie den Nagel auf den Kopf: Sie warnte sie insbesondere vor Wiederholungen und Sentimentalitäten, die, wie sie zu Recht sagte, »ins Auge gehen« würden.

1976 und 1977 beschäftigte sie sich intensiv mit realen Frauen aus einer anderen Zeit. Nach dem Buch über amerikanische Frauen

Donald Spoto

des achtzehnten Jahrhunderts war es nicht überraschend, daß die Russinnen derselben Zeit ihre Aufmerksamkeit auf sich zogen. Nachdem sie Dutzende von Büchern zu diesem Thema gelesen hatte, gab Jackie in Zusammenarbeit mit Diana Vreeland, Beraterin in der Abteilung für Kostümgeschichte des Metropolitan Museum of Art, einen Bildband über die Mode der vorrevolutionären Ära mit dem Titel *In the Russian Style* heraus. Das Buch sollte anläßlich einer Ausstellung des Museums erscheinen, und die Bilder und der Text, der aus Auszügen aus damaligen Briefen und anderen Dokumenten bestand, stellten die märchenhaft anmutenden Kleider, Juwelen, Frisuren und Stile russischer königlicher Hoheiten, Aristokratinnen, Bürgerinnen und Bäuerinnen vor.

Doch Jackie gab sich nicht damit zufrieden, Bücher aus früheren Zeiten zu lesen. Im Juli 1976 reiste sie mit Thomas Hoving, dem Direktor des Museums, nach Moskau und Leningrad, wo sie mit dem Kulturminister zusammentrafen. Zu den schweren, unhandlichen Kleidern, die sie sich anschauten, bemerkte Jackie: »Man sieht sie sich gerne an, wie man sich gerne *Vom Winde verweht* ansieht. Aber möchte man nicht lieber Jeans tragen als einen Reifrock?«[10] *In the Russian Style* erschien im Januar 1977. Zu diesem Zeitpunkt arbeitete Jackie bereits an dem Buch *The Firebird and Other Russian Fairy Tales,* das für Erwachsene ebenso interessant war wie für Kinder und das von dem hervorragenden Künstler Boris Zworykin illustriert wurde.

Sosehr sie ihre Arbeit auch mochte, es ging auch ein erheblicher Druck von ihr aus, weil Jackie ihre Verantwortung Kollegen und Autoren gegenüber sehr ernst nahm. Um dem Streß entgegenzuwirken, machte sie Yoga-Übungen bei der angesehenen Lehrerin Tillie Weitzner. Bis zu ihrer tödlichen Krankheit war Jackie pünktlich für die Yoga-Sitzungen bereit, wenn Tillie in der Fifth Avenue 1040 erschien. »Sie war nicht nur freundlich und aufmerksam«, erinnerte sich ihre Lehrerin, »sondern sie betrieb Yoga auch ganz ernsthaft und widmete ihm jeden Tag eine Viertelstunde mit geradezu religiöser Hingabe.«[11]

Jackie, die sehr auf ihre Figur achtete, war in Auftreten und Erscheinung von bemerkenswerter Einfachheit. Sie trug wenig Make-up und kaum Schmuck; ihre Fingernägel waren nie modisch lang, weil sich das störend auf ihre Arbeit ausgewirkt hätte, und sie arbeitete gerne auf dem Fußboden oder auf der Yoga-Matte, mit einem alten Yoga-Anzug bekleidet. Wie viele Kollegen, Freunde und Bekannte, war Tillie zuerst über Jackies unprätentiöses Privatleben erstaunt. Sie waren selten jemandem begegnet, dessen reales Leben so sehr von der öffentlichen Wahrnehmung abwich, die in ihr fälschlicherweise eine Frau sah, die kalten Glanz und Unnahbarkeit ausstrahlte.

Ein regelmäßiger Gast in ihrer Wohnung war auch der Freund und Autor Eugene Kennedy. Im Juni 1977 unterhielten sie sich in ihrer Wohnung über Ideen für neue Bücher, und dabei kamen sie häufig auf John F. Kennedy zu sprechen. Da ihr Gast zu diesem Zeitpunkt noch Priester war, sprach sie sehr offen mit ihm. Er gewann von ihr den Eindruck einer Frau, die durch das Leben aufgeklärt worden war, eine realistische Vorstellung von den Menschen hatte und vor allem eine unvergängliche Liebe für ihren ersten Ehemann empfand.

Jahre später sagte Eugene Kennedy: »An jenem Tag war in dem Zimmer geradezu greifbar, daß sie eine tiefe Liebe für einen Mann empfand, der seit vierzehn Jahren tot war«, ein Mann, dessen Foto deutlich sichtbar in ihrer Bibliothek stand. Schon vorher hatte sie Bill Walton anvertraut, daß Jack die große Liebe ihres Lebens war; diejenigen, die sie in späteren Jahren gut kannten, hatten denselben Eindruck. »Zu den Dingen, die ich an meinem Mann geliebt habe«, sagte Jackie zu einem Mann am Telefon, dem sie nie begegnet war, »war die Art und Weise, wie er das Leben verschlang – wie jemand, der das Fleisch aus einer Hummerschere saugt. Die Bücher, die er las, das Essen, das er aß, die Boote, mit denen er segelte ...«

Wie immer lag Jackie in erster Linie die Zukunft ihrer Kinder und deren Achtung vor der Vergangenheit am Herzen. Als ihr Sohn einmal von der Schule kam und Eugene Kennedy gerade zu Besuch war, erzählte er beiläufig, daß im Geschichtstest eine Frage über seinen Vater gestellt worden war. »Wie seltsam das war«, erinnerte sich Kennedy, »daß dieser junge Mann die Erfahrung machte, etwas über seinen Vater als Präsident der Vereinigten Staaten zu lernen!« Als John das Zimmer verlassen hatte, sprach

Donald Spoto

Jackie über die Möglichkeit, daß ihr Sohn in die Politik ginge. »Sie wollte nicht, daß er diesen Weg überstürzt einschlug, er sollte erst eine solide Ausbildung auf einem anderen Gebiet haben, bevor – oder falls er…«, so Kennedy.

Jackie war sehr offen und ehrlich: Es sei ihr eine große Freude, das Andenken an John F. Kennedy für ihre Kinder lebendig zu halten und sie vor der gnadenlosen Publicity zu schützen. In den entscheidenden Jahren gab sie ihnen jede Gelegenheit, sich als eigenständige Menschen zu definieren und sich von der konturlosen Masse der Kennedy-Cousins abzuheben.

Seit John zwölf Jahre alt war, schickte sie ihn beispielsweise zu Freizeitprojekten, die mehr als bloßer Ferienspaß waren. Er nahm an einem Abenteuerkurs in Maine teil und machte mit der National Outdoor Leadership School einen Kurs in Kenia. Mit fünfzehn gingen er und sein Cousin Timothy Shriver zusammen mit einem Team nach Guatemala, um Erdbebenopfern zu helfen. Bevor er aufs College ging, verbrachte er zwei Monate mit dem Friedenskorps in Südafrika. Dank Jackies Bemühungen war John, wie sich Harris Wofford erinnerte, »ernsthaft, idealistisch, offen«[12] und bemerkenswert »eifrig und unprätentiös«. Niemand, der an diesen Projekten teilnahm – und niemand in der Schule – konnte sich daran erinnern, daß er Vorrechte oder eine Sonderbehandlung beansprucht hätte: Er machte keinen Hehl aus seiner Abneigung gegen den Geheimdienstschutz, der für ihn glücklicherweise mit seinem sechzehnten Lebensjahr beendet war.

Daß in dieser Zeit ein Teil von Jackies Familiengeschichte zu Ende ging, könnte als ein zusätzliches Freiwerden für ein neues Leben gedeutet werden. Im November 1976 starb ihr Stiefvater Onkel Hughdie im Alter von neunundsiebzig Jahren, nachdem es ihm jahrelang gesundheitlich schlechtgegangen war. Er hatte den größten Teil seines Vermögens durch Fehlinvestitionen verloren, und Merrywood war verkauft worden. Bald danach war Janet gezwungen, die Hammersmith Farm an zehn Geschäftsleute zu verkaufen, die dafür 875 000 Dollar bezahlten und sie zu einem Museum umgestalteten. Nach dem Verkauf von Merrywood zog Janet in ein Haus in Georgetown.

Jackie sorgte dafür, daß es ihrer Mutter an nichts fehlte, und legte für sie eine Million Dollar in einem Treuhandfonds an. Jakkie und Janet waren in den vergangenen Jahren höflich miteinander umgegangen, ohne ein enges Verhältnis zueinander zu haben. Als ein Freund einmal seine Bewunderung für Jackie zum Ausdruck gebracht hatte – dafür, daß sie sich immer ihre Zuversicht bewahrt hatte –, hatte Janet kühl geantwortet: »Ich wüßte nicht, warum man immer derselbe bleiben sollte – es muß stets Raum für Verbesserung geben.«[13] Dies war ein guter Beleg für Janets Ton und Einstellung, die insofern besonders auffallend war, als Jackie wieder eine Arbeit aufgenommen hatte: Merkwürdigerweise schien Janet weder fähig noch willens zu sein, die große Veränderung ihrer Tochter zur Kenntnis zu nehmen.

Dann erfuhr Jackie, daß ihre Tante Edie, die an einer Lungenentzündung erkrankt war, ins Southampton Hospital gebracht worden war, wo sie in einem engen, dumpfen Krankenzimmer lag. Sogleich besorgte Jackie ihr ein besseres Zimmer und beste Pflege, für die sie finanziell aufkam. Zufrieden und skurril bis zu Ende – und manchmal auch unerträglich mürrisch – starb Edie bald im Alter von einundachtzig Jahren. Obwohl Jackie und Lee einige Jahre zuvor Grey Gardens hatten wiederherrichten lassen, war das Haus mittlerweile erneut in einem baufälligen Zustand. Während der Totenmesse erklang Edies fröhliche, mädchenhafte Stimme von alten Aufnahmen, die sie Jahrzehnte zuvor gemacht hatte: Die Stücke von Romberg, Berlin und Gershwin, mit denen sie in Jackies Kindheit Kinder und Erwachsene bei Geburtstagsfeiern unterhalten hatte, erklangen jetzt in der Kirche. Kurze Zeit nach der Beerdigung zog Klein-Edith – jetzt neunundfünfzig Jahre alt – nach Kanada und später in das warme Florida, wo sie gelegentlich dazu gebracht werden konnte, irgendwelchen Besuchern zu erzählen, ja, sie sei es, die Jack Kennedy eigentlich hätte heiraten wollen.

Als sich Jackie bei Viking gut eingearbeitet hatte, kam es zu einem irreparablen Bruch mit ihrem Freund und Kollegen Tom Guinzburg. Die Krise brach im Oktober 1977 aus, doch sie hatte eine Vorgeschichte.

Nancy Tuckerman arbeitete mittlerweile in einem anderen Verlag, nämlich bei Doubleday. Eines Tages aßen sie und Jackie mit Lisa Drew, einer Lektorin von Doubleday, zu Mittag. Einige Monate zuvor hatte ein britischer Literaturagent Drew das Manuskript eines Romans von Jeffrey Archer zukommen lassen, der in der Zukunft spielte und den Titel *Shall We Tell the President?* trug; die tragende Idee des Romans war ein Mordversuch an Präsident Edward M. Kennedy. Da Drew den Roman für geschmacklos und literarisch wertlos hielt, hatte sie ihn rundweg abgelehnt. Doch im Sommer erfuhr sie, daß Viking die Rechte an dem Roman gekauft hatte.

»Wie steht es mit diesem Buch von Jeffrey Archer, das Viking gekauft hat?« fragte sie Jackie bei dem Essen mit Tuckerman, wobei sie selbstverständlich voraussetzte, daß Jackie von der Akquisition wußte.

»Wer ist Jeffrey Archer«, fragte Jackie. »Ich weiß darüber nichts! Worum geht es?«

»Es ist ein Politthriller, und Ted Kennedy kommt darin vor. Ich dachte, man hätte es Ihnen gegenüber erwähnt.«

»Nein, ich habe keine Ahnung.«

Lisa Drew ließ die Sache auf sich beruhen, doch Jackie ging gleich nach dem Mittagessen in Tom Guinzburgs Büro und fragte ihn nach den Einzelheiten.

»Zerbrich dir darüber nicht den Kopf«, sagte ihr Chef zu ihr. »Du wirst damit nichts zu tun haben.«

Und damit war die Sache erledigt – bis der Roman erschien und John Leonard in der *New York Times* eine erste Buchbesprechung brachte. Er schloß seine Kritik mit einer negativen Beurteilung ab: »Es gibt ein Wort für dieses Buch. Das Wort heißt Schund. Jeder, der mit dieser Veröffentlichung etwas zu tun hat, sollte sich schämen.«[14] Was das bedeutete, war klar: Da Jackie bei Viking arbeitete, mußte sie das Buch zumindest stillschweigend unterstützt haben. In einer weiteren Erklärung nahm Leonard kein Blatt vor den Mund: »Sie hätte sich gegen die Veröffentlichung des Buches wehren können«, sagte er der *Times*. »Sie hätte sein Erscheinen verhindern können, wenn sie gewollt hätte.«

Das stimmte so natürlich nicht. Jackie war nicht gefragt worden, als Viking das Buch gekauft hatte. Über den Inhalt wußte sie nur das, was sie beim Essen von Lisa Drew gehört hatte. Guinzburg hatte nicht mit ihr gesprochen, und sie hatte kein Vetorecht gegen die Veröffentlichung von Büchern, die von anderen Lektoren betreut wurden.

Als Jackie gegen diese falsche Darstellung protestierte, redete sich Guinzburg heraus und ging so weit, der *New York Times* zu sagen, sie sei »aufgeschlossen und verständnisvoll gewesen ... als wir über dieses Buch sprachen und bevor der Vertrag unterschrieben wurde«. Auch dies stimmte nicht, denn Jackie war von der bevorstehenden Veröffentlichung lediglich unterrichtet worden und war Guinzburgs Rat gefolgt, es nicht zu lesen; später sagte er zur *Times* jedoch etwas anderes, und Leonards Äußerung erweckte ebenfalls den Eindruck, Jackie hätte das Projekt gebilligt. Die verletzte und erbitterte Jackie sagte: »Da behauptete Guinzburg auf der ersten Seite der *New York Times,* ich hätte genau gewußt, was in diesem Buch passiert, dabei war ich völlig ahnungslos!«

»Als ich im letzten Frühjahr von diesem Buch hörte«,[15] sagte sie in einer Erklärung für die Presse, »versuchte ich, mein Leben als eine Angestellte von Viking von dem einer Verwandten der Kennedys zu trennen. Als aber in diesem Herbst behauptet wurde, ich hätte etwas mit der Akquisition dieses Buches zu tun und seine Veröffentlichung würde mir nichts ausmachen, hatte ich das Gefühl, kündigen zu müssen.«

Und genau das tat sie, verletzt über den Verrat eines alten Freundes und deprimiert über einen Aspekt des Verlagsgeschäftes, den sie so noch nicht gekannt hatte. Viele meinten, Viking hätte den Roman nicht veröffentlichen sollen; der Verlag, der ein Übermaß an Unsensibilität und schlechtem Geschmack gezeigt habe, hätte nicht riskieren sollen, eine geschätzte Kollegin zu verletzen, deren Leben durch die Ermordung von Kennedy-Brüdern zweimal in seinen Grundfesten erschüttert worden war.

Ende 1977 war Jackie wieder ohne Arbeit – aber nicht lange. Sie lud Lisa Drew in ihre Wohnung ein, und sie sprachen über Doubleday. Als Jackie fragte, ob sie dort arbeiten könne, versicherte ihr Drew, eine Stelle in diesem Verlag sei sicher und befriedigend

Donald Spoto

– schließlich sei dort auch Nancy Tuckerman tätig, und der Verlagsleiter John Sargent war eine Zeitlang Jackies Begleiter gewesen. Nach ruhigen und sachlichen Verhandlungen nahm Jackie die Stelle als Lektorin für 15 000 Dollar im Jahr an. Im Februar 1978 bezog sie ihr Büro bei Doubleday in der Park Avenue 245, einige Blocks nördlich der Grand Central Station.

Sofort machte sie sich auf die Suche nach interessanten neuen Projekten. Nachdem sie George Hamilton in einer Fernsehtalkshow gesehen hatte, äußerte sie Interesse an seiner Autobiographie. Doch der Vorschlag, den ihr Hamiltons Ghostwriter unterbreitete, stellte ihn als eine Gestalt von historischer Bedeutung dar, zu deren Geschichte die Weltkultur und die großen Männer unserer Zeit gehörten. Jackie gab dazu stirnrunzelnd eines ihrer treffenden Bonmots ab: Er sei nun einmal George Hamilton und nicht Alexander der Große. Ebenso vernichtend war ihre Reaktion, als sie einen Presseartikel über ein Buch von Dolly Parton las; dieses Buch war laut Parton eine Mischung aus »ein bißchen Wahrheit, ein bißchen Humor und ein bißchen Schmuddelkram, damit es sich gut verkauft«. Jackie dazu: »Das klingt nach einem weiteren kulturellen Wendepunkt.«

Ihre eigenen kulturellen Wendepunkte waren Lesen und zielgerichtetes Reisen. Hatte sie früher an allen möglichen Orten Zerstreuung gesucht, waren ihre Reisen jetzt zumeist mit ihrer Arbeit verbunden. Im Mai fuhr sie zum ersten Mal nach Israel, um an der Einweihung des Diaspora-Museums in Tel Aviv teilzunehmen. In Begleitung von Karl Katz, der die treibende Kraft hinter dem Museumsprojekt gewesen war, besuchte Jackie Kibbuze, traf sich mit Studenten und besuchte biblische Stätten im Heiligen Land. Laut Katz kannte Jackie die Bibel so gut, daß sie nicht über den Zusammenhang von Ort und Ereignis belehrt werden mußte. Zum Abschluß der Reise pflanzte sie einen Baum im John F. Kennedy Memorial Forest.

Im Sommer 1978 kaufte Jackie für 1,15 Millionen Dollar ein 151 Hektar umfassendes Anwesen an der südöstlichen Spitze von Martha's Vineyard, um ein Sommerdomizil am Meer zu haben. Drei Jahre später beendete der Architekt Hugh Newell Jacobson die Arbeiten an dem Haus, die noch einmal 3,1 Millionen Dollar gekostet hatten; es gab ein Haupthaus mit einer Wohnfläche von mehr als 278 Quadratmetern und ein kleines Gästehaus. Dies war für den Rest ihres Lebens ein Refugium für sie und ihre Familie, hierher lud sie alte Freunde, neue Mitarbeiter, zwei oder drei ihrer Autoren sowie einen Präsidenten und eine First Lady ein.

Im Oktober begleiteten ihre Kinder sie zur Einweihung der John F. Kennedy School of Government in Harvard. Genau ein Jahr später waren sie abermals ein attraktives Trio bei der Eröffnung der John F. Kennedy-Bibliothek am Columbia Point in Boston. Mit ihrem scharfen Verstand charakterisierte Jackie die Einstellung einiger Anwesender: »Ich glaube, sie wollten wirklich, daß Caroline in einem Kleinmädchenkleid herumhüpft.«[16]

Zur Feier von Carolines einundzwanzigstem und Johns achtzehntem Geburtstag im November 1978 holte sie Caroline und John nach Manhattan (Caroline war im Radcliffe College in der Unterstufe, John bereitete sich in der Phillips Academy auf den Abschluß im kommenden Juni vor). Im Le Club in der East Fifty-fifth Street fand mit 125 Gästen eine moderne Disco-Party statt.

Ihren fünfzigsten Geburtstag feierte Jackie im Juli 1979 sehr ruhig; sie segelte im Sund von Nantucket und verfolgte die Arbeiten an ihrem Haus in Gay Head. Während die Handwerker die Schindeln aus Zedernholz festnagelten und die Fußböden aus Silbereiche installierten, überreichte ein Familienmitglied ihr eine Kopie von einem Gedicht, das sie an ihrem zehnten Geburtstag geschrieben hatte und das ihre lebenslange Liebe zum Meer ausdrückte:

When I go down by sandy shore,	Gehe ich am Strand
I can think of nothing I want more	Durch den schönen feinen Sand
Than to live by the booming blue sea	Wünsch ich mir nichts mehr, Als zu wohnen am brausenden Meer,
As the seagulls flutter round about me.[17]	Wo die Möwen flattern um mich her.

So wie Jackie Lady Bird Johnson von der glücklichen Zeit im Weißen Haus erzählt hatte, so konnte sie sich jetzt dankbar an die

Donald Spoto

Zeit erinnern, die sie auf Long Island am Meer verbracht hatte, und innerlich das annehmen, was sie dort erlebt hatte.

»Nach unserer Heirat verbrachten wir die ersten vier Sommer in Hyannisport«,[18] sagte sie und gab zu, daß sie zunächst dagegen gewesen war – »ich dachte, es sei zu nah an den Kennedys, ich wollte Abstand zu ihnen.« Und dann veränderte sich ihre Stimme: »Manchmal glaube ich, daß die Zeit heilt, obwohl man manches vergißt. Ich kann mich nicht mehr genau an Jacks Stimme erinnern, und es fällt mir immer noch schwer, Bilder von ihm anzuschauen.« Sie ließ ihre Blicke über den Sund schweifen: »Aber ich bin ich froh, wieder hier zu sein.«

Als der Dichter Stephen Spender sie fragte, auf welche Leistung sie besonders stolz sei, gab sie, wie es ihre Art war, eine erfrischende Antwort: »Meine größte Leistung ist, daß ich mich nach all dem Schweren, das ich durchgemacht habe, für einen relativ gesunden und normalen Menschen halte.«[19] Sie war natürlich viel mehr als das. Zeit und Erfahrung hatten mittlerweile alles beseitigt, was sich fünfzehn Jahre zuvor zur Selbsterhöhung hätte steigern können. Alles, was ihr jetzt blieb – und was ihr alles bedeutete –, waren ihre Arbeit, ihre Familie, die Kunst und die allmählich intensiver werdende Beziehung zu Maurice Tempelsman. Alle, die sie kannten, waren der Ansicht, daß Jackie F. Scott Fitzgerald überzeugend widerlegte: Ihr Leben hatte nicht nur einen zweiten Akt durchlaufen, sondern befand sich jetzt mitten im dritten. Durch ruhige Beharrlichkeit und ständige Reflexion erlangte sie eine tiefe innere Ruhe und Gelassenheit. Sie lebte nicht mehr durch einen Mann, sondern durch eine fortwährende Weiterentwicklung ihrer eigenen Persönlichkeit.

Unterdessen war ihre Mutter bereits wieder auf der Suche nach einem reichen Ehemann. Im August 1979 hatte die einundsiebzigjährige Janet ihn zum dritten Mal gefunden. Die alte französische Maxime *plus ça change, plus c'est la même chose* bewahrheitete sich wieder einmal, als Janet Norton Lee Bouvier Auchincloss einen Investmentbanker im Ruhestand namens Bingham Morris heiratete. Das Paar zog sich nach Southampton auf Long Island zurück, da die Hammersmith Farm verkauft worden war und in eine Touristenattraktion umgewandelt wurde.

Als das Jahr 1979 seinem Ende zuging, besuchte Jackie zum letzten Mal Newport. Sie ging durch die Zimmer, in denen sie ihre Jugendjahre verbracht hatte, und erzählte Caroline ohne Sentimentalität von ihrem Leben dort und ihrem gesellschaftlichen Debüt vor zweiunddreißig Jahren. Während die Rockmusik aus den Radios der Handwerker durch das Haus schallte, schien das, was damals zur guten Gesellschaft gehört hatte – die bodenlangen Krinoline-Petticoats, die langen weißen Handschuhe, die Tanztees und die Partys mit Anstandspersonen – fern und unwirklich; diese Welt existierte nur noch in der Erinnerung.

1980 – 1992

*M*ir gefällt an der Verlagsarbeit, daß man nicht den Lektor hervorhebt – man wirbt für das Buch und den Autor«,[1] sagte Jakkie. Dies war keine Attitüde, sondern ihre Art, mit Schriftstellern und Kollegen umzugehen. Zu Beginn der achtziger Jahre sorgte Jackie für die Veröffentlichung einiger der interessantesten Bücher des Jahrzehnts, und da sie neue Talente bekannt machte, waren auch ihre eigenen Fähigkeiten weithin anerkannt.

»Als ich Jackie 1980 zum ersten Mal traf, hatte sie ein kleines, schmuckloses Büro«,[2] erinnerte sich Marianne Velmans, die für Doubleday Buchrechte in einem Londoner Büro verkaufte. Ihr Eindruck von Jackie wurde in den sechzehn Jahren von Jackies Tätigkeit im Verlag von vielen Menschen geteilt:

> Ich fand sie überraschend umgänglich, freundlich, entspannt und völlig professionell. Sie war nicht förmlich und hatte keine Allüren – im Gegenteil, sie war ganz natürlich in allem, was sie sagte oder tat, selbst wenn sie im Fahrstuhl schnell ihre Sonnenbrille und ihr Kopftuch anlegte, um nicht belästigt zu werden. Ich fand es allerdings seltsam, daß viele Menschen so taten, als gäbe es diesen wichtigen dritten Teil ihres Lebens nicht. Man sprach und schrieb gewöhnlich über sie, als sei sie noch die Person aus der Vergangenheit. Aber sie lebte sehr in der Gegenwart.

Dies ist eine wichtige Feststellung, denn der Teil ihres Lebens, in dem das zum Tragen kam, was für Jackie am meisten zählte – das Bemühen um hervorragende Leistungen als Weg zum Glück für sie selbst und für andere –, war zugleich der längste. Sie war zehn Jahre lang John Kennedys Ehefrau und weniger als drei Jahre die First Lady gewesen. Dann folgten fünf rastlose Jahre, in denen sie

Witwe, und weitere fünf Jahre, in denen sie die Ehefrau von Aristoteles Onassis war. Und dann war sie neunzehn Jahre lang Lektorin – fast ein Drittel ihres Lebens.

Während viele andere, die so berühmt, privilegiert und angesehen waren wie sie, ihre Memoiren schrieben und sich in den Vordergrund spielten, machte Jackie sich an die Arbeit: »Ich möchte mein Leben leben und nicht darüber berichten«,[3] sagte sie mehr als einmal. »Warum mit einem gelben Schreibblock drinnen sitzen und seine Memoiren schreiben, wenn man draußen sein kann?«[4] Aber wollte sie denn nicht die Irrtümer korrigieren, dem Klatsch entgegentreten – sich mit eigener Stimme zu Wort melden? Jackie wollte davon nichts wissen: »Man wird immer mit Schmutz werfen. Das hat mit meiner wirklichen Person nichts zu tun. Ich möchte das Leben genießen und nicht darüber schreiben. Ich verbringe meine Zeit lieber auf Martha's Vineyard, wo ich die Frische des Ozeans spüre.«

1980 und 1981 brachten Presse und Fernsehen täglich Berichte über mörderische Attentate, die Jackie an ihre schwerste Zeit erinnerten. John Lennon wurde erschossen; bald darauf wurden Präsident Reagan und Papst Johannes Paul II. schwer verwundet. Präsident Sadat von Ägypten wurde von Terroristen ermordet. In Amerika machten fast täglich Verschwörungstheoretiker Schlagzeilen, die John Kennedys Ermordung auf ein Komplott zurückführten. Sie erreichten die Exhumierung der Leiche von Lee Harvey Oswald, ohne dadurch ihre Theorien beweisen zu können.

Unterdessen war Jackie nicht nur ein Gewinn für das Verlagswesen, sondern auch für das Leben und die Karriere von vielen Autoren. »Mich interessieren vor allem Bücher, die aus dem Rahmen fallen«, sagte sie später, »Bücher über andere Kulturen, alte Geschichte. Ich interessiere mich für die Kunst allgemein, besonders aber für den kreativen Prozeß. Ich finde es faszinierend, wenn Künstler über ihr Handwerk sprechen. Für mich ist ein schönes Buch eines, das mich auf eine Reise zu etwas mitnimmt, das ich vorher nicht kannte.«

In ihre Arbeit flossen auch ihre persönlichen ethisch-moralischen Überzeugungen ein: So ermunterte sie den ehemaligen

Kongreßabgeordneten Carl Elliot zu dem Buch *The Cost of Courage* und Jack Bass zu *Taming the Storm*, beides wichtige Bücher über Bürgerrechte, mit besonderer Betonung der Problematik des Südens. »Dies sind Themen, mit denen sich die Menschen beschäftigen sollten«,[5] sagte sie, als sie den Vertretern von Doubleday die Bücher vorstellte.

Ihre Liebe zum Ballett veranlaßte sie, das Buch *Blood Memory*, die Memoiren der großen Martha Graham, herauszugeben sowie die Autobiographie von Gelsey Kirkland, einer begabten, jungen Ballerina, die drogenabhängig wurde, doch dann zur Bühne zurückkehrte. *Dancing on My Grave* wurde ein Bestseller, und Kirkland sagte, Jackie »half mir, mein Leben wieder in den Griff zu bekommen und meine Karriere fortzusetzen. Das war nicht gerade ein kleines Geschenk, und sie machte es im Laufe der Jahre immer wieder.«[6]

Daß Jackie in ihrer Tätigkeit eine Berufung und nicht nur einen Job sah, hing direkt mit dem zusammen, was einer ihrer Autoren, nämlich Olivier Bernier, die »kenntnisreiche Sympathie«[7] ihrer kritischen Arbeit nannte. Sie bearbeitete fünf Bücher von ihm über die soziale und politische Geschichte Frankreichs. Laut Bernier hatte sie »die seltene Fähigkeit, einem Autor das Gefühl zu geben, daß das, was er tat, wichtig war. Bücher bedeuteten ihr sehr viel – nicht nur ihr Inhalt, sondern auch ihre äußere Form. Die Welt ist voll von wichtigtuerischen Menschen, aber niemand hätte sich mehr zurücknehmen können als Jackie, wenn sie mit ihrem Autor arbeitete… sie half bei der Verbesserung eines Buches, ohne sich selbst aufzudrängen.«

Ruth Prawer Jhabvala, deren Roman *Poet and Dancer* sie lektorierte, fand Jackie »äußerst empathisch… Ich hatte das Gefühl, mich auf ihre Stärke stützen zu können, die von ihrer eigenen Verletzbarkeit herrührte: Ihr war klar, wie man sich fühlt, weil sie spürte und genau wußte, wann und in welcher Form man ihre Unterstützung brauchte.«[8]

Der Architekt und Schriftsteller William La Riche, mit dem Jackie in den letzten acht Jahren ihres Lebens befreundet war, lernte ebenfalls ihre innere Größe und Offenheit kennen. Obwohl sie nie zusammen ein Buch machten, wurde Jackie seine

»große literarische Ermutigung«.[9] Anfang 1987 entdeckten La Riche und Jackie bei einem Essen im Restaurant Raphael, daß sie beide von Griechenland und griechischer Lyrik begeistert waren. Sie kannte C. P. Kavafis Gedicht »Ithaka« auswendig – und da sie von der lyrischen Grundstimmung dieses Gedichts sehr angetan war, verstand sie La Riche gut, als er sagte: »Der Weg ist das Ziel.« Er fügte hinzu:

Als vertraute Freundin war Jackie immer bestrebt, mit den Menschen auf einer möglichst tiefen Ebene in Kontakt zu treten, sie war mitfühlender und einfühlsamer als sonst irgend jemand, den ich kannte. Sie war tatsächlich die tiefsinnigste Freundin, die ich je hatte – eine Frau mit der erstaunlichen Fähigkeit, eine tiefere und wertvollere Einsicht in das Leben von Menschen zu gewinnen, als man sich vorstellen konnte. Ich fragte sie einmal, wieso sie in den schmerzvollsten Augenblicken ihres Lebens die Kraft hatte weiterzuleben, und sie antwortete: »Ich bin nie auf den Gedanken gekommen, es nicht zu tun.

La Riche meinte, die besondere Qualität ihres Zuhörens habe darin bestanden, »dem Gesprächsfluß in kaum merklicher Weise eine Richtung zu geben. Ihr Zuhören – ihr Schweigen – waren sehr intensiv.«

Er machte auch die Erfahrung, daß sie durchaus Sinn für Abenteuer hatte.

Wir fuhren in ihrem alten BMW Baujahr 1971 von Manhattan nach Princeton. Die Fenster funktionierten nicht richtig, aber sie hatte einen starken Motor einbauen lassen, denn sie fuhr gerne schnell. Wir waren auf dem Weg zu Nina Berberowa, einer russischen Schriftstellerin von fast neunzig Jahren, die nach der Revolution aus Sankt Petersburg geflohen war und deren Arbeit Jacqueline gelesen und bewundert hatte. Als wir durch den Lincoln-Tunnel fuhren, drängte Jackie mich, über eine doppelte Linie zu fahren, um einen Lastwagen zu überholen – ›putz ihn weg, William‹, feuerte sie mich an.

Donald Spoto

Jack Valenti, der Jackie seit 1963 kannte und Sonderberater von Präsident Johnson war, schrieb für Jackie seinen ersten Roman: »Sie hatte die Gabe, unsichere Autoren zu ermuntern«,[10] sagte er und fügte hinzu, sie sei zu keiner »unschönen oder unfeinen Geste« fähig gewesen. Zugleich äußerte sie ihre literarische Kritik offen und direkt – durch ihre gezielten und treffenden Korrekturen, die sie für einen Text vorschlug, so die Schriftstellerin Elizabeth Crook.

»Sie wußte, wo Dramatik angebracht war und wo nicht«,[11] erinnerte sich Crook. Jackie schrieb häufig »kürzen« und »streichen« auf das Manuskript. »Kürzen Sie die Stelle mit dem schreienden Baby ... zu übertrieben. Könnten Sie wohl ... streichen? An der Beziehung zwischen Kate und William ist vieles zu überladen. Sie sollten ihre Angst, ihre affektierten Dialoge, ihre Unschlüssigkeit usw. weniger ausführlich beschreiben. Baby Samuel ist so überzeichnet, daß man von Babys genug bekommen könnte ... Dies ist ziemlich abgedroschen – könnten Sie das ändern? Übertreiben Sie nicht bei dem Hund. Zuviel Aufhebens um seinen Stummelschwanz.«

Sachbücher behandelte sie mit der gleichen Sorgfalt. Francis Mason, der mit Jackie an einem Buch über George Balanchine arbeitete, lieferte ein schwer lesbares, 650 000 Worte umfassendes Manuskript ab, das die Erinnerungen von 115 Menschen schilderte, die mit dem Choreographen arbeiteten. »Dies ist eine neue Form der Biographie«,[12] sagte Jackie trocken, »aber Sie müssen sich auf die Erinnerungen beschränken, die ein Bild von Balanchine vermitteln. Kürzen Sie die autobiographischen Erinnerungen und konzentrieren Sie sich auf das, was jeder über Balanchine als Mensch und als Künstler sagt. Dann werden die Leser wirklich etwas über Balanchine und das Ballett erfahren.« Als sie Masons Zögern bemerkte, sagte sie: »Schieben Sie alles auf mich. Ich bin die Lektorin.«

Auch ein Lob wurde von ihr ausführlich begründet. »Ich kann Ihnen gar nicht sagen, wie beeindruckt ich von Ihrer Leistung bin«, schrieb sie an einen jungen Schriftsteller. »Sie haben aus einem ausufernden, überladenen ersten Entwurf einen sehr bewegenden Roman gemacht.« Der Komponist und Dirigent André

Previn, dessen Memoiren Jackie herausgab *(No Minor Chords: My Days in Hollywood)* sagte, er könne sich niemanden vorstellen, »für den es nicht ein Gewinn war, mit ihr zusammenzuarbeiten«.[13]

Jackie war nie auf konventionelle Formen fixiert; sie wußte durchaus, wann ein unorthodoxer Stil angebracht sein konnte – beispielsweise als sie Larry Gonicks *Cartoon History of the Universe* herausbrachte. »Das ist sehr genau recherchiert und eine wesentlich bessere Darstellung der Entwicklung der Zivilisation als ernsthaftere Bücher, die ich gelesen habe.«[14] Zum Erstaunen mancher Kollegen brachte sie auch zusammen mit Jann Wenner, dem Herausgeber von *Rolling Stone*, eine Auswahl der besten Beiträge der Zeitschrift aus fünfundzwanzig Jahren heraus.

In den sechzehn Jahren ihrer Tätigkeit bei Doubleday erschienen dreiundsiebzig von Jackie ausgewählte und lektorierte Bücher. Die Zahl wäre noch höher gewesen, aber wie es jedem Lektor passiert, wurden einige ihrer Ideen abgelehnt. Wenn sie nach einer solchen Ablehnung immer noch an ein Buch glaubte, zögerte sie nicht, für das Projekt einen anderen Verleger zu finden; in solchen Fällen wurde sie zur Agentin eines engagierten Schriftstellers.

In jenen Jahren wurde sie von ihren Kollegen bei Doubleday bewundert, respektiert und sehr gemocht.

»Dies war keine reiche Dame, die sich in den Vordergrund spielte – das tat sie nie. Sie hatte weder die Allüren einer Primadonna, noch machte ihr etwas Spaß, das sie nicht ernst nahm«,[15] sagte Stephen Rubin, der Verlagsleiter. Der Schlüssel zu einem guten Arbeitsverhältnis bestand darin, »sie ganz normal zu behandeln – dann lief von Anfang an alles bestens. Behandelte man sie jedoch als die legendäre Mrs. Kennedy oder Mrs. Onassis, bekam man Probleme.«

Weder bei der Arbeit noch anderswo lenkte Jackie die Aufmerksamkeit auf ihre eigene Geschichte. Selten erwähnte sie ihre Jahre als First Lady oder ihre Ehe mit Onassis. Einmal sollten sie und Rubin eine wichtige Frau treffen: »Ich hoffe, du stellst die schwierigen Fragen«, sagte Jackie nervös, »denn ich habe schreck-

Donald Spoto

liche Angst!« Ein anderes Mal sprach sie nach einer Redaktions-
sitzung einen anderen Lektor wegen eines Buches an, das gerade
geprüft wurde. Der Lektor war von ihrem Kommentar beeindruckt und fragte sie, warum sie dies auf der Sitzung nicht erwähnt hätte. »Oh«, antwortete Jackie mit ihrer weichen Stimme,
»Jack sagte mir immer, ich sollte dem ersten Gedanken, der mir in
den Kopf kommt, mißtrauen.«

Marly Russoff, die stellvertretende Verlagsleiterin, erinnerte
sich auch daran, daß Jackie selten über sich selbst sprach: »Sie war
immer an anderen Menschen interessiert. Sie begegnete Autoren
mit Neugierde und Interesse und hatte ihnen gegenüber eine auf-
bauende, konstruktive Einstellung. Sie sah sich selbst nicht als einen Menschen mit einer Vision, sondern als jemanden, der Erfahrungen machte, andere bewunderte, Freude empfand.«[16]

Intelligent und unprätentiös wie sie war, war sie Langweilern
gegenüber ungeduldig. »Sie durchschaute Menschen sofort«,[17]
sagte James Fitzgerald, ein langjähriger Lektor bei Doubleday,
der damit einen weitverbreiteten Eindruck zusammenfaßte.
»Und wenn sie Dinge sagten, die Jackie ihrer Meinung nach von
ihnen hören wollte, war sie schnell verärgert.«

Manchmal offenbarte sie etwas von ihrem eigenen Innenleben,
wenn sie andere beschrieb. Dem Anwalt, Literaturkritiker und
Schriftsteller Louis Auchincloss, der mit der Familie ihres Stiefvaters verwandt war, hatte sie sich 1952 anvertraut, als sie mit
John Husted verlobt gewesen war. Auchincloss brachte ihr das
faszinierende, um die Jahrhundertwende geschriebene Tagebuch
von Adele Sloane, der Großmutter seiner Frau, das Jackie lektorierte und das unter dem Titel *Maverick in Mauve* erschien. Auf
dem Empfang anläßlich des Erscheinens des Buches sprach Jackie
von der Faszination, die Sloane für sie hatte.

Was mich so angerührt hat, war der Geist dieser Frau, die Würde,
mit der sie ihr Leben gelebt hat, und ihr Charakter. Man denkt an
die »mauve decade« (damit sind in den USA die siebziger Jahre
des neunzehnten Jahrhunderts gemeint, d. Übers.) und an all den
Luxus, die Privatzüge, die Juwelen, die Hochzeiten, und dann
wird einem klar, daß sie auch schreckliche Dinge durchmachen

mußte, daß ihr Leben so ideal erschien und daß dann Tragisches passierte; sie verlor zum Beispiel ihr Kind. Letztlich war ihr Leben doch nicht so vollkommen. Sie hatte es sehr schwer, doch irgendwie schaffte sie es aufgrund ihrer inneren Einstellung und ihres Charakters. Vor allem, wenn sie so bewegend über den Tod ihres Kindes schreibt, erkennt man, wie schwer ihr Leben sein konnte.

Sie hätte ebensogut über Jacqueline Kennedy Onassis sprechen können.

Das tat sie ein weiteres Mal, als Carl Sferrazza Anthony sein Buch *First Ladies* vorbereitete. Auf seine Feststellungen und Fragen antwortete sie mit handgeschriebenen Bemerkungen.

»Wenn es einen Bereich gab, in dem Jacqueline während der Jahre im Weißen Haus großen Einfluß hatte, dann war es die Mode«,[18] hatte Anthony geschrieben – dem Jackie hinzufügte »zu meinem großen Verdruß«.

Anthony zitierte auch Jackies Äußerung: »Wenn man bei der Erziehung seiner Kinder versagt, zählt das, was man sonst noch tut, meiner Ansicht nach nicht viel.« Und sie fügte die rhetorische Frage hinzu: »Warum soll das nicht auch ein Beispiel sein?«

James Fitzgerald erinnerte sich an seine letzte Begegnung mit Jackie an der Ecke der Fifth Avenue. »Wir redeten stolz über unsere Kinder und standen da wie zwei Dummköpfe, die übers ganze Gesicht strahlten. Wir öffneten unsere Brieftaschen und durchwühlten die Fotos, die natürlich aufs Pflaster fielen und davongeweht wurden. Wir rannten ihnen nach, um sie aufzuheben, stießen dabei mit unseren Köpfen zusammen, lachten laut und redeten ununterbrochen über unsere wunderbaren Kinder. Wenn sie über sie sprach, strahlte sie eine ungewöhnliche Wärme aus. Das ist die typische Jackie, die Jackie, an die ich mich immer erinnern werde.«

Über die Pflichten einer First Lady hatte Jackie einmal gesagt: »Sie hat eine offizielle Rolle, die sie mit Anmut spielen und akzeptieren muß.« Und als sie dann etwas Bezeichnendes über sich selbst sagte, sprach sie in der dritten Person: »Sie zweifelte nicht daran, daß sie dazu in der Lage war. Jacqueline Bouvier war in der puritanischen Ethik völliger Pflichterfüllung erzogen worden und hatte Vertrauen in ihre gesellschaftlichen, organisatorischen und geistigen Fähigkeiten.« Dies traf in den letzten zehn Jahren ihres Lebens mehr zu als je zuvor, und das wußte sie. »Vielleicht erkennen die Menschen jetzt, daß unter dem Pillbox-Hut etwas steckte.«

Sie wußte auch, wann sie ihren Ruhm einsetzen konnte – nicht nur bei Baudenkmälern und wichtigen Anliegen, sondern auch bei schlechtem Wetter. Die irische Schriftstellerin Edna O'Brian, deren Arbeiten Jackie bewunderte und die sie mehrmals in die Fifth Avenue 1040 einlud, wollte mit ihr an einem regnerischen Nachmittag ins Kino gehen, doch die Karten waren ausverkauft, so daß Jackie sie zum Tee einlud. Da kein Taxi in Sicht war, ging Jackie auf eine Limousine zu, in der ein Fahrer auf die Rückkehr von jemandem wartete, der einkaufen gegangen war. »Entschuldigen Sie bitte«,[19] sagte sie zu dem verdutzten Fahrer, »könnten Sie, wenn Sie einige Augenblicke Zeit haben, zwei durchnäßte Damen nach Hause bringen?« Der Mann verweigerte ihnen diesen Gefallen natürlich nicht.

Im Verlag war sie keine Akquisiteurin, die den Assistenten die redaktionelle Arbeit überließ – seit den achtziger Jahren eine zunehmende Tendenz im Verlagswesen. »Sie redigierte die Texte selbst«, fügte Rubin hinzu. »Sie wirkte an der gesamten Produktion mit, bis hin zur Umschlaggestaltung und Auswahl des Schrifttyps – wegen ihres sicheren Geschmacks sahen ihre Bücher immer toll aus –, und sie stand uns allen immer zur Verfügung. Wenn wir sie zu Hause oder in den Ferien erreichen mußten, konnten wir das.« Als Verleger wollte Rubin natürlich tüchtige Lektoren und kooperative Kollegen: »Sie gehörte zweifellos zu den besten. Sie war tüchtig – und sehr witzig. Ich erinnere mich daran, wie sie mir ihren Sohn vorstellte: ›John, das ist der Mann, der mir das Geld gibt, von dem ich Bücher kaufe.‹ Sie wollte, daß er sie als eine berufstätige Mutter sah.«

Außerdem war Jackie laut Rubin »so gewitzt, schlau und einfallsreich wie jeder ausgezeichnete Lektor, wenn es darum ging, ein Buch an Land zu ziehen und das Geld für einen Autor zu bekommen, das sie haben wollte. Sie wählte nie bewußt Bücher, die Bestseller werden könnten – sie kaufte nur Bücher, die sie interessierten. Doch daß sie so viele Bestseller landete, lag an ihren breitgestreuten Interessen. Sie dachte sehr ökonomisch, und obwohl sie Empfänge anläßlich des Erscheinens eines Buches nicht mochte, kam sie als erste und ging als letzte – das war auch eine Art, den Autor und das Buch zu ehren.«

Selbstredend ging nicht jedes Projekt reibungslos über die Bühne: Die vielleicht frustrierendste Erfahrung in ihrer Laufbahn war der Versuch, ein zur Veröffentlichung geeignetes Manuskript von dem Pop-Sänger Michael Jackson zu bekommen. Sie war bereit, das Buch zu redigieren, und fuhr mehrmals zu Jacksons Haus in Kalifornien. Jackson hatte allerdings nicht die Absicht, irgend etwas über sich und sein Leben zu sagen, was über einige allgemeine Bemerkungen über seine Musik und seine Auftritte hinausging. Laut J. C. Suarès, der für die künstlerische Gestaltung des Buches verantwortlich war, fand Jackie vor allem Jacksons geradezu obsessive Verschwiegenheit – besonders in bezug auf seine sexuelle Orientierung – faszinierend; »daß der Star sich so bedeckt hielt, machte sie noch neugieriger.«[20]

Als im Frühjahr 1985 der erste Entwurf des Manuskripts auf Jackies Schreibtisch landete, sah sie sofort, daß es nichts weiter als eine längere Presseerklärung und somit für eine Veröffentlichung ungeeignet war. Ruhig, aber bestimmt sagte sie zu Jackson, er müsse mit Hilfe seines Schreibers Robert Hilburn offener über seine Kindheit und sein Leben sprechen. Doch da kam nichts. Das Buch wurde immer wieder umgearbeitet und der Erscheinungstermin zweimal verschoben, so daß es endlich drei Jahre später auf den Markt kam. Nach einem gewissen Anfangserfolg bei Jacksons Anhängern ging der Verkauf des inhaltsleeren Buches *Moonwalk* stark zurück, um dann, ohne daß die Lektorin ihm nachtrauerte, in der Versenkung zu verschwinden.

»Sie hatte nie Berührungsängste in bezug auf Exzentriker«, erinnerte sich ihr Kollege Fitzgerald. Bevor er zu einem anderen Verlag ging, stellte er sie dem Fotografen William Eggleston vor, dessen Buch *The Democratic Forest* Jackie mit Begeisterung redi-

Donald Spoto

gierte. »Ich ging in ihr Büro, um zu sehen, wie sie und Eggleston miteinander zurechtkamen«, erinnerte sich Fitzgerald, »und da stand er auf Jackies Schreibtisch und zeigte ihr einige preußische Militärschritte! Sie nahm das ganz gelassen. Sie war wohl der Meinung, daß schließlich jeder ein wenig exzentrisch ist.«

Jackie war auch sehr angetan von Jonathan Cotts *The Search for Omm Sety,* ein Buch über die Erfahrungen einer englischen Dame namens Dorothy Eady, die behauptete, die Reinkarnation einer alten Isis-Priesterin im zwanzigsten Jahrhundert zu sein. »Sie begeisterte sich für alte Geschichte«, fügte Fitzgerald hinzu, »und dieses Buch war genau das Richtige für sie.« Zu Cott sagte Jackie: »Wir müssen begreifen, was es für Dorothy Eady bedeutete, Sinn und Zweck ihres Lebens zu begreifen. Sie versteckte sich hinter Schrulligkeit!«

Besonders erfreut war sie natürlich, wenn sie Gelegenheit hatte, ein Buch über ihr geliebtes Frankreich herauszubringen. Sie beauftragte Deborah Turbeville, einen Bildband über Versailles zu erstellen, der den Titel *Unseen Versailles* haben sollte, und Louis Auchincloss sollte den Text dazu schreiben. Großes Vergnügen bereitete ihr auch das Buch *False Dawn* von Auchincloss, eine Sammlung von biographischen Essays über historische Frauengestalten.

Auchincloss, zu dem Zeitpunkt einer der angesehensten Schriftsteller des Landes, der Dutzende von belletristischen und literaturkritischen Werken verfaßt hatte, war mit allen Aspekten der Lektoratsarbeit vertraut. Doch trotz seiner beträchtlichen Erfahrung war er nicht auf den langen Kommentar gefaßt, den Jakkie ihm schickte – Anmerkungen zu seiner Arbeit, die, wie er später sagte, deutlich machten, warum sie »als Lektorin der Traum eines Schriftstellers«[21] war. Er fragte sich, »wo würde man heute, in einer Welt von Megaverlagen, noch so jemanden finden«? Hier einige Auszüge aus ihren Anmerkungen:

»Größte Verlegenheit hat mir das Redigieren Ihres hervorragenden Textes bereitet. Ich hoffe und erwarte, daß Sie heftig protestieren und daß ich viel von Ihnen lernen werde…

Das Buch ist stellenweise zu konzentriert, mehr für ein englisches als für ein amerikanisches Publikum geeignet. Könnten

Sie die Stellen, die sehr gedrängte Informationen enthalten, vielleicht etwas auflockern? Könnten wir wohl einige hübsche und einige garstige Geschichten zu lesen bekommen?

Würde es eine Verzerrung des Essays bedeuten, wenn hier und da eine Anekdote eingestreut, eine Person oder ein Ort näher beschrieben wird? Ich habe immer gedacht, Henriette d'Angleterre sei eine der bezauberndsten Frauen gewesen, die ihren Fuß auf diesen Planeten gesetzt haben. Können wir etwas mehr über sie erfahren?... Ich würde gerne wissen, wie Anna von Österreich aussah. Möchten Sie nicht ihre schreckliche Ehe mit Ludwig XIII. und die Empfängnis von Ludwig XIV. beschreiben?... Die Leser lieben Anekdoten und erinnern sich daran...

Ich hätte gerne, daß jedes Kapitel ein Roman ist, damit ich mehr über diese Menschen erfahre und sie mir in ihrer Umgebung vorstellen kann, was in einem Essay natürlich unmöglich ist. Ich freue mich auf unser gemeinsames Mittagessen und bin darauf vorbereitet, von Ihnen zu hören, daß ich ein ausgemachter Dummkopf bin.«

Ihr Privatleben war so ausgeglichen und harmonisch wie nie zuvor. Maurice Tempelsman, der sich in Freundschaft von seiner Frau Lily getrennt hatte, schirmte Jackie vor der Öffentlichkeit ab und blieb ein sehr diskreter Begleiter. Im Gegensatz zu Kennedy und Onassis, die ständig mit anderen Pflichten – und anderen Menschen – beschäftigt waren, gab Maurice Jackie das Gefühl, sie sei für ihn das Wichtigste auf der Welt. Sie dankte es ihm mit Liebe und Aufmerksamkeit. Als er beispielsweise 1984 einen leichten Herzinfarkt hatte, besuchte Jackie ihn täglich im Krankenhaus; nach seiner Entlassung arbeitete sie zwei Wochen lang zu Hause, damit sie sich rund um die Uhr um ihn kümmern konnte.

Ihr Leben war durch uneingeschränkte Treue und tägliche Bekundungen ihrer gegenseitigen Zuneigung geprägt: Niemand dominierte den anderen. Sie unterstützten sich in ihren jeweiligen Interessen, auch wenn sie nicht alles zusammen machten. Jackie ritt in Jagdclubs in New Jersey und Virginia und joggte im Central Park, ging also Aktivitäten nach, denen Maurice nichts abgewinnen konnte. Wenn er manchmal aus geschäftlichen Gründen

Donald Spoto

nach Belgien oder Südafrika reisen mußte, fuhr Jackie beispielsweise mit ihrem Freund I. M. Pei, der die Kennedy-Bibliothek gestaltet hatte, nach China. Sie besuchten sein Elternhaus, wo sie die chinesische Wandkalligraphie faszinierend fand, besonders zwei Paneele, die dem Betrachter rieten »Siehe den Duft« und »Lies die Bilder«. Als sie wieder in New York war, malte Jackie für Pei zwei Bilder im chinesischen Stil.

Aber Jackie und Maurice reisten auch viel gemeinsam – so, als Gelsey Kirkland ihr Comeback in London gerade zu dem Zeitpunkt hatte, als ihr Buch erschien. Das Paar sah sich die Vorstellung zusammen mit Marianne Velmans und ihrem Gatten, dem Verleger Paul Sidey an. »Mit Jackie Onassis ins Ballett zu gehen«,[22] erinnerte sich dieser, »bedeutete, daß unsere kleine Gruppe, wenn das Licht an war, so etwas wie eine Nebenschau war. Marianne und mir war sehr bewußt, daß wir auffielen. In der Pause sprachen wir über Ballett, Babys und Bücher. Jackie war lebhaft, charmant und geistreich, Tempelsman zurückhaltend, höflich und bescheiden.«

Sie gaben kleine Essen für Freunde und Kollegen, gingen im Central Park spazieren, besuchten Restaurants, Opern- und Ballettaufführungen oder sahen sich einen Film an – wie ein gesetztes Ehepaar. Als Federico Fellini nach New York kam, um für einen neuen Film zu werben, speisten er und seine Frau Giulietta Masina in der Fifth Avenue 1040. Jackie, die Fellinis Meisterwerke sehr schätzte, sprach ausführlich über sie. Als er sie scherzhaft fragte, ob sie gerne einmal in einem seiner Filme mitspielen würde, hatte sie sofort eine Antwort parat: Eine bessere Wahl wären ihre exzentrische Tante und Cousine, die beiden Edie Beales, gewesen – ideale Gestalten für einen Fellini-Film.

Unterdessen vermehrte Maurice Jackies Vermögen, sicherte die finanzielle Zukunft ihrer Kinder und Enkelkinder und sorgte dafür, daß sie über ihr Erbe als Kennedys hinaus über eigenen Reichtum verfügten. Caroline und John liebten und vertrauten Maurice, weil ihnen klar war, wie wichtig er für ihre Mutter war. Er gehörte zur Familie, wie die Freunde feststellten; Jackie, Caroline und John verbrachten mehr Zeit mit Maurice, als sie jemals mit Jack oder Ari verbracht hatten. Hinzu kam der erfreuliche Umstand, daß die drei Kinder von Maurice – Leon, Rena und Marcy – nicht die geringsten Ressentiments gegen Jackie hatten und ein gutes Verhältnis zu Maurice behielten.

John F. Kennedy jr. wurde von niemandem, der ihn persönlich kannte, »John-John« genannt. Dieser Spitzname ergab sich aus dem Mißverständnis eines Washingtoner Reporters, der eines Tages hörte, daß der Präsident zweimal nach seinem Sohn rief (»John! John!«). Die Familie und die Freunde nannten ihn immer John – und nie Jack, denn so wurde nur sein Vater genannt. Wie viele Junioren wollte er nur als John Kennedy bezeichnet werden, was später auch auf seiner Visitenkarte stand.

Als er 1979 die Phillips Academy in Andover, Massachusetts, abschloß, hatte er seine volle Größe von etwa 1,85 m erreicht und das Gesicht und die Figur, die die Zeitschrift *People* – auf deren Titelseite er nicht weniger als siebenmal erschien – veranlaßten, ihn als den Mann mit dem größten Sex-Appeal[23] zu bezeichnen. Als gutaussehender Sohn eines ermordeten Präsidenten und einer idealisierten Mutter war er der »Thronfolger«, um den sich bis zu seinem Tod die Phantasien der Nation rankten. Es ist schon bemerkenswert, daß ihm weder der moderne Kult um die Prominenten und Schönen noch die ständige Anwesenheit von Kameras, die endlose Verfolgung durch Paparazzi, die Bitten um Autogramme und die fortwährende Anbetung zu Kopf stiegen. Dank Jackies kluger Erziehung wurde aus John ein natürlicher, sehr liebenswerter Mann, für den sein Name und sein Aussehen eine leichte Bürde waren.

»Ich bin ganz normal aufgewachsen«,[24] sagte er. »Dafür danke ich meiner Mutter. Ich bin immer mit dem Bus zur Schule und mit der U-Bahn in der Stadt herumgefahren. Limousinen? Nichts da!« Über seine Herkunft: »Das ist kompliziert, sie ist mit einem reichen und komplizierten Leben verbunden... Aber für mich ist es schwer, über ein Vermächtnis zu sprechen. Das ist meine Familie. Wir kümmern uns umeinander. Daß es Schwierigkeiten, leidvolle Erfahrungen und Probleme gab, schweißt uns enger zusammen.«[25]

Der Erfolg von Jackies Erziehung zeigte sich an Carolines und Johns Charakter und Persönlichkeit. »Sie war entschlossen, die Privatsphäre ihrer Kinder zu schützen, damit sie so normal wie möglich leben konnten«,[26] so Arthur Schlesinger jr. »Sie wurden nicht verwöhnt, waren bescheiden, arbeiteten hart, hatten gute Manieren, waren freundlich zu Gleichaltrigen und höflich zu Älteren.« John dazu: »Meine Mutter erfüllte die Rolle beider Elternteile. Sie sorgte bewußt dafür, daß die Interessen und Anliegen meines Vaters Teil unserer Erziehung waren – und einige ihrer eigenen, die nicht seine Sache waren«[27] – womit er eine gewisse ästhetische Bildung meinte. Wenn lobend erwähnt wurde, daß er sich so positiv entwickelt habe, lenkte er das Lob auf Jackie: »Meine Mutter hätte sich darüber gefreut. Sie war sehr stolz darauf, eine gute Mutter zu sein. Ich bin froh, daß die Leute meinen, daß es ihr gelungen ist.«

John und Caroline wurden angehalten, Kennedys Vermächtnis zu würdigen, sich dadurch aber nicht einengen oder bestimmen zu lassen. Jackie milderte die Rauhbeinigkeit der Kennedys durch eine menschliche Warmherzigkeit, die sich in einer Anekdote zeigt, die sie Bobby Kennedys Freund, Redenschreiber und Berater Richard Goodwin erzählte. »Als John noch klein war, fiel er beim Skilaufen hin und weinte. Bobby ging zu ihm hinüber und sagte: ›Kennedys weinen nicht.‹ John schaute hoch und sagte: ›Dieser Kennedy weint aber.‹«[28] Und als sie John einmal fragte, wie er ein Familientreffen in Hyannisport gefunden hatte, antwortete er »Ach, der übliche Kennedy-Rummel, ein bißchen viel für mich.«[29] Interessanterweise sah John Kennedy als erwachsener Mann weder aus wie ein Kennedy, noch sprach er wie ein Kennedy: Sein Aussehen schlug mehr den Bouviers nach, und sein Charakter – Ausgeglichenheit, Bescheidenheit, Unbefangenheit und unprätentiöse Würde – war durch seine Mutter geprägt worden.

Jackie sorgte auch dafür, daß sich John und Caroline in erster Linie als Amerikaner verstanden; aus diesem Grund ließ sie sie nach ihrer Heirat mit Onassis auf amerikanischen Schulen, anstatt sie auf irgendein vornehmes Internat in der Schweiz, in England oder in Frankreich zu schicken, wie es beim Jet-set üblich war. Nach ihrer Zeit im Weißen Haus vertraute sie sie auch nicht

Kindermädchen oder Ersatzeltern an. Ihr Standpunkt dazu: »Es ist nicht gut, Kinder, die im Rampenlicht stehen, anderen Menschen anzuvertrauen, und dann zu erwarten, daß aus ihnen etwas wird.«[30] Als die Historikerin Doris Kearn Goodwin sie dazu beglückwünschte, daß sie die sehr schwierige Balance geschafft hätte, ihre Kinder nicht nur von Skandalen fernzuhalten, sondern auch noch ein enges Verhältnis zwischen ihnen herzustellen, lächelte Jackie: »Das ist das Beste, was ich jemals getan habe.«[31]

Zu ihren Leistungen gehörte, daß sie Caroline und John zwar einschärfte, der Bewunderung der Öffentlichkeit gründlich zu mißtrauen, daß dies aber nie in ein allgemeines Mißtrauen gegenüber Menschen umschlug. Johns Freund Dave Eikenberry sprach für viele, als er diese kluge Lebenseinstellung zusammenfaßte: »John nahm das Beste von den Menschen an und äußerte sich nie zynisch über ihre Motive, und das ist erstaunlich, wenn man bedenkt, von wie vielen Heuchlern er täglich umgeben war. Er brauchte viel Stärke, um angesichts seiner unerhörten Berühmtheit die Bodenhaftung zu bewahren, aber er schaffte es.«[32] Jackies Rat war einfach gewesen: »Laß dir nicht deine Seele stehlen.«[33]

Unter anderen merkwürdigen Spekulationen streute die Gerüchteküche auch aus, Jackie hätte ihre Kinder nicht nur angeleitet, sondern regelrecht bevormundet. Doch vor und nach ihrem Tod ließ John keine Gelegenheit aus, um dieser Behauptung entgegenzutreten: »Entgegen einer weitverbreiteten Auffassung hat meine Mutter meiner Schwester und mir nie Vorschriften gemacht.«[34]

Die Freiheit betraf auch die Berufswahl – genau wie der Klatsch, der besagte, Jackie hätte John nicht erlaubt, Schauspieler zu werden, sondern ihn gezwungen, Jura zu studieren. »Das war nie etwas anderes als ein Hobby«,[35] sagte er, als auf seine Teilnahme an Theateraufführungen in der Schule hingewiesen wurde. »Ich wollte daraus nie einen Beruf machen. Es war ein vorübergehender Zeitvertreib, und wenn man es psychologisch betrachtet, war es wahrscheinlich eine Möglichkeit, von Zeit zu Zeit nicht ich selbst zu sein – ich habe nie daran gedacht, daraus einen Beruf zu machen.«

Er wurde auch keineswegs von seiner Mutter zu sehr behütet.

Donald Spoto

Als John eines Tages von der Schule kam, entwischte er den Geheimdienstleuten und fuhr mit seinem Fahrrad in den Central Park, wo ihm ein Straßenräuber prompt sein Rad stahl. Jackie blieb gelassen: Das gehörte zu den Erfahrungen, die man in New York machte, und John würde daraus lernen. »Er muß die Möglichkeit haben, das Leben kennenzulernen«,[36] sagte sie, »wenn er keine Freiheit bekommt, verkümmert er.« Da sie die Sache mit dem Diebstahl nicht aufbauschen wollte, bestand sie nicht auf einer Anklage gegen den besitzlosen und obdachlosen Übeltäter, als dieser festgenommen wurde.

Jackie fand es wichtig, daß John und Caroline an den normalen Schulveranstaltungen teilnahmen und daß die Lehrer, die Gleichaltrigen und andere Eltern kein Aufhebens um sie machten. Ihre Wohnung stand den Freunden ihrer Kinder immer offen. Es war ganz normal, daß junge Gäste an der Tür von der berühmtesten Mutter der Welt begrüßt wurden: »Hi! Ich bin Johns Mutter.«

Der Sohn konnte auch seine Mutter beschützen. Jackie erinnerte sich daran, daß der kleine John ihr einmal ein Bilderbuch mit dem Titel *A Child's Life of JFK* zeigte. Bevor er es ihr gab, sagte er: »Mach' die Augen zu, Mama«,[37] und dann hörte sie, wie er eine Seite herausriß. »Ich konnte nicht anders, ich mußte mir ansehen, was er vor mir verbergen wollte«, sagte Jackie Jahre später. »Es war ein Bild von dem Auto ...«

Seine Mutter war natürlich sehr stolz, als John 1983 sein Geschichtsexamen an der Brown University machte – die er Harvard, der traditionellen Alma mater der Kennedys, vorgezogen hatte – und dann Jura an der New York University studierte. Nach dem Examen fiel er zweimal bei der staatlichen Anwaltsprüfung durch (was häufig vorkommt). »Ich bin sehr enttäuscht«,[38] sagte er zu den Paparazzi, die ihm auf den Fersen waren. »Aber wenn Gott will, werde ich die Prüfung im Juli wiederholen und sie dann bestehen. Oder ich werde sie später machen, oder wenn ich fünfundneunzig bin. Ich bin bestimmt kein As in der obersten Spielklasse, aber wenn ihr das nächste Mal hier seid, wird es hoffentlich ein glücklicher Tag sein.« Und nach dem dritten Anlauf war es tatsächlich ein glücklicher Tag.

Nachdem er vier Jahre lang beim Bezirksstaatsanwalt als Vertreter der Anklage gearbeitet hatte, hängte John die Juristerei an den Nagel, und manche glaubten, er wäre gescheitert. Doch zwei Jahre später, im Jahre 1995, verlegte er sich auf ein Projekt, das Jackie sicherlich gebilligt hätte: Er und ein Geschäftspartner gründeten die politische Zeitschrift *George*, die John mit viel Idealismus leitete. In den nächsten vier Jahren kennzeichnete eine erstaunliche Mischung von Humor und Ernsthaftigkeit seine Arbeit. Bei jedem behandelten Thema kümmerte er sich um alle Details, denn er wußte, daß Politik in unserer Zeit zu einem Teil der Massenkultur geworden war. In *George* veröffentlichte er ausführliche und intelligente Interviews mit so unterschiedlichen Leuten wie Fidel Castro, Gerry Adams, Louis Farrakhan, George Wallace, Gerald Ford und Dutzenden anderen.

1996, zwei Jahre nach Jackies Tod, heiratete der fast sechsunddreißigjährige John unbemerkt von der Presse auf einer kleinen Georgia vorgelagerten Insel die dreißigjährige Carolyn Bessette, die in der Presseabteilung von Calvin Klein arbeitete. Jetzt konnten die Boulevardblätter das Publikum zwar nicht mehr über seine Liebesaffären auf dem laufenden halten, doch ansonsten blieb John F. Kennedy jr. für die Presse ein Dauerthema.

Dies fand erst nach den tragischen Ereignissen vom 16. Juli 1999 ein Ende. John, seine Frau Carolyn und deren Schwester Lauren Bessette wurden als vermißt gemeldet. John, der ein unerfahrener Pilot war, hatte selbst sein einmotoriges Flugzeug gesteuert, das auf einem Kurztrip von New Jersey nach Martha's Vineyard nachts bei Nebel vom Kurs abkam. Die drei Leichen wurden fünf Tage später im Meer unweit von Jackies früherem Sommerhaus entdeckt. Für viele, die John F. Kennedy jr. liebten und bewunderten, war der einzige, sehr schwache Trost, daß der fünf Jahre zuvor gestorbenen Jackie diese Tragödie erspart geblieben war.

Erst nach John Kennedys Tod erfuhren die Presse und die Öffentlichkeit, daß er zahlreiche bedeutsame karitative Projekte unterstützt hatte. Er hatte Stiftungen für die Ausbildung von Menschen ins Leben gerufen, die mit geistig Behinderten arbeiteten; er hatte Programme für Arme und für benachteiligte Kinder initiiert; und er hatte sich sehr darum bemüht, im beruflichen und

Donald Spoto

persönlichen Leben für andere Menschen da zu sein. Der Umfang und die Bedeutung seines Engagements deuteten auf einen Menschen hin, der wesentlich mehr war als der gutaussehende, reiche, gesellschaftlich angesehene Sprößling einer berühmten Familie. Entgegen der Auffassung mancher Zyniker hatte Jackie gute Arbeit geleistet. Wie John gesagt hatte: »Sie erfüllte die Rolle beider Elternteile ... ich bin froh, daß die Menschen meinen, daß es ihr gelungen ist.«

Caroline Kennedy und ihre Freunde standen ebenfalls im Blickpunkt der Medien. In einem Sommer wurde sie in Manhattan ständig von einem verwirrten Bewunderer verfolgt, der vor ihrer Tür kampierte und insistierte, er werde demnächst ihr Ehemann; er wurde einer psychiatrischen Untersuchung unterzogen. Als Caroline ihr Studium in Radcliffe beendet hatte, wurde sie Mitarbeiterin in der Film- und Fernsehabteilung des Metropolitan Museum of Art, danach begann sie ein Jura-Studium an der Columbia University. Auch sie schien für Jura nicht viel übrig zu haben, denn sie war nicht einen Tag in diesem Beruf tätig.

Im Alter von achtundzwanzig Jahren heiratete Caroline am 19. Juli 1986 den einundvierzigjährigen Edwin Schlossberg. Schlossberg gestaltete Museen und Ausstellungen, war Schriftsteller und Wissenschaftler, der an der Columbia University promoviert hatte. 1991 gab Caroline zusammen mit ihrer ehemaligen Kommilitonin Ellen Alderman das Buch *In Our Defense: The Bill of Rights in Action* heraus; vier Jahre später erschien der zweite Band mit dem Titel *The Right to Privacy*, wovon Caroline Kennedy ein Lied singen konnte.

Dann zog sich Jackies Tochter ins Privatleben zurück. Sie und ihr Mann machten Jackie 1988, 1990 und 1993 mit Rose, Tatiana und John zur Großmutter. »Stellt euch das einmal vor!« sagte Jackie zu ihren Kollegen bei Doubleday, »ich bin Großmutter!« Und niemand liebte ihre Enkel abgöttischer als diese Großmutter.

Am 24. Juli 1989 starb Jackies Mutter Janet im Alter von einundachtzig Jahren an der Alzheimer Krankheit. Jackies Stiefschwester Nina Auchincloss erinnerte sich daran, daß Jackie »ihre Mutter finanziell unterstützte und sich bis ins kleinste um ihre persönlichen Angelegenheiten kümmerte – so konnte Tante Janet in jenen Jahren mit einem Lächeln durchs Leben gehen«.[39]

Am 28. Juli wurde Jackie sechzig Jahre alt. Im Gegensatz zu vielen anderen Mitgliedern ihrer Familie gab sie sich nicht mehr mit Belanglosigkeiten ab; sie wußte, daß ein Großteil dessen, was in der modernen Welt als Leben gilt, aus reinen Nebensächlichkeiten, aus dem Ausfüllen von Leere besteht. Ihr war ein Leben bestimmt gewesen, von dem sie als Debütantin und Fotoreporterin nichts ahnen konnte, und sie war sich bewußt, daß sie ein wichtiger Teil der Geschichte des zwanzigsten Jahrhunderts war. Dies zu leugnen wäre eine grobe Mißachtung der Vorsehung gewesen.

Doch Jackie glaubte nie, ihr Ruhm spiegele ihre eigene Wichtigkeit wider, sei ihr eigenes Verdienst: Sie nahm die ihr zugewiesene Rolle lediglich an und versuchte, sie so gut wie möglich auszufüllen. »Jetzt bin ich zweiundsechzig«,[40] sagte sie 1991, »und ich stehe seit mehr als dreißig Jahren im Blickpunkt der Öffentlichkeit. Ich kann nicht glauben, daß mich noch irgend jemand für wichtig hält oder sich für das interessiert, was ich tue.« Ihre enge Freundin Nancy Tuckerman meinte dazu: »Sie hielt sich selbst eigentlich nicht für berühmt. Sie dachte, diejenigen Menschen, die selbst etwas geleistet hatten – die sollten berühmt sein, nicht sie.«[41] Daß auch sie »etwas geleistet« hatte und immer noch leistete, kam ihr nie in den Sinn.

Denjenigen, die sie kannten und liebten, war es vorbehalten, die große Seele dieser Frau zu schätzen. Sie hatte die aufregenden Seiten des Lebens kennengelernt und diese schließlich beiseite geschoben, um Befriedigung und Stolz aus ihrer Arbeit und ihrer Familie zu ziehen und ein Leben zu führen, das viel Raum für Kontemplation ließ. In ihr lebte ein ganzes Universum von Erfahrungen – die Ansichten und Visionen einer Künstlerin, einer Schriftstellerin, einer Fotografin, einer Dichterin und einer Frau von erlesenem Geschmack und großer Sensibilität.

»Sie interessierte sich nahezu für alles«,[42] sagte Bruce Tracy, ein Lektor, der mit Jackie bei Doubleday gearbeitet hatte. »Man konnte nie vorhersagen, welche Meinung sie haben würde, und

Donald Spoto

die überraschte uns häufig. Und sie kümmerte sich sehr um jeden, der mit ihr zusammenarbeitete. Einmal waren wir mit einem Buch in einer entscheidenden Phase. Meine erste Reise nach Europa stand vor der Tür – eine Reise, die ich lange vorher geplant hatte. Ich ging zu Jackie, weil ich ein etwas ungutes Gefühl wegen der Reise hatte, und dachte nun, vielleicht sollte ich sie absagen. Ihre kurze und bündige Antwort: ›Natürlich fahren Sie, Bruce – das Leben kommt zuerst!‹.«

Tracy fügte hinzu, Jackie »hatte eine echte Begabung, zu erkennen, was wichtig war und was nicht, und wenn sich einer von uns in Details verlor, brachte sie uns mit sanftem Nachdruck immer wieder zum Wesentlichen zurück. Warum war sie die ideale Lektorin? Wegen ihrer ungeheuren Neugier, bemerkenswerten Intelligenz und leidenschaftlichen Liebe zur Sprache und zu Büchern.«

Was Tracy ihren Einsatz für Kollegen nannte, war bei Jackie stark ausgeprägt. Scott Moyers, der nach seinem Examen zu Doubleday ging und dort als Lektoratsassistent arbeitete, war für Jakkie ein wertvoller Mitarbeiter, dem sie die täglich anfallenden Aufgaben anvertrauen konnte. Doch entgegen seiner Hoffnung bekam er keine Vollzeitstelle, wodurch ihm die mit einer solchen Stelle verbundenen Vorteile entgingen. Als Jackie hörte, daß Moyers eine Vollzeitstelle bei einem anderen Verlag angeboten worden war, eilte sie sofort zu Stephen Rubin. Moyers wurde sofort als Ganztagskraft eingestellt und erhielt eine beträchtliche Gehaltserhöhung.

»Sie hatte solche Freude an ihrer Arbeit«,[43] erinnerte sich Moyers. »Ich habe ein Bild von Jackie vor Augen, wie sie sich aus Begeisterung über ein Buch die Hände rieb und sagte ›Klasse!‹. Ihre Freude an der Produktion von Büchern war ansteckend, und als sie im Sommer für einige Monate weg war [das hatte sie mit Doubleday vertraglich vereinbart], schien im Büro ein helles Licht auszugehen. Wir mußten uns umstellen, aber das war schwierig – es war ein großer Unterschied, ob sie da war oder nicht.«

Was nicht zuletzt fehlte, war ihr Humor. Eines Nachmittags kam die First Lady Barbara Bush in Begleitung der üblichen Sicherheitsleute zu Doubleday, um mit ihrem Lektor über ihr demnächst erscheinendes Buch zu sprechen, das aus der Sicht ihres Hundes verfaßt war. Als Jackie die Geheimdienstleute sah, lächelte sie und sagte scherzhaft: »Werde ich euch denn nie los?«

1993 – 1994

*I*m Juni 1993 reisten Jackie und Maurice nach Frankreich, wo sie Arles besuchten, per Schiff die Rhône erkundeten und die unterirdischen Höhlen besichtigten, die Maurice in seiner Kindheit sehr fasziniert hatten. Jackie wollte noch einige Zeit in Pont-Saint-Esprit, dem Dorf der Bouvier-Vorfahren in der Nähe von Avignon, verbringen, doch sie bekam eine Erkältung und fühlte sich sehr erschöpft. Sie kehrten in ihr ruhiges Haus auf Martha's Vineyard zurück.

Zu den Besuchern, die Jackie und Maurice im August empfingen, gehörten Präsident Clinton und seine Familie, die mit Caroline und einigen Mitgliedern der Familie Kennedy eine Kreuzfahrt mit der Yacht von Maurice unternahmen. Als Maurice die First Family begrüßen wollte, hielt Jackie ihn aus einem sicheren politischen Instinkt heraus zurück. »Teddy« sagte sie zu ihrem Schwager, »*du* begrüßt den Präsidenten – schließlich bewirbt Maurice sich nicht um seine Wiederwahl!«

Ein weiterer Gast war die damals einundachtzigjährige Lady Bird Johnson. Sie war seit zwanzig, Jackie seit dreißig Jahren Witwe. Die beiden alten Freundinnen, die in vier Jahrzehnten so viel Glück und Leid geteilt hatten, aßen in einer weinumrankten Laube zu Mittag. Sie sprachen, so Mrs. Johnson später, über Autoren, Bücher und ihre Kinder, aber nicht über die Vergangenheit. Es gab in der Gegenwart so vieles, wofür man dankbar sein mußte, fanden beide. Mrs. Johnson hatte den Eindruck, daß Jackie einen friedlichen Hafen erreicht, daß sie bei der Arbeit und den Menschen, die sie liebte und denen sie vertraute, endlich ihren Platz gefunden hatte.

Zu dem Strandpicknick, das Jackie jährlich am Tag der Arbeit veranstaltete, lud sie die Kennedys ein, denen sie stolz ihren Enkel Jack zeigte. Ihre Nachbarin Carly Simon, für die sie einige Kinderbücher lektorierte, sang dem Baby mit ihr zusammen das Lied »Itsy-Bitsy Spider« vor. Jackie meinte, das Kind würde schnell groß, und sie freue sich darauf, es im Sund schwimmen zu sehen und mit ihm im Sommer in ihrem Kajak zu fahren. Einige Freunde bedauerten, daß sie nie mit ihr im Kajak gefahren waren: Keine Angst, versprach sie, das würden sie im nächsten Sommer als erstes nachholen. Als sie wieder in New York war, ging sie mit ihren Enkelkindern regelmäßig im Central Park spazieren, ließ sie Karussell fahren und Eis essen. Spaziergänger und Jogger sahen sie häufig mit John oder Jack, mit Caroline oder Tatiana – und noch häufiger Arm in Arm mit Maurice.

Nach dem Sommerurlaub wurde Jackie bei Doubleday freudig begrüßt. Anfang Oktober unterstützte sie ein wichtiges Ereignis in der Brooklyn Academy. Der Ballettänzer Jacques d'Amboise hatte mit tausend Kindern aus allen ethnischen Milieus Aufführungen eingeübt, zu denen Musik aus fünf Jahrhunderten gespielt wurde. Allein der Umfang und die Spannweite dieses Projekts begeisterten Jackie. Sie besuchte auch die gebührenfreie Children's Storefront School in Harlem, die sich nach dreißig Jahren immer noch gut entwickelte. Ihr Gründungsdirektor Ned O'Gorman erinnerte sich daran, daß sie sich mit den Schülern unterhielt, mit den Vorstandsmitgliedern der Schule sprach und mehrere ansehnliche Spenden zur Verfügung stellte. Es war ein denkwürdiger Tag, obwohl O'Gorman fand, sie habe trotz ihrer Lebhaftigkeit und ihres herzlichen Umgangs mit den Jugendlichen angegriffen ausgesehen.

Anscheinend wurde sie die Sommergrippe, die sie sich in Europa geholt hatte, nicht los, doch das hinderte sie nicht daran, am selben Tag nach Hause zu eilen, um sich für das Essen zum hundertsten Jubiläum des Städtischen Kunstvereins umzukleiden. Einige Tage später flog sie nach Boston zur Einweihung eines neuen, der Kennedy-Bibliothek angegliederten Museums. In dieser Zeit gab es fast tägliche Treffen oder Telefonate mit ihren Autoren.

Obwohl Maurice, Caroline und John sie drängten, etwas kürzer zu treten, um wieder zu Kräften zu kommen und die Mattigkeit loszuwerden, die sie manchmal plötzlich überfiel, fuhr Jackie am Wochenende nach New Jersey und Virginia, um dort zu reiten. Charles Whitehouse, der hin und wieder mit ihr ausritt, erinnerte sich daran, daß sie einmal darüber sprachen, ob sie sich fit fühlten oder nach einem Ritt Atemnot hätten. Sie habe das Problem nie, sagte Jackie, weil sie regelmäßig im Central Park joggte.

Doch eines Samstagnachmittags im November fiel Jackie vom Pferd. Nachdem sie einige Augenblicke bewußtlos gewesen war, wurde sie in ein Krankenhaus gebracht, wo ein Arzt einen geschwollenen Lymphknoten in ihrer Leistengegend feststellte. Da er eine Infektion annahm, gab er ihr Antibiotika, auf die sie gut anzusprechen schien. Aber als Jackie nach New York zurückgekehrt war, fühlte sie sich schwächer denn je und war gezwungen, einige Redaktionssitzungen abzusagen.

Als sie eifrig Vorbereitungen für den nächsten Urlaub traf, war sie wieder guter Dinge, wie Freunde feststellten. Überhaupt erschien Jackie vielen Leuten in jener Urlaubssaison schöner als je zuvor, fast durchscheinend. Sie vermied jedes Gespräch über Krankheit und wandte sich, wie immer, anderen Menschen zu. Das Alter, ihre gleichbleibende Schlankheit und einige kleine Schönheitsoperationen hatten ihre feinen und doch sehr ausgeprägten Gesichtszüge noch stärker akzentuiert. Ihrer Stiefschwester Nina gegenüber beschrieb sie ihr Leben als eine Achterbahn. Und sie fügte die philosophische Überlegung hinzu: »Was am Ende wirklich zählt, sind die glücklichen Erinnerungen.«[1]

Diesen Erinnerungsschatz bereicherte Jackie durch ein wunderbares Weihnachtsfest für sich und ihre Familie, zu dem ein schöner Weihnachtsbaum in ihrer Wohnung und der erste Ballettbesuch ihrer Enkeltochter Rose gehörten. In der Woche zwischen Weihnachten und Neujahr machten Jackie und Maurice eine Kreuzfahrt in der Karibik, doch plötzlich bekam sie starke Schmerzen im Rücken und im Unterleib. Jetzt hatte sie im Nakken einen zweiten geschwollenen Lymphknoten. Sie kehrten sofort nach New York zurück, wo Jackie im Cornell Medical Center des New York Hospitals mehreren Untersuchungen unterzogen wurde.

Der Winter 1993–1994 war im Nordosten ungewöhnlich hart: Es war ständig kalt, und von Anfang Januar bis Ende März fiel fast täglich Schnee. Im Central Park und in den Vororten gab es bis zu zehn Fuß hohe Schneewehen. Jackie wollte gerne mit Rose, Tatiana und Jack in den Park gehen, um Schneemänner zu bauen. Ihre Enkelkinder, schrieb sie an Caroline, seien ein großes Glück für sie: Durch ihre Augen und ihr Staunen über die Welt war es, als sähe sie sie selbst zum ersten Mal. Sie dankte ihrer Tochter dafür, daß sie und ihr Schwiegersohn ihre Kinder mit ihr teilten.

Doch als die Untersuchungsergebnisse vorlagen, kamen Ausflüge in den verschneiten Park nicht mehr in Frage. Ruhig nahm Jackie die Ergebnisse entgegen: Diagnostiziert wurde ein Non-Hodgkin-Lymphom, eine besonders aggressive Krebsform, die sich rasch im Körper ausbreitete. Die geschwollenen Knoten in ihrer Leistengegend und im Nacken waren klassische Anzeichen für diese Krankheit.

Ihre einzige Chance waren eine Chemotherapie und Bestrahlungen, doch das erforderte eine Unterbrechung ihrer Arbeit bei Doubleday, und das bedeutete wiederum, daß sie ihre Kollegen über die Situation würde unterrichten müssen. Als sie sich einigen Menschen anvertraute, war sie gelassen und optimistisch: Diese Krankheit war lästig und unangenehm, aber bald würde alles wieder im Lot sein. Das war ihre Haltung gegenüber einer schrecklichen, zerstörerischen Krankheit. Die Tapferkeit, die es ihr seit ihrer Jugend ermöglicht hatte, das Leben zu meistern, half ihr und anderen auch diesmal, einen kalten, von Angst erfüllten Winter zu überstehen; der »Mumm und Schneid«, der ihr in Miss Porter's School eingeimpft worden war, kennzeichnete ihr Verhalten erneut.

»Als sie mir sagte, sie sei krank«, erinnerte sich Stephen Rubin, »tat sie es in der für sie typischen Art. Großherzig wie sie war, schien sie sich mehr um meine Reaktion als um sich selbst zu sorgen. Ich glaube, daß sie mit ihrer Krankheit haderte, aber obwohl es ihr zusehends schlechter ging, kam sie erstaunlich lange zum Arbeiten ins Büro.«

Sachlich und ohne Mitleid zu heischen, weihte Jackie auch Bruce Tracy und Scott Moyers ein, denn sie würden viele Aufgaben übernehmen müssen. Wochenlang, so Moyers, kam sie direkt nach der chemotherapeutischen Behandlung ins Büro und behauptete, das Ganze sei gar nicht so schlimm – zumindest könne sie während der Transfusionen lesen. Die Einstichstellen an ihren Armen verbarg sie unter einem Verband, und als ihre Haare ausfielen, trug sie Tücher, Turbane und schließlich eine Perücke.

Im Februar folgte ein Schneesturm dem anderen. Gerüchte über Jackies schlechten Gesundheitszustand schwirrten durch Manhattan und wurden schließlich von der internationalen Presse aufgegriffen. Sie erhielt in ihrer Wohnung und in ihrem Büro so viele Anrufe, daß es schließlich notwendig war, eine Erklärung abzugeben. Obwohl nichts darauf hindeutete, daß die Behandlung anschlug, bat Jackie Nancy Tuckerman – die, wie so oft im Laufe der Jahre, für sie sprach –, die Sache herunterzuspielen. »Die Ärzte sind sehr, sehr optimistisch«, sagte Tuckerman, obwohl dies keineswegs zutraf.

Zum Erstaunen aller arbeitete Jackie im Februar und im März, obwohl sie sichtlich jeden Tag kränker wurde. Sie schrieb Menschen, die krank oder in Schwierigkeiten waren, und unterstützte Benefizveranstaltungen für Ballettgruppen. Gegenüber engen Freunden – etwa Arthur Schlesinger und Eugene Kennedy – rang sie sich ein Lachen ab: »Ich weiß nicht, warum ich diese ganzen Liegestützen gemacht habe!« Mit ruhiger Zuversicht wehrte sie übertriebene Sorge um ihre Krankheit ab und beruhigte die anderen mit einem Zitat von Julian of Norwich: »Alles wird gut sein.«

Abgesehen von einer Stirnhöhlenentzündung und den Geburtsfolgen war Jackie in ihren vierundsechzig Jahren nie krank gewesen. Dennoch zeigte sie keine Anzeichen von Angst oder Entsetzen; sie war es, die andere tröstete und versprach, sobald wie möglich zu ihrem normalen Leben zurückzukehren. Es gab noch so viel zu tun, und man konnte noch so viel mehr aus sich machen.

Niemand konnte sich daran erinnern, daß Jackie in ihrer schweren Zeit jemals geklagt hätte; auch nicht, als ihre Krankheit ihr schlimmstes Stadium erreichte. Sie stellte Fragen, erkundigte sich und kämpfte ruhig und tapfer, bis jede Hoffnung auf Heilung vergeblich war. Sie ertrug die quälende Chemotherapie mit erstaunlicher Gelassenheit.

Auch vergaß sie nicht einen Tag ihre Autoren. »Bewahren Sie Ruhe!« schrieb sie an Elizabeth Crook, deren Roman demnächst veröffentlicht werden sollte. »Das wird ein Verkaufsschlager!«[2]

Pamela Fiori, die Chefredakteurin von *Town & Country,* hatte sich schon Monate zuvor mit ihr verabredet, weil sie in der Zeitschrift Ausschnitte aus einem von Jackies Büchern bringen wollte – eine Fotosammlung der Gesellschafts- und Modefotografin Toni Frissell, die 1953 Aufnahmen von der Bouvier-Kennedy-Hochzeit gemacht hatte. Fiori erwartete, daß das Treffen wegen Jackies Krankheit abgesagt werden würde, doch als sie bei Doubleday ankam, war Jackie da. In guter Stimmung und voller Begeisterung »setzte Jackie sich neben mich auf den Boden«[3] und schlug ein Kinderbuch und eine Mappe mit Fotos auf. Obwohl sie todkrank war, war sie »richtig lebhaft«. Zahllose Menschen können dies für ihre letzten Lebensmonate bezeugen.

Dabei hegte Jackie weder einen unbegründeten Optimismus, noch steckte sie den Kopf in den Sand. Ihren Besitz in New Jersey hatte sie bereits für die Summe von einem Dollar ihren Kindern vermacht. Und am 22. März unterschrieb Jackie nach mehreren Beratungen mit Maurice, ihren Kindern und ihren Anwälten ein ausführliches Testament. Dieses achtunddreißig Seiten umfassende Dokument sah einen Treuhandfonds für ihre Kinder und Enkelkinder vor, so daß die Steuern ihr stattliches Vermögen nicht auffressen würden.

Es gab auch Vermächtnisse, die gleich ausgezahlt werden sollten: je 250000 Dollar für Caroline, John und Nancy Tuckerman; 125000 Dollar für ihre Köchin und Haushälterin Marta Squbin; 100000 Dollar für ihre Nichte Alexandra Rutherfurd, die Tochter ihrer verstorbenen Halbschwester Janet; 50000 Dollar für Providencia Paredes, die im Weißen Haus ihr Kammermädchen gewesen war; 25000 Dollar für Lee Nasso, ihren Steuerberater, Marie Amaral, ihr Kammermädchen in der Fifth Avenue, und Efigenio Pinheiro, ihren Butler. Für ihre Schwester Lee gab es keine Verfügung (»um sie habe ich mich mein Leben lang geküm-

Donald Spoto

mert«), dafür aber für Lees Kinder, für die ein Treuhandfonds in Höhe von 500 000 Dollar eingerichtet wurde.

Vielleicht am bedeutsamsten war eine Entscheidung, die Jackie schon früher getroffen hatte. Sie wollte neben John F. Kennedy und ihren beiden Kindern Arabella und Patrick auf dem Nationalfriedhof in Arlington beerdigt werden.

Die Chemotherapie forderte einen ebenso schrecklichen Tribut wie die Krankheit selbst: Am 14. April brach Jackie in ihrer Wohnung zusammen und wurde eiligst ins Krankenhaus gebracht, wo man die durch die Steroid-Injektionen verursachten blutenden Geschwüre behandelte. Gleichzeitig wurde allerdings festgestellt, daß der Krebs schon tief in ihre Lungen eingedrungen war. Maurice war sowohl im Krankenhaus als auch zu Hause immer in ihrer Nähe, brachte sie zu den Ärzten, half ihr ins Badezimmer, hielt ihre Hand und streichelte ihre Wange. Zu Beginn des Jahres hatte er sein Büro vorübergehend in ihre Wohnung verlegt, um immer bei ihr zu sein.

Als Jackie von dem schnellen Fortschreiten ihrer Krankheit erfuhr, saß sie einige Augenblicke wortlos mit Maurice zusammen und bat ihn dann plötzlich, ihr Büro anzurufen. Sie hatte für diesen Tag eine Verabredung mit einem ihrer Autoren getroffen, und sie wollte nicht, daß er umsonst kommen würde. »Dieser Zustand ist so lästig«, sagte sie bei einem Telefonat nach Übersee zu einem Freund, als hätte sie nichts Ernsthafteres als eine langwierige Erkältung. »Mir fallen die Haare aus, aber vielleicht kreiere ich ja eine neue Mode – Turbane!« Als sie am Ostersonntag zum letzten Mal zu ihrem Haus in New Jersey fuhr, hatte sie denn auch einen bunten Schal um den Kopf geschlungen. Mit schwacher Stimme, aber lebhaft und fröhlich sang sie mit ihren Enkelkindern das Osterlied »In your Easter Bonnet, with all the frills upon it ...« Wie an jedem Tag in diesem Frühjahr, waren Caroline und John auch jetzt bei ihr.

Ende April verschlechterte sich Jackies Zustand beängstigend. Sie hatte starke Schmerzen in ihren Armen und Beinen, und es gab Augenblicke erschreckender Verwirrung – was darauf hindeutete, daß der Krebs ihre Wirbelsäule und ihr Gehirn erreicht hatte. Sie kam erneut ins Krankenhaus, wo ein Schlauch direkt in ihren Schädel eingeführt wurde, um den Druck zu verringern und ihr die geeigneten Medikamente zuzuführen – ein vergeblicher Versuch. Bald war ihr Sprech- und Gehvermögen beeinträchtigt, doch nicht das Lächeln, mit dem sie immer Familienangehörige und Freunde empfing. In einer kurzen Antwort an einen Gruß von Louis Auchincloss schrieb sie nur: »Alles wird gut sein. Ich verspreche es.«[4]

Wenn sie bei klarem Verstand war und genug Energie hatte, bat sie Maurice, mit ihr in den Central Park zu gehen, und sei es auch nur für ein paar Minuten. Eines Nachmittags Anfang Mai flüsterte sie ihm zu: »Oh, ist das nicht wunderbar? Einer der schönsten Frühlinge, an die ich mich erinnern kann – nach einem so schrecklichen Winter!«

Am Sonntag, dem 15. Mai, überquerten Jackie, Maurice, Caroline und der kleine Jack die Fifth Avenue, um in den Central Park zu gehen. Bald kamen sie an die Stelle, die bei Jackie lebhafte Erinnerungen an einen Vorfall wachrief, den ihre Eltern noch Jahrzehnte später gerne erzählten.

Als sie noch ein Kind war, hatte sie sich im Central Park von dem Kindermädchen Bertha Newey entfernt, die mit ihr und ihrer kleinen Schwester ausgegangen war. Während bei Miss Newey eine leichte Hysterie ausbrach, ging Jackie allein und ganz ruhig auf einen Polizisten zu: »Mein Kindermädchen und meine Schwester haben sich verlaufen!«

Während Rollschuhfahrer vorbeiflitzten und andere Kindermädchen Kinderwagen mit Neugeborenen schoben, saßen Jackie und ihre Lieben für einige Augenblicke in der warmen Frühjahrssonne.

In jener Nacht war sie unruhig und litt unter schrecklichen Schmerzen. Montag morgen bekam sie Schüttelfrost und heftiges Kopfweh. Sie war auch verängstigt und desorientiert. Maurice und eine Krankenschwester brachten sie ins New York Hospital, wo sie Antibiotika gegen eine Lungenentzündung bekam. Sie schien sich wieder zu erholen, doch Dienstag nacht verschlechterte sich ihr Zustand rapide. Eine weitere Untersuchung zeigte, daß die Krankheit jetzt auch ihre Leber befallen hatte und daß

Donald Spoto

ihre Nieren versagten. Die Ärzte mußten zugeben, daß die Situation aussichtslos war. Als Jackie plötzlich wieder bei Bewußtsein war, bat sie ohne Angst und Zögern darum, die Behandlung abzubrechen und sie nach Hause zu bringen.

Am Mittwoch nachmittag kam sie in ihrer Wohnung an. Verwandte und enge Freunde kamen abends zu ihr und blieben den nächsten Tag, während Jackie immer wieder das Bewußtsein verlor und tief und unruhig atmete.

Um sie herum waren überall die Zeichen und Symbole ihres ungewöhnlichen Lebens: Kunstgegenstände und Manuskripte, Fotos und Bücher, Briefe, Erinnerungsstücke und Souvenirs, Muscheln und Notizbücher – lauter Dinge, in denen die Umrisse eines jeden Jahrzehnts erkennbar waren.

Die Fotoalben ließen eine bemerkenswerte Lebensgeschichte lebendig werden. Da waren Fotos von der Debütantin, einem schüchternen achtzehnjährigen Mädchen mit einem strahlenden Lächeln und viel Sinn für Humor, das neugierig auf das Leben war. Da war die ernste Sorbonne-Studentin und die junge Frau, die unerschrocken auf Reisen ging und so vieles von der Alten Welt aufgenommen und in die Neue Welt integriert hatte. Da war das »Inquiring Camera Girl«, das Fragen stellte und Blitzbirnen einsetzte. Und da waren Erinnerungen an Senator Kennedys schöne und vornehme Braut und an die strahlende First Lady, die die ganze Welt bezaubert hatte. Die Arbeit, die sie hinter den Kulissen für Abrüstung und Bürgerrechte geleistet hatte, war unsichtbar, da nur wenige davon wußten. Doch es wäre abwegig zu bestreiten, daß die Welt durch ihren Einfluß besser geworden ist.

In den Büchern in ihren Regalen fanden sich Beschreibungen der trauernden jungen Witwe an jenem trostlosen Novemberwochenende, als ihr Leben einen Tiefpunkt erreicht hatte. Da stand sie, die Arme um ihre Kinder gelegt und, wie immer, nicht zuerst an sich selbst, sondern an sie, an das Land und an die Welt denkend. Sie hatte durch ihre Anwesenheit gesprochen – hatte schweigend die tiefste Bedeutung von Mut und Treue, von Bindung und Verlust zum Ausdruck gebracht. Was die Klatschmäuler im Laufe der Jahre auch ans Licht gezerrt hatten: Sie wußte um die Wahrhaftigkeit ihres Tuns und um den verborgenen Sinn, den ihr hingebungsvoller Einsatz sowohl für sie als auch für diejenigen, die sie liebte, gehabt hatte. Selbst die schwierige Ehe mit Ari hatte eine tiefere Bedeutung gehabt: Die Reise war reich an Erfahrungen gewesen und schließlich durch die Ankunft an einem neuen Ort belohnt worden.

Wenn Jackie in ihrem Leben und in ihrer herausragenden Tätigkeit als Lektorin für eines gestanden hatte, dann für dies: Jeder war ein Teil der Geschichte, jedes Leben war wichtig und hatte seinen verborgenen Reichtum. Für sie zählte nicht, daß sie Millionen von Menschen bezauberte. Für sie zählte, daß sie mit möglichst vielen Menschen all die Dinge und Ideen, die beglückenden und erhabenen Seiten des Lebens teilen konnte, die sie von Anfang an in ihren Bann gezogen und bereichert hatten. Wenn sich ein wahrhaft herausragender Mensch durch solche innere Generosität auszeichnet, dann war Jackie eine der großen Frauen unserer Zeit, würdig, ihren Platz in der Geschichte neben denjenigen einzunehmen, die sie schon im frühesten Alter fasziniert hatten.

Vierundzwanzig Jahre lang war sie Miss Bouvier, fünfzehn Jahre lang Mrs. Kennedy und fünfundzwanzig Jahre lang Mrs. Onassis. Doch ihr Leben lang war sie für jeden Jackie gewesen – für Verwandte, Freunde und Fremde gleichermaßen. In einer Kultur, die von privaten Enthüllungen und vom Buhlen um die Gunst der Öffentlichkeit lebt, bot sie sehr wenig Anlaß für ersteres und kämpfte nicht um letzteres. Alle, die sie kannten, waren von ihrer tiefen Empathie beeindruckt, doch sie wies die Vorstellung zurück, sie oder sonst irgend jemand sei ein Opfer. Im Gegenteil, für sie sind wir im wahrsten und tiefsten Sinne die Empfänger des Lebens, des geheimnisvollen, aber letztlich gütigen Lebens. Bei all den Verlusten, die Jackie zu tragen hatte, glaubte sie daran, daß einem schrecklichen Winter ein strahlender Frühling folgen würde. Diese Überzeugung verließ sie bis zum Schluß nicht. Alles wird gut sein...

Am Spätnachmittag des 19. Mai bat die Familie einen Priester, Jackie die Letzte Ölung zu geben. Am frühen Abend war der Verkehr auf der Fifth Avenue schwächer geworden. In der Wohnung waren nur die flüsternden Stimmen der ihr nahestehenden Menschen zu hören, die gekommen waren, um sich von ihr zu verabschieden. Caroline und John, die in diesen Räumen aufgewachsen waren, hielten schweigend die Hände ihrer Mutter; Maurice verließ nur selten das Zimmer, um einen Besucher hinauszubegleiten oder jemanden zu trösten, der von seinen Gefühlen überwältigt wurde.

Kurz nach zehn entschlief Jackie mit einem langen, tiefen Seufzer.

Morgens hatten die Redakteure des *New York Daily* ihre Schlagzeile für den Tag der Beisetzung gefunden: vier schlichte Worte, die wahrscheinlich die Gefühle von zahllosen Menschen nah und fern, von denjenigen, die sie kannten, und denjenigen, die sie nicht kannten, wiedergaben. Die Schlagzeile brachte zum Ausdruck, daß es überall Menschen gab, die durch ein stilles Gefühl miteinander verbunden waren: Sie wird uns fehlen.[5]

Anmerkungen

Die genauen Angaben zu den für dieses Buch geführten Interviews werden der Kürze halber nur beim ersten Zitat gemacht; sofern nicht anders angezeigt, stammen die nachfolgenden Zitate aus demselben Interview.

Interviews im Rahmen des »Oral History Program« der John F. Kennedy-Bibliothek werden JFK: OHP abgekürzt. Bei diesen Zitaten werden die Quelle, der Interviewer, das Datum und die Seitenzahl der Niederschrift angegeben.

1929

1 Zitiert in Steven Gaines, *Philistines at the Hedgerow,* S. 190.
2 »Maidstone East Hampton«, *Social Spectator* (der sich selbst etwas hochtrabend »The Resort Magazine of Society« nannte), Juli 1958.
3 Ibid. Die zitierte Dame war eine Mrs. Harry L. Hamlin. Zur Entwicklung der Hamptons nach dem Zweiten Weltkrieg siehe zum Beispiel *Holiday,* Juni 1947.
4 Zu den Geschäftsinteressen von James T. Lee siehe Christopher Gray, »Quality Developer with a Legacy of Fine Buildings«, *The New York Times,* 12. März 1995.
5 Siehe den Nachruf für James T. Lee in der *New York Times,* 4. Januar 1968.
6 Davis, *Jacqueline Bouvier,* S. 29.
7 Carl Sferrazza Anthony, *As We Remember Her,* S. 9.
8 Mrs. John King Van Rensselaer (in Zusammenarbeit mit Frederic van de Water), *The Social Ladder,* S. 282.
9 Zur detaillierten Beschreibung von Lasata siehe Davis, *The Kennedys,* S. 167–168.
10 Van Rensselaer, S. 282. Siehe auch James Tanner, »East Hampton: The Solid Gold Melting Pot«, *Harper's Bazaar*, August 1958.

1930–1936

1 *East Hampton Star,* 3. August 1931.
2 Davis, *Jacqueline Bouvier,* S. 22.
3 *East Hampton Star,* 14. August 1931.
4 Diese Geschichte ist häufig erzählt worden – etwa von Jackies Freundin Mary Van Rensselaer Thayer in: »Jacqueline Kennedy«, Teil I, *Ladies' Home Journal,* Februar 1961.
5 Ibid.
6 Zitiert in Claire G. Osborne (Hg.), *Jackie – A Legend Defined,* S. 17.
7 Eine Ansprache von Virginia C. Gildersleeve, Leiterin des Barnard Colleges, im

Oktober 1928 anläßlich der Einweihungsfeierlichkeiten für das neue Gebäude der Chapin School in der East End Avenue 100. Sie wurde von der Chapin School veröffentlicht und uns freundlicherweise zur Verfügung gestellt. Zu der Schule siehe die Veröffentlichungen ehemaliger Schülerinnen sowie das jährlich erscheinende *Bulletin of Information.*

8 Phyllis La Farge, »A Warm-heated Guide to Certain Girls' Schools«, *Harper's,* April 1963. Trotz des Titels hält sich der Artikel mit der Bewertung der sozialen und akademischen Realitäten sehr zurück.

9 Der Bericht ehemaliger Schülerinnen der Chapin School, der anläßlich des fünfundsiebzigsten Jubiläums der Schule im Jahre 1976 erschien.

10 Davis, *The Kennedys,* S. 174.

11 Ibid., S. 180.

12 Thayer, loc. cit.

13 Gordon Langley Hall und Ann Pinchot, *Jacqueline Kennedy,* S. 68; ebenfalls zitiert in Carl Sferrazza Anthony, *First Ladies, The Saga of the Presidents' Wives and Their Power,* Bd. I, S. 475.

14 Nancy Tuckerman, in dem Katalog *The Estate of Jacqueline Kennedy Onassis,* S. 16.

1937–1943

1 Anthony, *As We Knew Her,* S. 27.

2 Berthe Kimmerle machte diese Aussage bei ihrer Vernehmung im Scheidungsprozeß am 9. Juni 1939; sie wird beispielsweise in Davis, *Jacqueline Bouvier,* S. 47, zitiert.

3 Über die Ereignisse an Weihnachten 1937 ist häufig berichtet worden – etwa bei Thayer, loc. cit.; in: Bill Adler (Hg.), *The Uncommon Wisdom of Jacqueline Kennedy Onassis,* S. 1; und bei Osborne, S. 18–19.

4 John H. Davis gegenüber Donald Spoto, 21. Januar 1999.

5 Der Zeitungsbericht über Janets Klage gegen ihren Ehemann erschien beispielsweise im New Yorker *Daily Mirror,* 26. Januar, 1940.

6 Zitiert in Anthony, *First Ladies,* S. 486.

7 Anthony, *As We Knew Her,* S. 23.

8 Janet Lee Auchincloss, in: Laura Bergquist, »Jacqueline – What You Don't Know About Our First Lady, *Look,* 14. Juli 1961.

9 Anthony, *As We Knew Her,* S. 24.

10 Gore Vidal, in: Bergquist, loc. cit.

11 John Davis hat die Hammersmith Farm ausführlich beschrieben

12 In einem am 27. Oktober 1963 auf dem Briefpapier des Weißen Hauses verfaßten Brief an die Holton-Arms School anläßlich der Fertigstellung ihrer neuen Räume.

13 Nancy Noyes Lusher, in: *Holton-Arms, 1901–1981,* eine Veröffentlichung der Holton-Arms School.

14 Janet Lee Auchincloss, zitiert in Anthony, *As We Knew Her,* S. 19.

Donald Spoto

1944–1949

1 Anthony, *As We Knew Her,* S. 25.
2 Ibid., S. 32. Siehe auch *Grey Gardens,* ein Film der Brüder Maysles. Stephen Birmingham hat in *Jacqueline Bouvier Kennedy,* S. 42–47, tiefgründige Überlegungen über Miss Porter's School angestellt.
3 Birmingham, S. 45–46.
4 Diese Zeilen von Emerson finden sich in *May-Day and Other Pieces* (1867). »Voluntaries, III.«
5 Oft zitiert – etwa in Ellen Ladowsky, *Jacqueline Kennedy Onassis,* S. 16.
6 Arthur Schlesinger jr., in der Londoner *Times,* 21. Mai 1994.
7 Nancy Tuckerman in dem Katalog von Sotheby's, S. 18.
8 Adler, S. 9 ff.
9 Zitiert in Anthony, *As We Knew Her,* S. 35–36.
10 Ibid., S. 32.
11 Zitiert in Cass Canfield, *Up and Down and Around: A Publisher Recollects the Time of His Life,* S. 237. Als Canfields Buch erschien, war sein Sohn Michael von Lee Bouvier geschieden.
12 Cholly Knickerbockers Kolumne, die u. a. auch am 2. September 1947 im *New York Journal-American* erschien.
13 Zitiert in der Titelgeschichte von *Time,* 20. Januar 1961.
14 Letitia Baldrige, *In the Kennedy Style,* S. 12–13.
15 Lucy Greenbaum, »Vassar Picks a Woman and Breaks Tradition«, *The New York Times Magazine,* 31. März 1946.
16 Harriet de Rossière, zitiert in Davis, *Jacqueline Bouvier,* S. 117.
17 Joan Ellis Ferguson, in *Vassar Alumnae Quarterly,* Herbst 1994.
18 Zitiert in Anthony, *As We Knew Her,* S. 37.
19 Ibid., S. 26–27.
20 Mary Van Rensselaer Thayer, »Jacqueline Kennedy«, Teil II, *Ladies' Home Journal,* März 1961.

1950–1952

1 Thayer, loc. cit., Teil II.
2 »The World of Jacqueline Kennedy«, eine Fernsehsendung von NBC am 30. November 1962.
3 Zitiert in Osborne, S. 34–35.
4 Flora Rheta Schreiber, »What Jackie Kennedy Has Learned from Her Mother, *Good Housekeeping,* September 1962.
5 *Time,* 20. Januar 1961.
6 Mit diesen Worten beschrieb Jackie ihre Reaktion im Gespräch mit Mary Van Rensselaer Thayer, die diese Aussage in der dritten Person dokumentierte: »Jacqueline Kennedy«, *Ladies' Home Journal,* April 1961.
7 Die Zitate aus dem Tagebuch stammen aus *One Special Summer* von Jacqueline und Lee Bouvier.
8 Das Gespräch zwischen Waldrop und Jackie wurde mehrfach dokumentiert, etwa in Thayer, »Jacqueline Kennedy« (Teil II), *Ladies' Home Journal,* März 1961. Siehe auch Anthony, *As We Knew Her,* S. 60.
9 Chuck Conconi, »Girl Reporter«, *The Washingtonian,* Juli 1994.
10 Ibid.

11 Louis Auchincloss in: *Quest: New York from the Inside«,* Mai 1997.
12 Mini Rhea, »The Young Jacqueline Kennedy As I Knew Her«, *Ladies' Home Journal,* Januar 1962.
13 »The World of Jacqueline Kennedy«, NBC-TV, 30. November 1962.
14 Harold H. Martin, »The Amazing Kennedys«, *Saturday Evening Post,* 7. September 1957.
15 Theodore C. Sorensen, *Kennedy,* S. 28.
16 Meyers, S. 64.
17 Das vertraute JFK mehreren Menschen an, etwa Gunilla von Post; dies. und Carl Johnes, *Love, Jack,* S. 29.
18 Thayer, »Jacqueline Kennedy«, *Ladies' Home Journal,* art. cit.
19 Zitiert in Anthony, *As We Remember Her,* S. 71.
20 Evan Thomas, »Grace and Iron«, *Newsweek,* 30. Mai 1994.
21 JFK, ein Zitat unter Fotos im JFK-Museum in Hyannisport, Massachusetts.
22 Zitiert in Lord Longford, *Kennedy,* S. 6–7.
23 Adler, S. 17.
24 Kennedy, *Times to Remember,* S. 298.
25 Anthony, *As We Remember Her,* S. 73.
26 Betty Spalding, zitiert in Doris Kearns Goodwin, *The Fitzgeralds and the Kennedys,* S. 771.
27 Lemoyne K. Billings, zitiert in Goodwin, S. 770.

1953–1955

1 Anthony, *As We Remember Her,* S. 74.
2 Goodwin, S. 771.
3 »Life Goes Courting with a U.S. Senator«, *Life,* 20. Juli 1953.
4 *Vogue,* 15. September 1953.
5 Kennedy, S. 300–301.
6 Paul B. Fay jr., *The Pleasure of His Company,* S. 160.
7 Gunilla von Post im Gespräch mit Donald Spoto, 25. Januar 1999.
8 Gunilla von Post, *Love, Jack,* S. 32.
9 The Senator Weds«, *Life,* 28. September 1953.
10 Davis, *The Kennedys,* S. 222.
11 Fay, S. 163.
12 Richard J. Whalen, *The Founding Father: The Story of Joseph P. Kennedy,* S. 441.
13 »The World of Jacqueline Kennedy«, NBC-TV, 30. November 1962.
14 Das sagte sie häufig, beispielsweise 1962 vor laufenden Fernsehkameras; dieser Satz wurde in die Fernsehdokumentation »Jackie Onassis – An Intimate Portrait« aufgenommen, Ellen M. Krass Productions (1993).
15 JFK im Gespräch mit Hugh Sidey, zitiert in *Remembering Jackie – A Life in Pictures,* von der *Life*-Redaktion, n. v.
16 Ibid.
17 Betty Beale im Gespräch mit Donald Spoto, 4. Januar 1999.
18 Goodwin, S. 773.
19 Ibid., S. 772.
20 von Post, S. 41.
21 Ibid., S. 48.
22 Jules Davids in einem Brief an Rev. Brian McGrath, 5. August 1957, zitiert in der *New York Times,* 18. Oktober 1997.

23 Ibid.: JFK im Gespräch mit Jules Davis, 27. Februar 1956.
24 Zu Jackies Einfluß auf die sogenannte Kennedy-Doktrin siehe De Vallon Bolles, »About Jacqueline Onassis: Her Secret Role in Foreign Policy«, *New York Newsday,* 25. Mai 1994.
25 Arthur M. Schlesinger jr. im Gespräch mit Donald Spoto, 19. März 1999.
26 JFK: OHP: Dr. Janet G. Travell, interviewt von Theodore C. Sorensen, 26. Dezember 1974, S. 4; alle folgenden Zitate von Dr. Travell stammen aus diesem Interview und werden JFK: OHP/Travell abgekürzt.
27 JFK: OHP/Travell, S. 1
28 Ibid., S. 3.
29 von Post, S. 71.
30 Ibid., S. 102–103.
31 Gunilla von Post und John F. Kennedy trafen sich noch einmal im April 1958 in New York. Sie begrüßten sich in der Öffentlichkeit, das war alles.

1956–1960

1 Allida M. Black, *Casting Her Own Shadow,* S. 178.
2 Herbert S. Parmet, *Jack: The Struggles of John F. Kennedy,* S. 442.
3 Die von Jackie entworfene und von JFK verlesene Erklärung, in der er Stevenson unterstützte, befindet sich in der John F. Kennedy-Bibliothek in Boston.
4 Kenneth P. O'Donnell und David F. Powers.
5 Michael R. Beschloss, *The Crisis Years: Kennedy and Khrushchev, 1960–1963,* S. 98 f.
6 Anthony, *As We Remember Her,* S. 103.
7 Zitiert in Adler, S. 9.
8 Hall und Pinchot, S. 141.
9 Meyers, S. 73. JBK sagte nahezu das gleiche in der Fernsehsendung von NBC-TV (»The World of Jacqueline Kennedy«), 30. November 1962.
10 Charlotte Curtis, »Lee Radziwill in Search of Herself«, *McCall's,* Januar 1975.
11 Die Beschreibung stammt von Janet Travell, *Office Hours: Day and Night; The Autobiography of Janet Travell. M. D., S. 320.* Weitere medizinische Details finden sich in JFK: OHP/Janet Travell.
12 Beschloss, S. 99.
13 *Newsweek,* 23. Juni 1958.
14 Maud Shaw, *White House Nanny; My Years with Caroline and John Kennedy, Jr.,* S. 58.
15 Ibid., S. 60.
16 Zitiert in Adler, S. 74.
17 Ben Bradlee, *A Good Life: Newspapering and other Adventures,* S. 206.
18 O'Donnell und Powers, S. 142.
19 Arthur M. Schlesinger jr., *A Thousand Days: John F. Kennedy in the White House,* S. 17.
20 John Kenneth Galbraith, *Name-Dropping: From F.D.R. On,* S. 126 ff.
21 Donald Wilson, »Jackie Kennedy«, *Life,* 24. August 1959.
22 Osborne, S. 57.
23 Kennedy, S. 313.
24 Nancy Gager Clinch, *The Kennedy Neurosis,* S. 148.
25 Laura Bergquist, loc. cit.
26 Anthony, *First Ladies,* S. 576.
27 Bergquist, loc. cit.

28 Wilson, loc. cit.
29 Bergquist, loc. cit.
30 Adler, S. 26.
31 *U.S. News & World Report*, 30. Mai 1994.
32 Nancy Dickerson, *Among Those Present: A Reporter's View of Twenty-five Years in Washington*, S. 64.
33 O'Donnell und Powers, S. 156.
34 Anthony, *First Ladies*, S. 589.
35 O'Donnell und Powers, S. 157.
36 JFK: OHP: Elizabeth Gatov, interviewt von Dennis J. O'Brien, 25. Juni 1969, S. 20–21.
37 Burton Hersh, *The Shadow President: Ted Kennedy in Opposition*, S. 9.
38 *The New York Times Magazine*, 31. Mai 1970.
39 *The New York Times*, 20. April 1960.
40 Anthony, *First Ladies*, S. 589, 592.
41 Nan Robertson, »Mrs. Kennedy Defends Clothes; Is Sure Mrs. Nixon Pays More«, *The New York Times*, 15. September 1960.
42 Margaret Truman, *First Ladies*, S. 31.
43 Adler, S. 50.
44 *U.S. News & World Report*, 30. Mai 1994.
45 *The New York Times*, 20. Oktober 1960.
46 Martin Luther King jr., *Stride Toward Freedom*, S. 81.
47 Harris Wofford im Gespräch mit Donald Spoto, 26. März 1999.
48 Gegenüber Arthur Schlesinger jr., zitiert in Adler, S. 43.
49 Meyers, S. 101.
50 Nan Robertson, »Election unreal to Mrs. Kennedy«, *The New York Times*, 11. November 1960.
51 *Time* (Titelgeschichte), 20. Januar 1961.
52 Bess Furman, »Active Role Set by Mrs. Kennedy«, *The New York Times*, 23. November 1960.
53 Helen Thomas, *Dateline: White House*, S. 3.
54 Der Bericht über JBKs Wehen basiert auf Shaw, S. 77 ff.; Helen Thomas, S. 2–4; *U.S. News & World Report*, 5. Dezember 1960; ein detaillierter Bericht in *Time*, 5. Dezember 1960.
55 O'Donnell und Powers, S. 233.
56 Die Namen, die anderen Neugeborenen gegeben wurden, wurden in der Zeitschrift *Life* vom 5. Dezember 1960 aufgeführt.
57 Marianne Means, *The Woman in the White House: The Lives, Times and Influence of Twelve Notable First Ladies*, S. 267.
58 Mary Van Rensselaer Thayer, *Jacqueline Kennedy: The White House Years*, S. 8.
59 Zitiert in Adler, S. 46.
60 Mamie Eisenhower im Gespräch mit J. B. West, *Upstairs at the White House: My Life With the First Ladies*, S. 194.
61 Means, S. 269.
62 Thayer, S. 11.

1961

1 Alvin Spivak im Gespräch mit Donald Spoto, 16. März 1999.
2 Helen Thomas im Gespräch mit Donald Spoto, 16. März 1999.
3 Gwen Gibson im Gespräch mit Donald Spoto, 16. März 1999.
4 Dolores Philips und Lewis Lapham, »She's Just one of the Fox Hunters«, *Saturday Evening Post*, 23. Februar 1963.
5 Adler, S. 70.
6 Anthony, *As We Remember Her*, S. 129.
7 Zitiert in Truman, S. 41.
8 Zu den Geliebten des Präsidenten siehe u. a. Parmet (der im Gegensatz zu vielen anderen, die sich mit dem Sexualleben des Präsidenten befaßt haben, sehr gelassen mit diesem Thema umgeht), S. 111.
JFK und Marilyn Monroe können nicht als ein Liebespaar bezeichnet werden, es sei denn, eine einzige sexuelle Begegnung würde diese Bezeichnung rechtfertigen. Zu der gewaltigen Übertreibung in bezug auf das Verhältnis zwischen Kennedy und Monroe siehe Donald Spoto, *Marilyn Monroe: The Biography*.
9 Diana Trilling, »A Visit to Camelot«, *The New Yorker*, 2. Juni 1997.
10 West, S. 239.
11 Garry Wills, *Reagan's America: Innocents at Home*, S. 186.
12 Anthony, *First Ladies*, Bd. 2, S. 28.
13 *The New York Times*, 15. Februar 1962.
14 Truman, S. 35.
15 Nicholas Fraser, Philip Jacobson, Mark Ottaway und Lewis Chester, *Aristotle Onassis*, S. 244.
16 Bernard Taper, *Balanchine: A Biography*, S. 263.
17 West, S. 195
18 Means, S. 289.
19 Emerson, *Letters and Social Aims* (1876).
20 Hilaire Belloc, »Courtesy« (1898).
21 West, S. 255.
22 Betty Beale Graeber im Gespräch mit Donald Spoto, 4. Januar 1999.
23 Baldrige, S. 31.
24 Trilling, loc. cit.
25 »A Tour of the White House with Mrs. John F. Kennedy«, Fernsehsendung von CBS-TV am 14. Februar 1962 mit Charles Collingwood.
26 JBK gegenüber Hugh Sidey, zitiert in *Life*, 1. September 1961.
27 Means, S. 290.
28 *Time*, 30. Mai 1994.
29 JFK: OHP; Charles Bartlett, interviewt von Fred Holborn, 6. Januar 1965.
30 Bergquist, loc. cit.
31 Truman, S. 32.
32 Anthony, *First Ladies*, Bd. 2, S. 52.
33 Ibid., S. 56.
34 Oleg Cassini, *In My Own Fashion. An Autobiography*, S. 54.
35 JBK im Gespräch mit Oleg Cassini, 13. Dezember 1960; wiedergegeben in Oleg Cassini, *A Thousand Days of Magic: Dressing Jacqueline Kennedy for the White House*, S. 220.
36 Ibid., S. 20.
37 Ibid.

38 Ibid., S. 192.
39 Cassini, *In My Own Fashion*, S. 308.
40 Truman, S. 37.
41 Betty Ford im Gespräch mit Chris Chase, *The Times of My Life*«, S. 101.
42 *The New York Times*, 17. Dezember 1961.
43 *The New York Times*, 26. August 1962.
44 Ibid., 17. August 1962.
45 JFK: OHP: Hervé Alphand, interviewt von Adalbert de Segonzac, 14. Oktober 1964, S. 5.
46 »Kennedys Hit the Road: A Visit with Neighbors«, *Life*, 26. Mai 1961.
47 Zu der ganzen Max-Jacobson-Geschichte siehe Boyce Rensenberger, »Amphetamines Used by a Physician to Lift Moods of Famous Patients«, *The New York Times*, 4. Dezember 1972.
48 JFK: OHP/Travell, S. 18.
49 *The New York Times*, 4. Dezember 1972.
50 Mary Barelli Gallagher (im Gespräch mit Frances Spatz Leighton), *My Life With Jacqueline Kennedy*, S. 164.
51 *Time*, 9. Juni 1961.
52 Cassini, *A Thousand Days of Magic*, S. 29.
53 *Time*, 9. Juni 1961.
54 Ibid.
55 O'Donnell und Powers, S. 289.
56 Charles de Gaulle (Übers. von Terence Kilmartin), *Memoirs of Hope: Renewal and Endeavor*, S. 255.
57 Cassini, *In My Own Fashion*, S. 309.
58 JFK: OHP: John A. Carver Jr., interviewt von William W. Moss, 9. Dezember 1969.
59 Beschloss, S. 207.
60 Mehrfach dokumentiert, beispielsweise in O'Donnell und Powers, S. 301.
61 Beschloss, S. 207.
62 *The New York Times*, 11. Juni 1961.
63 Ibid., S. 466.
64 Beschloss, S. 235.
65 *The New York Times*, 17. Dezember 1961.
66 Kenneth Sydney Davis, *The Politics of Honor: A Biography of Adlai E. Stevenson*, S. 469.
67 Text und Musik von Gwen Gibson und Sidney Schwartz. Zitiert mit freundlicher Genehmigung von Gwen Gibson.
68 *Time*, 9. Juni 1961.
69 Dies äußerte sie beispielsweise gegenüber Cassini, *A Thousand Days of Magic*, S. 49.
70 Ibid., S. 62.
71 Bergquist, loc. cit.

1962–1963

1 *Newsweek,* 26. Februar 1962.
2 Ibid.
3 In ihrem Buch *A Very Private Woman: The Life and Unsolved Murder of Presidential Mistress Mary Meyer,* S. 328–30, hat Nina Burleigh jedes Datum von Meyers Besuchen im Weißen Haus dokumentiert.
4 JFK: OHP: Charles Bartlett, interviewt von Fred Holborn, 6. Januar 1965.
5 Arnaldo Cortesis Bericht über das Treffen zwischen JBK und Papst Johannes erschien in der *New York Times* vom 12. März 1962.
6 Adler, S. 96; siehe auch Cassini, *A Thousand Days of Magic,* S. 112.
7 John Kenneth Galbraith, *Ambassador's Journal: A Personal Account of the Kennedy Years,* S. 317.
8 Ibid., S. 322.
9 Ibid., S. 323.
10 Marjorie Hunter, »49 Nobel Prize Winners Honored at White House«, *The New York Times,* 30. April 1962.
11 Trilling, loc. cit.
12 Die Rede von André Malraux im Januar 1963 wird in Pierre Galante, *Malraux,* S. 223, zitiert.
13 John Bartlow Martin, *Adlai Stevenson and the World: The Life of Adlai Stevenson,* S. 757.
14 O'Donnell, S. 325; siehe auch Beschloss, S. 469, und Sorensen, S. 693.
15 O'Donnell, S. 325.
16 Baldrige, S. 136.
17 Adler, S. 58.
18 Beschloss, S. 631.
19 Das Geschenk, das JFK seiner Frau aus Rom mitbrachte, wird von Schlesinger beschrieben, S. 730.
20 O'Donnell und Powers, S. 377.
21 Sorensen, S. 367; siehe auch Associated Press, *Triumph and Tragedy,* S. 185.
22 O'Donnell und Powers, S. 378.
23 *U.S. News & World Report,* 7. September 1956.
24 *Time,* 24. März 1975.
25 Bradlee, S. 219.
26 »Remembering Jackie«, *The New Yorker,* 30. Mai 1994.
27 Joseph A. Loftus, »President's Wife to Campaign in '64«, *The New York Times,* 15. November 1963.
28 Maryam Kharazmi, »Jackie is the same as Mrs. Onassis«, *Kayhan International* (die englischsprachige Zeitung von Teheran), 24. Mai 1972. Ebenfalls zitiert in *The New York Times,* 25. Mai 1972.
29 JBK machte am 5. Juni 1964 ihre Aussagen vor dem Ausschuß zur Untersuchung des Mordes an John F. Kennedy unter dem Vorsitz des Richters beim Obersten Bundesgericht, Earl Warren. Sie wurden in voller Länge in der *New York Times* vom 23. November 1964 wiedergegeben. Die Eintragungen in Mrs. John Connallys Tagebuch wurden zusammen mit einem Interview in einem Artikel von Michael Beschloss mit dem Titel »An Assassination Diary« abgedruckt, *Newsweek,* 23. November 1998.
30 O'Donnell und Powers, S. 27–28.
31 Muriel Dobbin im Gespräch mit Donald Spoto, 22. Dezember 1998.
32 JFK: OHP: Larry Arata, interviewt von Pam Turnure (ohne Datum), S. 6.

33 Pierre Salinger im Gespräch mit Donald Spoto, 16. März 1999.
34 West, S. 279.
35 Charles Lawliss, *Jacqueline Onassis, 1929–1994.*
36 Zitiert in Nigel Hamilton, *JFK: Reckless Youth,* S. xxiii.
37 Travell, *Office Hours,* S. 366.
38 Lady Bird Johnson, *Lady Bird Johnson: A White House Diary,* S. 14.
39 JBKO in einem Interview mit Joseph Frantz für die Lyndon B. Johnson-Bibliothek am 11. Januar 1974 in New York. Niederschriften dieses Interviews befinden sich in der LBJ- und in der JFK-Bibliothek.
40 Lady Bird Johnson, S. 11.
41 JBKs Brief an Präsident Johnson wird in der Lyndon B. Johnson-Bibliothek in Austin, Texas, aufbewahrt; er wurde in Merle Miller, *Lyndon: An Oral Biography,* S. 335–36, veröffentlicht.
42 Theodore Whites Bericht über sein Treffen mit JBK wurde zum ersten Mal in *Time,* 3. Juli 1978, und danach in seinem Buch *In Search of History: A Personal Adventure* veröffentlicht. Die Darstellung der Kennedy-Jahre als Camelot erschien unter seiner Mitarbeit als »For Kennedy – an Epilogue«, in *Life,* 6. Dezember 1963.
43 Dean Rusk (im Gespräch mit Richard Rusk), *As I Saw It,* S. 323.

1964–1968

1 Billy Baldwin, »Jacqueline Kennedy Onassis: A Memoir«, *McCall's,* Dezemer 1974.
2 Pearl Buck, *The Kennedy Women,* S. 89.
3 *Look,* 17. November 1964.
4 JBKO im Gespräch mit Frantz; der Text des Interviews befindet sich in der LBJ-Bibliothek.
5 Salinger, *P. S.,* S. 164.
6 Nan Robertson, »Mrs. Kennedy Thanks 800 000 Who Expressed Their Sympathies«, *The New York Times,* 15. Januar 1964.
7 Adler, S. 125.
8 Edwin Guthman im Gespräch mit Donald Spoto, 16. April 1999.
9 Schlesinger, *Robert Kennedy and His Times,* S. 761 f.
10 Baldwin, loc. cit.
11 Robert D. McFadden, »Jackie, New Yorker«, *The New York Times,* 22. Mai 1994.
12 Martin Filler, »Jackie, Queen of Arts«, *House Beautiful,* September 1994.
13 Amy Fine Collins, »Jacqueline Kennedy Onassis«, *Harper's Bazaar,* August 1994.
14 *Time,* 1. Oktober 1965.
15 Arthur Wilde im Gespräch mit Donald Spoto, 30. Januar 1999.
16 Buck, S. 93.
17 Über die Beziehung zu Harlech berichtete beispielsweise die *New York Times,* 1. Juni 1967.
18 Die Affäre mit Roswell Gilpatric war weithin bekannt und Gegenstand zahlreicher Berichte, beispielsweise im *New Yorker,* 30. Mai 1994. Auszüge aus JBKs Briefen an ihn wurden ebenfalls publiziert; siehe »Social Notes. From Jackie with Love«, *Newsweek,* 23. Februar 1970.
19 Susan Sheehan, »The Happy Jackie, the Sad Jackie, the Bad Jackie, the Good Jackie, The *New York Times Magazine,* 31. Mai 1970.
20 *Newsweek,* 23. Februar 1970.

21 Frank Brady, »Jackie and Ari«, *The Saturday Evening Post*, Dezember 1977.
22 Willi Frischauer, »Jackie & Onassis – What Really Happened«, *Good Housekee-ping*, August 1975. Frischauers Biographie *Onassis* wurde vor der Heirat ver-öffentlicht.
23 Zitiert in Schlesinger, *Robert Kennedy and His Times*, S. 915.
24 Pete Hamill, »A Private Life Defined by Wit, Compassion«, *New York Newsday*, 22. Mai 1994.
25 Byron Dobell, »The Forgotten Portrait«, *Town and Country*, Juli 1995.
26 Fraser, S. 250.
27 Frischauer, loc. cit.
28 Kiki Feroudi Moutsatos in Zusammenarbeit mit Phyllis Karas, *The Onassis Wo-men*, S. 86.
29 Brady, loc. cit.
30 Dieser und die folgenden Kommentare finden sich bei Fraser, S. 255–56.
31 *Time*, 1. November 1968.
32 »Cushing Defends Onassis Wedding«: *The New York Times*, 24. Oktober 1968.
33 Rose Kennedy, S. 412 ff.
34 Ibid., S. 413.
35 Moutsatos, S. 97.
36 *Look*, 30. Juni 1970.
37 Moutsatos, S. 128.
38 »Cristina [*sic*] Onassis Talks About Daddy, Jackie und Callas«, *Life*, 14. April 1972.
39 Ibid., S. 225.

1969–1975

1 Maryam Kharazmi, »Jackie is the same as Mrs. Onassis«, *Kayhan International*, 24. Mai 1972, die englischsprachige Zeitung der Stadt Teheran (die Jackie und Ari im Mai 1972 wegen seiner dortigen Geschäftsinteressen besuchten).
2 *Remembering Jackie* [n.p.].
3 *The New York Times*, 14. Dezember 1971.
4 Robert S. McNamara in Zusammenarbeit mit Brian VanDeMark, *In Retrospect*, S. 257–58.
5 *The New York Times*, 19. April 1973.
6 Liz Smith, »The New York Life of Jacqueline Kennedy Onassis«, *Ladies' Home Journal*, Februar 1970.
7 Judy Klemesrud, »Maria Callas Speaks Her Mind on Fashions and Friendship«, *The New York Times*, 30. November 1970.
8 *New York Newsday*, 23. Mai 1972.
9 Ibid., 30. Juli 1972.
10 Moutsatos, S. 271.
11 Ibid.
12 Peter Beard, zitiert in Steven M. L. Aronson, »The Missing Years«, *Town & Country*, Juli 1994.
13 Moutsatos, S. 276.
14 »Remembering Jackie«, *Town & Country*, Juli 1994.
15 Robert D. McFadden, »Jackie, New Yorker: Friends Recall a Fighter for Her City«, *The New York Times*, 22. Mai 1994.
16 »Celebrities Ride the Rails to Save Grand Central«, *The New York Times*, 17. April 1978.

17 Aus der vom Städtischen Kunstverein erstellten Dokumentation »The Triumph of Grand Central; The Battle to Save Grand Central Terminal«, die in dem Gebäude ausgestellt ist.

18 Jacqueline Kennedy Onassis: »Remembering the Indelible Style of an American Icon«, *Architectural Digest*, September 1996.

19 Die Freunde äußerten sich im Herbst 1975; die Aussagen erschienen in Winzola McLendon, »The New Jackie«, *Ladies' Home Journal*, Januar 1976.

20 Ibid.

21 »Jackie on Her Own«, *Newsweek*, 29. September 1975.

22 Letitia Baldrige im Gespräch mit Donald Spoto, 8. März 1999.

23 »Jackie on Her Own«, loc. cit.

24 Joyce Maynard, »Jacqueline Onassis Makes a New Debut«, *The New York Times*, 14. Januar 1977.

25 »Notes on People: Jacqueline Onassis Is Editor at Viking«, *The New York Times*, 17. September 1975.

26 Elizabeth Peer, Lisa Whitman und Phyllis Malamud, »Jackie on Her Own«, *Newsweek*, 29. September 1975.

27 Jimmy Breslin, »It Was a Life Well Spent«, *Newsday*, 20. Mai 1994.

28 »Jackie, New Yorker«, *The New York Times*, 20. Mai 1994.

29 Lawliss, S. 103.

30 McLendon, loc. cit.

31 »Jacqueline Kennedy Onassis Talks About Working«, Zeitschrift *Ms.* März 1979.

1976–1979

1 Murray Kempton, »The Second Act Triumph of a Tragic Queen«, *New York Newsday*, 22. Mai 1994.

2 Jessie Mangaliman, »Her Constant Companion«, *New York Newsday*, 21. Mai 1994.

3 »Landmark Status Debated in Albany«, *The New York Times*, 9. Februar 1984.

4 Pete Hamill, »A Private Life Defined by Wit, Compassion«, *New York Newsday*, 22. Mai 1994.

5 Ibid.

6 Eugene C. Kennedy im Gespräch mit Donald Spoto, 21. Januar 1999; siehe auch seinen Beitrag: »As An Editor, She Was a Total Professional«, *New York Newsday*, 23. Mai 1994.

7 Zu der Beziehung zwischen JFK und Daley bemerkte Letitia Baldrige, daß der Präsident »dem Bürgermeister von Chicago, Richard J. Daley, politisch viel zu verdanken hatte«. *Of Diamonds and Diplomats*, S. 212.

8 Breslin, loc. cit.

9 In *Ms.*, loc. cit.

10 Maynard, loc. cit.

11 Tillie Weitzner im Gespräch mit DS, 24. Januar 1999.

12 Harris Wofford, »A Tribute«, *Newsweek*, Jubiläumssonderausgabe, Sommer 1999.

13 JFK/OHP: Janet Lee Bouvier Auchincloss, Interview mit Joan Braden, 5. September 1964, S. 23.

14 *The New York Times*, 10. Oktober 1977.

15 Deirdre Carmody, »Mrs. Onassis Resigns Editing Post«, *The New York Times*, 15. Oktober 1977.

16 Breslin, loc. cit.
17 Jackies Gedicht wurde am 13. Juli 1981 in der Zeitschrift *People* veröffentlicht.
18 Kennedy, S. 431.
19 Oft zitiert, beispielsweie in Adler, S. 138.

1980–1992

1   John F. Baker, »Editors at Work: Star Behind the Stars«, *Publishers Weekly,* 19. April 1993.
2   Marianne Velmans im Gespräch mit Donald Spoto, 21. März 1999.
3   Das sagte sie beispielsweise zu Pierre Salinger, *P. S.,* S. 209.
4   Das sagte sie zu David Wise, zitiert in *Newsweek,* 30. Mai 1994.
5   Baker, loc. cit.
6   Anthony, *As We Remember Her,* S. 326.
7   *A Tribute to Jacqueline Kennedy Onassis,* S. 6.
8   Ibid., S. 11.
9   William La Riche im Gespräch mit Donald Spoto, 19. März 1999. Einige hier erwähnte Äußerungen La Riches stammen aus *Brief Pilgrimage of Witness,* einer unveröffentlichten Beschreibung seiner Freundschaft mit Jackie, die er mir freundlicherweise zur Verfügung stellte.
10 *A Tribute,* S. 30–31.
11 Elizabeth Crook, »Remembering Jackie Onassis, My Editor«, *Publishers Weekly,* 27. Juni 1994.
12 Francis Mason, in: *Ballett Review,* Frühjahr 1995.
13 *A Tribute,* S. 22.
14 Baker, loc. cit.
15 Stephen Rubin im Gespräch mit Donald Spoto, 28. Januar 1999.
16 Grace Glueck, »The World Through Her Eyes«, *The New York Times,* 22. Mai 1994.
17 James Fitzgerald im Gespräch mit Donald Spoto, 15. April 1999.
18 Carl Sferrazza Anthony, »The Substance Behind the Style«, *Town & Country,* Juli 1994.
19 Edna O'Brien im Gespräch mit Donald Spoto, 20. März 1999.
20 »Der Star hielt sich bedeckt«: J. C. Suarès und J. Spencer Beck, *Uncommon Grace: Reminiscences and Photographs of Jacqueline Bouvier Kennedy Onassis,* S. 8.
21 Auchincloss, loc. cit. Die Auszüge aus Jackies Notizen zu seinem Buch *False Dawn* stammen aus derselben Zeitschrift.
22 Paul Sidey im Gespräch mit Donald Spoto, 4. März 1999.
23 Titelgeschichte, *People,* 12. September 1988.
24 »Politics, Publishing and Personality: The Words of JFK, Jr.«, *Newsday,* 19. Juli 1999.
25 *Larry King Live,* 28. September 1995.
26 Arthur M. Schlesinger Jr., »Brought Up to Be a Good Man«, *Time,* 26. Juli 1999.
27 Dies sagte JFK jr. zu Katie Couric, NBC-TV, *Today,* 14. Mai 1999.
28 Bei *Meet the Press,* 25. Juli 1999.
29 *U.S. News & World Report,* 26. Juli 1999.
30 Ibid.
31 *Meet the Press,* 18. Juli 1999.
32 Eric Pooley, »The Art of Being JFK, Jr.«, *Time,* 26. Juli 1999.
33 Evan Thomas, »Living with the Myth«, *Time,* 26. Juli 1999.

34 *Vogue,* Juni 1993.
35 Im Gespräch mit Don Imus, *Imus in the Morning,* Radiosendung, 22. Mai 1997.
36 *The New York Times,* 19. Juli 1999.
37 *U.S. News & World Report,* 26. Juli 1999.
38 *New York Observer,* 19. Juli 1999.
39 Suarès und Beck, S. 15.
40 Im Gespräch mit Jayne Wrightsman, zitiert in Adler, S. 151.
41 Anthony, *As We Remember Her,* S. 331.
42 Bruce Tracy im Gespräch mit Donald Spoto, 1. Februar 1999.
43 Scott Moyers im Gespräch mit Donald Spoto, 28. Januar 1999.

1993–1994

1 Suarès und Beck, S. 17.
2 Crook, loc. cit.
3 Pamela Fiori, »Jacqueline Bouvier Kennedy Onassis, 1929–1994: In Loving Memory«, *Town & Country,* Juli 1994.
4 Auchincloss, loc. cit.
5 Sie wird uns fehlen. *New York Daily News,* 23. Mai 1994.

Bibliographie

Abbott, James A. und Elaine M. Rice, *Designing Camelot: The Kennedy White House Restoration*, New York: Van Nostrand Reinhold 1998.

Adler, Bill (Hg.), *The Uncommon Wisdom of Jacqueline Kennedy Onassis*, New York: Citadel 1994.

Andersen, Christopher, *Jackie After Jack*, New York: Morrow 1998.

Anthony, Carl Sferrazza, *As We Remember Her*, New York: HarperCollins 1997.

ders., *First Ladies: The Saga of the Presidents' Wives and Their Power, 1961–1990*, 2 Bände, New York: Morrow 1991.

Ariès, Philippe (übers. v. Patricia M. Ranum), *Western Attitudes Toward Death: From the Middle Ages to the Present*, Baltimore: Johns Hopkins 1974.

Associated Press, *Triumph and Tragedy: The Story of the Kennedys*, New York: Associated Press 1968.

Baldrige, Letitia, *Of Diamonds and Diplomats*, Boston: Houghton Mifflin 1968.

dies., *In the Kennedy Style*, New York: Madison Press/Doubleday 1998.

Beale, Betty, *Power at Play: A Memoir of Parties, Politicians and the Presidents in My Bedroom*, Washington, D. C.: Regnery Gateway 1993.

Beschloss, Michael R., *The Crisis Years: Kennedy and Khrushchev, 1960–1963*, New York: Edward Burlingame Books 1991.

ders. (Hg.), *Taking Charge: The Johnson White House Tapes, 1963–1964*, New York: Simon & Schuster 1997.

Birmingham, Stephen, *Jacqueline Bouvier Kennedy Onassis*, New York: Grosset & Dunlap 1978.

ders., *The Right People: A Portrait of the American Social Establishment*, Boston: Little, Brown 1968.

Black, Allida M., *Casting Her Own Shadow: Eleanor Roosevelt and the Shaping of Post-War Liberalism*, New York: Columbia University Press 1996.

Boller, Paul F., *Presidential Wives*, New York: Oxford University Press 1988.

Bouvier, Jacqueline and Lee. *One Special Summer*, New York: Delacorte/Eleanor Friede 1974.

Bradlee, Benjamin C., *Conversations with Kennedy*, New York: Norton 1975.

ders., *A Good Life: Newspapering and Other Adventures*, New York: Simon & Schuster 1995.

Buck, Pearl, *The Kennedy Women*, New York: Cowles/John Day 1970.

Burleigh, Nina, *A Very Private Woman: The Life and Unsolved Murder of Presidential Mistress Mary Meyer*, New York: Bantam 1998.

Canfield, Cass, *Up and Down and Around: A Publisher Recollects the Time of His Life*, New York: Harper's Magazine Press 1971.

Caroli, Betty Boyd, *First Ladies*, New York: Oxford University Press 1987.

Carter, Rosalynn, *First Lady from Plains*, Boston: Houghton Mifflin, 1984.

Cassini, Oleg, *In My Own Fashion*, New York: Simon & Schuster 1987.

ders., *A Thousand Days of Magic: Dressing Jacqueline Kennedy for the White House*, New York: Rizzoli 1995.

Clifford, Clark in Zusammenarbeit mit Richard Holbrooke, *Counsel to the President: A Memoir*, New York: Random House 1991.

Clinch, Nancy Gager, *The Kennedy Neurosis*, New York: Grosset & Dunlap 1973.

Colacello, Bob, *Holy Terror: Andy Warhol Close-Up*, New York: HarperCollins 1990.

Cook, Don, *Charles de Gaulle: A Biography*, New York: Putnam's 1983.

Cutler, John Henry, *Cardinal Cushing of Boston*, New York: Hawthorn 1970.

Damore, Leo, *The Cape Cod Years of John Fitzgerald Kennedy*, Englewood Cliffs, N.J.: Prentice-Hall 1967.

David, Lester, *Jacqueline Kennedy Onassis: A Portrait of Her Private Years*, New York: Birch Lane/Carol 1994.

David, Lester und Irene David, *Bobby Kennedy: The Making of a Folk Hero*, New York: Dodd, Mead 1986.

Davis, John H., *The Bouviers: Portrait of an American Family*, New York: Farrar, Straus & Giroux 1969. Siehe auch die von ihm überarbeitete Fassung von 1993, im selben Verlag erschienen, *The Bouviers: From Waterloo to the Kennedys and Beyond*.

ders., *Jacqueline Bouvier: An Intimate Memoir*, New York: John Wiley 1996.

ders., *The Kennedys: Dynasty and Disaster, 1848–1983*, New York: McGraw-Hill 1984.

Davis, Kenneth Sydney, *The Politics of Honor: A Biography of Adlai E. Stevenson*, New York: Putnam 1967.

de Gaulle, Charles (Übers. v. Terence Kilmartin), *Memoirs of Hope: Renewal and Endeavor*, New York: Simon & Schuster 1971.

De Pauw, Linda Grant und Conover Hunt, *Remember the Ladies: Women in America, 1750–1815*, New York: A Studio Book/Viking Press 1976 (Herausgegeben u. a. von Jacqueline Onassis).

Dickerson, Nancy, *Among Those Present: A Reporter's View of Twenty-five Years in Washington*, New York: Random House 1976.

The Estate of Jacqueline Kennedy Onassis (Auktionskatalog), New York: Sotheby's 1996.

Fay, Paul B., Jr., *The Pleasure of His Company*, New York: Harper & Row 1966.

Ford, Betty in Zusammenarbeit mit Chris Chase, *The Times of My Life*, New York: Harper & Row and the Reader's Digest Association 1978.

Fraser, Nicholas, Philip Jacobson, Mark Ottaway und Lewis Chester, *Aristotle Onassis*, New York: Lippincott 1977.

Gabler, Neal, *Life the Movie: How Entertainment Conquered Reality*, New York: Knopf 1998.

Gaines, Steven, *Philistines at the Hedgerow: Passion and Property in the Hamptons*, Boston: Little, Brown 1998.

Galante, Pierre, *Malraux*, New York: Cowles 1971.

Galbraith, John Kenneth, *Ambassador's Journal: A Personal Account of the Kennedy Years*, London: Hamish Hamilton 1969.

ders., *Name-Dropping: From F. D. R. On*, Boston: Houghton Mifflin 1999.

Gallagher, Mary Barelli (in Zusammenarbeit mit Frances Spatz Leighton), *My Life with Jacqueline Kennedy*, New York: David McKay 1969.

Goodwin, Doris Kearns, *The Fitzgeralds and the Kennedys*, New York: Simon & Schuster 1987.

Graf, Henry F., *The Presidents: A Reference History*, New York: Charles Scribner's Sons 1996.

Graham, Katharine, *Personal History*, New York: Knopf 1997.

Donald Spoto

Gutin, Myra G., *The President's Partner: The First Lady in the Twentieth Century*, New York: Greenwood Press 1989.

Hall, Gordon Langley und Ann Pinchot, *Jacqueline Kennedy*, New York: Frederick Fell 1964.

Hamilton, Nigel, *JFK: Reckless Youth*, New York: Random House 1992.

Hersh, Burton, *The Shadow President: Ted Kennedy in Opposition*, South Royalton, Vt.: Steerforth Press 1997.

In Memoriam: Jacqueline Bouvier Kennedy Onassis, 1929-1994, New York: Doubleday 1995.

Jensen, Amy La Follette, *The White House and Its Thirty-Three Families*, New York: McGraw-Hill 1962.

Johnson, Lady Bird, *Lady Bird Johnson: A White House Diary*, New York: Holt, Rinehart and Winston 1970.

Kennedy, Rose Fitzgerald, *Times to Remember*, New York: Doubleday 1995.

King, Martin Luther, Jr., *Stride Toward Freedom*, New York: Harper & Row 1958.

King, Norman, *The Woman in the White House: The Remarkable Story of Hillary Rodham Clinton*, New York: Birch Lane 1996.

Klein, Edward, *Just Jackie*, New York: Ballantine 1998.

Ladowsky, Ellen, *Jacqueline Kennedy Onassis*, New York: Park Lane Press 1997.

Last Will and Testament of Jacqueline Kennedy Onassis, The, New York: Bill Adler/Carroll & Graf 1997.

Lawliss, Charles, *Jacqueline Onassis, 1929-1994*, New York: JG Press 1994.

Leamer, Laurence, *The Kennedy Women*, New York: Villard 1994.

Longford, Lord, *Kennedy*, London: Weldenfeld and Nicolson 1976.

Lowe, Jacques, *Jacqueline Kennedy Onassis: The Making of a First Lady*, Los Angeles: General Publishing Group 1996.

McBrien, Richard P., *Catholicism*, San Francisco: Harper San Francisco 1994.

McNamara, Robert S. in Zusammenarbeit mit Brian VanDeMark, *In Retrospect*, New York: Times Books/ Random House 1995.

Madsen, Axel, *Malraux*, New York: Morrow 1976.

Martin, John Bartlow, *Adlai Stevenson and the World: The Life of Adlai Stevenson*, Garden City, N. Y.: Doubleday 1977.

Means, Marianne, *The Woman in the White House: The Lives, Times and Influence of Twelve Notable First Ladies*, New York: Random House 1963.

Meyers, Joan (Hg.), *John Fitzgerald Kennedy... As We Remember Him*, New York: Athenaeum 1965.

Miller, Merle, *Lyndon: An Oral Biography*, New York: Putnam's 1980.

Moutsatsos, Kiki Feroudi in Zusammenarbeit mit Phyllis Karas, *The Onassis Women*, New York: Putnam's 1998.

O'Donnell, Kenneth P. und David F. Powers, *»Johnny, We Hardly Knew Ye«: Memories of John F. Kennedy*, Boston: Little, Brown 1972.

Osborne, Claire G. (Hg.), *Jackie – A Legend Defined*, New York: Avon Books 1997.

Parmet, Herbert S., *Jack. The Struggles of John F. Kennedy*, New York: Dial 1980.

Rattray, Jeannette Edwards, unter der Federführung des Golden Jubilee Committee mit dem Vorsitzenden Julian S. Myrick, *Fifty Years of the Maidstone Club: 1891-1941*, East Hampton, N. Y.: At the Maidstone 1941.

Remembering Jackie – A Life in Pictures, New York: Warner Books 1994.

Reston, James, *Sketches in the Sand*, New York: Knopf 1967.

Robinson, Harlow, *The Last Impresario: The Life, Times, and Legacy of Sol Hurok*, New York: Viking 1994.

Rusk, Dean (im Gespräch mit Richard Rusk), *As I Saw It*, New York: Penguin 1990.

Salinger, Pierre, *With Kennedy,* Garden City, N. Y.: Doubleday 1966.

ders., *P. S.: A Memoir,* New York: St. Martin's Press 1995.

Schlesinger, Arthur M., Jr., *A Thousand Days: John F. Kennedy in the White House,* Boston: Houghton Mifflin 1965.

ders., *Robert Kennedy and His Times,* Boston: Houghton Mifflin 1978.

Shaw, Maud, *White House Nanny: My Years with Caroline and John Kennedy, Jr.,* New York: New American Library 1966.

Sorensen, *Theodore C. Kennedy,* New York: Harper & Row 1965.

Spoto, Donald, *The Decline and Fall of the House of Windsor,* New York: Simon & Schuster 1995.

ders., *Marilyn Monroe: The Biography,* New York: HarperCollins 1993.

Suarès, J. C. und J. Spencer Beck, *Uncommon Grace: Reminiscences and Photographs of Jacqueline Bouvier Kennedy Onassis,* Charlottesville, Va.: Thomasson-Grant 1994.

Sulzberger, C. L., *Seven Continents and Forty Years: A Concentration of Memoirs,* New York: Quadrangle/New York Times 1977.

Taper, Bernard, *Balanchine: A Biography,* New York: Times Books 1984.

Tapert, Annette und Diana Edkins, *The Power of Style: The Women Who Defined the Art of Living Well,* New York: Crown 1994.

Thayer, Mary Van Rensselaer, *Jacqueline Kennedy: The White House Years,* Boston: Little, Brown 1971.

Thomas, Helen, *Dateline: White House,* New York: Macmillan 1975.

dies., *Front Row at the White House,* New York: Lisa Drew/Scribner 1999.

Travell, Janet, *Office Hours: Day and Night: The Autobiography of Janet Travell, MD,* New York: World Publishing 1968.

Tribute to Jacqueline Kennedy Onassis, A. New York: Doubleday 1995.

Truman, Margaret, *First Ladies,* New York: Random House 1995.

Van Rensselaer, Mrs. John King (in Zusammenarbeit mit Frederic van de Water), *The Social Ladder,* New York: Henry Holt 1924.

von Post, Gunilla in Zusammenarbeit mit Carl Johnes, *Love, Jack,* New York: Crown 1997.

West, J. B. in Zusammenarbeit mit Mary Lynn Kotz, *Upstairs at the White House: My Life With the First Ladies,* New York: Coward, McCann & Geoghegan 1973.

Whalen, Richard J., *The Founding Father: The Story of Joseph P. Kennedy,* New York: New American Library 1964.

White, Theodore H., »The Camelot Documents, 1963–1964,« in: The Papers of Theodore H. White, 1915–1986, unveröffentlichte Dokumente der John Fitzgerald Kennedy-Bibliothek.

White, Theodore H., *In Search of History: A Personal Adventure,* New York: Warner Books 1978.

Wills, Garry, *The Kennedy Imprisonment: A Meditation on Power,* Boston: Little, Brown 1982.

ders., *Reagan's America: Innocents at Home,* Garden City, N. Y.: Doubleday 1987.

Personenregister

Addams, Charles 292
Agnelli, Gianni 250
Alderman, Ellen 377
Alphand, Hervé 233, 400
Alsop, Joseph 226
Alsop, Susan Mary 214, 259
Amaral, Marie 386
Anderson, Bernice 72–73
Arata, Larry 265, 401
Arms, Carolyn Hough 83
Astor, Brooke 331
Auchincloss, Hugh (Yusha) 78, 80, 82,
    85, 95, 108, 110, 129, 152, 233
Auchincloss, Hugh D. (Hughdie),
    jr. 76–77
Auchincloss, Jamie 80
Auchincloss, Janet 141, 306
Auchincloss, Janet Lee Bouvier 404
Auchincloss, Louis 124, 365, 369, 388,
    396
Auchincloss, Tommy 80
Bagehot, Walter 179
Balanchine, George 218, 363
Baldrige, Letitia 8, 97, 191, 198, 222,
    227, 233, 252, 333, 395, 404
Baldwin, Billy 278, 289, 402
Bartlett, Charles 116, 183, 226, 246,
    298, 399, 401
Bartlett, Martha 226
Barwick, Kent 328
Baucom, Willard 199
Beale, Betty 8, 152, 222, 226, 396, 399
Beale, Bouvier 323
Beale, Edith 88, 324
Beale, Edith (Edie) Bouvier 51
Beale, Phelan 51
Beard, Peter 326–327, 334, 403
Bemelmans, Ludwig 118
Berenson, Bernard 119
Bernier, Olivier 361

Bernstein, Leonard 219, 290, 292
Berrien, Marjorie 74
Billings, Lemoyne (Lem) 135, 143, 157,
    226, 298
Birmingham, Stephen 89, 395
Bissell, Julia 103
Blanding, Sarah Gibson 99
Boudin, Stéphane 215, 221
Bouvier, Caroline Ewing 37
Bouvier, Caroline Lee 54
Bouvier, Janet Lee 32–33, 35–36, 40,
    42–43, 46, 48–57, 61–78, 80–82, 86,
    95, 105, 108–109, 111, 114–115, 118,
    121, 124, 129, 140, 148–149, 352, 357,
    377
Bouvier, John Vernou (Black Jack) 32,
    36, 40–43, 46, 48–52, 54, 57, 61–63,
    69–71, 74, 78, 91, 95, 102, 105, 115,
    148–149, 162, 174–175
Bouvier, Luise Vernou 36
Bouvier, Maude Sargeant 40
Bouvier, Michelle 38, 42
Bouvier, William (Bud) Sergeant 38
Bowdoin, Aileen 104, 141–142
Bowdoin, Helen und Judy 103
Bradlee, Ben 8, 180, 207, 226, 252, 255,
    397
Bradlee, Tony 259
Brown, Mildred 84
Buck, Pearl 60, 249, 402
Bunch, Laura Crease 84
Burn, Barbara 335
Bush, Barbara 379
Callas, Maria 257, 299, 303, 307, 322,
    330, 403
Campbell, Jean 151
Canfield, Michael 139, 164, 248
Capote, Truman 235, 290, 298, 321
Cardozo, Benjamin 37
Carrere, John 149

Carter, Eleanor 41
Casals, Pablo 218
Cassini, Igor (Cholly Knickerbokker) 97
Cassini, Oleg 203, 207, 229, 231, 284, 399
Chapin, Maria Bowden 58
Charteris, Laura 248
Cheke, Marcus 237
Chevalier, Maurice 292
Chruschtschow, Nikita 240, 272
Churchill, Winston 165, 184, 257, 339
Clifford, Clark 206
Clifton, Chester 227
Clinton, Bill 381
Collingwood, Charles 192, 213, 245, 399
Conger, Clement 213
Connally, Gouverneur 260–261
Connally, Nellie 260
Coones, Miss 117
Copland, Aaron 219
Cortesi, Arnaldo 248, 401
Cowan, Jill 208
Cronkite, Walter 347
Crook, Elizabeth 348, 363, 386, 405
Cushing, Kardinal Richard 308
d'Amboise, Jacques 382
Daley, Richard J. 346, 404
Dallas, Rita 320
Davids, Jules 157, 396
Davis, John 39, 53, 65, 72, 77, 140, 394
de Gaulle, Charles 242, 400, 408
Denny, Robert 124
Dirksen, Everett McKinley 77
Doar, John 331
Dobbin, Muriel 8, 263, 401
Drew, Lisa 353–354, 410
du Pont, Henry F. 214
Dudley, Earl of 248
Eikenberry, Dave 374
Eisenhower, Dwight D. 139
Eisenhower, Mamie 202, 226, 230, 398
Endsley, John Fitzgerald 201
Epstein, Sid 122
Fairfax, Mary Cecelia 59
Fay, Anita 150
Fay, Paul »Red« 144, 147, 150
Fellini, Federico 196, 307, 371
Fiori, Pamela 386, 406
Fitzgerald, F. Scott 36, 304, 357
Fitzgerald, James 8, 365–366, 405

Fitzgerald, John 125, 408–410
Flaiano, Ennio 196
Foley, Edward 103
Fonteyn, Margot 300
Ford, Betty 400
Fraser, Hugh 338
Frischauer, Willi 299, 403
Frissell, Toni 386
Frost, Robert 60, 219
Galbraith, John Kenneth 8, 180, 248, 270, 275, 397, 401
Galitzine, Irene 256
Gallagher, Mary Barelli 217, 237, 400
Garbo, Greta 257
Gatov, Elizabeth 189, 398
Gibson, Gwen 8, 205–206, 211, 228, 237, 242, 399–400
Gildersleeve, Virginia 58
Gill, Brendan 329
Gilpatric, Roswell 227, 292, 298, 300, 402
Glenn, John 319
Goodwin, Doris Kearns 396
Goodwin, Richard 373
Guinzburg, Tom 333, 352–353
Guthman, Edwin 8, 285, 402
Halston, 231, 332
Hamill, Pete 345
Hamilton, George 355
Hampton, Mark 290
Harriman, Averell 270, 290, 292
Hesburgh, Theodore 193
Hilburn, Robert 368
Hill, Clint 261
Holton, Jessie Moon 83
Hoobler, Jerry 134
Hoover, Herbert Clark 43
Hoving, Thomas 349
Humphrey, Hubert 188
Jackson, Michael 368
Jacobson, Hugh Newell 355
Jacobson, Max 234–237, 240, 400
Jenkins, Dr. Marion 262
Jhabvala, Ruth Prawer 361
Johannes XXIII., Papst 232, 247–248, 253
Johnson, Lady Bird 260, 262, 269, 272, 301, 356, 381, 402, 409
Johnson, Lyndon 198, 226, 262, 269–270, 286
Julian of Norwic, 343

Katz, Karl 355
Kazan, Elia 219
Kefauver, Estes 169
Kelly, Grace 155
Kennedy, Caroline *siehe auch:*
  Schlossberg, Caroline 175–176, 181,
  184–185, 192, 197–198, 203, 206,
  224–225, 230, 246, 250–251, 255,
  258, 264, 266, 269, 273, 281–282,
  285–286, 291, 295–296, 301, 310, 318,
  321, 330, 332–333, 338–341, 356, 358,
  371, 373–375, 377, 381–382, 384,
  387–388, 391
Kennedy, Carolyn Bessette 376
Kennedy, Edward M. (Teddy) 185, 302,
  353
Kennedy, Ethel 125, 171, 253, 300
Kennedy, Eugene 347–348, 350, 385
Kennedy, Eunice, *siehe auch:*
  Shriver, Eunice Kennedy
Kennedy, Joan 185
Kennedy, John F. 7, 116–117, 125–128,
  130–135, 139–142, 144–145, 147–148,
  151–160, 162–173, 175–185, 187–189,
  191–196, 198–200, 202–203, 205,
  208–210, 217, 223, 226–228, 230,
  233–235, 237, 240, 245–246,
  250–256, 259–261, 263, 266,
  270–271, 273–275, 279, 282–283,
  287–288, 295, 302, 318, 320,
  350–352, 355–356, 365, 376, 387,
  393, 397, 399, 401, 409–410
Kennedy, John F. jr. 200–201, 207,
  224–225, 246, 251, 255, 258, 264, 266,
  281, 285–286, 291, 296, 301, 310, 318,
  321, 332–333, 339–340, 351, 356,
  371–377, 386, 391
Kennedy, Joseph P. 125–126, 130,
  132–133, 140, 142–143, 145–146, 150,
  153, 155–156, 159, 164–167, 172, 182,
  184–185, 192, 228, 230, 252, 288,
  319–320, 396, 410
Kennedy, Kathleen 126
Kennedy, Patrick Bouvier 253
Kennedy, Robert 125, 194, 225–226,
  228, 279, 285–286, 288, 297, 300, 317,
  402–403, 410
Kennedy, Rose 125, 130, 132–133, 141,
  143–144, 150, 155–156, 159, 181, 185,
  192, 238, 288, 296, 302, 308–309,
  332, 403

Kennedy–Doktrin, 159, 227, 397
Ketchum, James Roe 215, 265
Khan, Mohammed Ayub 215, 239
Kimmerle, Berthe 64, 394
King, Ed 189
King, Martin Luther jr. 187, 193–194,
  300–301
Kipps, David 199
Kirkland, Gelsey 361, 371
Kolin, Grace 248
Krock, Arthur 121, 158
La Riche, William 361, 405
Lambert, Eleanor 326
Langham, Richard Keith 291
Lee, James Thomas 33–34, 51
Lee, Margaret 51
Lee, Marion 33
Lee, Mary Norton 33
Lee, Winifred 33
Leonard, John 353
Lerner, Alan jr. 235, 275
Lewis, Annie 89
Lewis, Wilmarth 89
Lincoln, Evelyn 157, 184, 208–209
Lodge, Henry Cabot 134
Loftus, Joseph A. 259, 401
Lovell, Florence 100
Lowe, Jacques 196
Lurton, Sally Evans 84
Lutyens, Sir Edward 216
Macdonald, Torbert 145, 162
MacGregor, James 168
Malraux, André 239, 249, 401
Manchester, William 285, 322
Mankiewicz, Frank 300
March, Frederic 219
Masina, Giulietta 307, 371
Mason, Francis 363, 405
Mayer, Mary Pinchot 208, 245
McCarthy, Joseph 167
McNamara, Robert 290, 293, 319
Menotti, Gian Carlo 219, 290
Mesta, Perle 142
Meyer, Mary 401, 407
Millay, Edna St. Vincent 94
Monroe, Marilyn 156, 399, 410
Montessori, Maria 60
Moore, Mary Tyler 232
Morris, Bingham 357
Moutsatsos, Kiki Faroudi 304
Moyers, Scott 8, 379, 384, 406

Myers, Walter 199
Nasso, Lee 386
Neustadt, Richard 282
Newey, Bertha 46, 55, 388
Niarchos, Stavros 327
Nichols, Mike 292
Niebuhr, Reinhold 186, 194
Nixon, Pat 202
Nixon, Richard 134, 196, 272
Nurejew, Rudolf 298, 300
O'Brien, Edna 405
O'Donnell, Kenneth 169, 187, 202, 238, 255, 261–262
O'Gorman, Ned 382
Onassis, Alexander 256, 302, 310–311, 324–326
Onassis, Aristoteles 164, 184, 256, 299, 301, 308, 325, 330, 360
Onassis, Artemis 256, 311, 330
Onassis, Athina Livanos 256, 327
Onassis, Christina 257, 302, 310–311, 325, 327, 330–331
Ormsby–Gore, William David 159
Papadimitriou, Stelios 303
Paredes, Providencia 386
Parish, (Sister) Dorothy 173, 224
Parker Bowles, Camilla 339
Parton, Dolly 355
Paul VI., Papst 253
Pavlick, Richard 203
Pearson, Drew 170, 172
Pei, I. M. 371
Phillips, Carol 114
Pinheiro, Efigenio 386
Pius XII., Papst 162
Plimpton, George 290
Powers, Dave 157, 169, 187, 251, 254–255, 261–262
Previn, André 363
Radziwill, Antoni 185
Radziwill, Caroline Lee Bouvier Canfiel 184–185, 256
Radziwill, Fürst Stanislas 183–184, 235, 248, 267, 340
Rathbone, Basil 219
Récamier, Juliette de 93
Reed, Jim 152
Renty de, Claude 106
Renty de, Cuyot 106
Renty de, Ghislaine 106
Reston, James 168

Rhea, Mini 124, 396
Richardson, Ralph 219
Robertson, Nan 197, 398, 402
Rockefeller, David 331
Roosevelt, Eleanor 89, 167, 192, 205, 212, 226, 230, 407
Roosevelt, Franklin D. 54, 264
Roosevelt, Franklin D. jr. 256, 290
Rubin, Stephen 8, 364, 379, 384, 405
Rusk, Dean 275, 402
Russoff, Marly 365
Rutherfurd, Alexander 386
Saddler, John Fitzgerald 201
Salinger, Pierre 8, 200, 203, 208, 225, 241, 246, 267, 279, 281, 294, 326, 402, 405
Sandburg, Carl 219
Sandison, Helen 100
Sargent, John 355
Schlesinger, Arthur jr. 90, 159, 180, 210, 267, 275, 287, 290, 304, 373, 385
Schlossberg, Caroline Kennedy 377
Schlossberg, Edwin 377
Schlossberg, John 377
Schlossberg, Rose 377
Schlossberg, Tatiana 377
Schneider, Alexander 219
Schreiber, Rose 341
Schwartz, Sidney 242, 400
Shand, Mark 338–339
Shaw, Mark 235
Shaw, Maud 175, 177, 199, 286, 397
Shawn, William 328
Shearman, Helen 84, 103
Shikler, Aaron 301
Shorr, Dr. Ephraim 160
Shriver, Eunice Kennedy 238
Shriver, Robert Sargent jr. 139
Sidey, Paul 8, 371, 405
Siegenthaler, John 286
Simon, Carly 382
Smathers, George 169, 176
Smith, Alfred E. 44
Soames, Nicky 339
Sorensen, Theodore 127, 157
Spalding, Betty 133, 396
Spalding, Chuck 133
Spender, Stephen 357
Spivak, Alvin 8, 205, 399
Squbin, Marta 386
Steig, William 118

Steinbeck, John 219
Stern, Isaac 218
Stevenson, Adlai 166–168, 241–242, 250, 290, 292, 401, 409
Strauss, Robert 347
Strawinsky, Igor 219
Stringfellow, Ethel Grey 60
Suarès, J. C. 368, 405
Suzuki, Pat 235
Symington, Jim 96
Tartière, Gladys 206
Tempelsman, Leon 372
Tempelsman, Marcy 372
Tempelsman, Maurice 331, 340, 357, 370
Tempelsman, Rena 372
Thayer, Mary Van Rensselaer 158, 393, 395, 398
Thomas, Helen 8, 198–199, 205, 214, 226, 236, 242, 288, 398–399
Tracy, Bruce 8, 378, 384, 406
Travell, Dr. Janet 160
Trilling, Diana 209, 223, 249, 399
Trotta, Jacqueline Bouvier 201
Truman, Bess 202, 230
Truman, Margaret 214, 227, 230, 398
Tuckerman, Nancy 66, 90, 252, 289, 306, 319, 334, 353, 355, 378, 385–386, 394–395
Tunney, Gene 116
Turnure, Pamela 208

Valenti, Jack 363
Van Rensselaer, Mrs. John King 42, 393
Vassar, Matthew 99
Velmans, Marianne 8, 359, 371, 405
Vidal, Gore 77, 80, 394
Vidal, Nina Gore 77
von Post, Gunilla 9, 145, 154, 163–164, 396–397
Vreeland, Diana 231, 349
Waldrop, Frank 121, 134
Wallace, George 347, 376
Walsh, Dr. John 199
Warhol, Andy 292, 408
Warnecke, John Carl 297
Wear, Priscilla 208
Weitzner, Tillie 9, 349, 404
Wenner, Jann 364
West, Dorothy 348
West, J. B. 210, 220, 224, 226, 267, 398
White, Theodore 276, 402
Whitehouse, Charles 383
Wilde, Arthur 9, 294, 402
Wills, Garry 158, 212, 399
Wofford, Harris 9, 193–194, 351, 398, 404
Wolff, Perry 245
Wrightsman, Charles 226
Wrightsman, Jayne 406
Wyeth, Andrew 219
Yiannacopoulos, Miltos 325–326
Zworykin, Boris 349